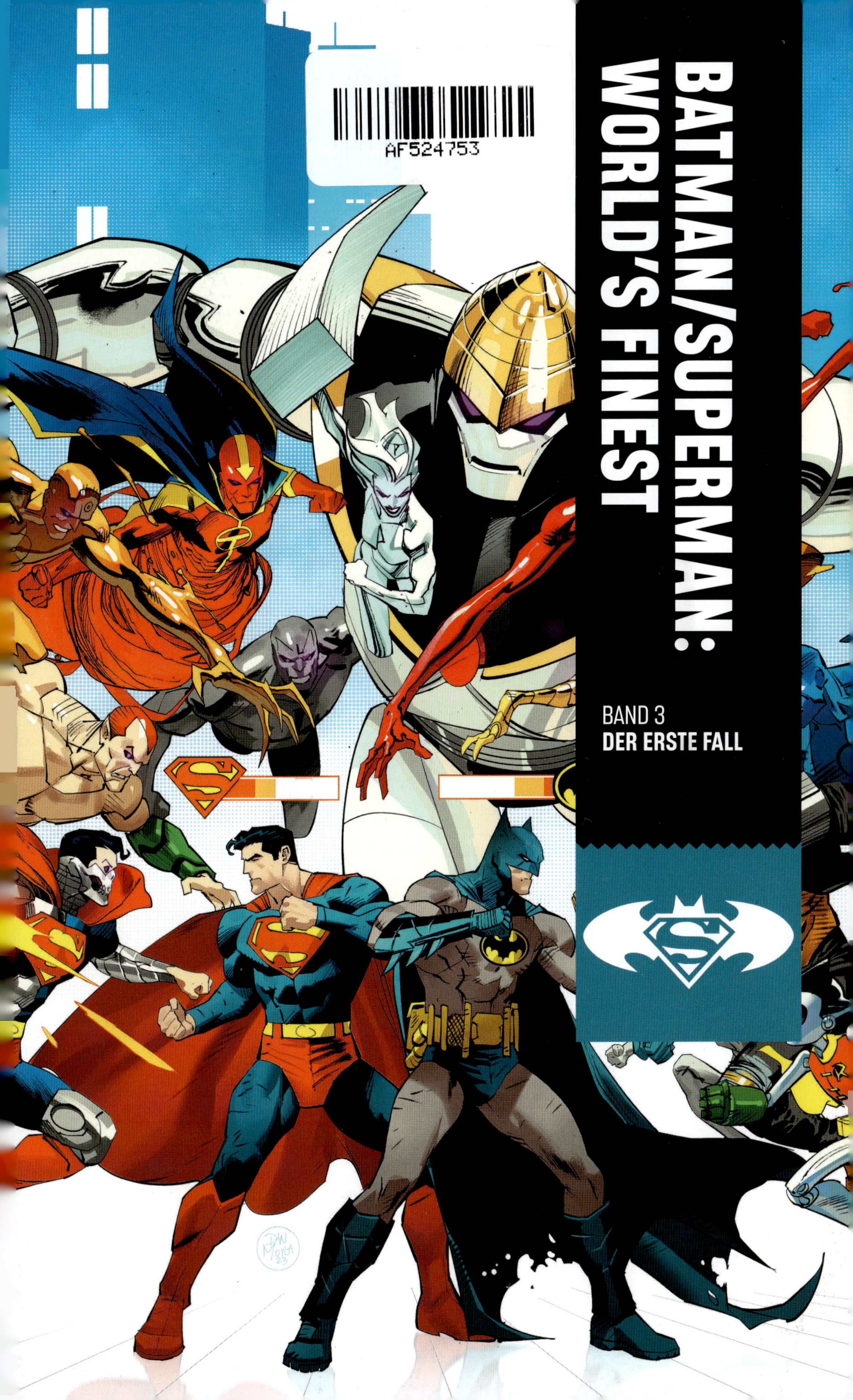

BATMAN/SUPERMAN:
WORLD'S FINEST
BAND 3
DER ERSTE FALL

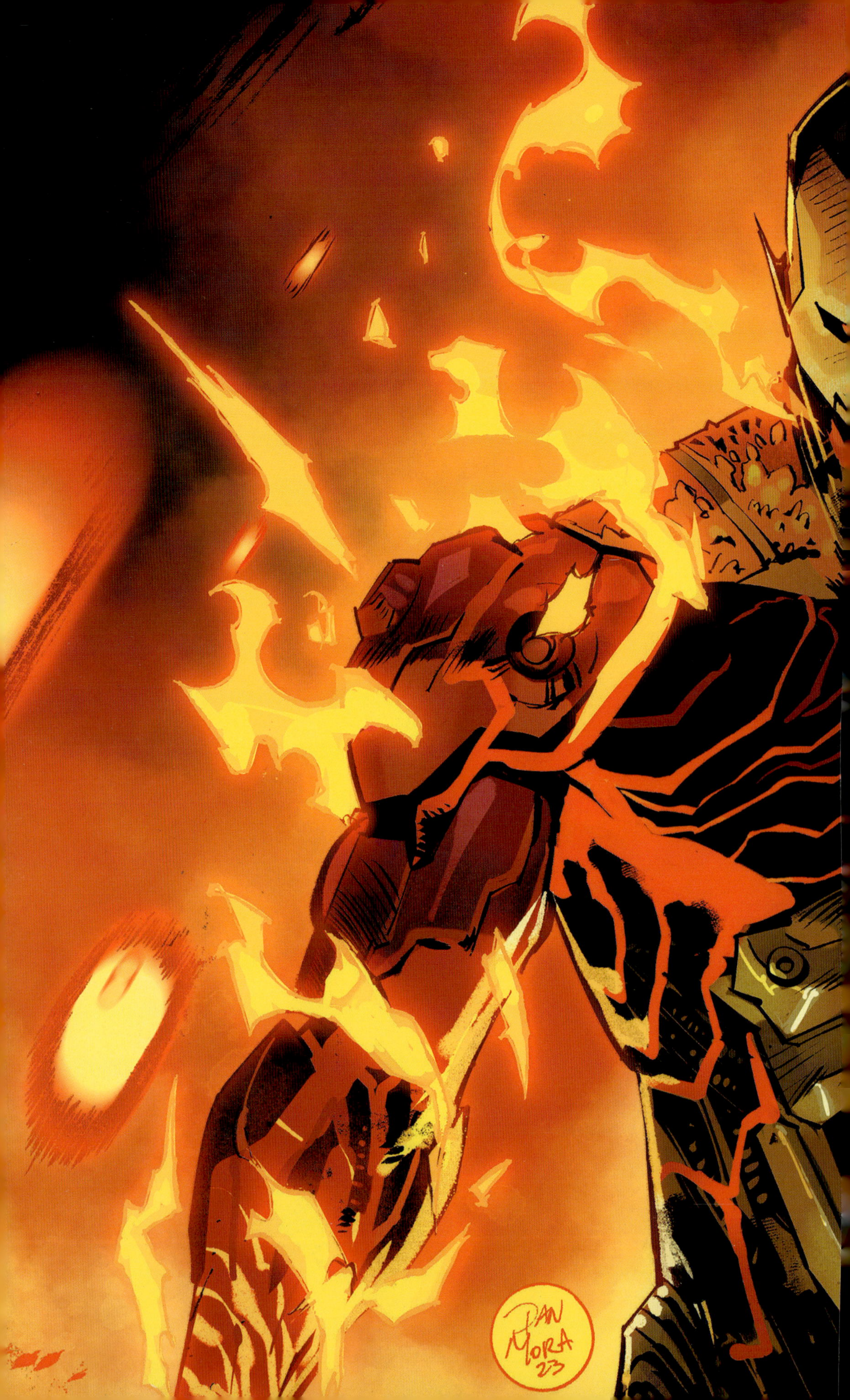
DAN MORA 23

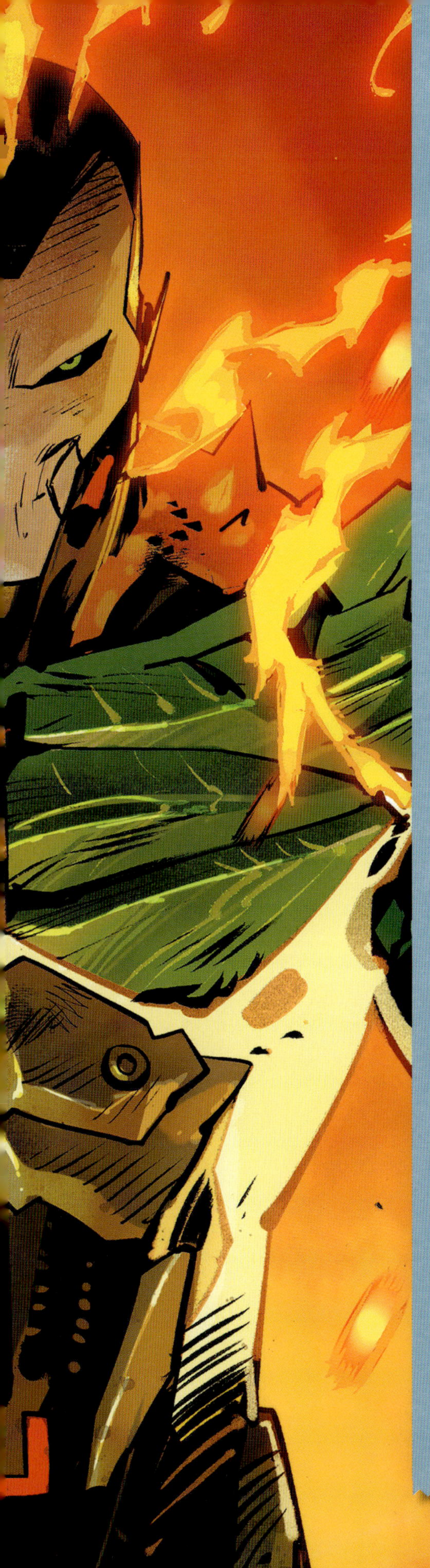

DIE BESTEN HELDEN

Batman und **Superman** sind die populärsten, aber auch gegensätzlichsten Charaktere im von zahlreichen Superhelden bevölkerten DC-Universum. Genau diese Kombination ihrer so unterschiedlichen Eigenschaften macht sie aber nicht nur zu einem unaufhaltsamen Team, sondern spornt auch Autoren und Zeichner zur Schaffung absolut genialer Superhelden-Storys an.
Bestes Beispiel: **Mark Waid**, Comic-Autor und DC-Koryphäe, der die von ihm neu erdachten Abenteuer für *World's Finest* in der nicht allzu fernen Vergangenheit ansiedelt. Retroaktiv fügt er der Historie des „dynamischen Duos" neue Facetten hinzu, die aber durchaus Widerhall in der Gegenwart der beiden Helden finden. So war es auch bei der Konfrontation mit dem teuflischen **Nezha**, der mit seinen magischen Kräften eine gewaltige Gefahr darstellte. Zwar konnten der **Mann aus Stahl** und der **Dunkle Ritter** auch dank ihrer Protegés **Supergirl** und **Robin** (**Dick Grayson**) Nezha in eine fremde Dimension verbannen, doch kürzlich wurde der Dämon vom aktuellen Robin **Damian Wayne** wieder befreit. Sein finsterer Einfluss führte zur Entstehung des **Lazarus-Planeten** und zur Konfrontation zwischen Vater und Sohn, die ihr im aktuellen Batman-Event **Batmans vs. Robin** verfolgen könnt.
Danach beschäftigte Batman und Superman das Auftauchen des rätselhaften **Boy Thunder**, der für eine Weile als Supermans Sidekick agierte. Doch als der traumatisierte Junge fast den **Joker** getötet hätte, warf dies Zweifel an dessen Heldentauglichkeit auf. Durch das Wirken des Schurken **Key** landete Boy Thunder schließlich auf einer Parallelwelt, in der er dazu bestimmt war, der Antiheld **Magog** zu werden.
Doch nicht nur von Lebewesen aus Fleisch und Blut droht der Erde große Gefahr, wie Batman und Superman bald erfahren werden …

Christian Heiß

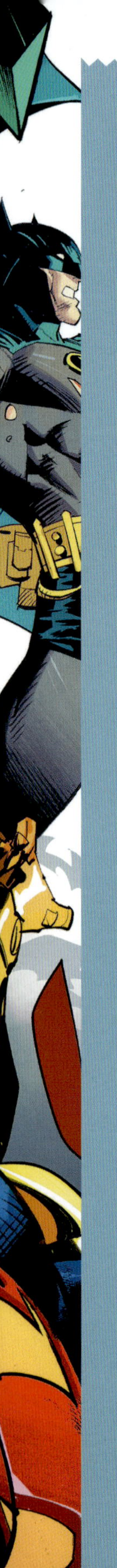

ELEMENTAR
Kapitel 1: Nackte Tatsachen
Elementary, Chapter One: The Facts of the Case
Batman/Superman: World's Finest 13
Mai 2023

ELEMENTAR
Kapitel 2: Auf der Jagd
Elementary, Chapter Two: Manhunt
Batman/Superman: World's Finest 14
Juni 2023

ELEMENTAR
Kapitel 3: Ultramorpho
Elementary, Chapter Three: Ultramorpho
Batman/Superman: World's Finest 15
Juli 2023

ELEMENTAR
Kapitel 4: Übersteuert
Elementary, Chapter Four: Overdrive
Batman/Superman: World's Finest 16
August 2023

ELEMENTAR
Finale: Showdown
Elementary, Finale: Showdown
Batman/Superman: World's Finest 17
September 2023

BATMANS UND SUPERMANS ERSTER FALL – PHANTOMRÄTSEL
Kapitel 1
The Origin of the World's Finest Team – Phantom Riddles, Part One
Batman/Superman: World's Finest 18
Oktober 2023

BATMANS UND SUPERMANS ERSTER FALL – PHANTOMRÄTSEL
Kapitel 2
The Origin of the World's Finest Team – Phantom Riddles, Part Two
Batman/Superman: World's Finest 19
November 2023

MARK WAID
Story

DAN MORA
TRAVIS MOORE
Zeichnungen & Tusche

TAMRA BONVILLAIN
Farben

CHRISTIAN HEISS
Übersetzung

WALPROJECT
Lettering

DAN MORA
Original-Cover

Batman geschaffen von **Bob Kane** mit **Bill Finger**.

Superman geschaffen von **Jerry Siegel** und **Joe Shuster**.
Supergirl nach Ideen von **Jerry Siegel** und **Joe Shuster**.
Mit besonderer Genehmigung der **Jerry Siegel**-Familie.

BATMAN/SUPERMAN: WORLD'S FINEST erscheint bei **PANINI COMICS**, Schloßstraße 76, D-70176 Stuttgart. Druck: Lito Terrazzi S.r.l. – Prato. Pressevertrieb: Stella Distribution GmbH, D-22297 Hamburg. Direkt-Abos auf **www.paninicomics.de**. Anzeigenverkauf: BLAUFEUER VERLAGSVERTRETUNGEN GmbH, info@blaufeuer.com. Es gelten die Anzeigenpreise gemäß der Mediadaten 2024. Geschäftsführer **Hermann Paul**, Publishing Director Europe **Marco M. Lupoi**, Finanzen/Logistik **Felix Bauer**, Marketing Director **Holger Wiest**, Marketing **Thorsten Kleinheinz**, Vertrieb **Alexander Bubenheimer**, PR/Presse **Steffen Volkmer**, Publishing Manager **Lisa Pancaldi**, Redaktion **Tommaso Caretti**, **Carlo Del Grande**, **Dinah Göbel**, **Christian Grass**, **Christian Heiß**, **Monika Trost**, **Daniela Uhlmann**, Übersetzung **Christian Heiß**, Proofreading **Pia Oddo**, Lettering **Walproject**, grafische Gestaltung **Rudy Remitti**, **Nicola Spano**, Art Director **Alessandro Gucciardo**, Redaktion Panini Comics **Annalisa Califano**, **Beatrice Doti**, Prepress **Francesca Aiello**, **Andrea Bisi**, Repro/Packager **Alessandro Nalli** (coordinator), **Anna Boselli**, **Mario Da Rin Zanco**, **Valentina Esposito**, **Luca Ficarelli**, **Linda Leporati**. Cover von **Dan Mora**, *Batman/Superman: World's Finest* 18.

Digitale Ausgaben:
ISBN 978-3-7569-0524-9 (.pdf) / ISBN 978-3-7569-0525-6 (.epub) / ISBN 978-3-7569-0523-2 (.mobi)

Bibliografische Information der Deutschen Nationalbibliothek
Die Deutsche Nationalbibliothek verzeichnet diese Publikation in der Deutschen Nationalbibliografie; detaillierte bibliografische Daten sind im Internet über dnb.d-nb.de abrufbar.

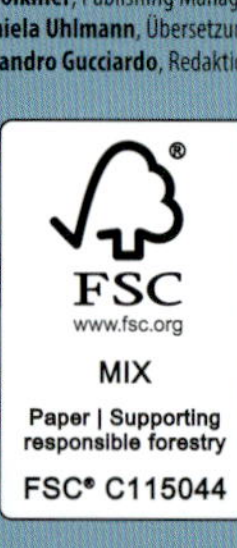

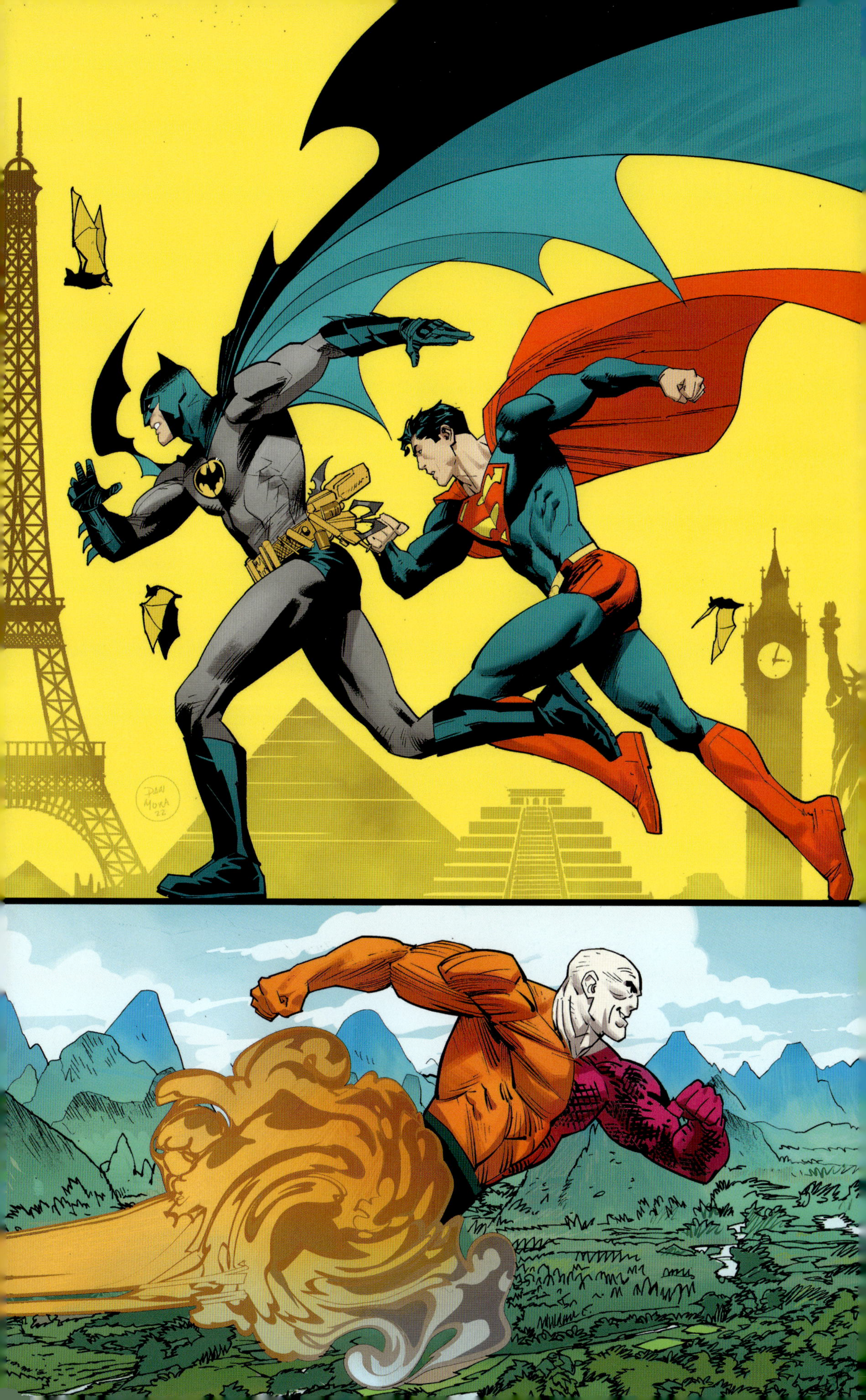

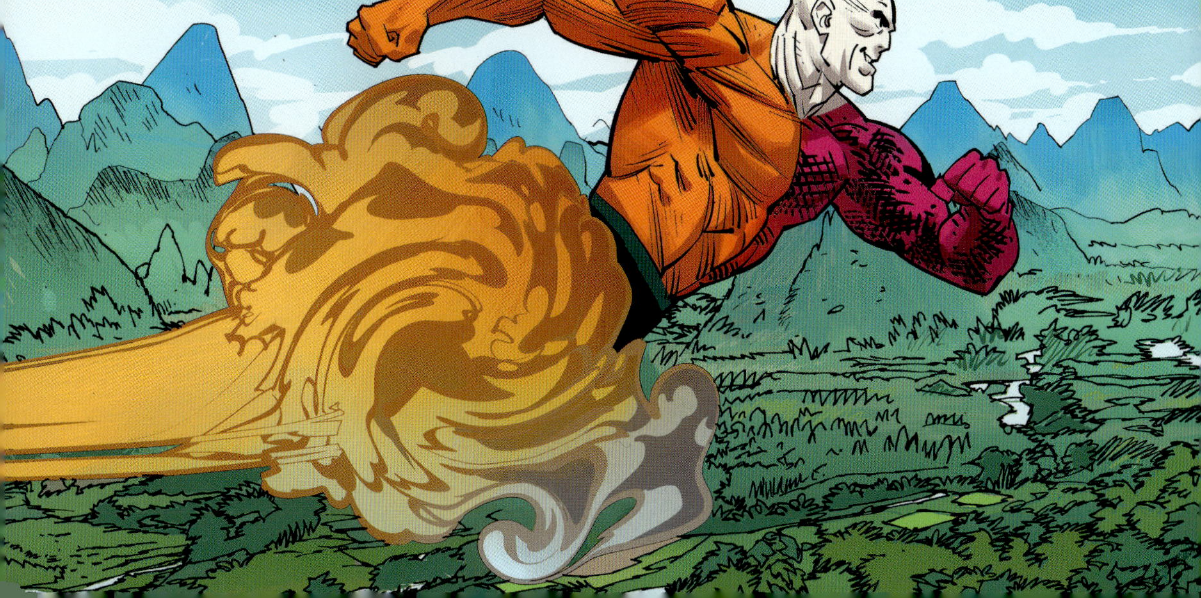

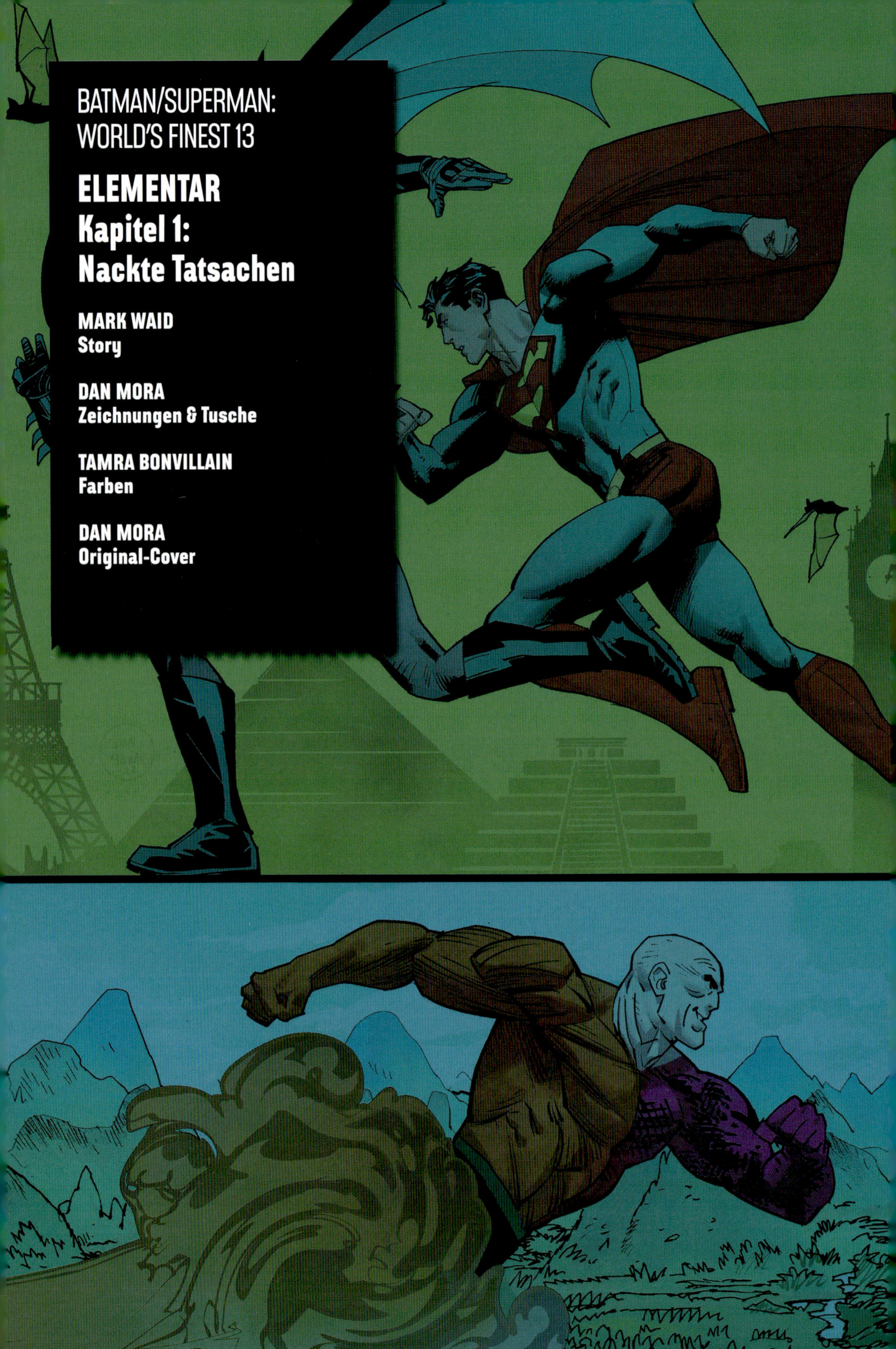
BATMAN/SUPERMAN:
WORLD'S FINEST 13
ELEMENTAR
Kapitel 1:
Nackte Tatsachen
MARK WAID
Story
DAN MORA
Zeichnungen & Tusche
TAMRA BONVILLAIN
Farben
DAN MORA
Original-Cover

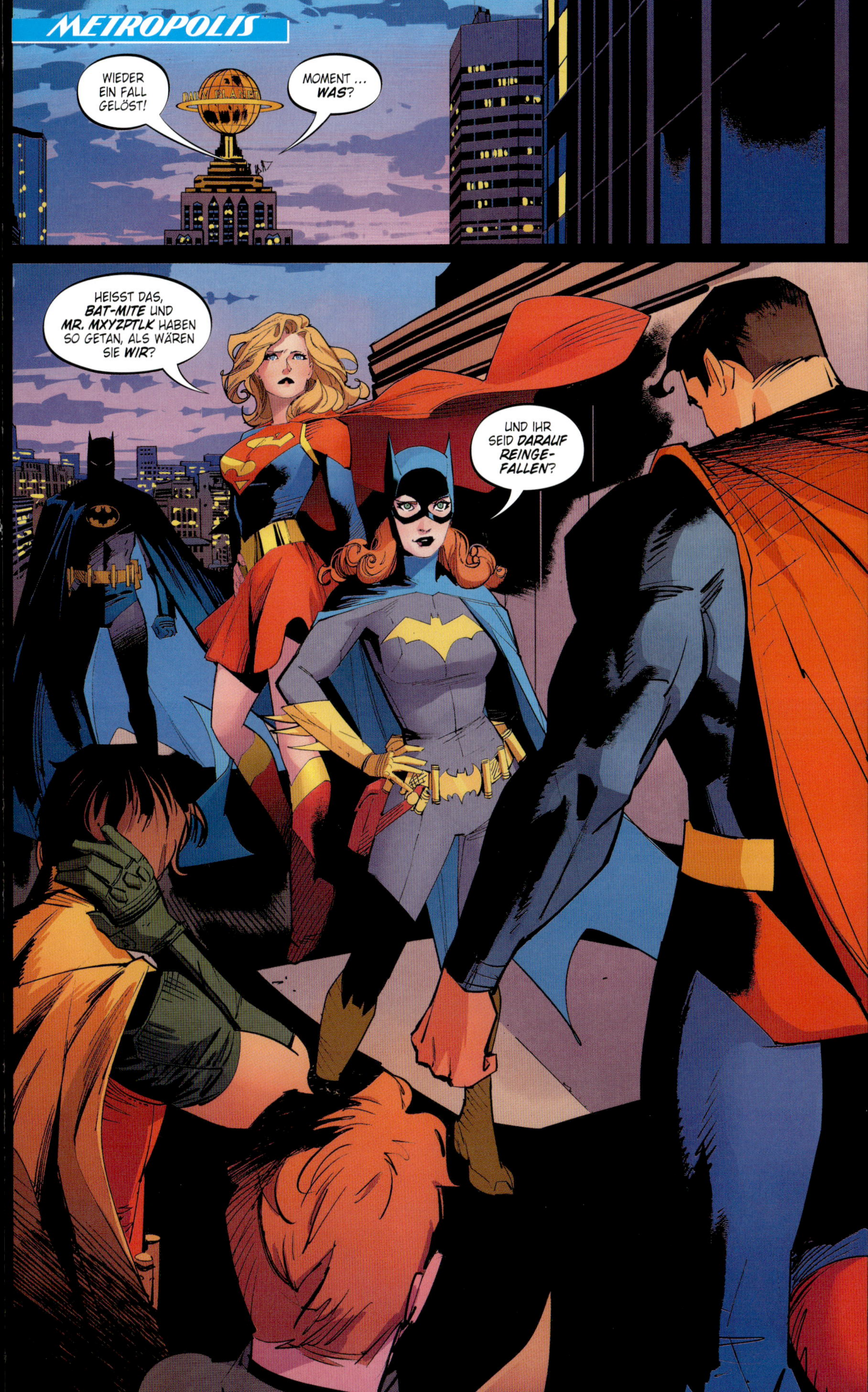
METROPOLIS
WIEDER EIN FALL GELÖST!
MOMENT ... WAS?
HEISST DAS, BAT-MITE UND MR. MXYZPTLK HABEN SO GETAN, ALS WÄREN SIE WIR?
UND IHR SEID DARAUF REINGE-FALLEN?

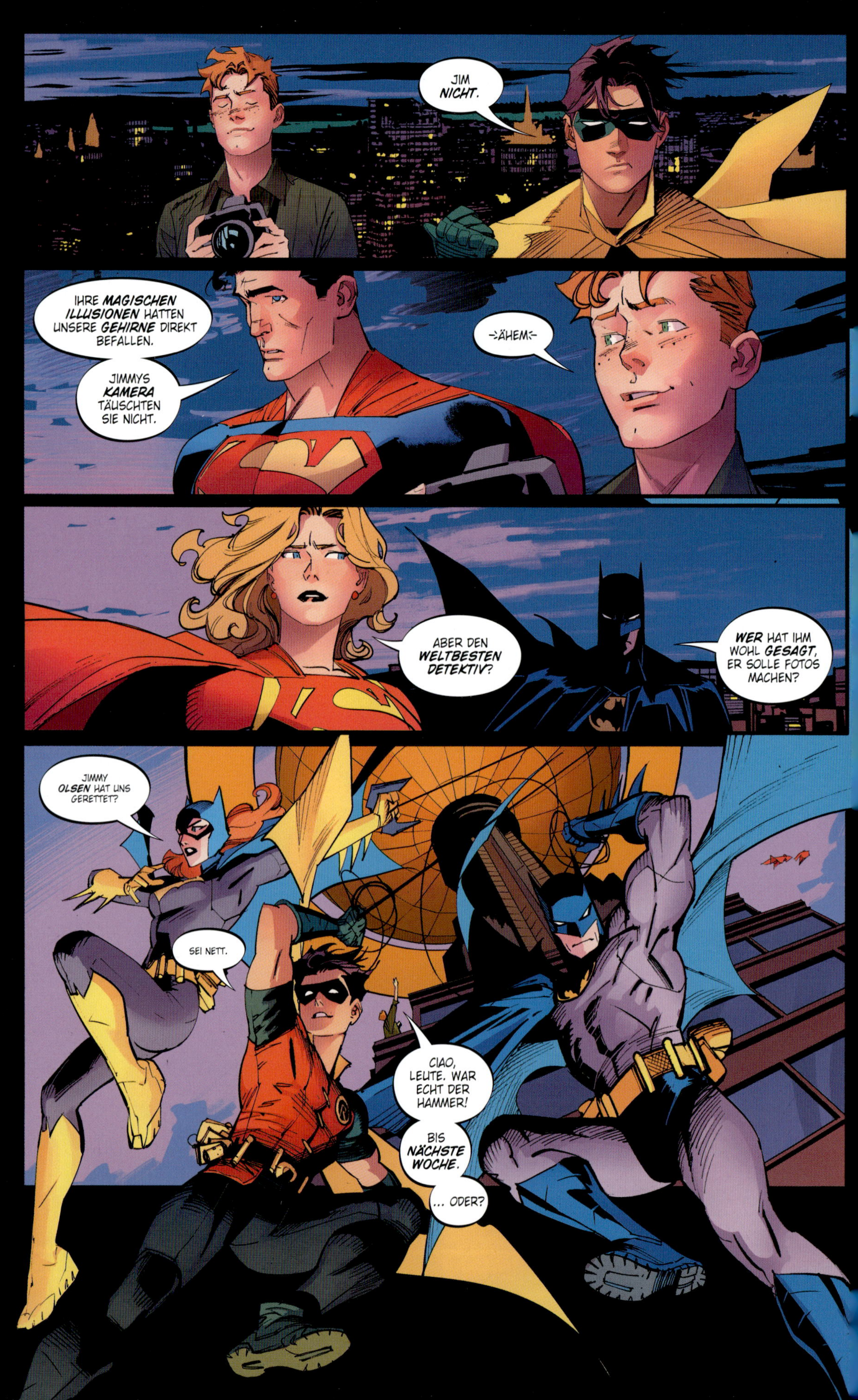
JIM NICHT.
IHRE MAGISCHEN ILLUSIONEN HATTEN UNSERE GEHIRNE DIREKT BEFALLEN.
JIMMYS KAMERA TÄUSCHTEN SIE NICHT.
-ÄHEM-
ABER DEN WELTBESTEN DETEKTIV?
WER HAT IHM WOHL GESAGT, ER SOLLE FOTOS MACHEN?
JIMMY OLSEN HAT UNS GERETTET?
SEI NETT.
CIAO, LEUTE. WAR ECHT DER HAMMER!
BIS NÄCHSTE WOCHE.
... ODER?

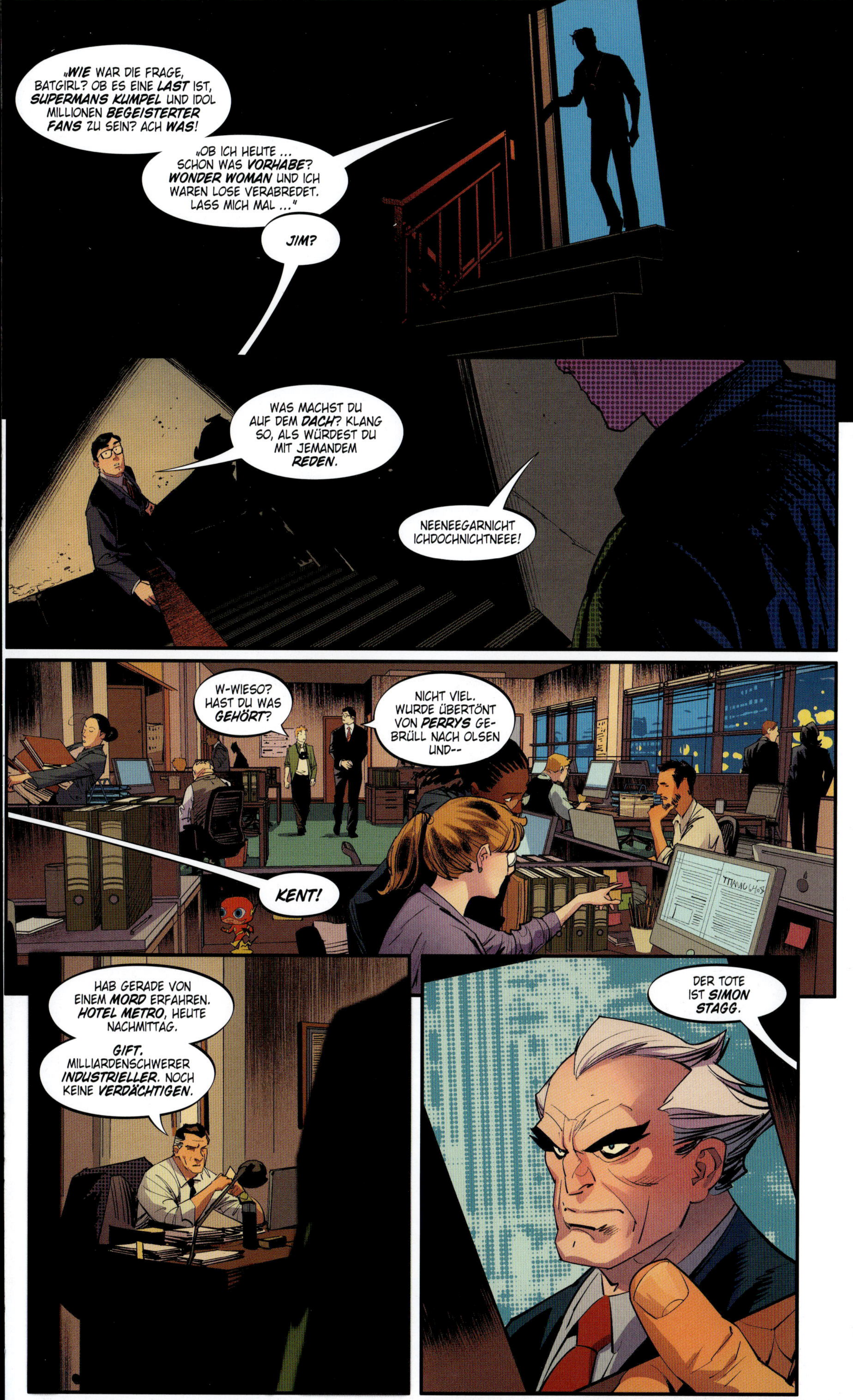
„WIE WAR DIE FRAGE, BATGIRL? OB ES EINE LAST IST, SUPERMANS KUMPEL UND IDOL MILLIONEN BEGEISTERTER FANS ZU SEIN? ACH WAS!
„OB ICH HEUTE ... SCHON WAS VORHABE? WONDER WOMAN UND ICH WAREN LOSE VERABREDET. LASS MICH MAL ...“
JIM?
WAS MACHST DU AUF DEM DACH? KLANG SO, ALS WÜRDEST DU MIT JEMANDEM REDEN.
NEENEEGARNICHT ICHDOCHNICHTNEEE!
W-WIESO? HAST DU WAS GEHÖRT?
NICHT VIEL. WURDE ÜBERTÖNT VON PERRYS GEBRÜLL NACH OLSEN UND--
KENT!
HAB GERADE VON EINEM MORD ERFAHREN. HOTEL METRO, HEUTE NACHMITTAG.
GIFT. MILLIARDENSCHWERER INDUSTRIELLER. NOCH KEINE VERDÄCHTIGEN.
DER TOTE IST SIMON STAGG.

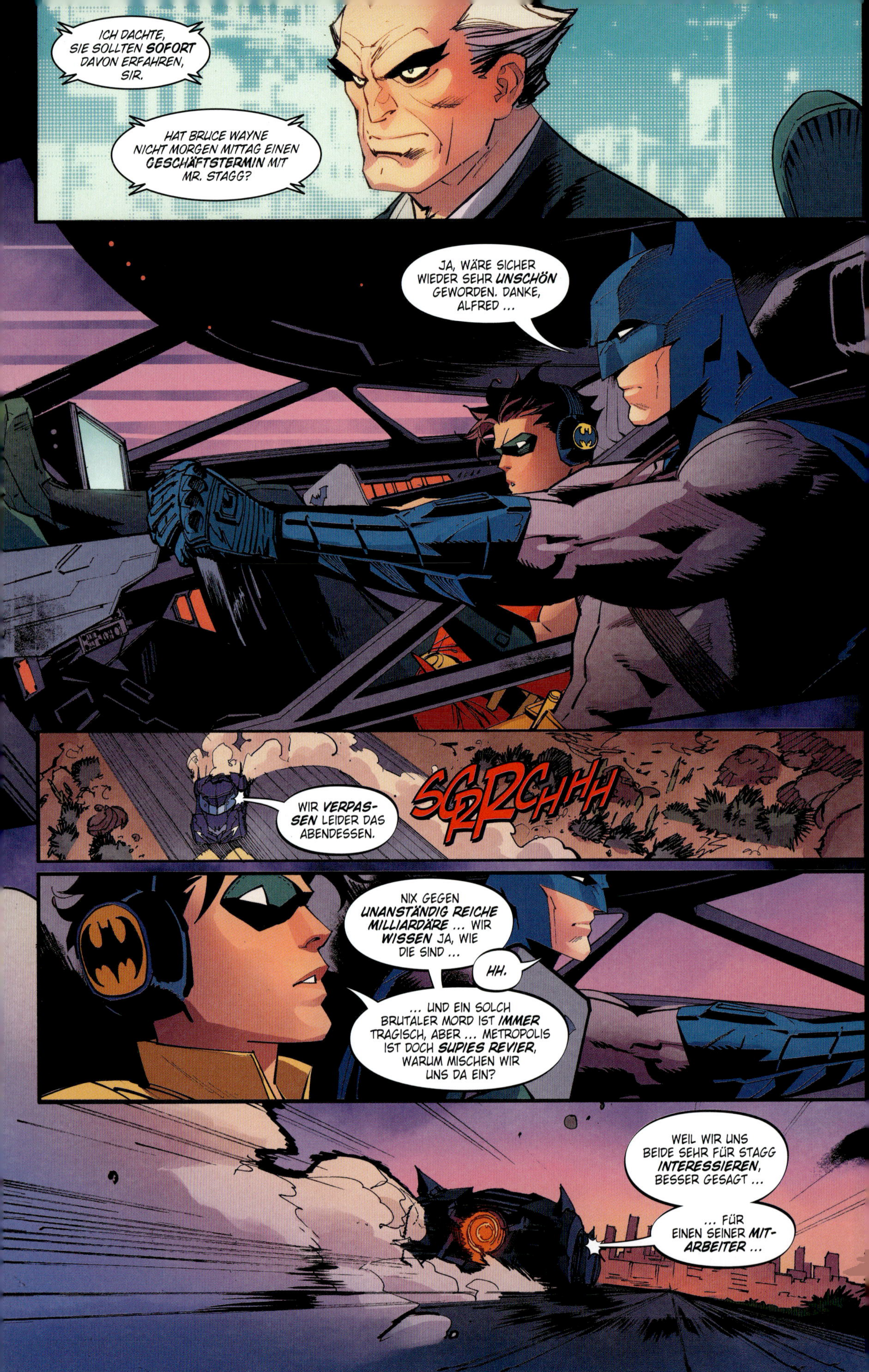
ICH DACHTE, SIE SOLLTEN SOFORT DAVON ERFAHREN, SIR.
HAT BRUCE WAYNE NICHT MORGEN MITTAG EINEN GESCHÄFTSTERMIN MIT MR. STAGG?
JA, WÄRE SICHER WIEDER SEHR UNSCHÖN GEWORDEN. DANKE, ALFRED ...
WIR VERPAS-SEN LEIDER DAS ABENDESSEN.
SCRRCHHH
NIX GEGEN UNANSTÄNDIG REICHE MILLIARDÄRE ... WIR WISSEN JA, WIE DIE SIND ...
HH.
... UND EIN SOLCH BRUTALER MORD IST IMMER TRAGISCH, ABER ... METROPOLIS IST DOCH SUPIES REVIER, WARUM MISCHEN WIR UNS DA EIN?
WEIL WIR UNS BEIDE SEHR FÜR STAGG INTERESSIEREN, BESSER GESAGT ...
... FÜR EINEN SEINER MIT-ARBEITER ...

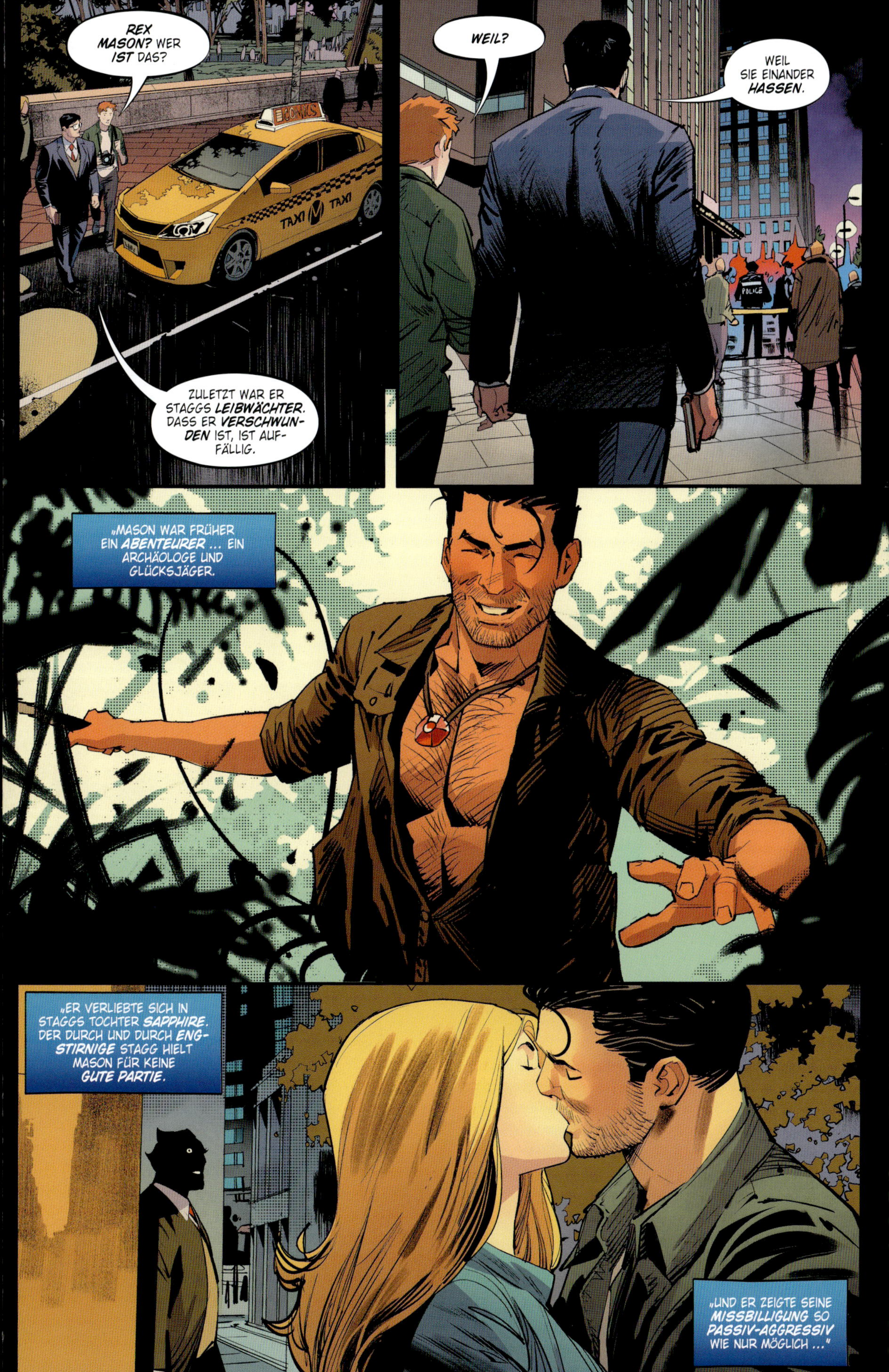
REX MASON? WER IST DAS?
ZULETZT WAR ER STAGGS LEIBWÄCHTER. DASS ER VERSCHWUNDEN IST, IST AUFFÄLLIG.
WEIL?
WEIL SIE EINANDER HASSEN.
POLICE
„MASON WAR FRÜHER EIN ABENTEURER ... EIN ARCHÄOLOGE UND GLÜCKSJÄGER.
„ER VERLIEBTE SICH IN STAGGS TOCHTER SAPPHIRE. DER DURCH UND DURCH ENGSTIRNIGE STAGG HIELT MASON FÜR KEINE GUTE PARTIE.
„UND ER ZEIGTE SEINE MISSBILLIGUNG SO PASSIV-AGGRESSIV WIE NUR MÖGLICH ...“

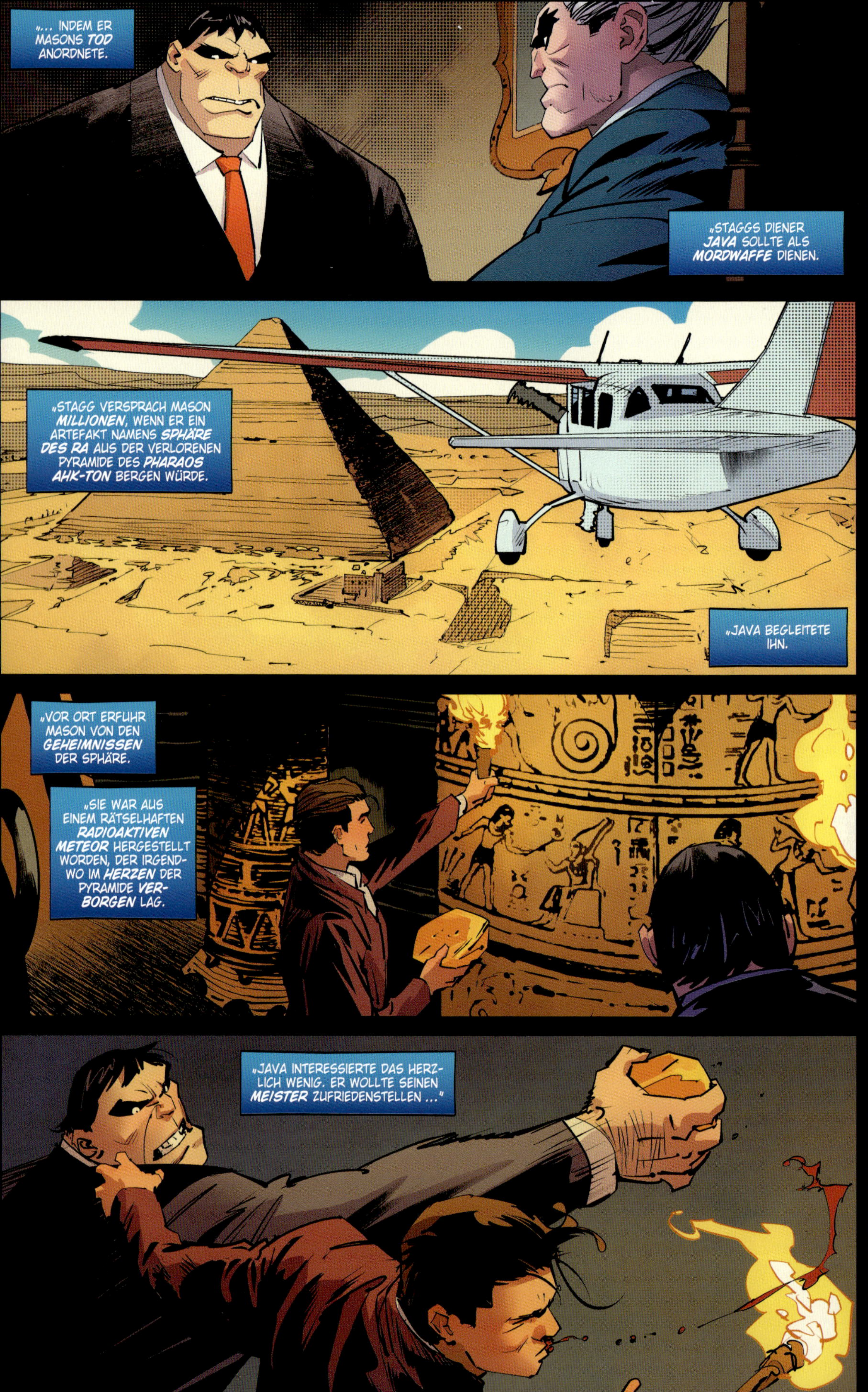
„... INDEM ER MASONS TOD ANORDNETE.
„STAGGS DIENER JAVA SOLLTE ALS MORDWAFFE DIENEN.
„STAGG VERSPRACH MASON MILLIONEN, WENN ER EIN ARTEFAKT NAMENS SPHÄRE DES RA AUS DER VERLORENEN PYRAMIDE DES PHARAOS AHK-TON BERGEN WÜRDE.
„JAVA BEGLEITETE IHN.
„VOR ORT ERFUHR MASON VON DEN GEHEIMNISSEN DER SPHÄRE.
„SIE WAR AUS EINEM RÄTSELHAFTEN RADIOAKTIVEN METEOR HERGESTELLT WORDEN, DER IRGENDWO IM HERZEN DER PYRAMIDE VERBORGEN LAG.
„JAVA INTERESSIERTE DAS HERZLICH WENIG. ER WOLLTE SEINEN MEISTER ZUFRIEDENSTELLEN ...“

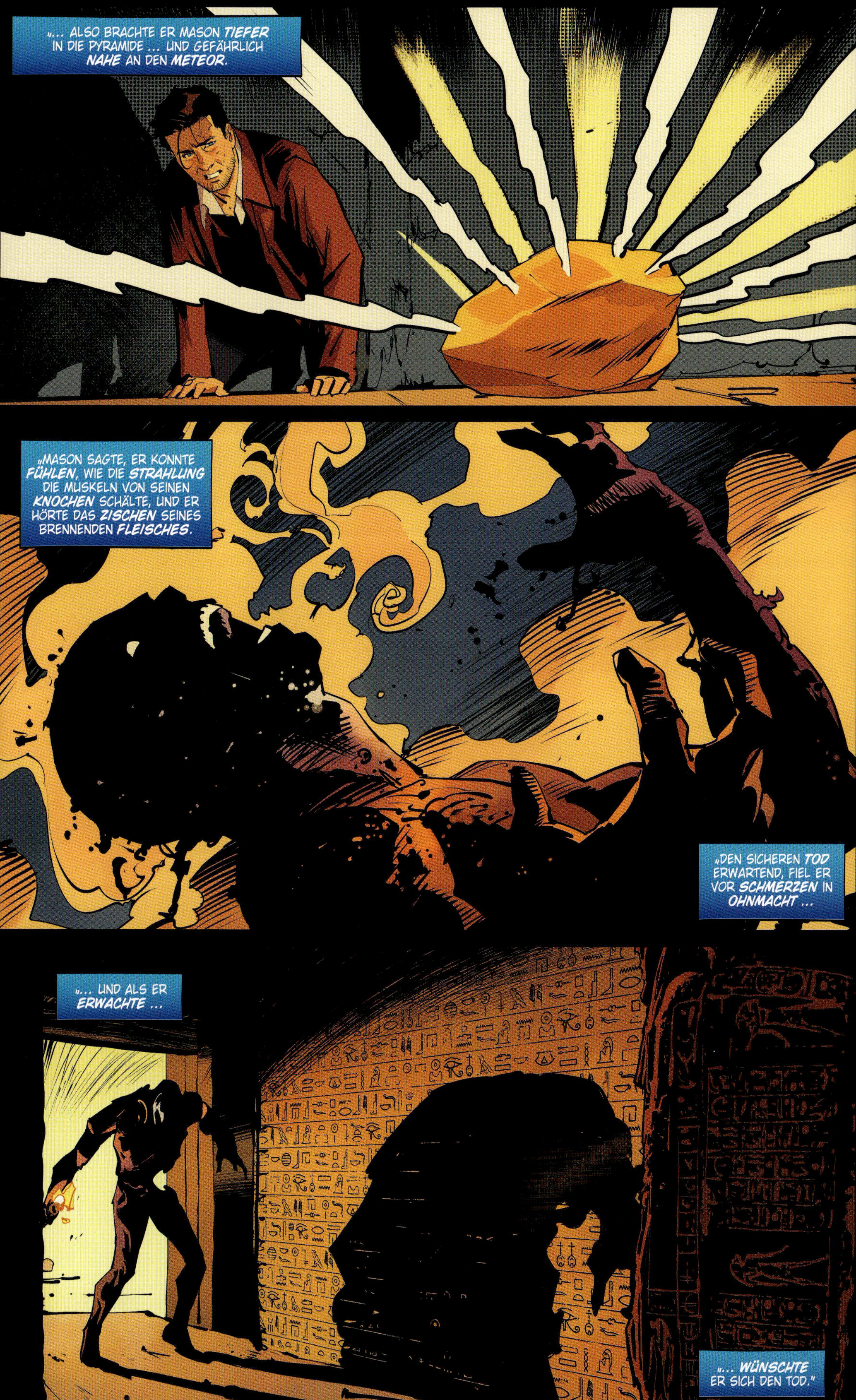
„… ALSO BRACHTE ER MASON TIEFER IN DIE PYRAMIDE … UND GEFÄHRLICH NAHE AN DEN METEOR.
„MASON SAGTE, ER KONNTE FÜHLEN, WIE DIE STRAHLUNG DIE MUSKELN VON SEINEN KNOCHEN SCHÄLTE, UND ER HÖRTE DAS ZISCHEN SEINES BRENNENDEN FLEISCHES.
„DEN SICHEREN TOD ERWARTEND, FIEL ER VOR SCHMERZEN IN OHNMACHT …
„… UND ALS ER ERWACHTE …
„… WÜNSCHTE ER SICH DEN TOD."

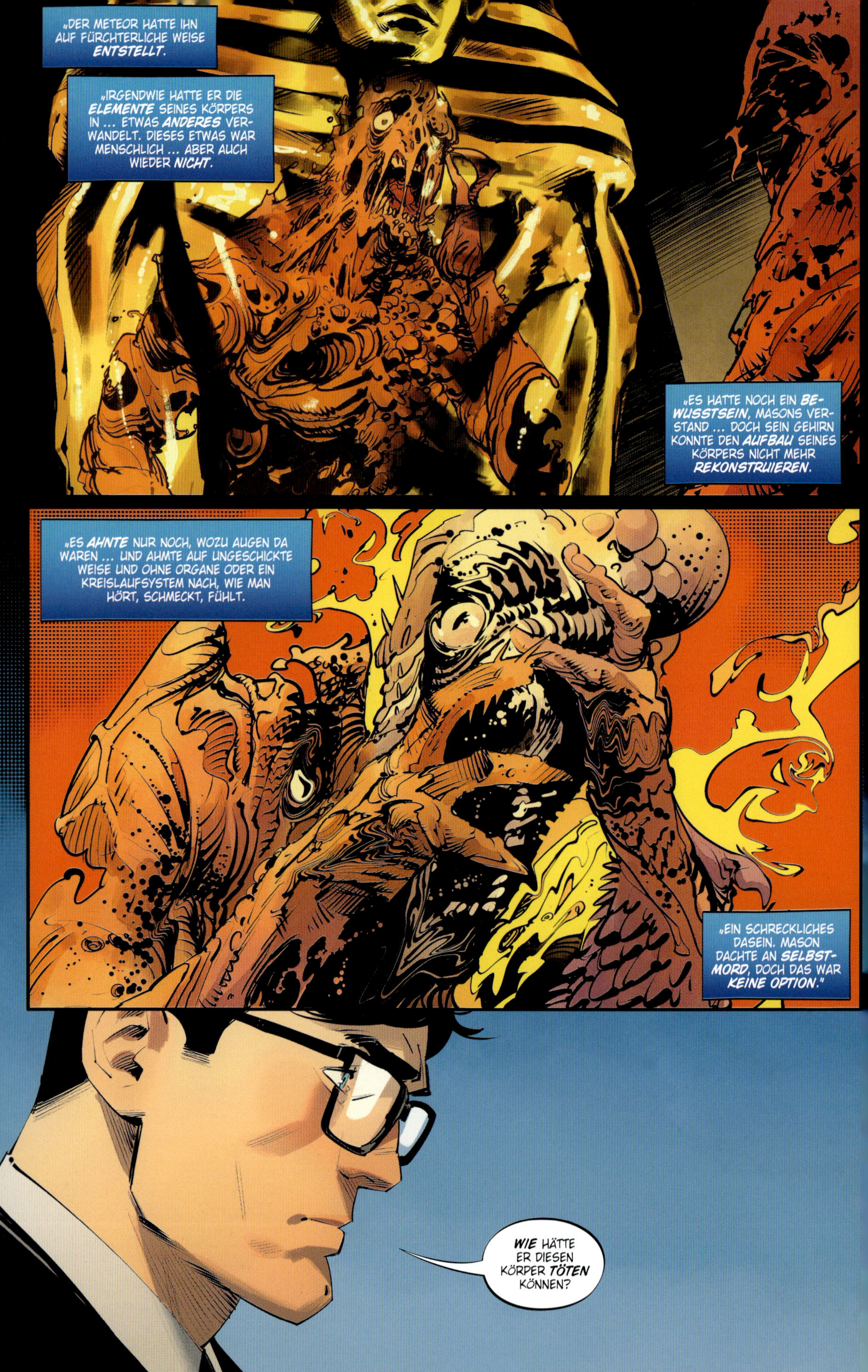
„DER METEOR HATTE IHN AUF FÜRCHTERLICHE WEISE ENTSTELLT.
„IRGENDWIE HATTE ER DIE ELEMENTE SEINES KÖRPERS IN ... ETWAS ANDERES VERWANDELT. DIESES ETWAS WAR MENSCHLICH ... ABER AUCH WIEDER NICHT.
„ES HATTE NOCH EIN BEWUSSTSEIN, MASONS VERSTAND ... DOCH SEIN GEHIRN KONNTE DEN AUFBAU SEINES KÖRPERS NICHT MEHR REKONSTRUIEREN.
„ES AHNTE NUR NOCH, WOZU AUGEN DA WAREN ... UND AHMTE AUF UNGESCHICKTE WEISE UND OHNE ORGANE ODER EIN KREISLAUFSYSTEM NACH, WIE MAN HÖRT, SCHMECKT, FÜHLT.
„EIN SCHRECKLICHES DASEIN. MASON DACHTE AN SELBSTMORD, DOCH DAS WAR KEINE OPTION."
WIE HÄTTE ER DIESEN KÖRPER TÖTEN KÖNNEN?

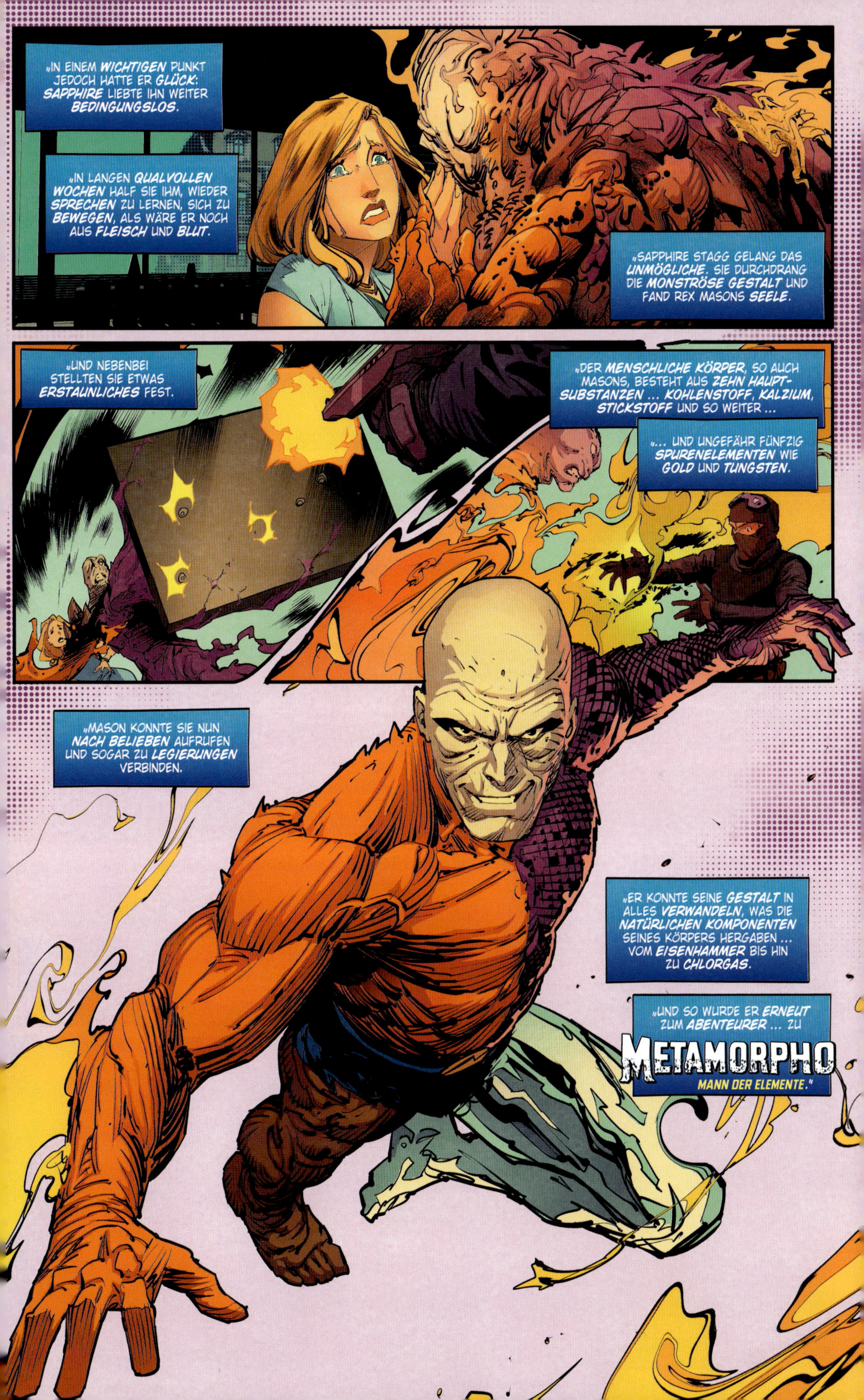
„IN EINEM WICHTIGEN PUNKT JEDOCH HATTE ER GLÜCK: SAPPHIRE LIEBTE IHN WEITER BEDINGUNGSLOS.
„IN LANGEN QUALVOLLEN WOCHEN HALF SIE IHM, WIEDER SPRECHEN ZU LERNEN, SICH ZU BEWEGEN, ALS WÄRE ER NOCH AUS FLEISCH UND BLUT.
„SAPPHIRE STAGG GELANG DAS UNMÖGLICHE. SIE DURCHDRANG DIE MONSTRÖSE GESTALT UND FAND REX MASONS SEELE.
„UND NEBENBEI STELLTEN SIE ETWAS ERSTAUNLICHES FEST.
„DER MENSCHLICHE KÖRPER, SO AUCH MASONS, BESTEHT AUS ZEHN HAUPT-SUBSTANZEN ... KOHLENSTOFF, KALZIUM, STICKSTOFF UND SO WEITER ...
„... UND UNGEFÄHR FÜNFZIG SPURENELEMENTEN WIE GOLD UND TUNGSTEN.
„MASON KONNTE SIE NUN NACH BELIEBEN AUFRUFEN UND SOGAR ZU LEGIERUNGEN VERBINDEN.
„ER KONNTE SEINE GESTALT IN ALLES VERWANDELN, WAS DIE NATÜRLICHEN KOMPONENTEN SEINES KÖRPERS HERGABEN ... VOM EISENHAMMER BIS HIN ZU CHLORGAS.
„UND SO WURDE ER ERNEUT ZUM ABENTEURER ... ZU
METAMORPHO
MANN DER ELEMENTE."

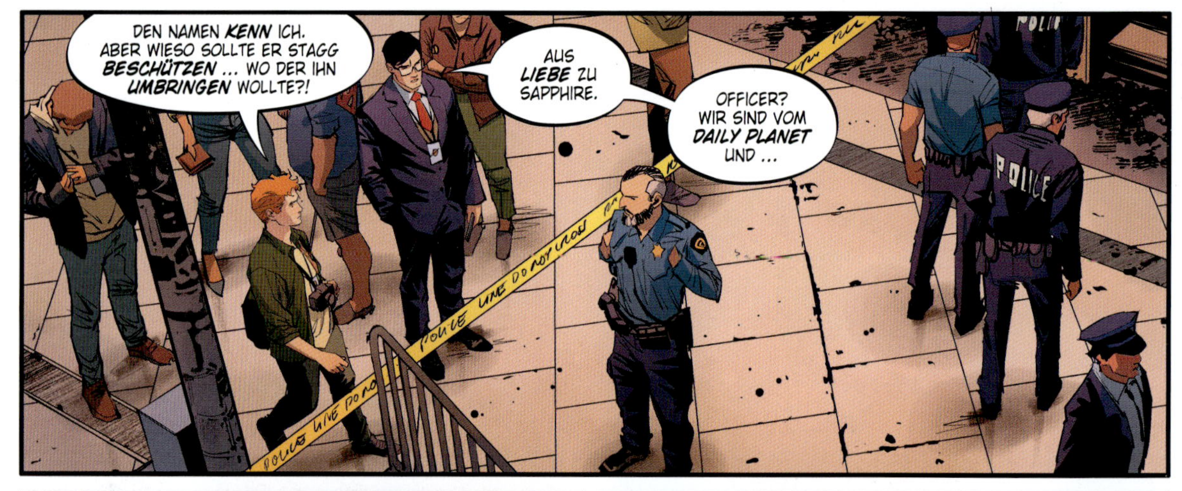
DEN NAMEN KENN ICH. ABER WIESO SOLLTE ER STAGG BESCHÜTZEN ... WO DER IHN UMBRINGEN WOLLTE?!
AUS LIEBE ZU SAPPHIRE.
OFFICER? WIR SIND VOM DAILY PLANET UND ...
POLICE
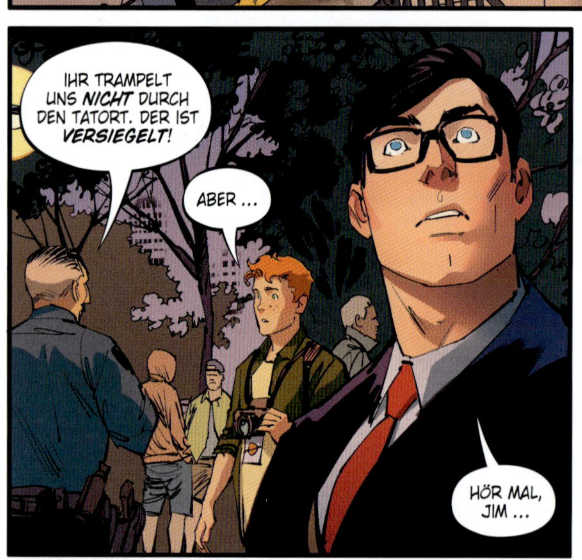
IHR TRAMPELT UNS NICHT DURCH DEN TATORT. DER IST VERSIEGELT!
ABER ...
HÖR MAL, JIM ...
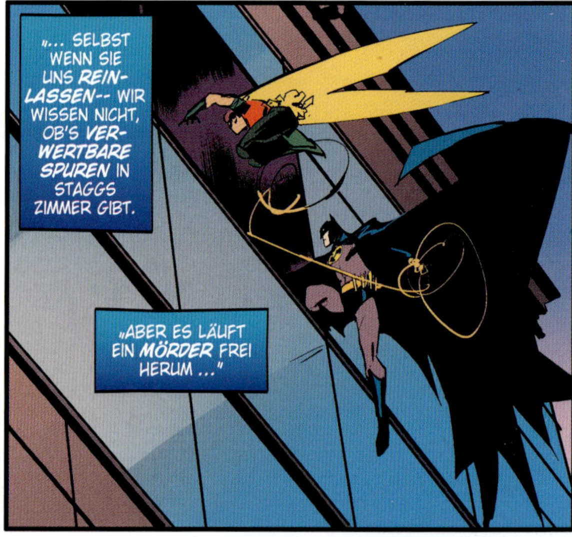
„... SELBST WENN SIE UNS REINLASSEN-- WIR WISSEN NICHT, OB'S VERWERTBARE SPUREN IN STAGGS ZIMMER GIBT.
„ABER ES LÄUFT EIN MÖRDER FREI HERUM ..."
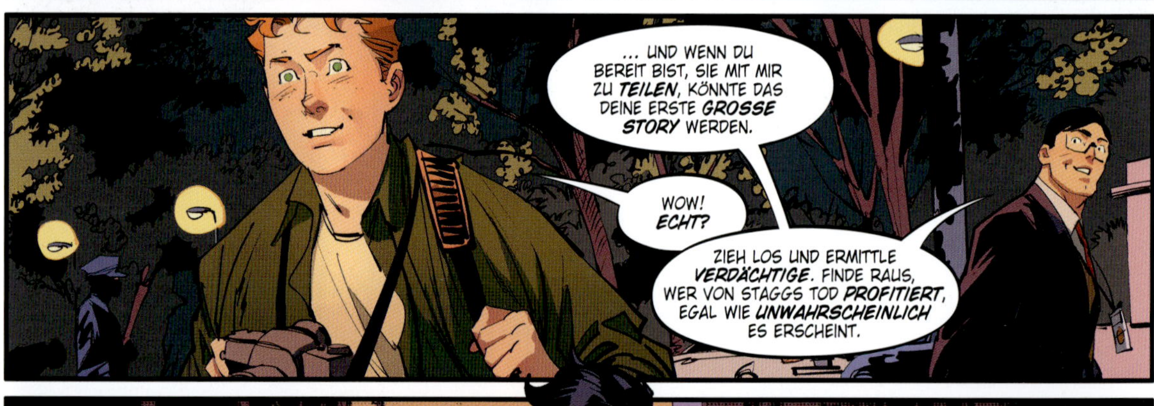
... UND WENN DU BEREIT BIST, SIE MIT MIR ZU TEILEN, KÖNNTE DAS DEINE ERSTE GROSSE STORY WERDEN.
WOW! ECHT?
ZIEH LOS UND ERMITTLE VERDÄCHTIGE. FINDE RAUS, WER VON STAGGS TOD PROFITIERT, EGAL WIE UNWAHRSCHEINLICH ES ERSCHEINT.
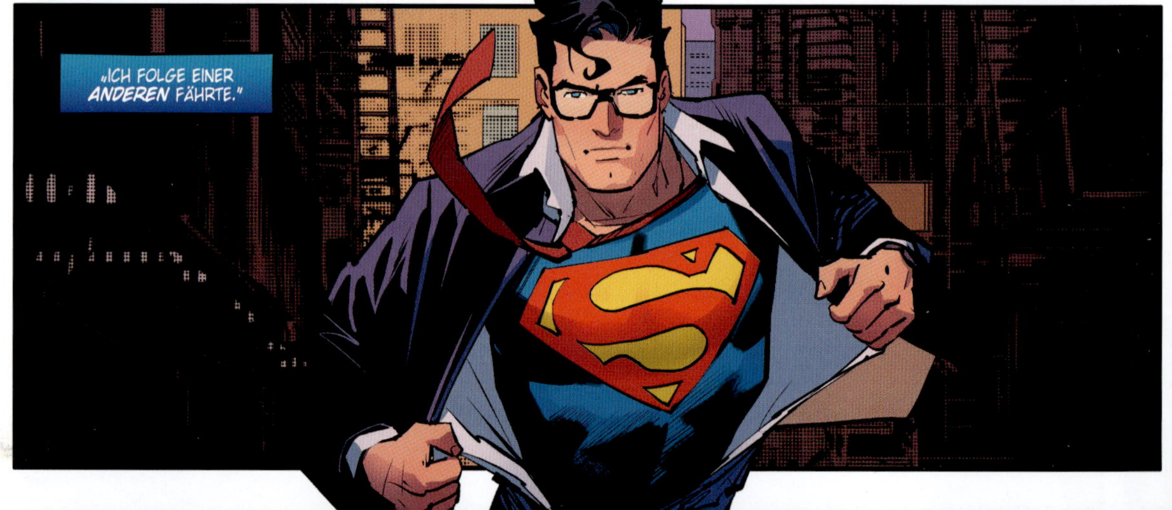
„ICH FOLGE EINER ANDEREN FÄHRTE."

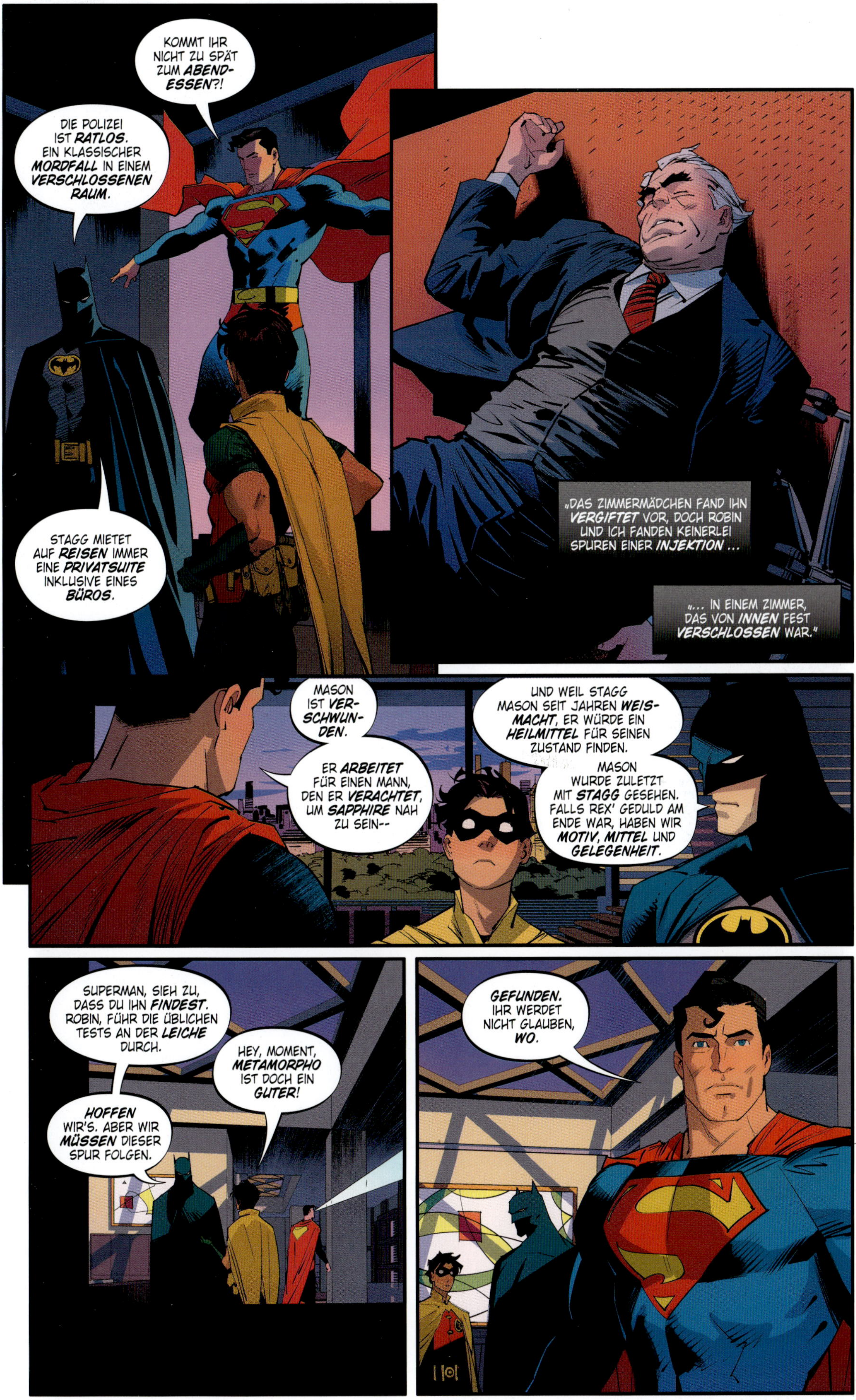

KOMMT IHR NICHT ZU SPÄT ZUM **ABEND-ESSEN**?!
DIE POLIZEI IST **RATLOS**. EIN KLASSISCHER **MORDFALL** IN EINEM **VERSCHLOSSENEN RAUM**.
STAGG MIETET AUF **REISEN** IMMER EINE **PRIVATSUITE** INKLUSIVE EINES **BÜROS**.

„DAS ZIMMERMÄDCHEN FAND IHN **VERGIFTET** VOR, DOCH ROBIN UND ICH FANDEN KEINERLEI SPUREN EINER **INJEKTION** …
„… IN EINEM ZIMMER, DAS VON **INNEN** FEST **VERSCHLOSSEN** WAR."

MASON IST **VER-SCHWUN-DEN**.
ER **ARBEITET** FÜR EINEN MANN, DEN ER **VERACHTET**, UM **SAPPHIRE** NAH ZU SEIN--
UND WEIL STAGG MASON SEIT JAHREN **WEIS-MACHT**, ER WÜRDE EIN **HEILMITTEL** FÜR SEINEN ZUSTAND FINDEN.
MASON WURDE ZULETZT MIT **STAGG** GESEHEN. FALLS REX' GEDULD AM ENDE WAR, HABEN WIR **MOTIV, MITTEL** UND **GELEGENHEIT**.

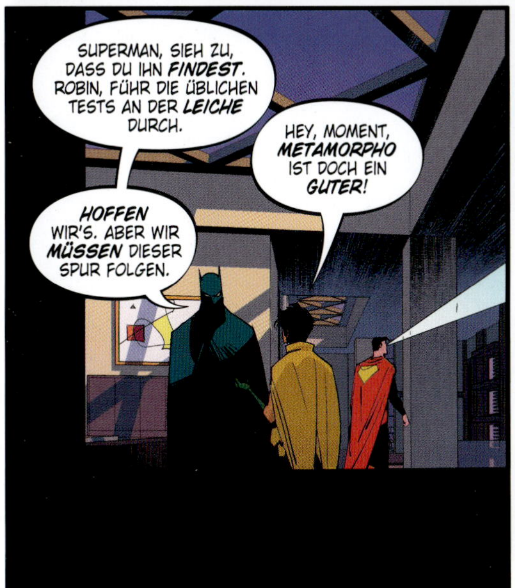

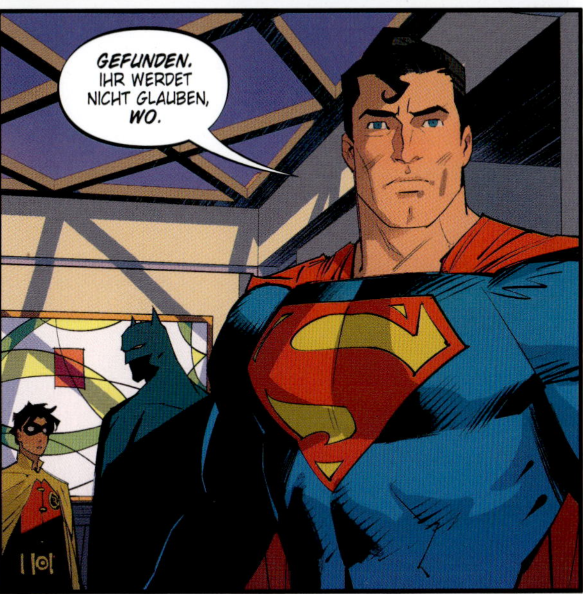

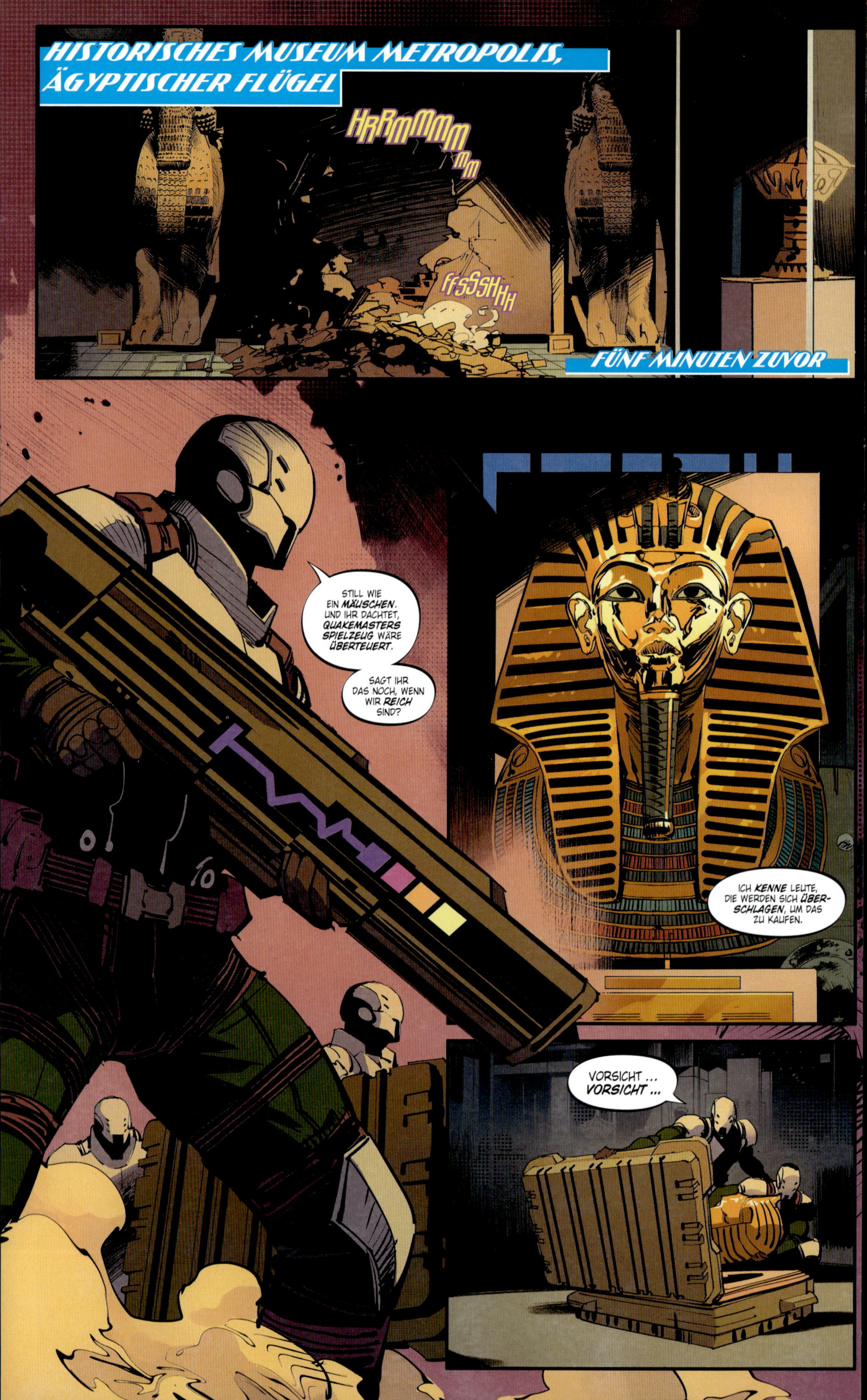
HISTORISCHES MUSEUM METROPOLIS, ÄGYPTISCHER FLÜGEL
HRRMMMMMM
FFSSSHHH
FÜNF MINUTEN ZUVOR
STILL WIE EIN MÄUSCHEN. UND IHR DACHTET, QUAKEMASTERS SPIELZEUG WÄRE ÜBERTEUERT.
SAGT IHR DAS NOCH, WENN WIR REICH SIND?
ICH KENNE LEUTE, DIE WERDEN SICH ÜBERSCHLAGEN, UM DAS ZU KAUFEN.
VORSICHT ... VORSICHT ...

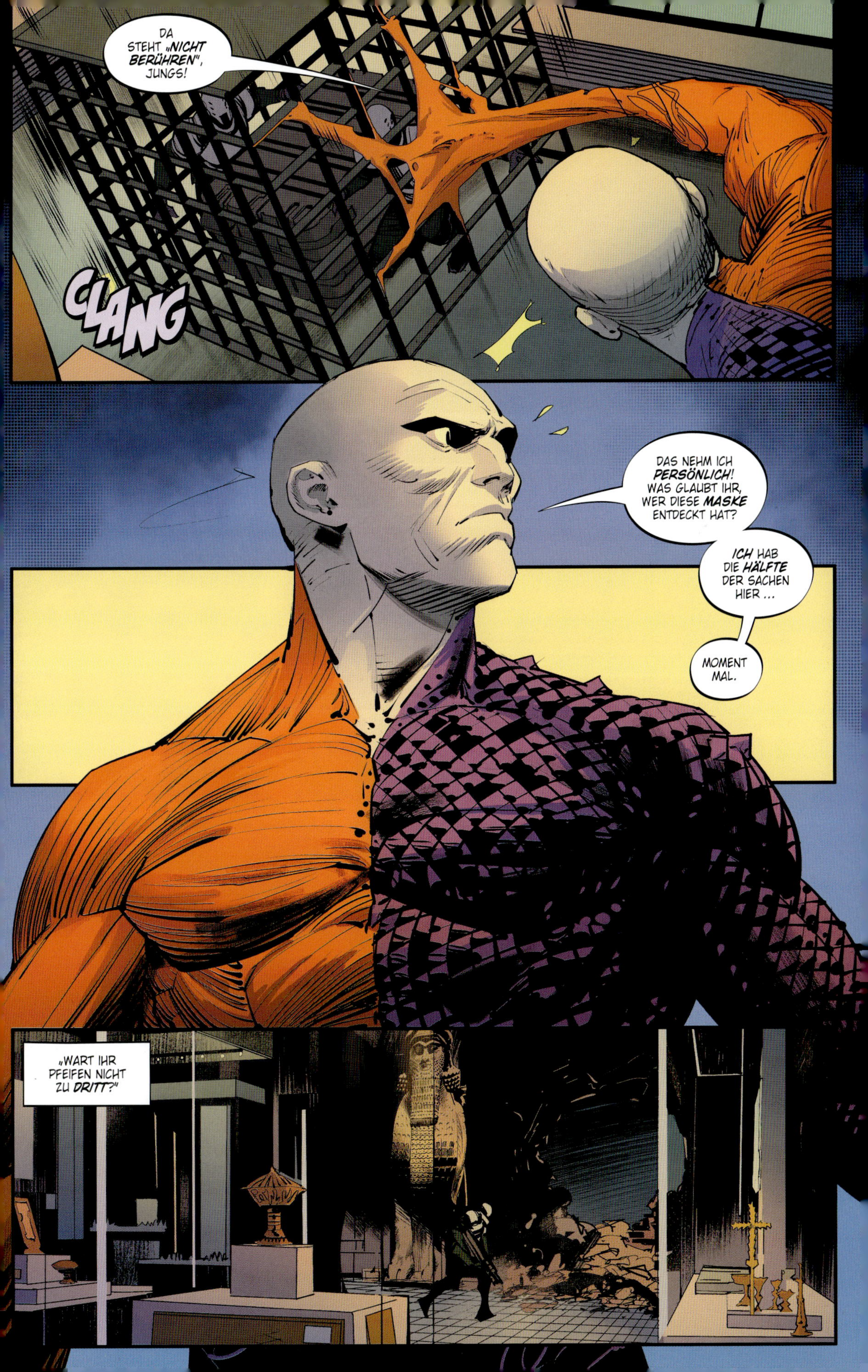

DA STEHT „NICHT BERÜHREN", JUNGS!
CLANG
DAS NEHM ICH PERSÖNLICH! WAS GLAUBT IHR, WER DIESE MASKE ENTDECKT HAT?
ICH HAB DIE HÄLFTE DER SACHEN HIER …
MOMENT MAL.
„WART IHR PFEIFEN NICHT ZU DRITT?"

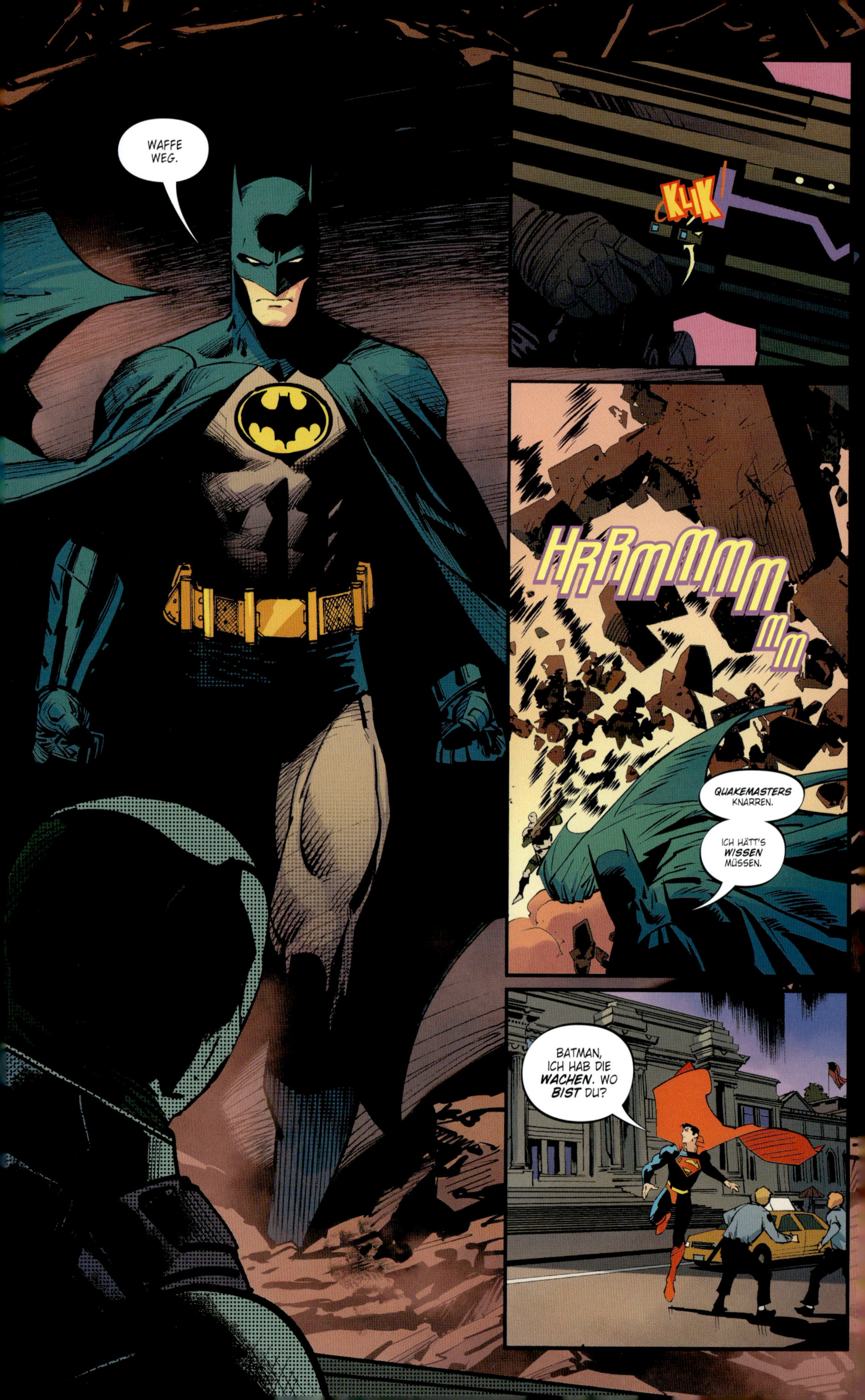
WAFFE WEG.
KLIK
HRRMMMMMMM
QUAKEMASTERS KNARREN.
ICH HÄTT'S WISSEN MÜSSEN.
BATMAN, ICH HAB DIE WACHEN. WO BIST DU?

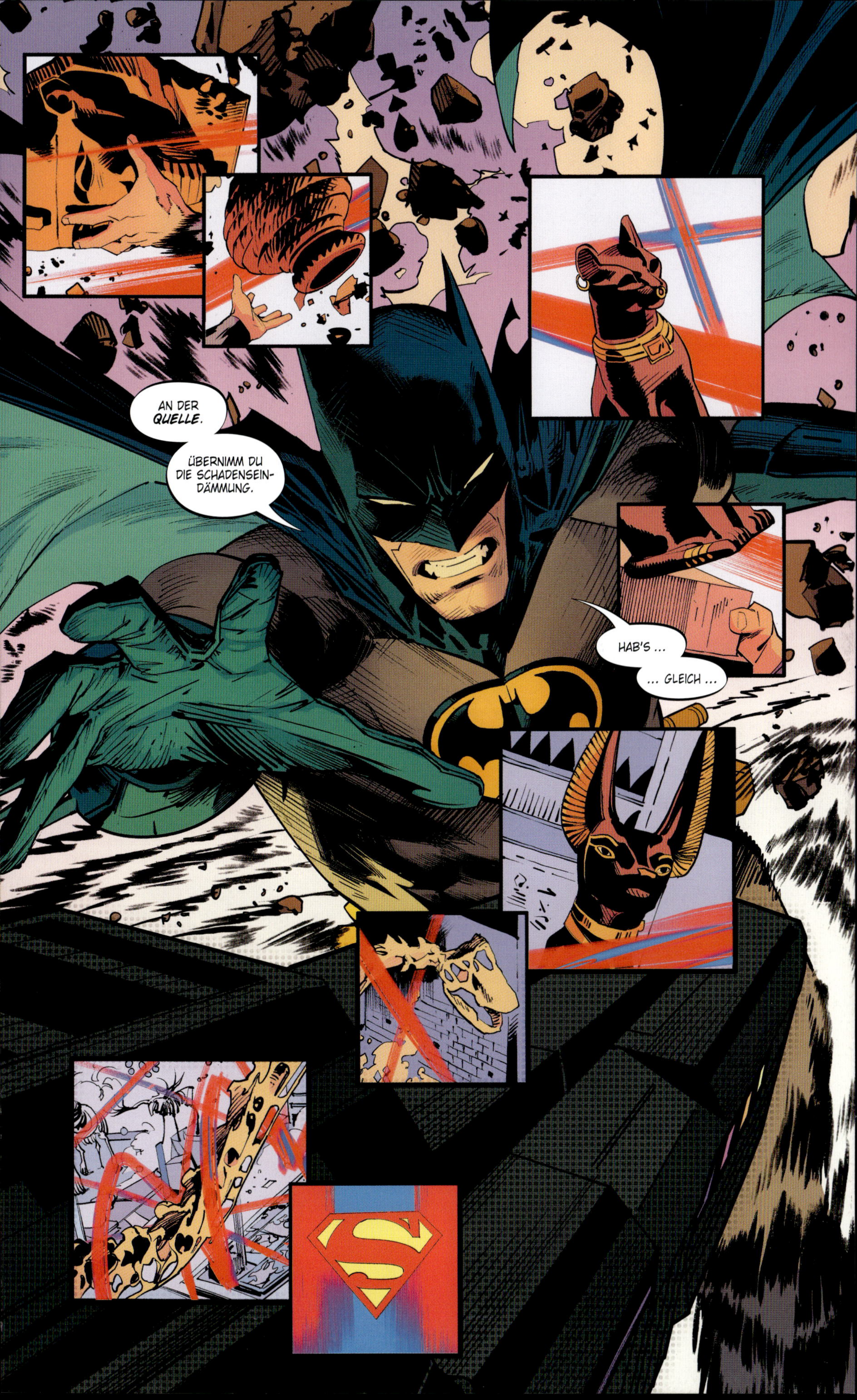
AN DER QUELLE.
ÜBERNIMM DU DIE SCHADENSEIN-DÄMMUNG.
HAB'S ...
... GLEICH ...

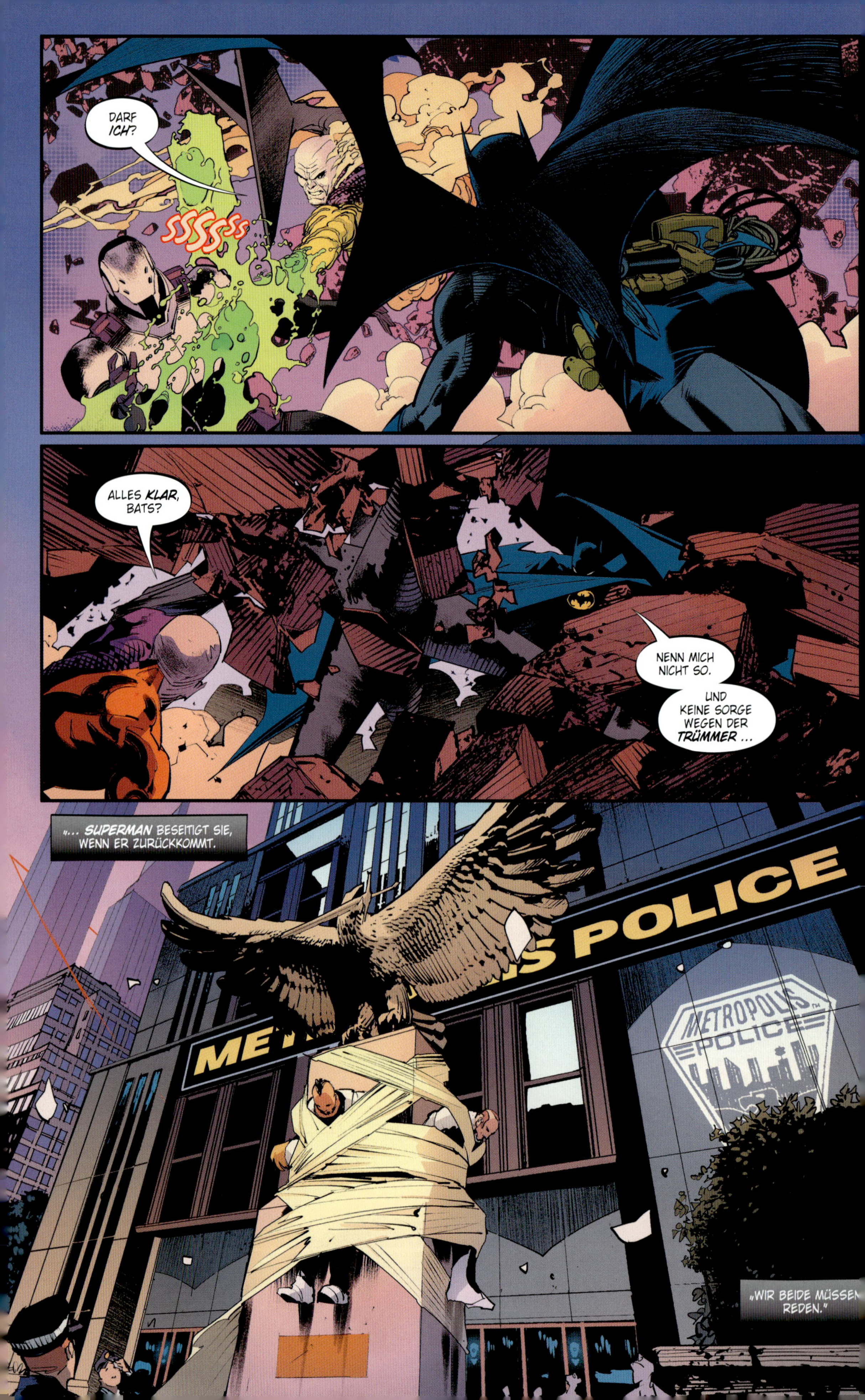

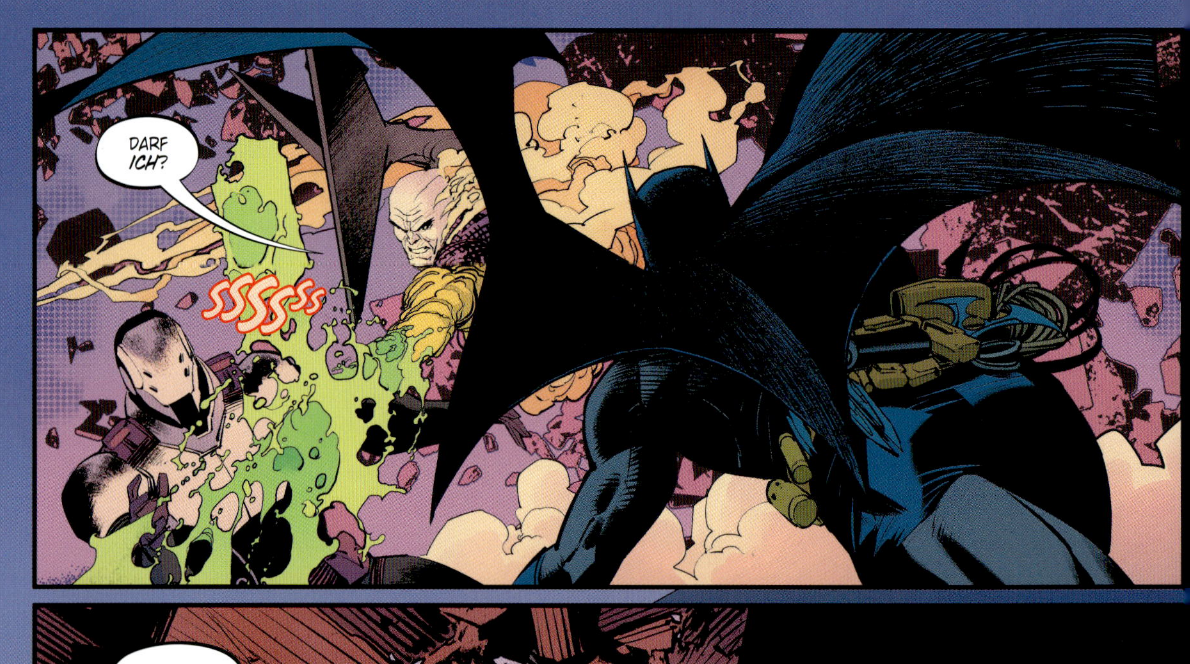

ALLES **KLAR**, BATS?

NENN MICH NICHT SO.

UND KEINE SORGE WEGEN DER **TRÜMMER** ...

„... **SUPERMAN** BESEITIGT SIE, WENN ER ZURÜCKKOMMT.

METROPOLIS POLICE

„WIR BEIDE MÜSSEN REDEN."

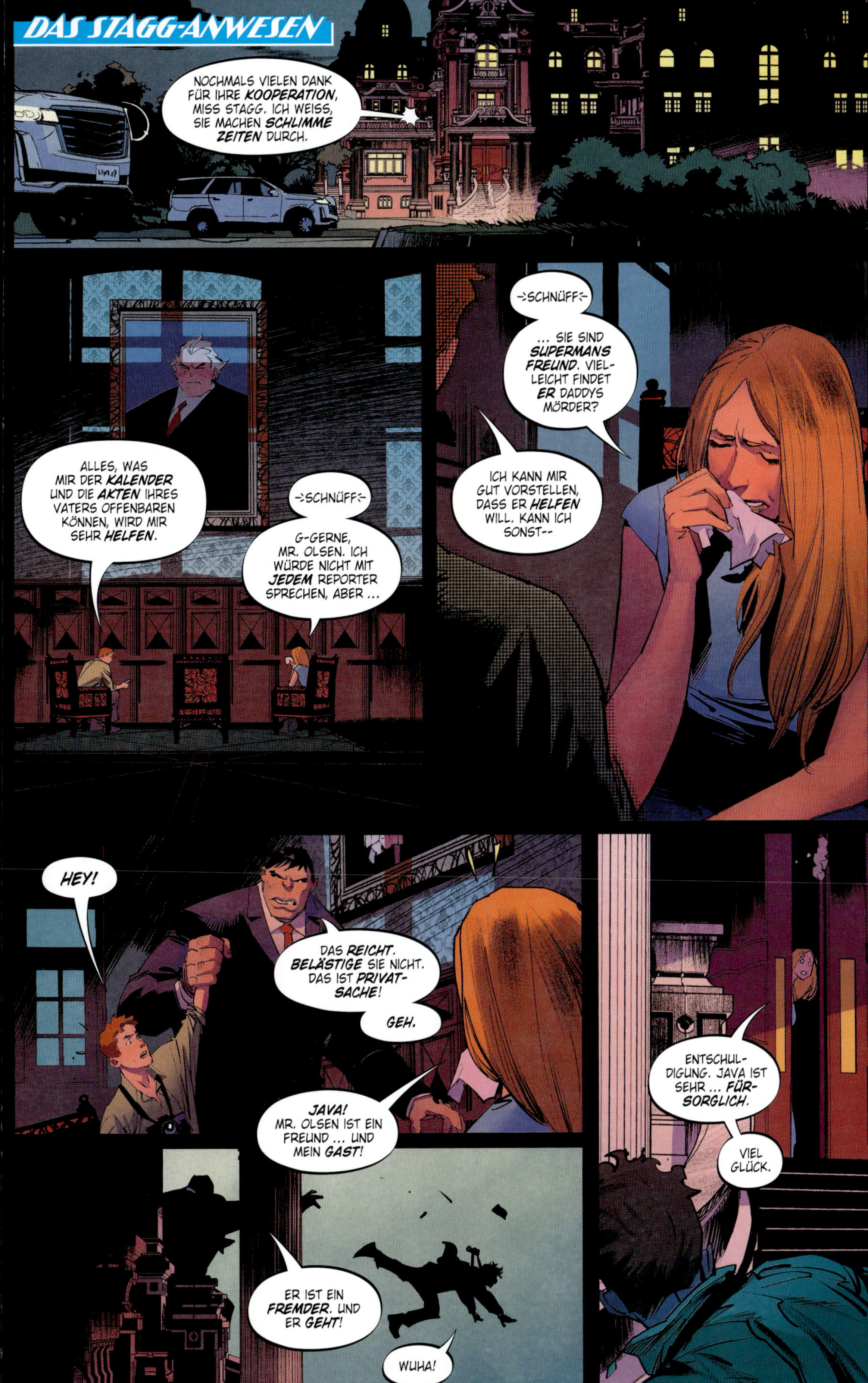
DAS STAGG-ANWESEN
NOCHMALS VIELEN DANK FÜR IHRE KOOPERATION, MISS STAGG. ICH WEISS, SIE MACHEN SCHLIMME ZEITEN DURCH.
ALLES, WAS MIR DER KALENDER UND DIE AKTEN IHRES VATERS OFFENBAREN KÖNNEN, WIRD MIR SEHR HELFEN.
-SCHNÜFF-
G-GERNE, MR. OLSEN. ICH WÜRDE NICHT MIT JEDEM REPORTER SPRECHEN, ABER ...
-SCHNÜFF-
... SIE SIND SUPERMANS FREUND. VIELLEICHT FINDET ER DADDYS MÖRDER?
ICH KANN MIR GUT VORSTELLEN, DASS ER HELFEN WILL. KANN ICH SONST--
HEY!
DAS REICHT. BELÄSTIGE SIE NICHT. DAS IST PRIVATSACHE!
GEH.
JAVA! MR. OLSEN IST EIN FREUND ... UND MEIN GAST!
ER IST EIN FREMDER. UND ER GEHT!
WUHA!
ENTSCHULDIGUNG. JAVA IST SEHR ... FÜRSORGLICH.
VIEL GLÜCK.

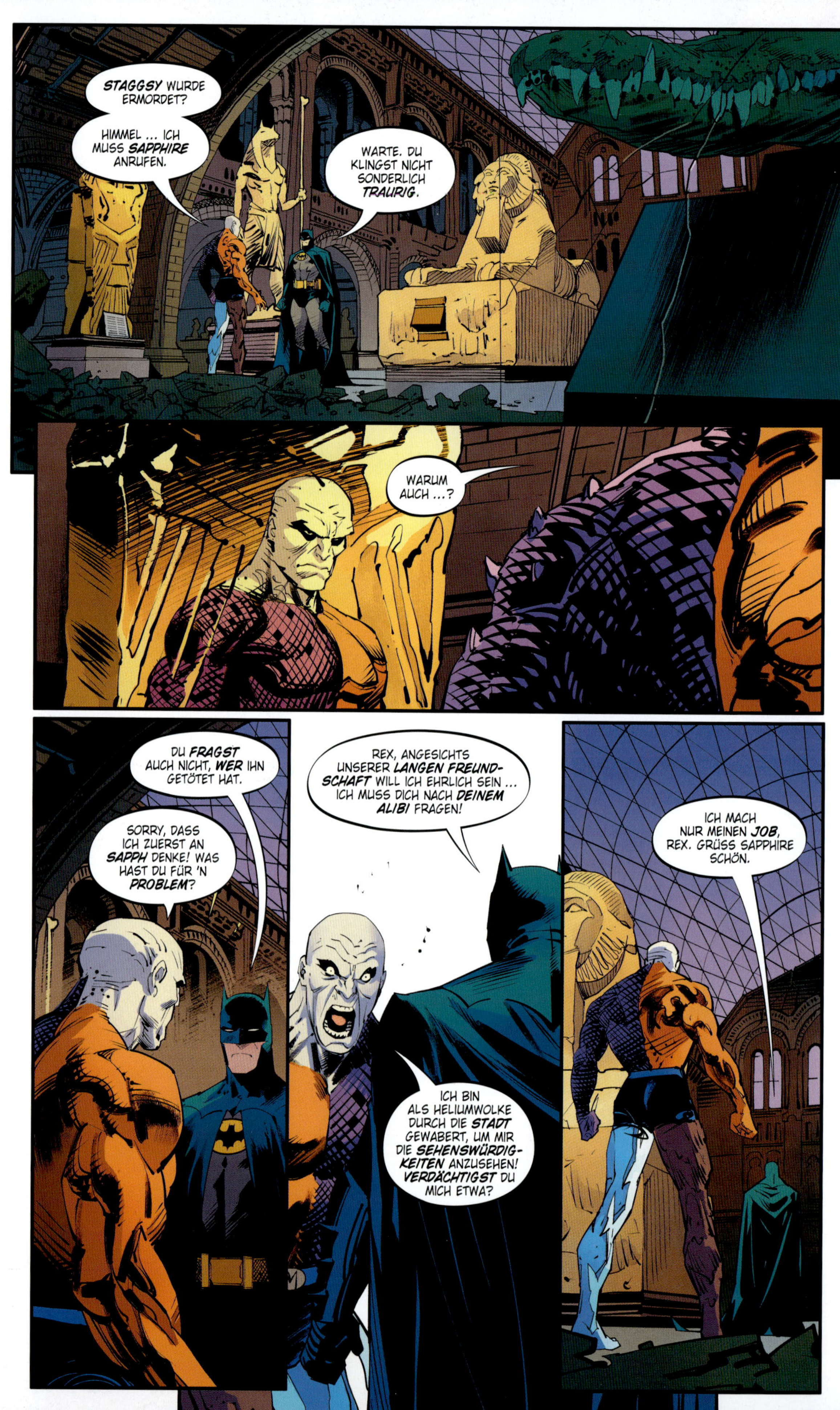
STAGGSY WURDE ERMORDET?
HIMMEL ... ICH MUSS SAPPHIRE ANRUFEN.
WARTE. DU KLINGST NICHT SONDERLICH TRAURIG.
WARUM AUCH ...?
DU FRAGST AUCH NICHT, WER IHN GETÖTET HAT.
SORRY, DASS ICH ZUERST AN SAPPH DENKE! WAS HAST DU FÜR 'N PROBLEM?
REX, ANGESICHTS UNSERER LANGEN FREUNDSCHAFT WILL ICH EHRLICH SEIN ... ICH MUSS DICH NACH DEINEM ALIBI FRAGEN!
ICH BIN ALS HELIUMWOLKE DURCH DIE STADT GEWABERT, UM MIR DIE SEHENSWÜRDIGKEITEN ANZUSEHEN! VERDÄCHTIGST DU MICH ETWA?
ICH MACH NUR MEINEN JOB, REX. GRÜSS SAPPHIRE SCHÖN.

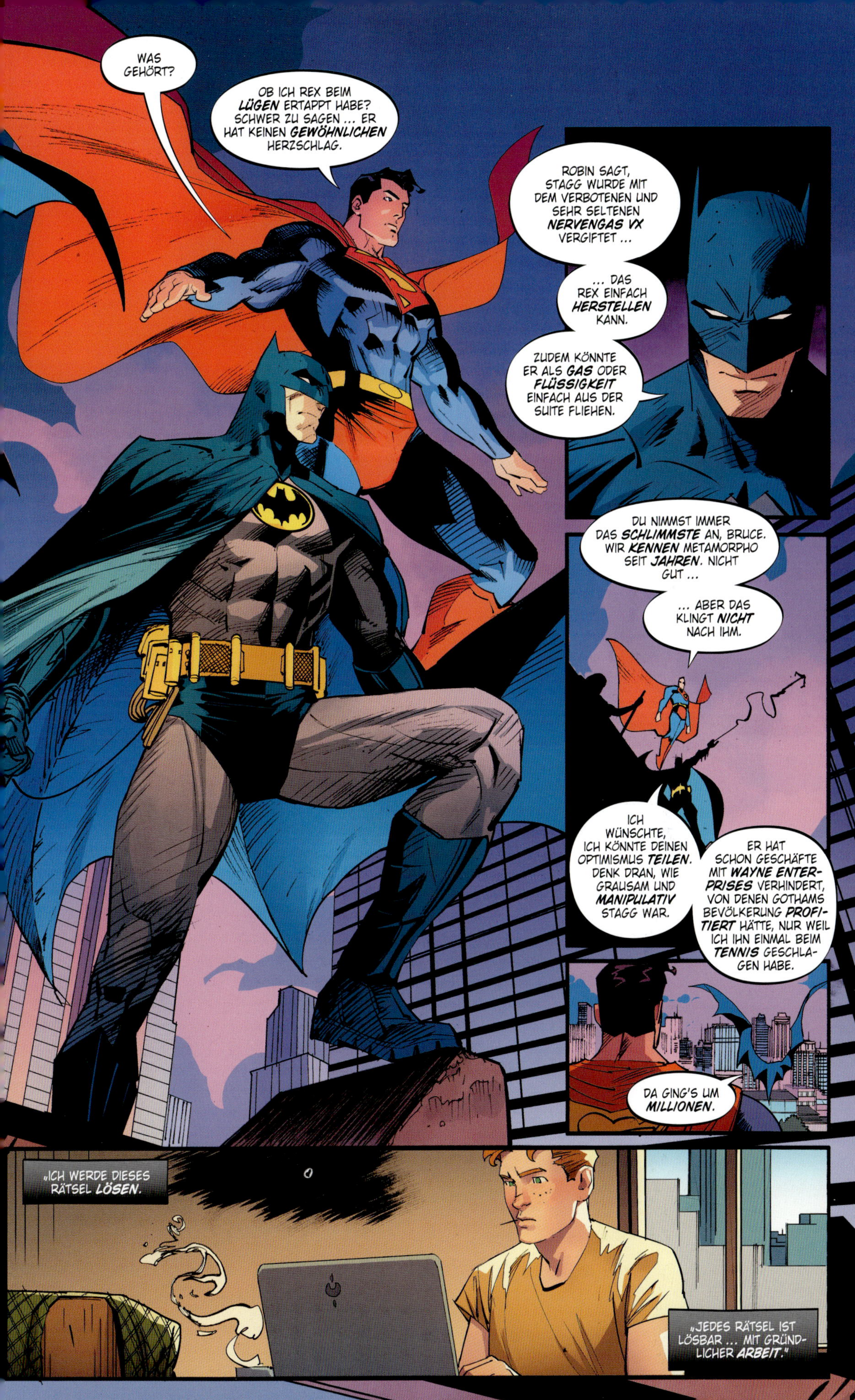
WAS GEHÖRT?
OB ICH REX BEIM LÜGEN ERTAPPT HABE? SCHWER ZU SAGEN ... ER HAT KEINEN GEWÖHNLICHEN HERZSCHLAG.
ROBIN SAGT, STAGG WURDE MIT DEM VERBOTENEN UND SEHR SELTENEN NERVENGAS VX VERGIFTET ...
... DAS REX EINFACH HERSTELLEN KANN.
ZUDEM KÖNNTE ER ALS GAS ODER FLÜSSIGKEIT EINFACH AUS DER SUITE FLIEHEN.
DU NIMMST IMMER DAS SCHLIMMSTE AN, BRUCE. WIR KENNEN METAMORPHO SEIT JAHREN. NICHT GUT ...
... ABER DAS KLINGT NICHT NACH IHM.
ICH WÜNSCHTE, ICH KÖNNTE DEINEN OPTIMISMUS TEILEN. DENK DRAN, WIE GRAUSAM UND MANIPULATIV STAGG WAR.
ER HAT SCHON GESCHÄFTE MIT WAYNE ENTERPRISES VERHINDERT, VON DENEN GOTHAMS BEVÖLKERUNG PROFITIERT HÄTTE, NUR WEIL ICH IHN EINMAL BEIM TENNIS GESCHLAGEN HABE.
DA GING'S UM MILLIONEN.
„ICH WERDE DIESES RÄTSEL LÖSEN.
„JEDES RÄTSEL IST LÖSBAR ... MIT GRÜNDLICHER ARBEIT."

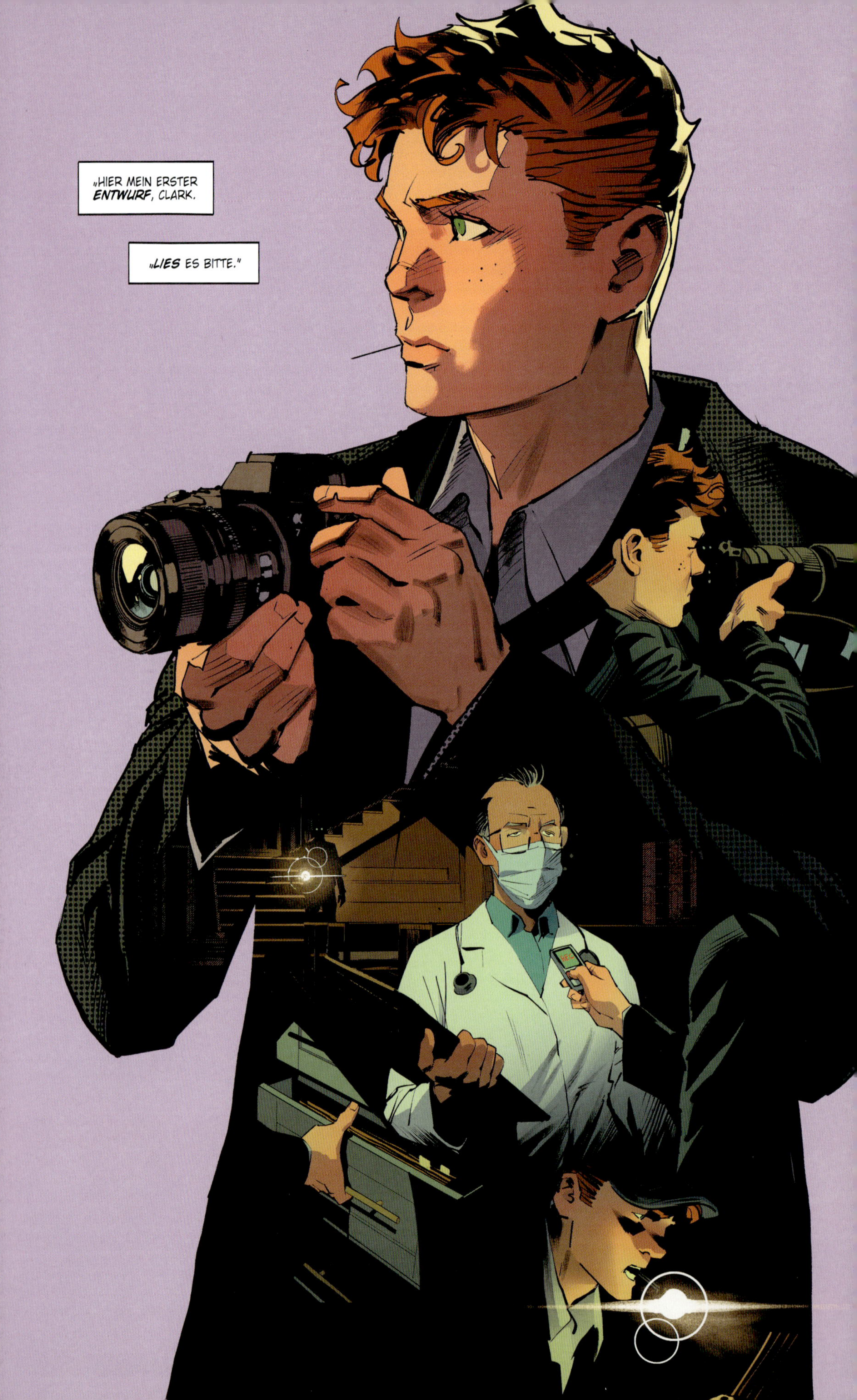
„HIER MEIN ERSTER ENTWURF, CLARK.
„LIES ES BITTE."

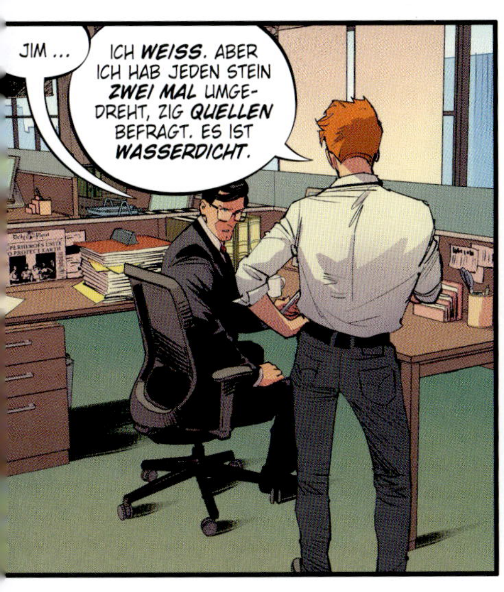

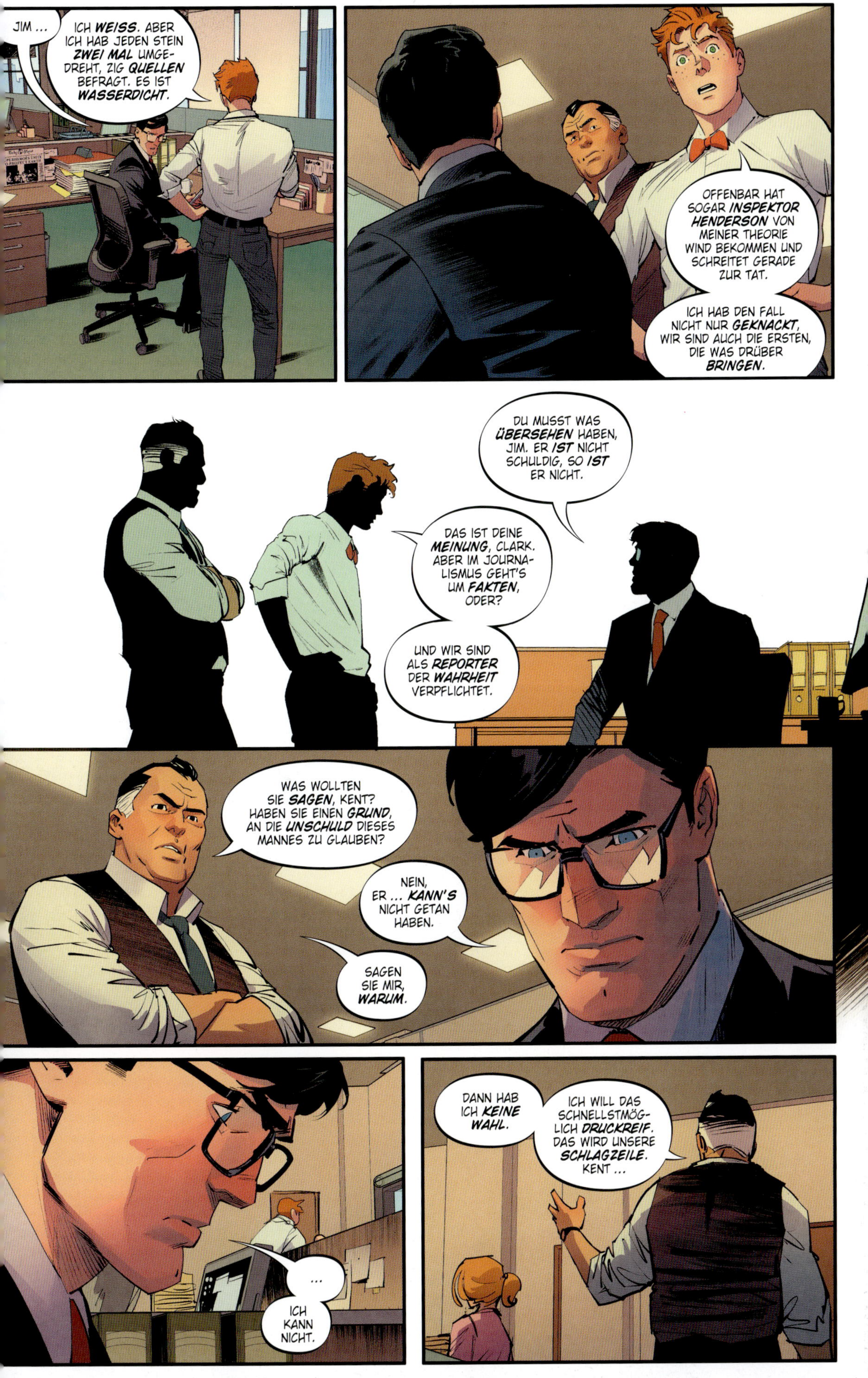

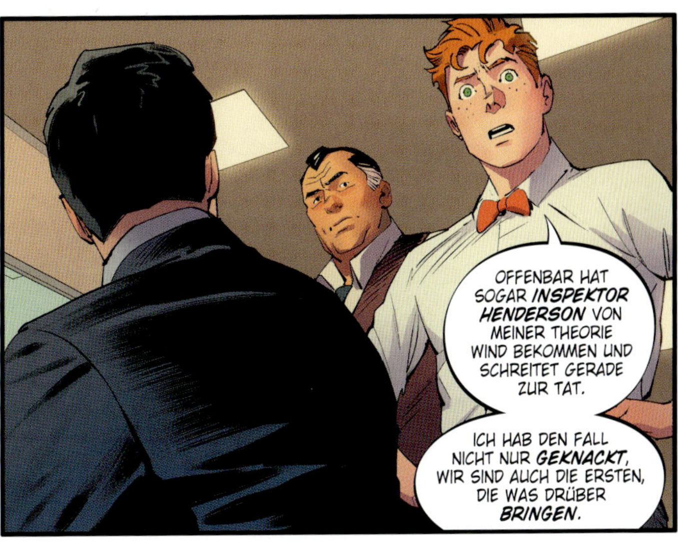

DU MUSST WAS ÜBERSEHEN HABEN, JIM. ER IST NICHT SCHULDIG, SO IST ER NICHT.
DAS IST DEINE MEINUNG, CLARK. ABER IM JOURNALISMUS GEHT'S UM FAKTEN, ODER?
UND WIR SIND ALS REPORTER DER WAHRHEIT VERPFLICHTET.

WAS WOLLTEN SIE SAGEN, KENT? HABEN SIE EINEN GRUND, AN DIE UNSCHULD DIESES MANNES ZU GLAUBEN?
NEIN, ER ... KANN'S NICHT GETAN HABEN.
SAGEN SIE MIR, WARUM.

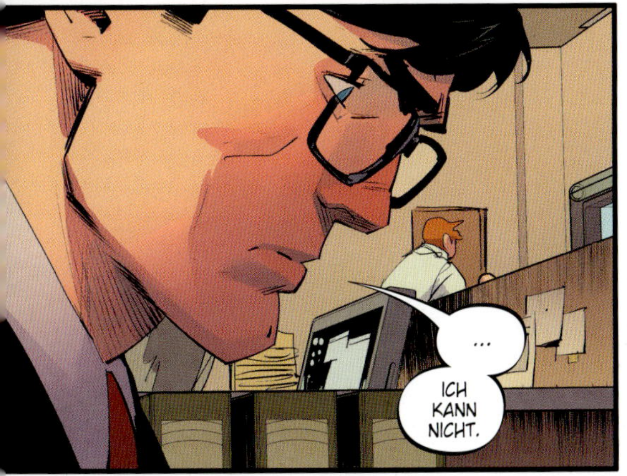

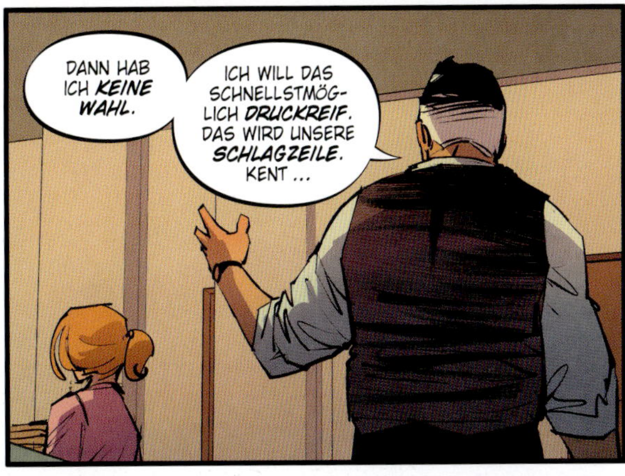

„... ES TUT MIR LEID."

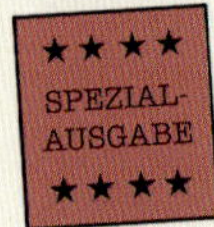

Daily 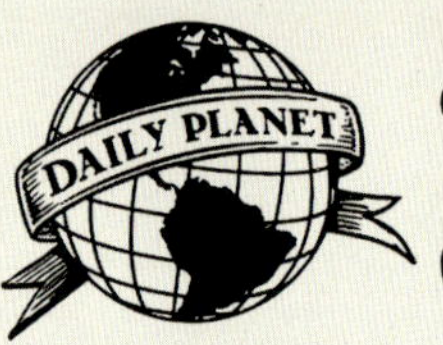 Planet

VOL.CCXXIII

★★★★ METROPOLIS' GRÖSSTE TAGESZEITUNG ★★★★

5. JUNI

BRUCE WAYNE FESTGENOMMEN
IST ER STAGGS MÖRDER?

VON CLARK KENT UND JIMMY OLSEN

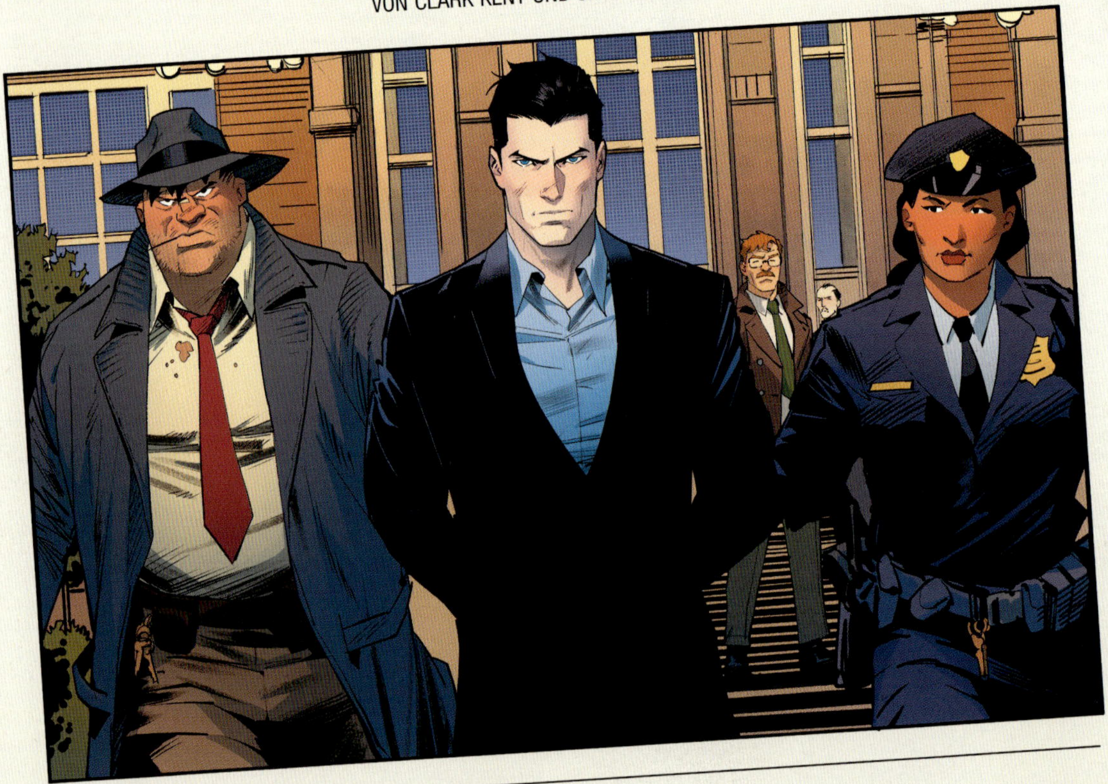

FOTO: JIMMY OLSEN

Die Welt ist schockiert: Der Milliardär, Geschäftsmann und Philanthrop Bruce Wayne wurde im Zuge der Ermittlungen zum Mord an seinem Geschäftspartner Simon Stagg, der am Mittwochabend möglicherweise an einer Vergiftung gestorben ist, als Mordverdächtiger verhaftet. Jimmy Olsen vom Daily Planet hat die Polizei über seine Recherchen in diesem Fall informiert und zu dieser Verhaftung beigetragen, deren Einzelheiten der Öffentlichkeit vorerst vorenthalten werden, während Wayne auf seinen Prozess wartet.

Wayne geriet vor Jahren in die Schlagzeilen, als er ein milliardenschweres Imperium von seinen Eltern Thomas und Martha Wayne erbte, die bei einem mutmaßlichen Raubüberfall in den Straßen von Gotham ermordet wurden. Wayne äußerte sich nicht, als er das GCPD-Hauptquartier auf dem Weg zu seiner Auslieferung nach Metropolis verließ, wo sich das Verbrechen ereignete. Vertraute aus Waynes Organisation beteuern seine Unschuld, doch nach der Enthüllung des Daily Planet häufen sich die Beweise gegen Wayne.

SUPERMAN WARNT VOR DEN FOLGEN DES TABAKKONSUMS

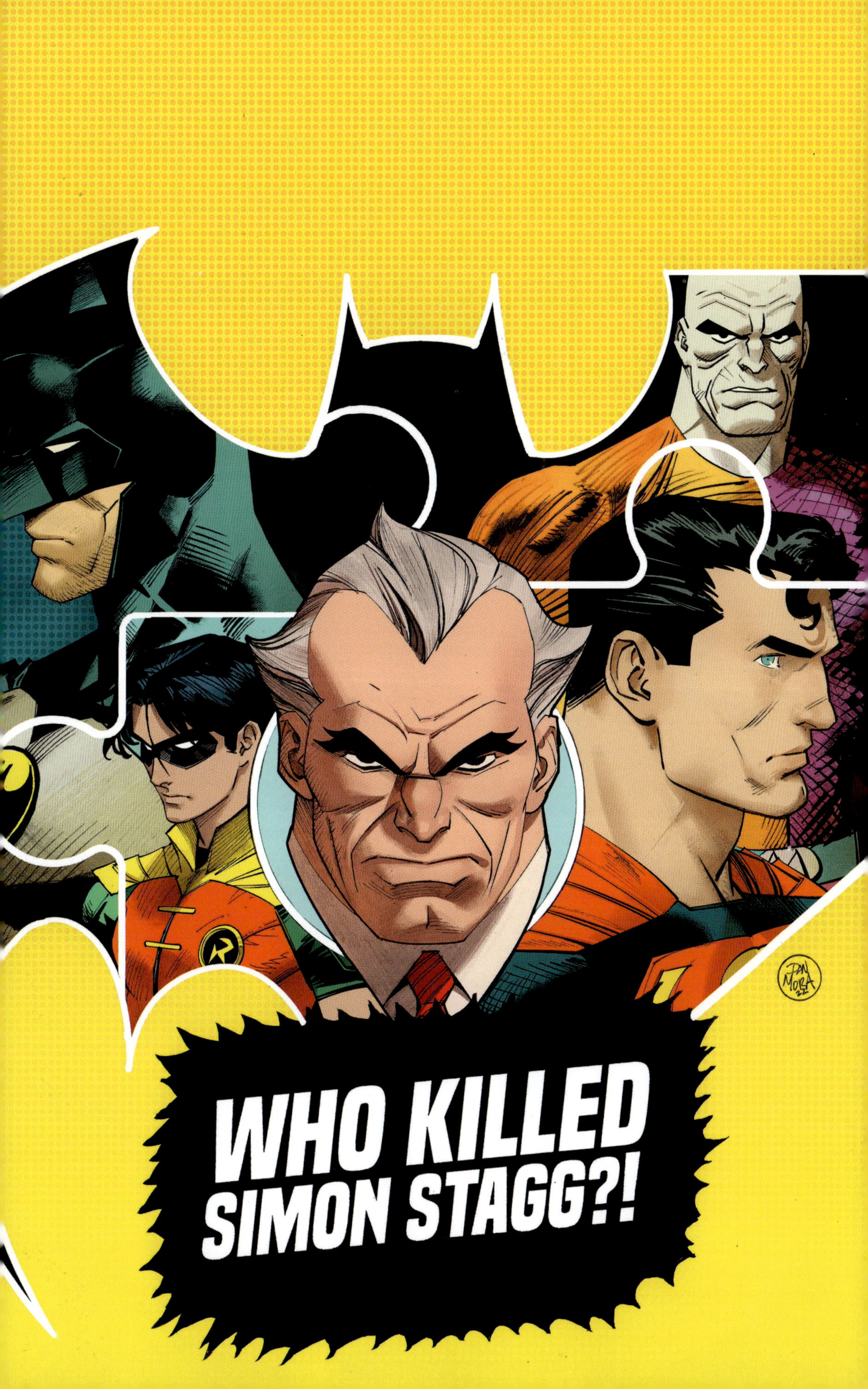
WHO KILLED
SIMON STAGG?!

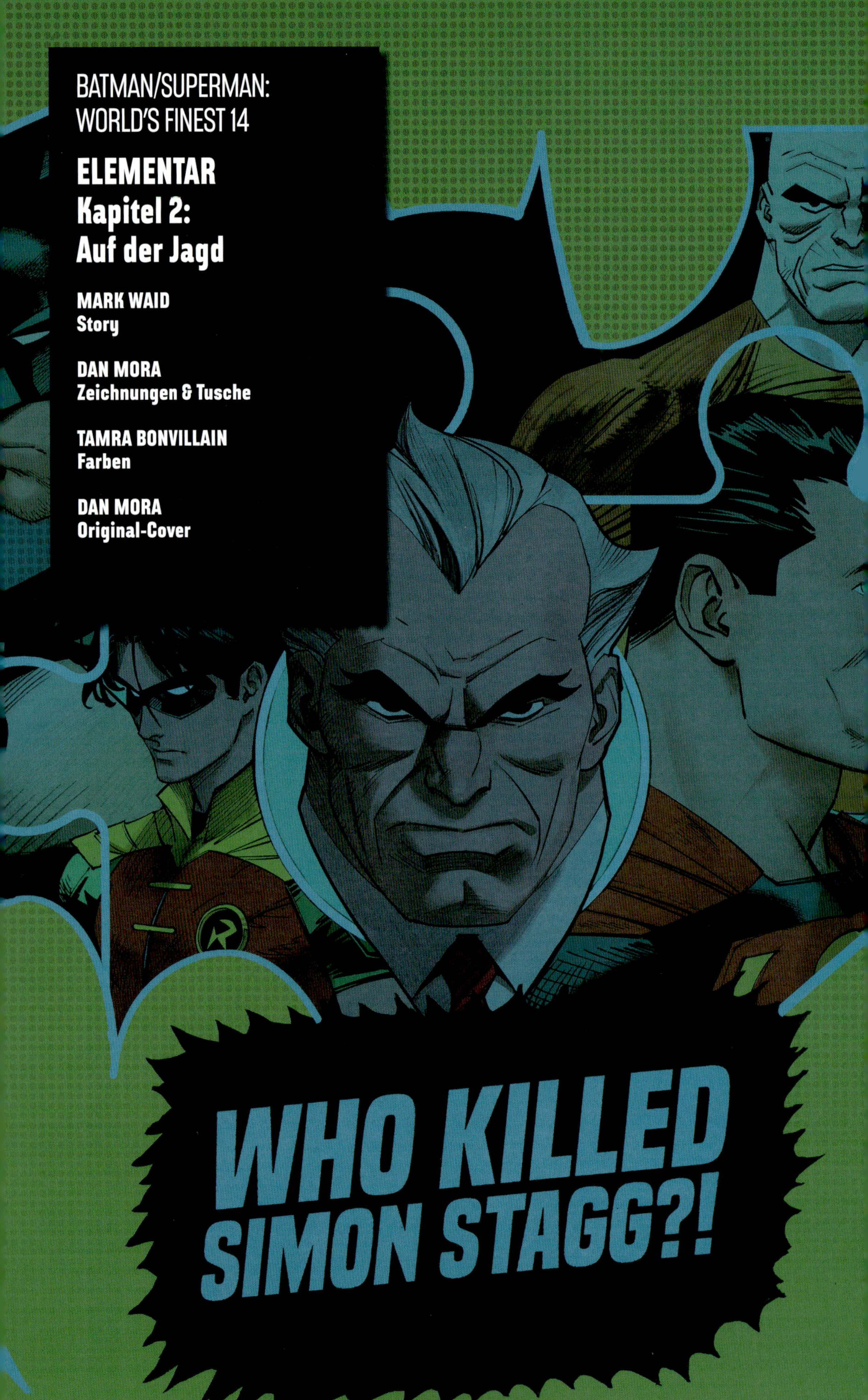
BATMAN/SUPERMAN:
WORLD'S FINEST 14
ELEMENTAR
Kapitel 2:
Auf der Jagd
MARK WAID
Story
DAN MORA
Zeichnungen & Tusche
TAMRA BONVILLAIN
Farben
DAN MORA
Original-Cover
WHO KILLED SIMON STAGG?!

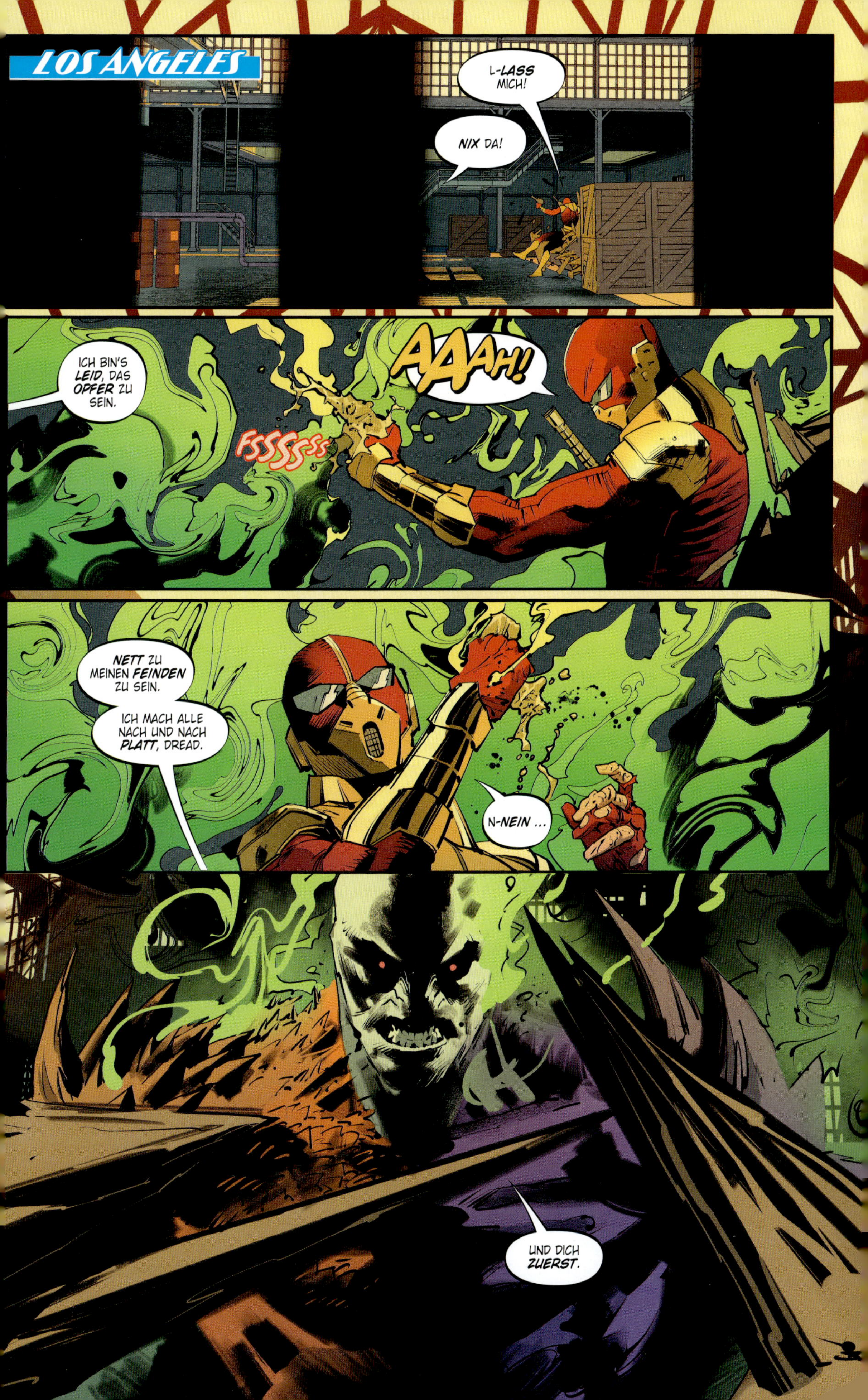
LOS ANGELES
L-LASS MICH!
NIX DA!
ICH BIN'S LEID, DAS OPFER ZU SEIN.
AAAAH!
FSSSSSS
NETT ZU MEINEN FEINDEN ZU SEIN.
ICH MACH ALLE NACH UND NACH PLATT, DREAD.
N-NEIN ...
UND DICH ZUERST.

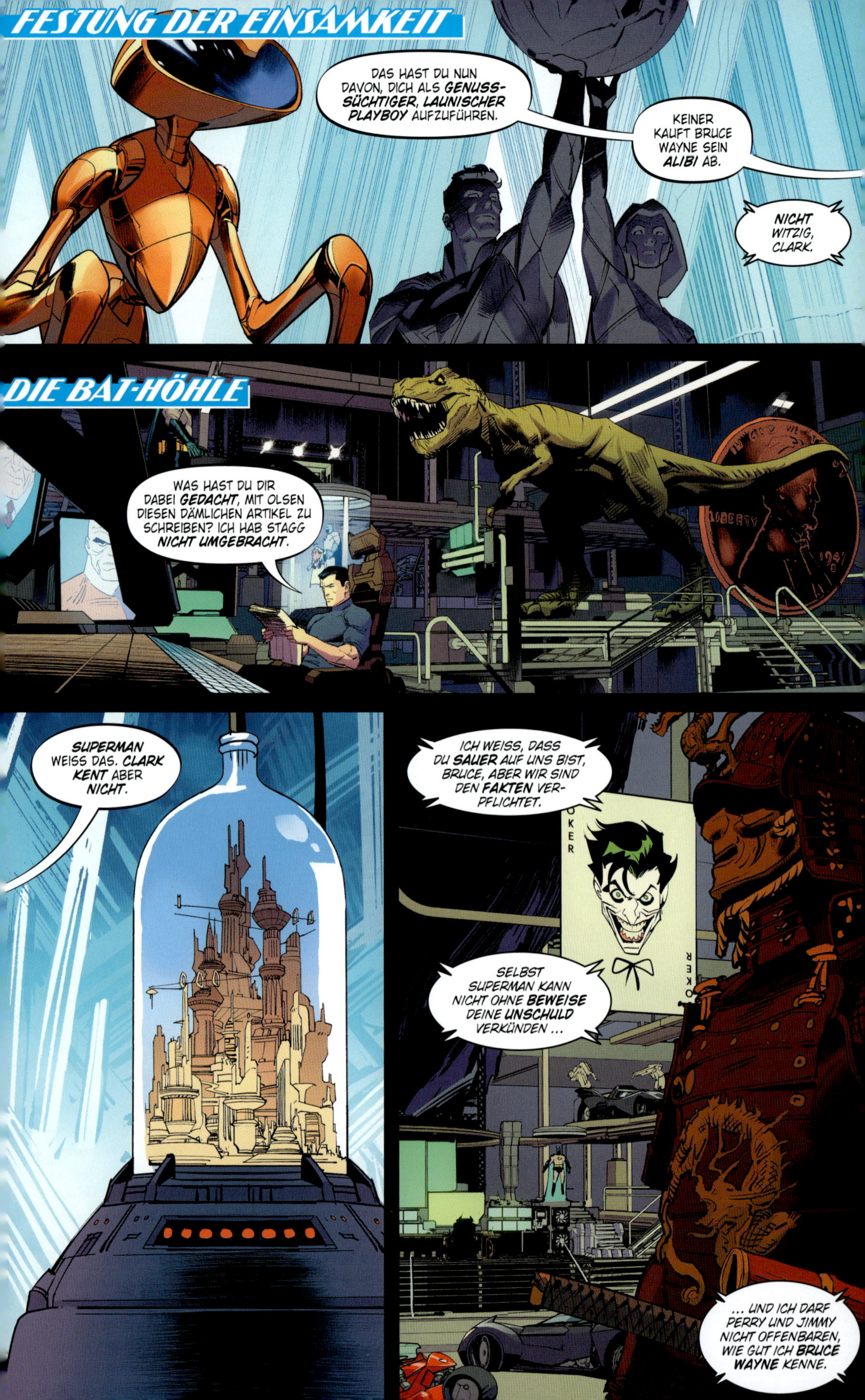
FESTUNG DER EINSAMKEIT
DAS HAST DU NUN DAVON, DICH ALS GENUSS-SÜCHTIGER, LAUNISCHER PLAYBOY AUFZUFÜHREN.
KEINER KAUFT BRUCE WAYNE SEIN ALIBI AB.
NICHT WITZIG, CLARK.
DIE BAT-HÖHLE
WAS HAST DU DIR DABEI GEDACHT, MIT OLSEN DIESEN DÄMLICHEN ARTIKEL ZU SCHREIBEN? ICH HAB STAGG NICHT UMGEBRACHT.
SUPERMAN WEISS DAS. CLARK KENT ABER NICHT.
ICH WEISS, DASS DU SAUER AUF UNS BIST, BRUCE, ABER WIR SIND DEN FAKTEN VER-PFLICHTET.
SELBST SUPERMAN KANN NICHT OHNE BEWEISE DEINE UNSCHULD VERKÜNDEN ...
... UND ICH DARF PERRY UND JIMMY NICHT OFFENBAREN, WIE GUT ICH BRUCE WAYNE KENNE.

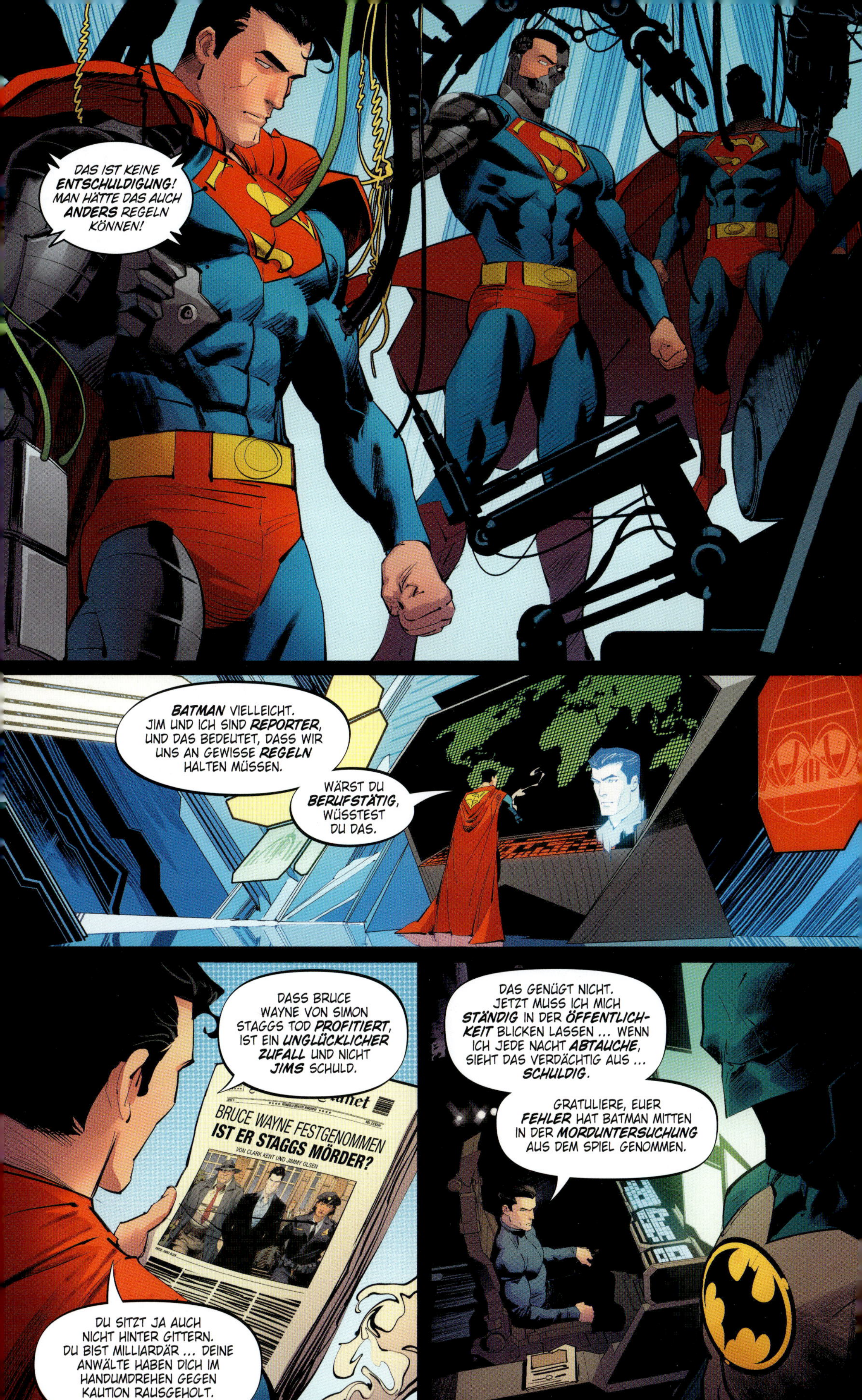
DAS IST KEINE ENTSCHULDIGUNG! MAN HÄTTE DAS AUCH ANDERS REGELN KÖNNEN!
BATMAN VIELLEICHT. JIM UND ICH SIND REPORTER, UND DAS BEDEUTET, DASS WIR UNS AN GEWISSE REGELN HALTEN MÜSSEN.
WÄRST DU BERUFSTÄTIG, WÜSSTEST DU DAS.
DASS BRUCE WAYNE VON SIMON STAGGS TOD PROFITIERT, IST EIN UNGLÜCKLICHER ZUFALL UND NICHT JIMS SCHULD.
BRUCE WAYNE FESTGENOMMEN
IST ER STAGGS MÖRDER?
VON CLARK KENT UND JIMMY OLSEN
DU SITZT JA AUCH NICHT HINTER GITTERN. DU BIST MILLIARDÄR ... DEINE ANWÄLTE HABEN DICH IM HANDUMDREHEN GEGEN KAUTION RAUSGEHOLT.
DAS GENÜGT NICHT. JETZT MUSS ICH MICH STÄNDIG IN DER ÖFFENTLICHKEIT BLICKEN LASSEN ... WENN ICH JEDE NACHT ABTAUCHE, SIEHT DAS VERDÄCHTIG AUS ... SCHULDIG.
GRATULIERE, EUER FEHLER HAT BATMAN MITTEN IN DER MORDUNTERSUCHUNG AUS DEM SPIEL GENOMMEN.

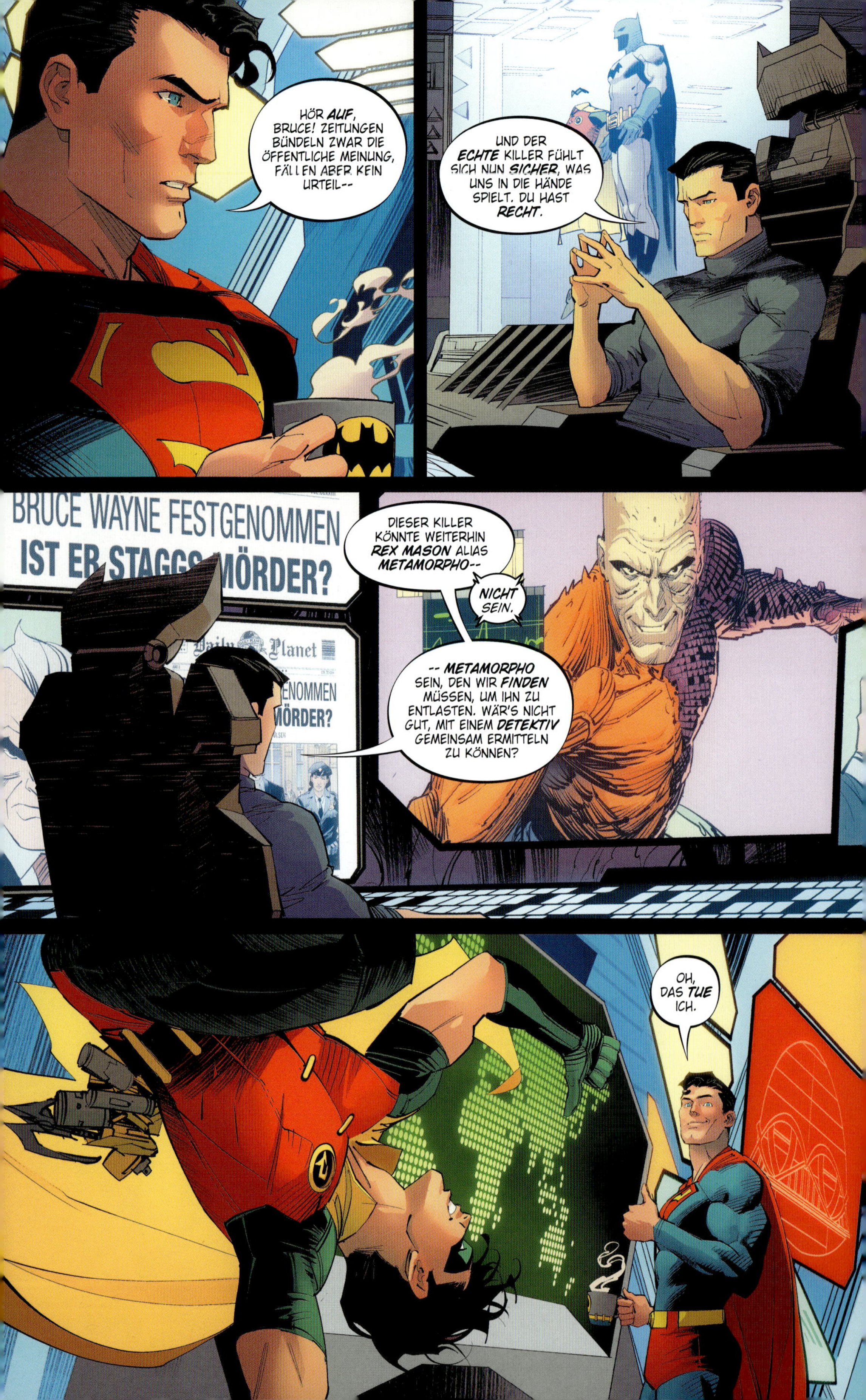
HÖR AUF, BRUCE! ZEITUNGEN BÜNDELN ZWAR DIE ÖFFENTLICHE MEINUNG, FÄLLEN ABER KEIN URTEIL--
UND DER ECHTE KILLER FÜHLT SICH NUN SICHER, WAS UNS IN DIE HÄNDE SPIELT. DU HAST RECHT.
BRUCE WAYNE FESTGENOMMEN
IST ER STAGGS MÖRDER?
Daily Planet
DIESER KILLER KÖNNTE WEITERHIN REX MASON ALIAS METAMORPHO--
NICHT SEIN.
-- METAMORPHO SEIN, DEN WIR FINDEN MÜSSEN, UM IHN ZU ENTLASTEN. WÄR'S NICHT GUT, MIT EINEM DETEKTIV GEMEINSAM ERMITTELN ZU KÖNNEN?
OH, DAS TUE ICH.

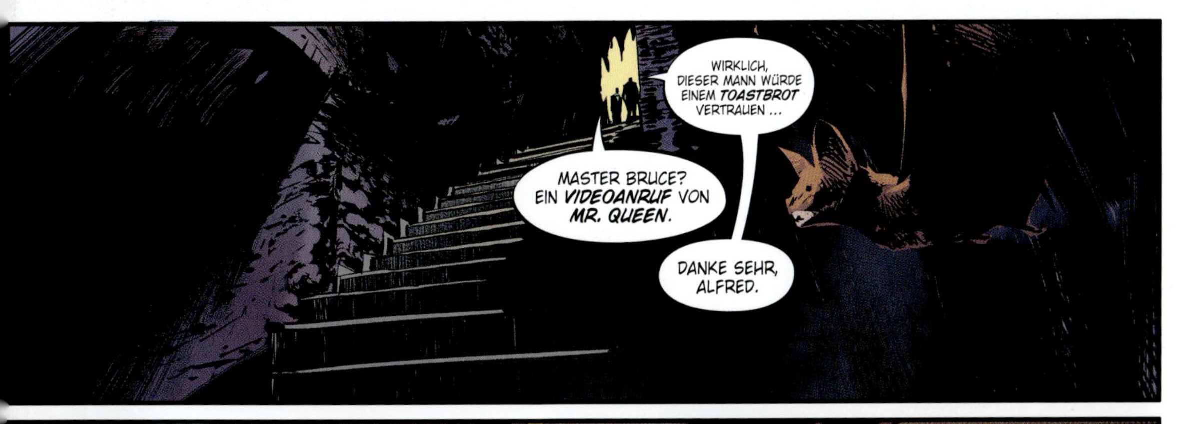
MASTER BRUCE? EIN VIDEOANRUF VON MR. QUEEN.
WIRKLICH, DIESER MANN WÜRDE EINEM TOASTBROT VERTRAUEN ...
DANKE SEHR, ALFRED.

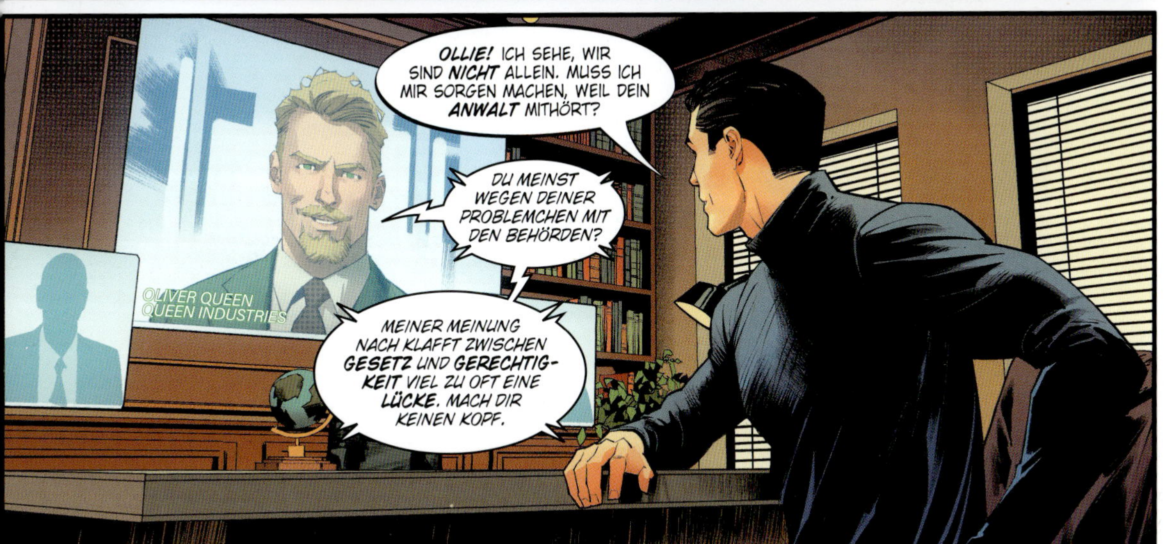
OLLIE! ICH SEHE, WIR SIND NICHT ALLEIN. MUSS ICH MIR SORGEN MACHEN, WEIL DEIN ANWALT MITHÖRT?
OLIVER QUEEN
QUEEN INDUSTRIES
DU MEINST WEGEN DEINER PROBLEMCHEN MIT DEN BEHÖRDEN?
MEINER MEINUNG NACH KLAFFT ZWISCHEN GESETZ UND GERECHTIGKEIT VIEL ZU OFT EINE LÜCKE. MACH DIR KEINEN KOPF.

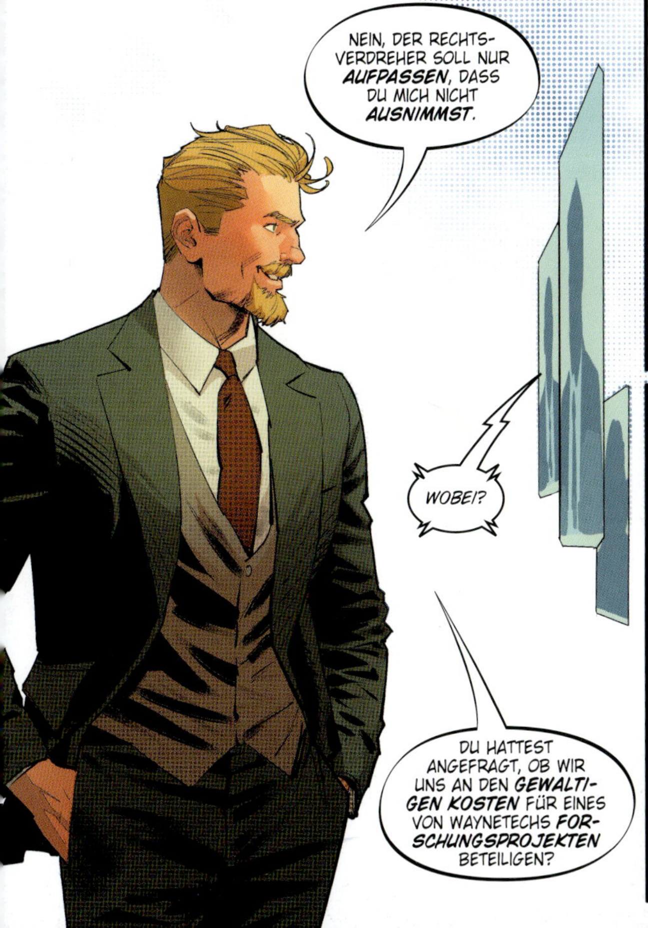
NEIN, DER RECHTSVERDREHER SOLL NUR AUFPASSEN, DASS DU MICH NICHT AUSNIMMST.
WOBEI?
DU HATTEST ANGEFRAGT, OB WIR UNS AN DEN GEWALTIGEN KOSTEN FÜR EINES VON WAYNETECHS FORSCHUNGSPROJEKTEN BETEILIGEN?

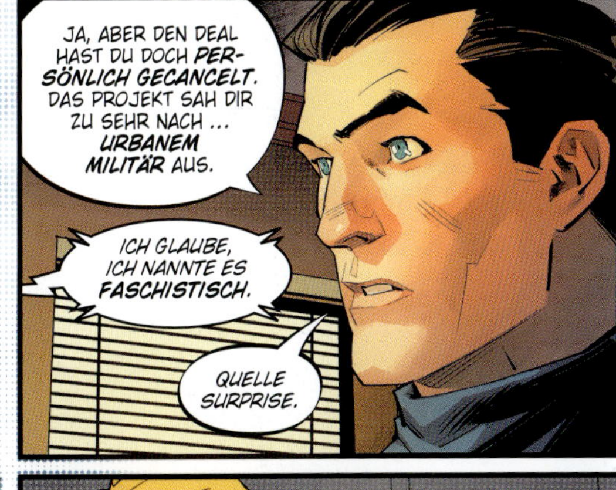
JA, ABER DEN DEAL HAST DU DOCH PERSÖNLICH GECANCELT. DAS PROJEKT SAH DIR ZU SEHR NACH ... URBANEM MILITÄR AUS.
ICH GLAUBE, ICH NANNTE ES FASCHISTISCH.
QUELLE SURPRISE.

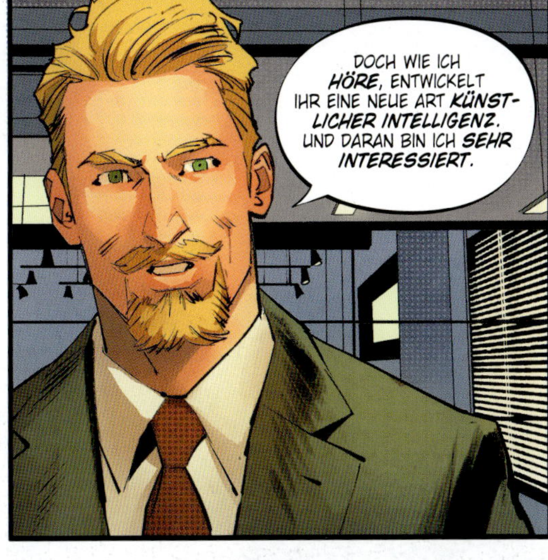
DOCH WIE ICH HÖRE, ENTWICKELT IHR EINE NEUE ART KÜNSTLICHER INTELLIGENZ. UND DARAN BIN ICH SEHR INTERESSIERT.

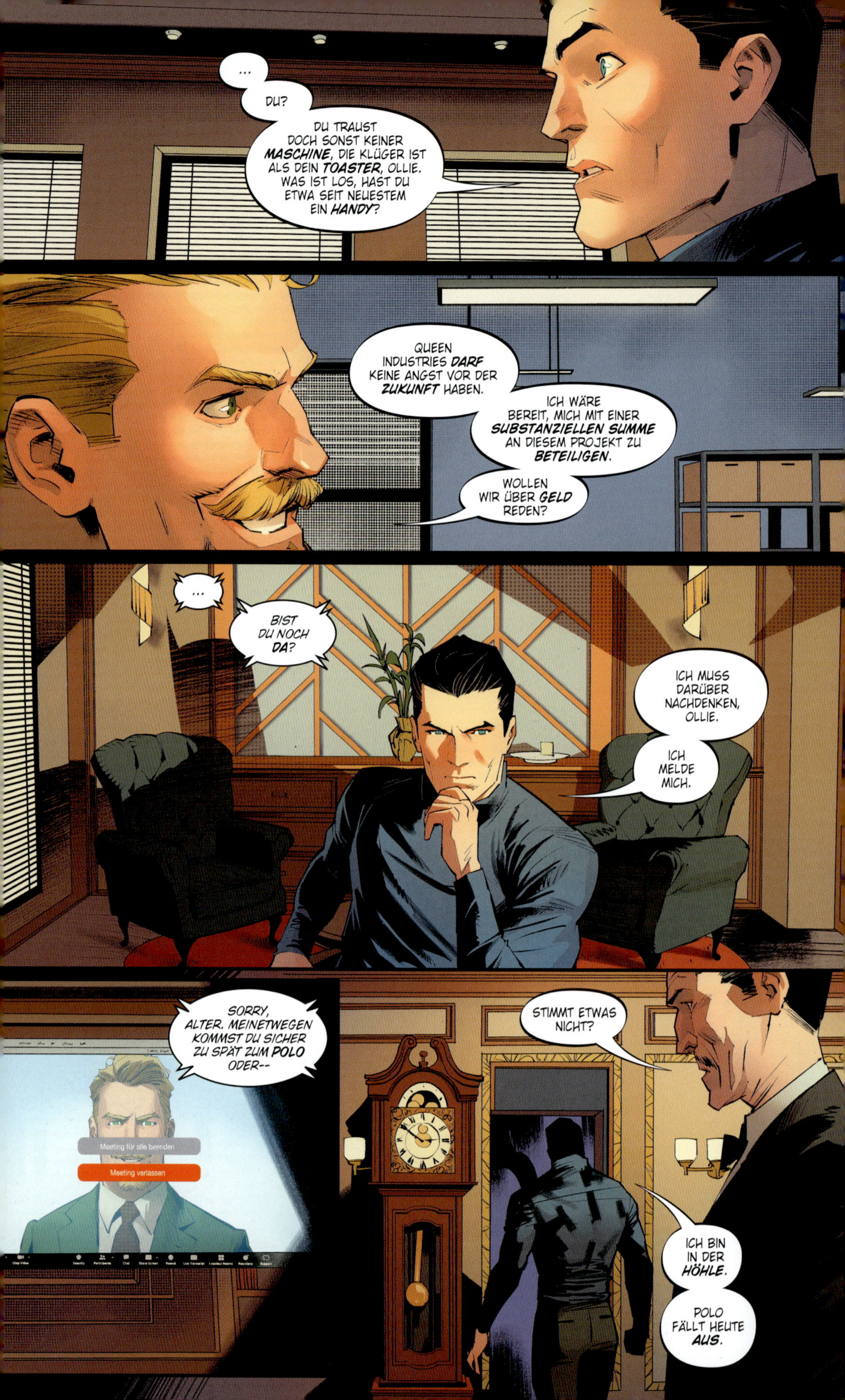
...
DU?
DU TRAUST DOCH SONST KEINER MASCHINE, DIE KLÜGER IST ALS DEIN TOASTER, OLLIE. WAS IST LOS, HAST DU ETWA SEIT NEUESTEM EIN HANDY?
QUEEN INDUSTRIES DARF KEINE ANGST VOR DER ZUKUNFT HABEN.
ICH WÄRE BEREIT, MICH MIT EINER SUBSTANZIELLEN SUMME AN DIESEM PROJEKT ZU BETEILIGEN.
WOLLEN WIR ÜBER GELD REDEN?
...
BIST DU NOCH DA?
ICH MUSS DARÜBER NACHDENKEN, OLLIE.
ICH MELDE MICH.
SORRY, ALTER. MEINETWEGEN KOMMST DU SICHER ZU SPÄT ZUM POLO ODER--
Meeting für alle beenden
Meeting verlassen
STIMMT ETWAS NICHT?
ICH BIN IN DER HÖHLE.
POLO FÄLLT HEUTE AUS.

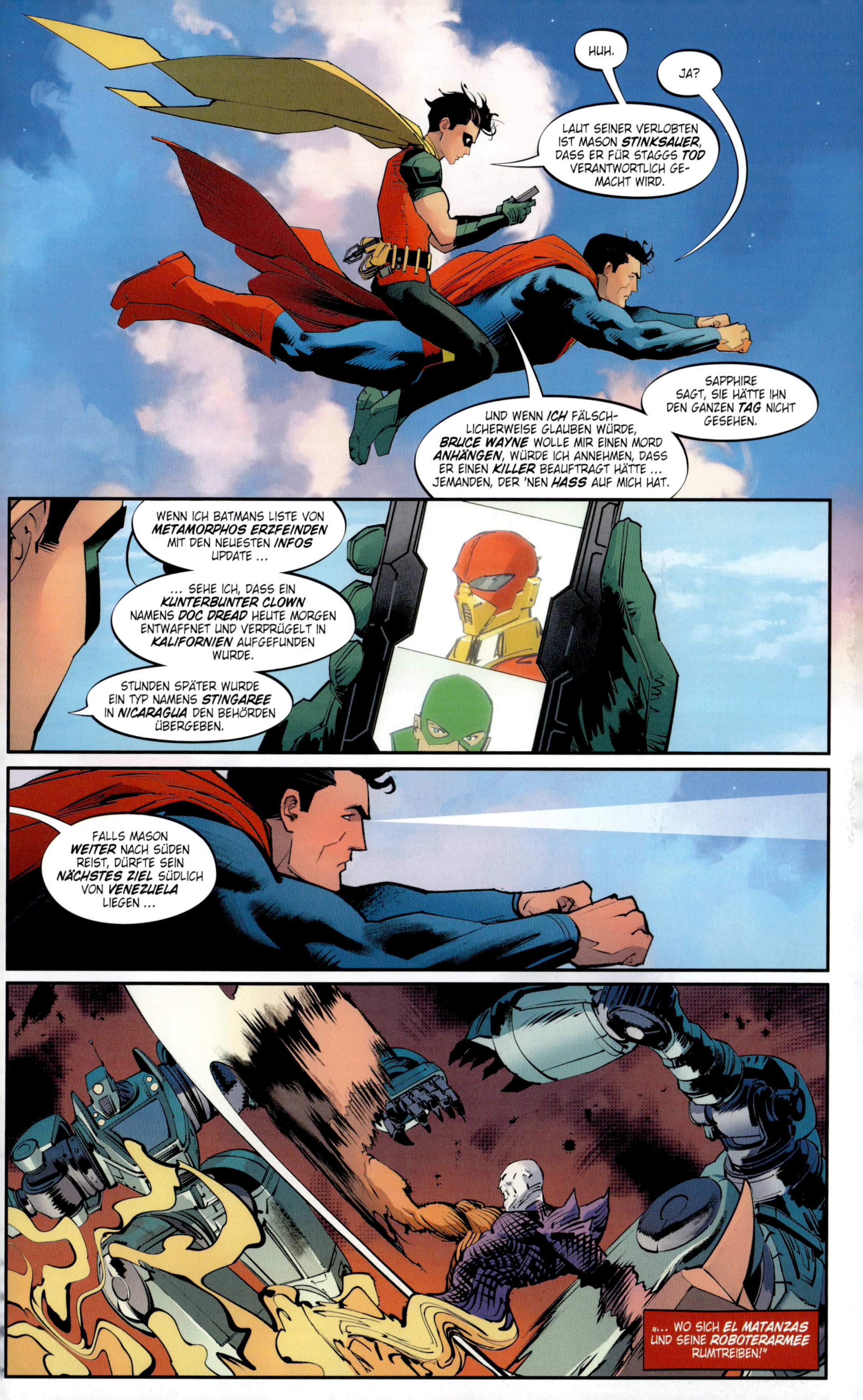

HUH.

JA?

LAUT SEINER VERLOBTEN IST MASON **STINKSAUER**, DASS ER FÜR STAGGS **TOD** VERANTWORTLICH GEMACHT WIRD.

SAPPHIRE SAGT, SIE HÄTTE IHN DEN GANZEN **TAG** NICHT GESEHEN.

UND WENN **ICH** FÄLSCHLICHERWEISE GLAUBEN WÜRDE, **BRUCE WAYNE** WOLLE MIR EINEN MORD **ANHÄNGEN**, WÜRDE ICH ANNEHMEN, DASS ER EINEN **KILLER** BEAUFTRAGT HÄTTE ... JEMANDEN, DER 'NEN **HASS** AUF MICH HAT.

WENN ICH BATMANS LISTE VON **METAMORPHOS ERZFEINDEN** MIT DEN NEUESTEN **INFOS** UPDATE ...

... SEHE ICH, DASS EIN **KUNTERBUNTER CLOWN** NAMENS **DOC DREAD** HEUTE MORGEN ENTWAFFNET UND VERPRÜGELT IN **KALIFORNIEN** AUFGEFUNDEN WURDE.

STUNDEN SPÄTER WURDE EIN TYP NAMENS **STINGAREE** IN **NICARAGUA** DEN BEHÖRDEN ÜBERGEBEN.

FALLS MASON **WEITER** NACH SÜDEN REIST, DÜRFTE SEIN **NÄCHSTES ZIEL** SÜDLICH VON **VENEZUELA** LIEGEN ...

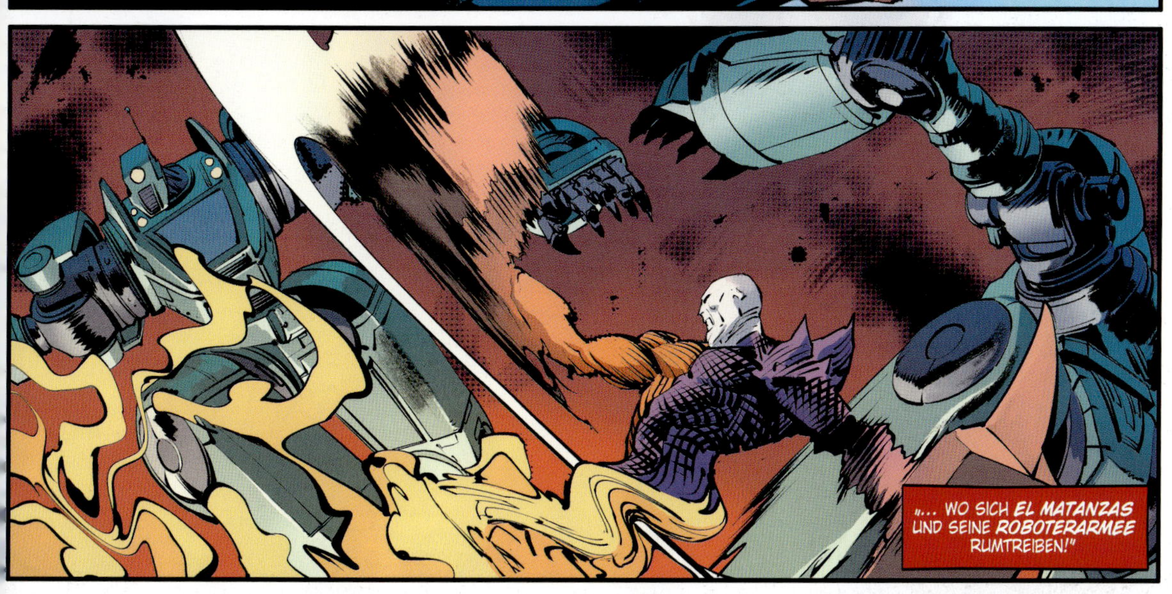

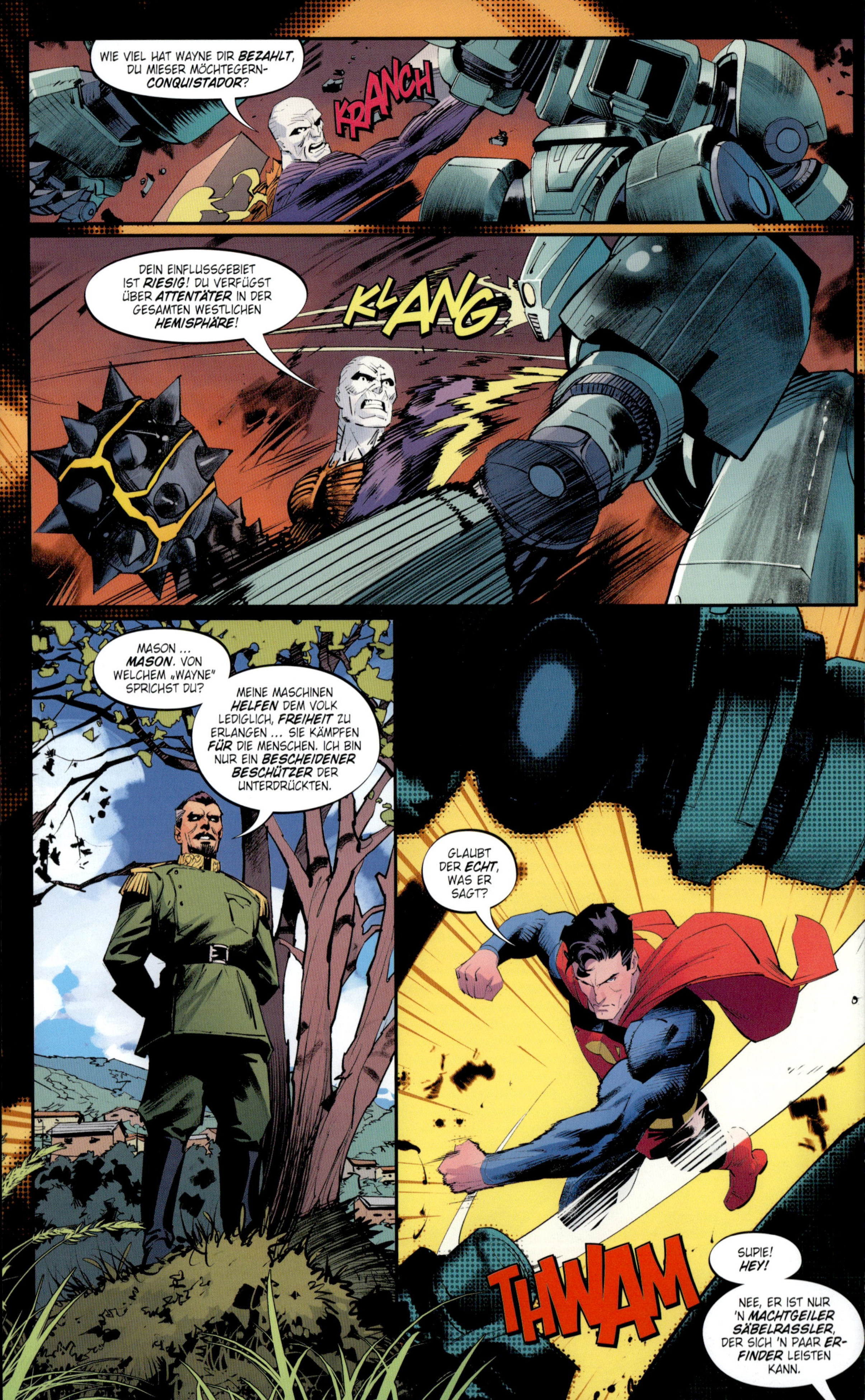
WIE VIEL HAT WAYNE DIR BEZAHLT, DU MIESER MÖCHTEGERN-CONQUISTADOR?
KRANCH
DEIN EINFLUSSGEBIET IST RIESIG! DU VERFÜGST ÜBER ATTENTÄTER IN DER GESAMTEN WESTLICHEN HEMISPHÄRE!
KLANG
MASON ... MASON. VON WELCHEM „WAYNE" SPRICHST DU?
MEINE MASCHINEN HELFEN DEM VOLK LEDIGLICH, FREIHEIT ZU ERLANGEN ... SIE KÄMPFEN FÜR DIE MENSCHEN. ICH BIN NUR EIN BESCHEIDENER BESCHÜTZER DER UNTERDRÜCKTEN.
GLAUBT DER ECHT, WAS ER SAGT?
THWAM
SUPIE! HEY!
NEE, ER IST NUR 'N MACHTGEILER SÄBELRASSLER, DER SICH 'N PAAR ERFINDER LEISTEN KANN.

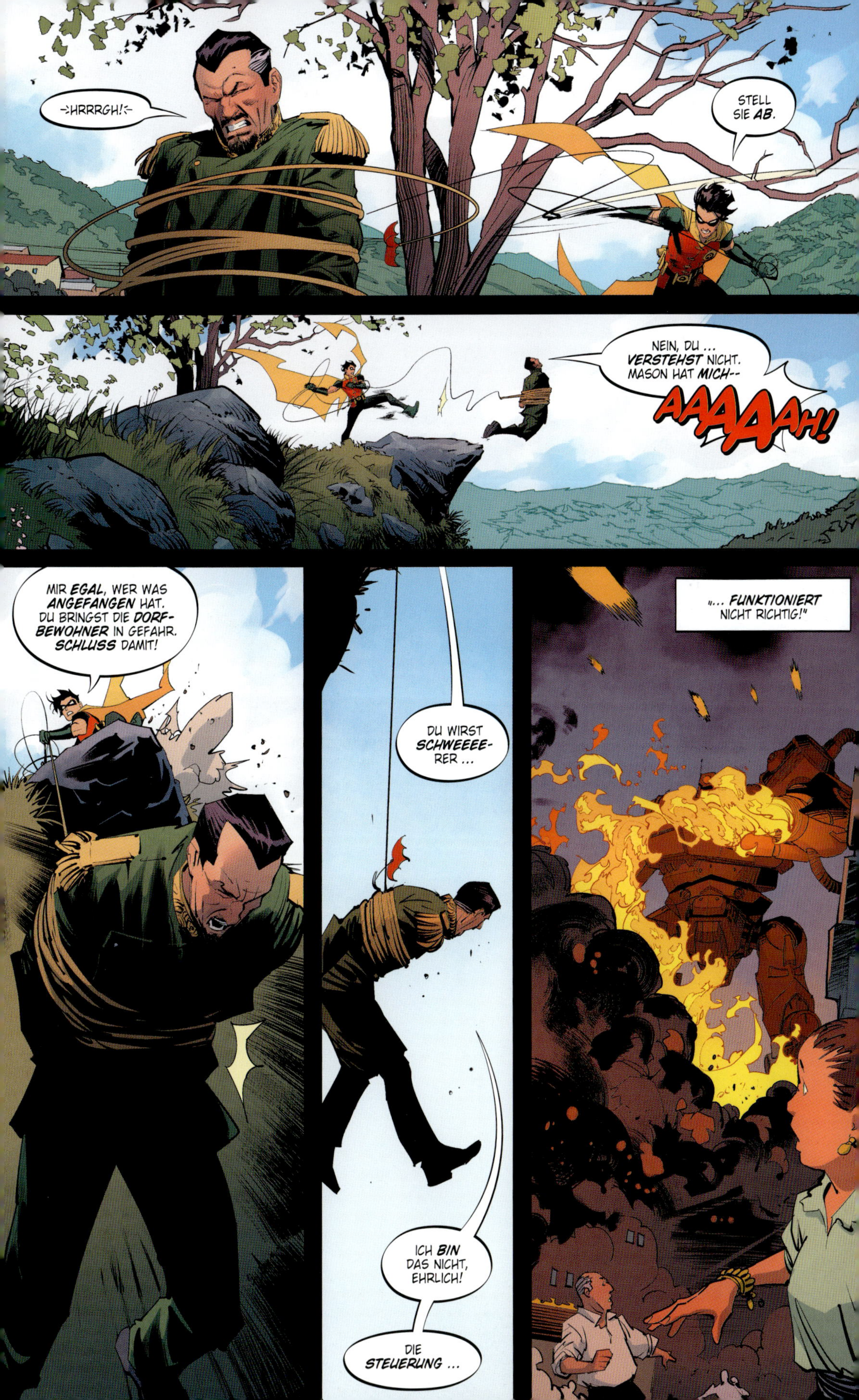
-HRRRGH!-
STELL SIE AB.
NEIN, DU ... VERSTEHST NICHT. MASON HAT MICH--
AAAAAH!
MIR EGAL, WER WAS ANGEFANGEN HAT. DU BRINGST DIE DORFBEWOHNER IN GEFAHR. SCHLUSS DAMIT!
DU WIRST SCHWEEEE-RER ...
ICH BIN DAS NICHT, EHRLICH!
DIE STEUERUNG ...
„... FUNKTIONIERT NICHT RICHTIG!"

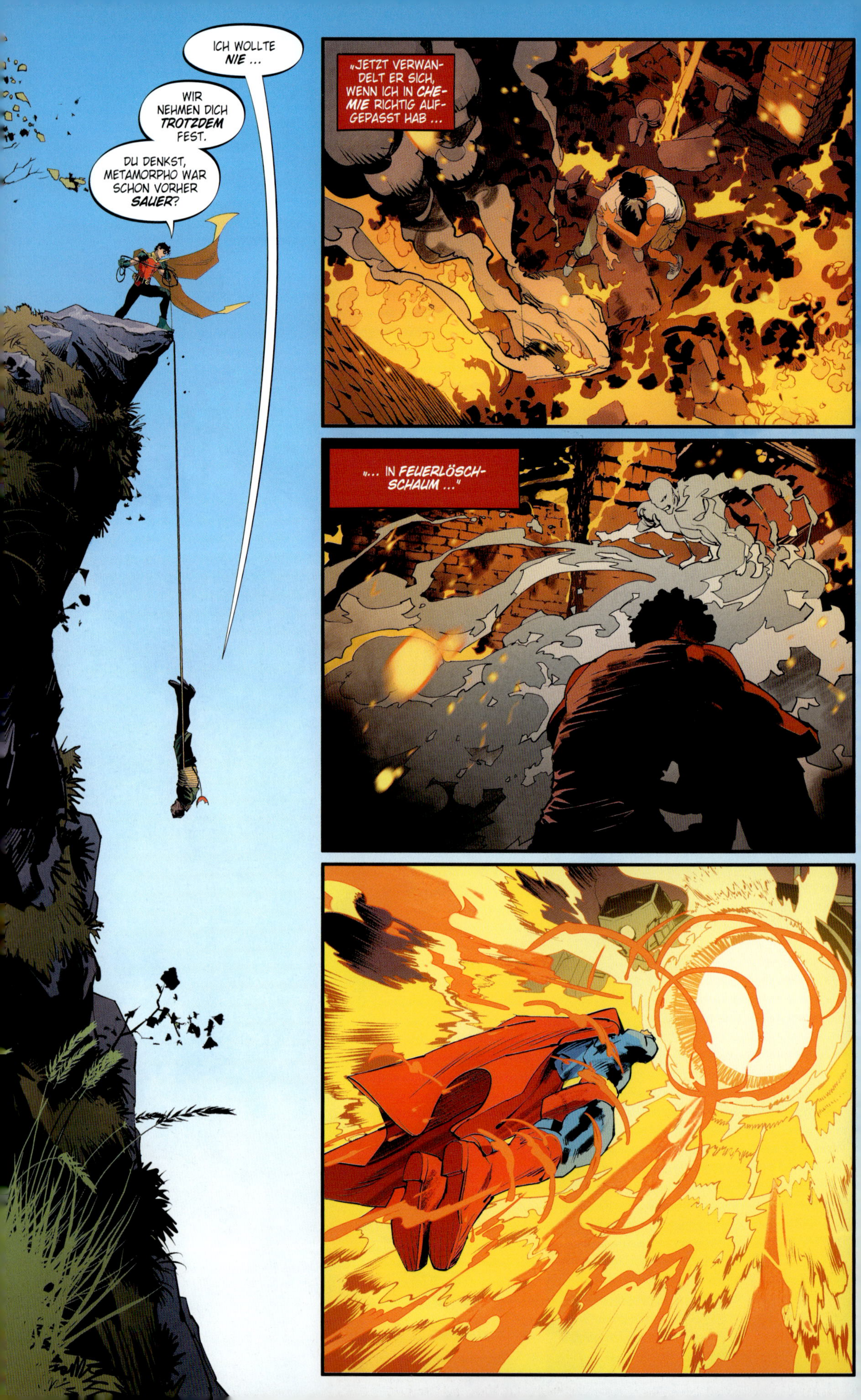

ICH WOLLTE **NIE** ...

WIR NEHMEN DICH **TROTZDEM** FEST.

DU DENKST, METAMORPHO WAR SCHON VORHER **SAUER**?

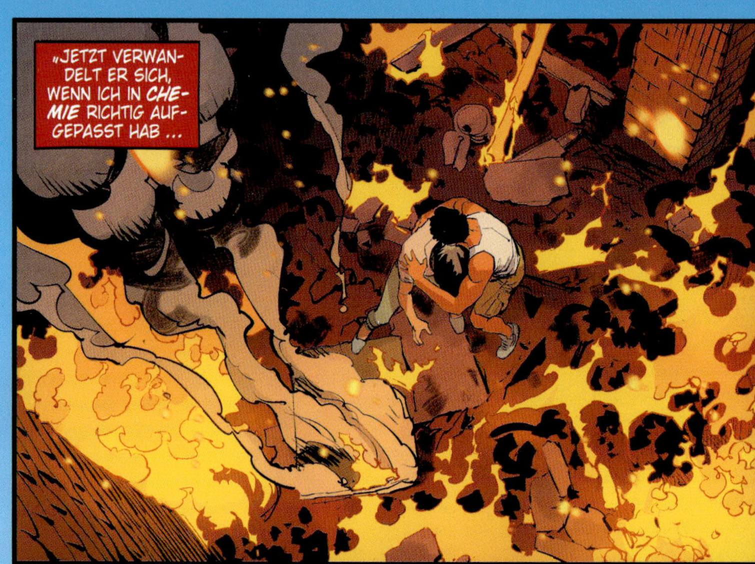

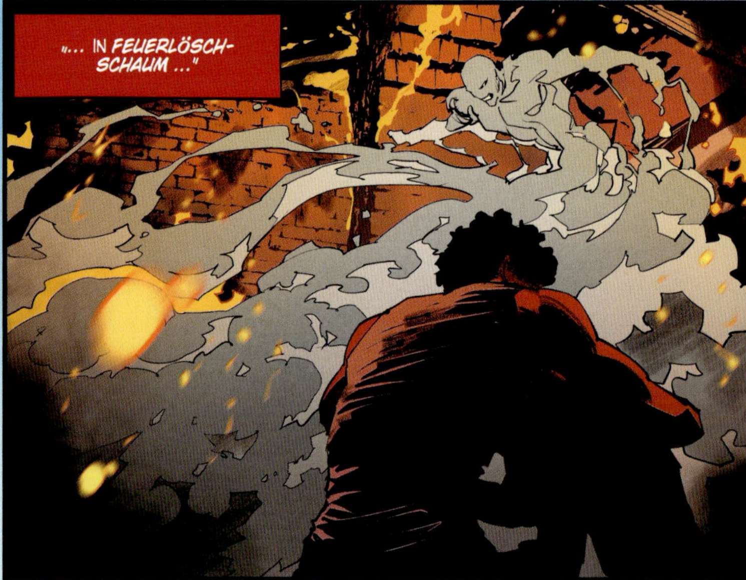

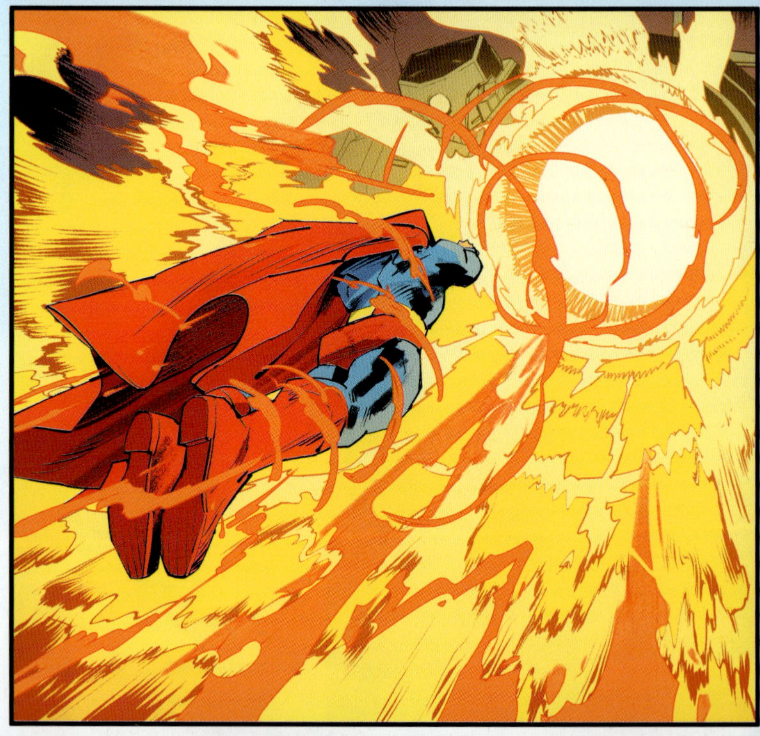

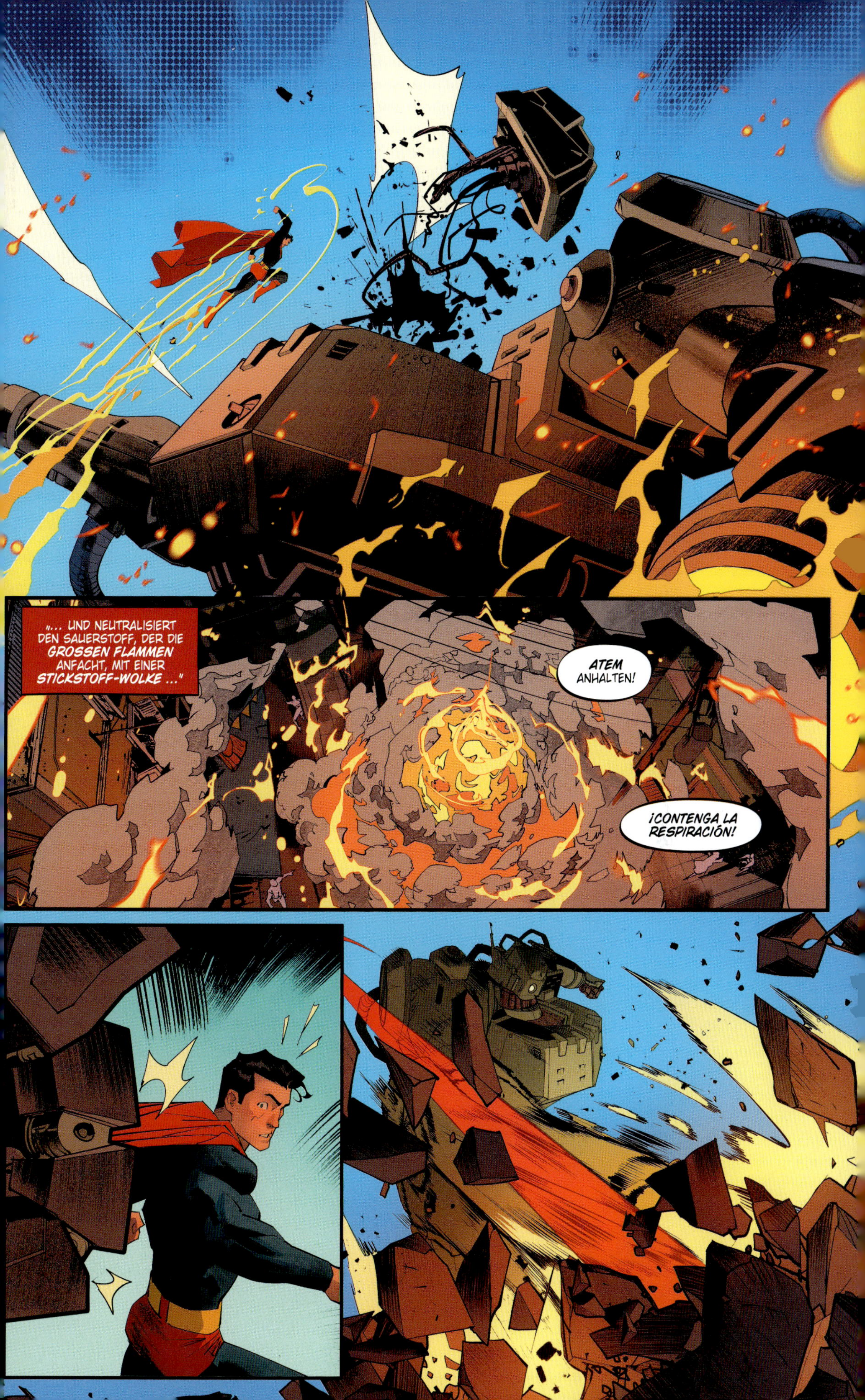
„... UND NEUTRALISIERT DEN SAUERSTOFF, DER DIE GROSSEN FLAMMEN ANFACHT, MIT EINER STICKSTOFF-WOLKE ...“
ATEM ANHALTEN!
¡CONTENGA LA RESPIRACIÓN!

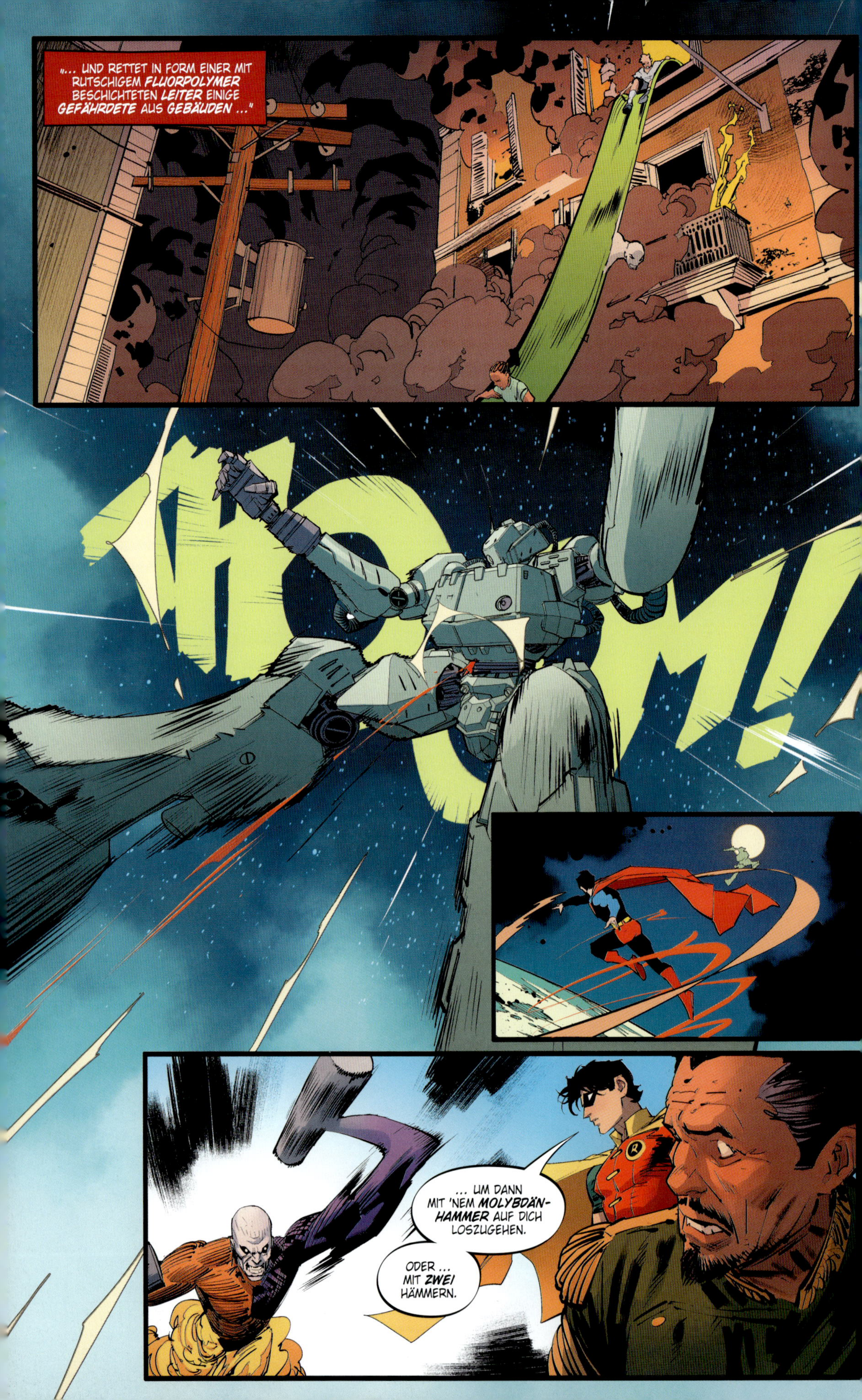
„... UND RETTET IN FORM EINER MIT RUTSCHIGEM FLUORPOLYMER BESCHICHTETEN LEITER EINIGE GEFÄHRDETE AUS GEBÄUDEN ...“
... UM DANN MIT 'NEM MOLYBDÄN-HAMMER AUF DICH LOSZUGEHEN.
ODER ... MIT ZWEI HÄMMERN.

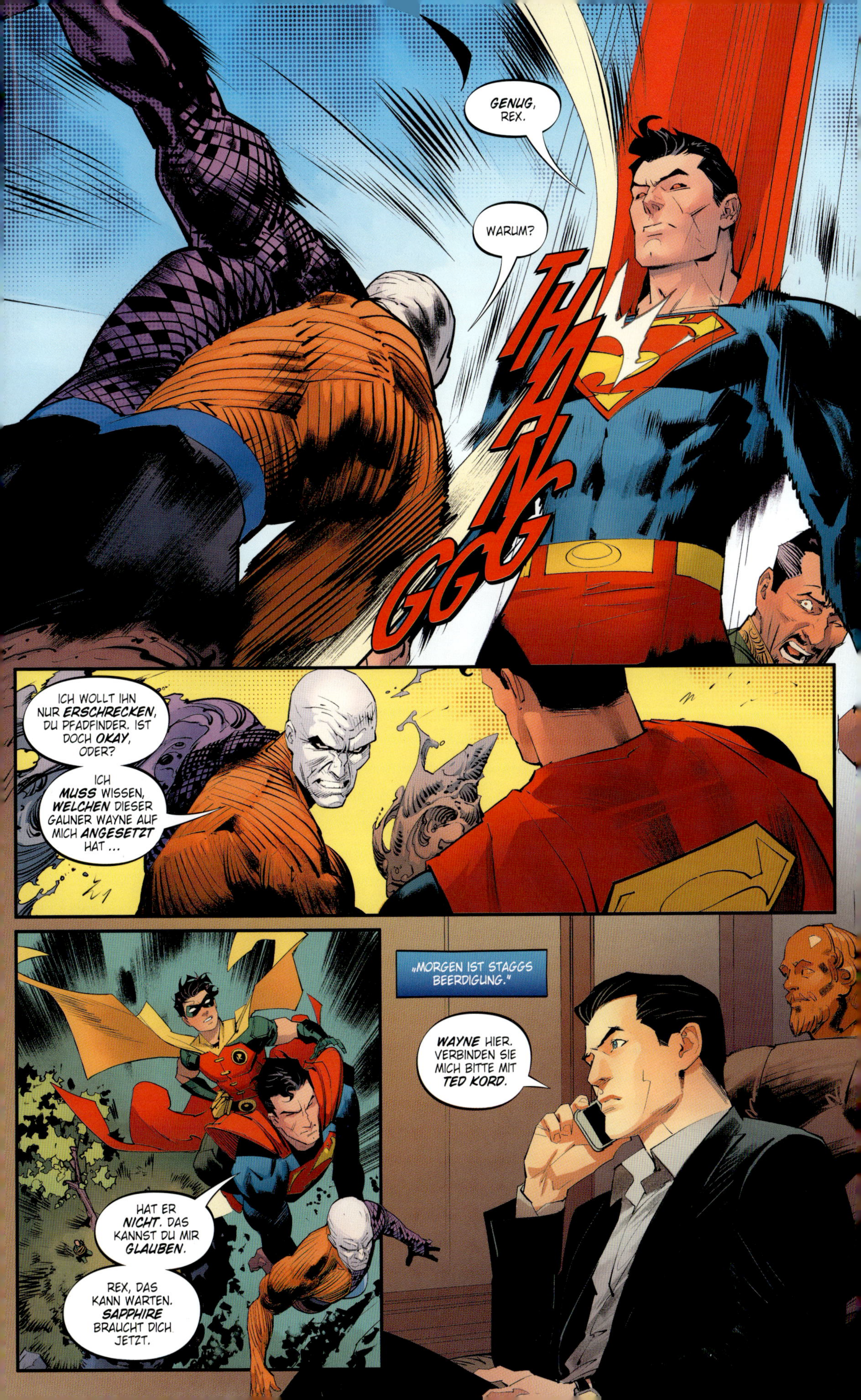
GENUG, REX.
WARUM?
THWANGGG
ICH WOLLT IHN NUR ERSCHRECKEN, DU PFADFINDER. IST DOCH OKAY, ODER?
ICH MUSS WISSEN, WELCHEN DIESER GAUNER WAYNE AUF MICH ANGESETZT HAT …
HAT ER NICHT. DAS KANNST DU MIR GLAUBEN.
REX, DAS KANN WARTEN. SAPPHIRE BRAUCHT DICH JETZT.
„MORGEN IST STAGGS BEERDIGUNG."
WAYNE HIER. VERBINDEN SIE MICH BITTE MIT TED KORD.

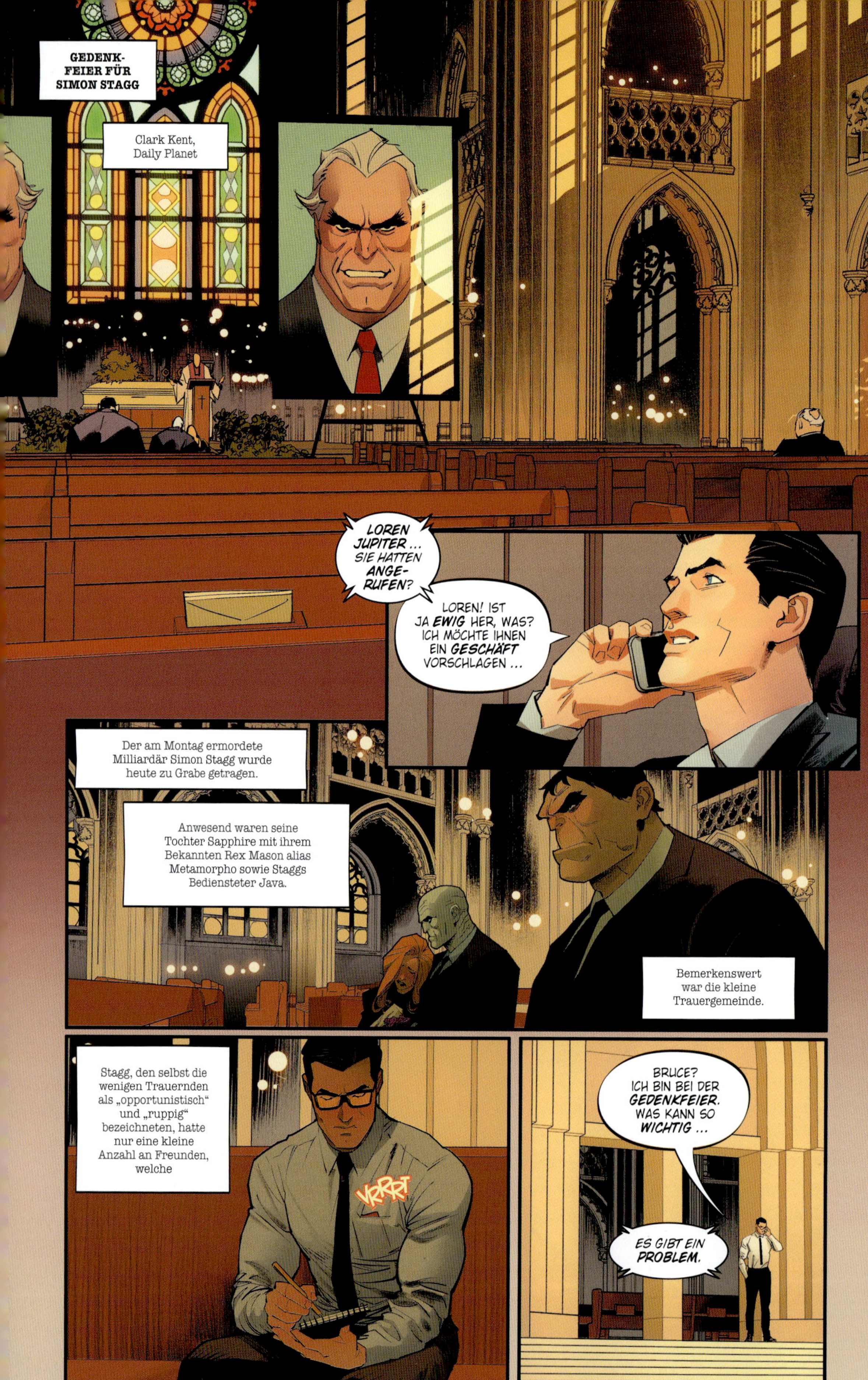
GEDENK-
FEIER FÜR
SIMON STAGG
Clark Kent,
Daily Planet
LOREN JUPITER ... SIE HATTEN ANGE-RUFEN?
LOREN! IST JA EWIG HER, WAS? ICH MÖCHTE IHNEN EIN GESCHÄFT VORSCHLAGEN ...
Der am Montag ermordete Milliardär Simon Stagg wurde heute zu Grabe getragen.
Anwesend waren seine Tochter Sapphire mit ihrem Bekannten Rex Mason alias Metamorpho sowie Staggs Bediensteter Java.
Bemerkenswert war die kleine Trauergemeinde.
Stagg, den selbst die wenigen Trauernden als „opportunistisch“ und „ruppig“ bezeichneten, hatte nur eine kleine Anzahl an Freunden, welche
VRRRT
BRUCE? ICH BIN BEI DER GEDENKFEIER. WAS KANN SO WICHTIG ...
ES GIBT EIN PROBLEM.

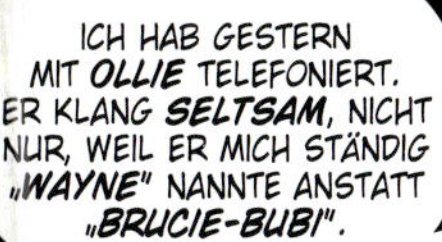
ICH HAB GESTERN MIT OLLIE TELEFONIERT. ER KLANG SELTSAM, NICHT NUR, WEIL ER MICH STÄNDIG „WAYNE" NANNTE ANSTATT „BRUCIE-BUBI".

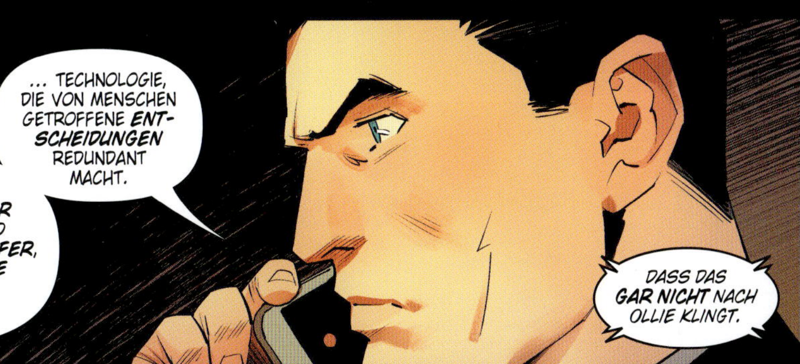
WAS WÜRDEST DU SAGEN, WENN OLIVER QUEEN, POPULIST UND MENSCHENRECHTSKÄMPFER, PLÖTZLICH KÜNSTLICHE INTELLIGENZEN GUTHEISST ...
... TECHNOLOGIE, DIE VON MENSCHEN GETROFFENE ENT-SCHEIDUNGEN REDUNDANT MACHT.
DASS DAS GAR NICHT NACH OLLIE KLINGT.

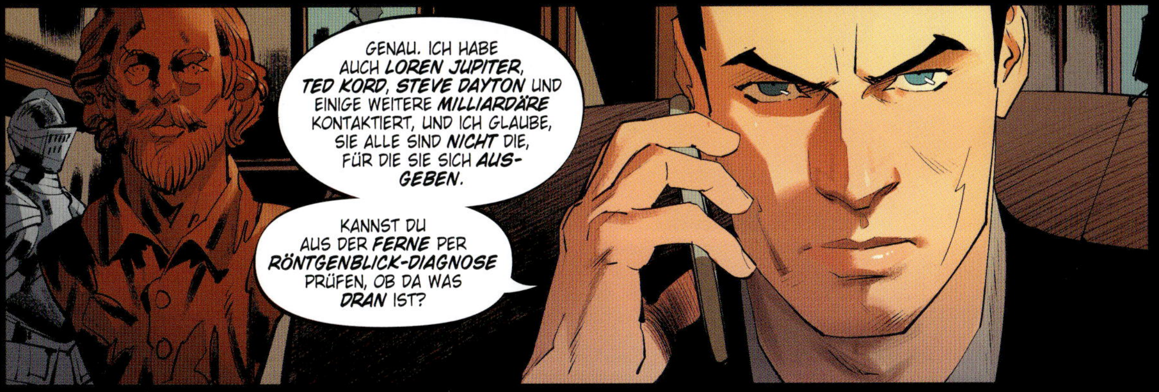
GENAU. ICH HABE AUCH LOREN JUPITER, TED KORD, STEVE DAYTON UND EINIGE WEITERE MILLIARDÄRE KONTAKTIERT, UND ICH GLAUBE, SIE ALLE SIND NICHT DIE, FÜR DIE SIE SICH AUS-GEBEN.
KANNST DU AUS DER FERNE PER RÖNTGENBLICK-DIAGNOSE PRÜFEN, OB DA WAS DRAN IST?

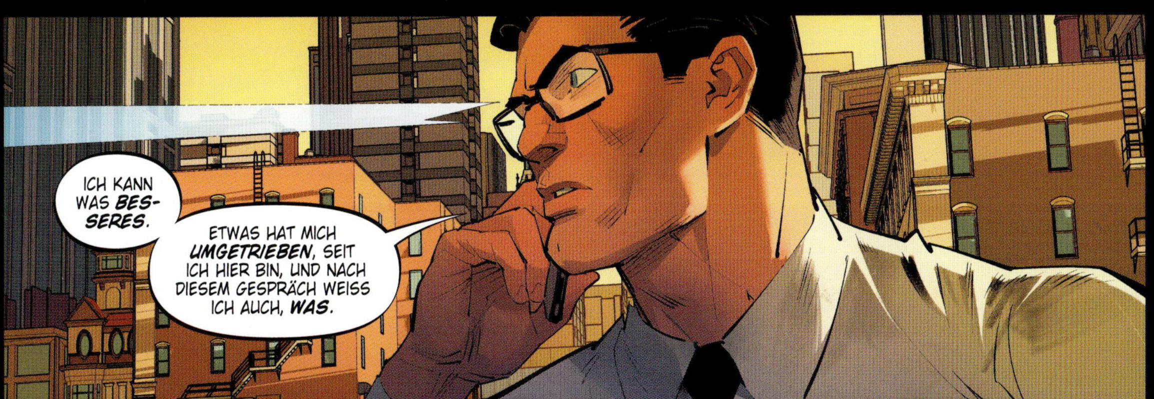
ICH KANN WAS BES-SERES.
ETWAS HAT MICH UMGETRIEBEN, SEIT ICH HIER BIN, UND NACH DIESEM GESPRÄCH WEISS ICH AUCH, WAS.

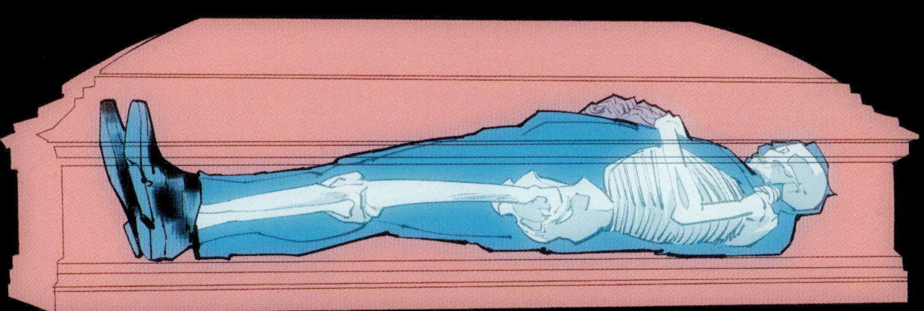
„ES IST EINES DER DINGE, DIE MAN EIGENTLICH NICHT WISSEN MÖCHTE.
„FORMALDEHYD ENTWICKELT IM KONTAKT MIT MENSCHLICHEN KÖRPERN EINEN GEWISSEN GERUCH ...

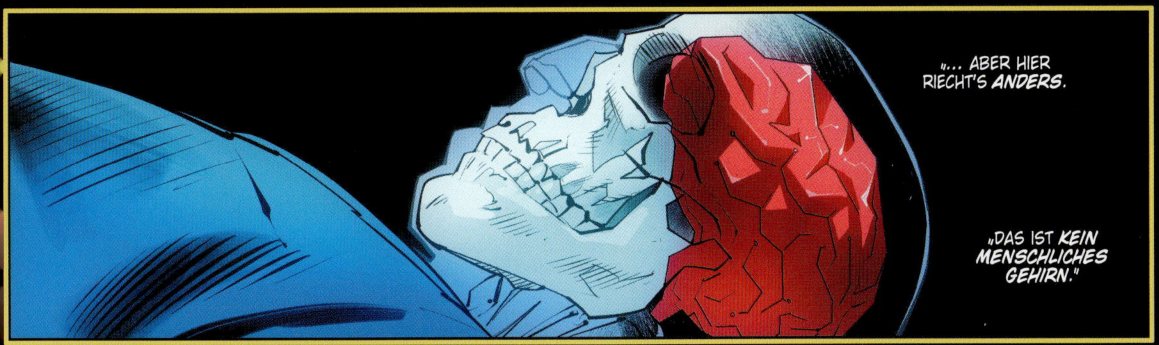
„... ABER HIER RIECHT'S ANDERS.
„DAS IST KEIN MENSCHLICHES GEHIRN."

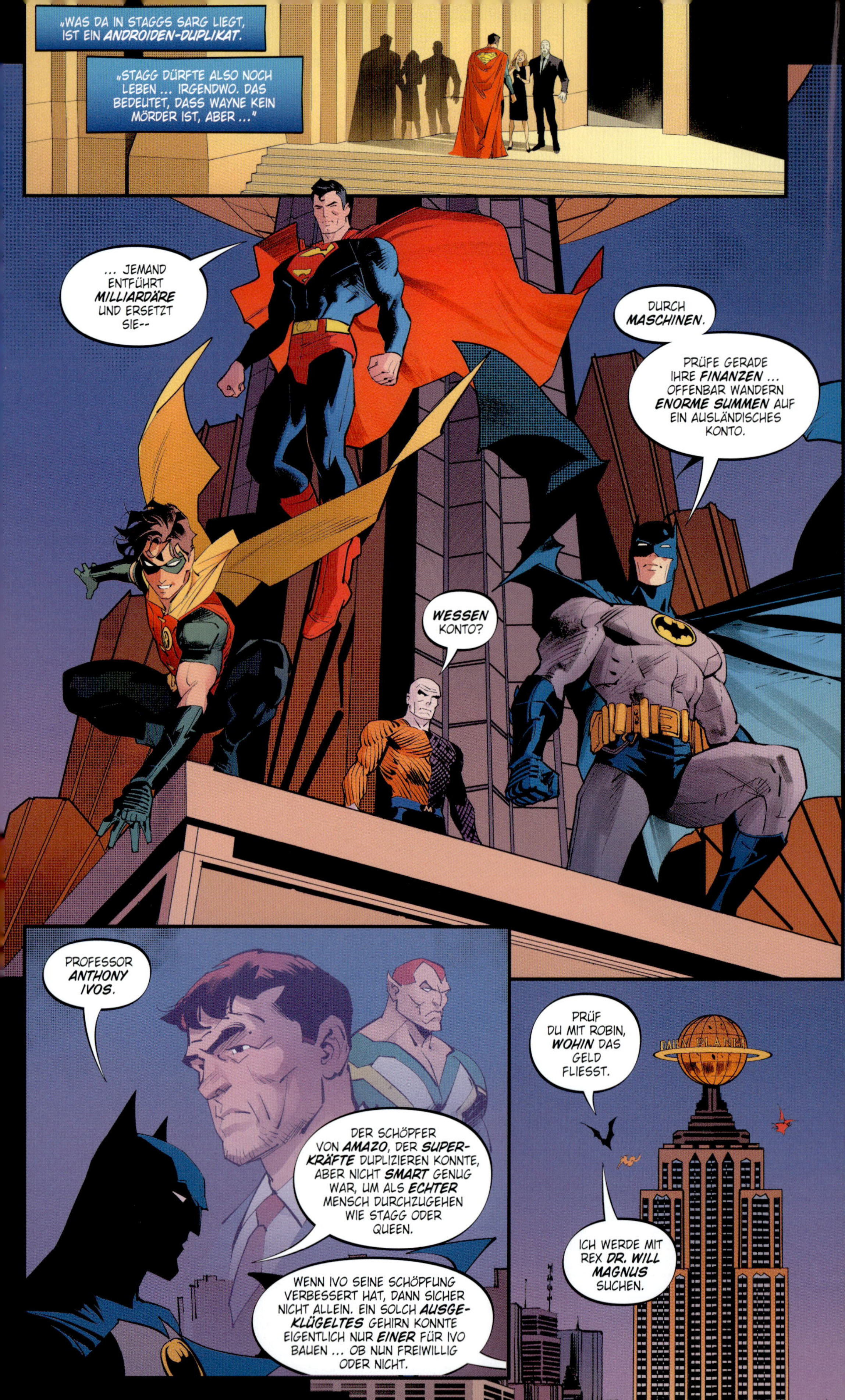
„WAS DA IN STAGGS SARG LIEGT, IST EIN ANDROIDEN-DUPLIKAT.
„STAGG DÜRFTE ALSO NOCH LEBEN ... IRGENDWO. DAS BEDEUTET, DASS WAYNE KEIN MÖRDER IST, ABER ...“
... JEMAND ENTFÜHRT MILLIARDÄRE UND ERSETZT SIE--
DURCH MASCHINEN.
PRÜFE GERADE IHRE FINANZEN ... OFFENBAR WANDERN ENORME SUMMEN AUF EIN AUSLÄNDISCHES KONTO.
WESSEN KONTO?
PROFESSOR ANTHONY IVOS.
DER SCHÖPFER VON AMAZO, DER SUPERKRÄFTE DUPLIZIEREN KONNTE, ABER NICHT SMART GENUG WAR, UM ALS ECHTER MENSCH DURCHZUGEHEN WIE STAGG ODER QUEEN.
WENN IVO SEINE SCHÖPFUNG VERBESSERT HAT, DANN SICHER NICHT ALLEIN. EIN SOLCH AUSGEKLÜGELTES GEHIRN KONNTE EIGENTLICH NUR EINER FÜR IVO BAUEN ... OB NUN FREIWILLIG ODER NICHT.
PRÜF DU MIT ROBIN, WOHIN DAS GELD FLIESST.
ICH WERDE MIT REX DR. WILL MAGNUS SUCHEN.
DAILY PLANET

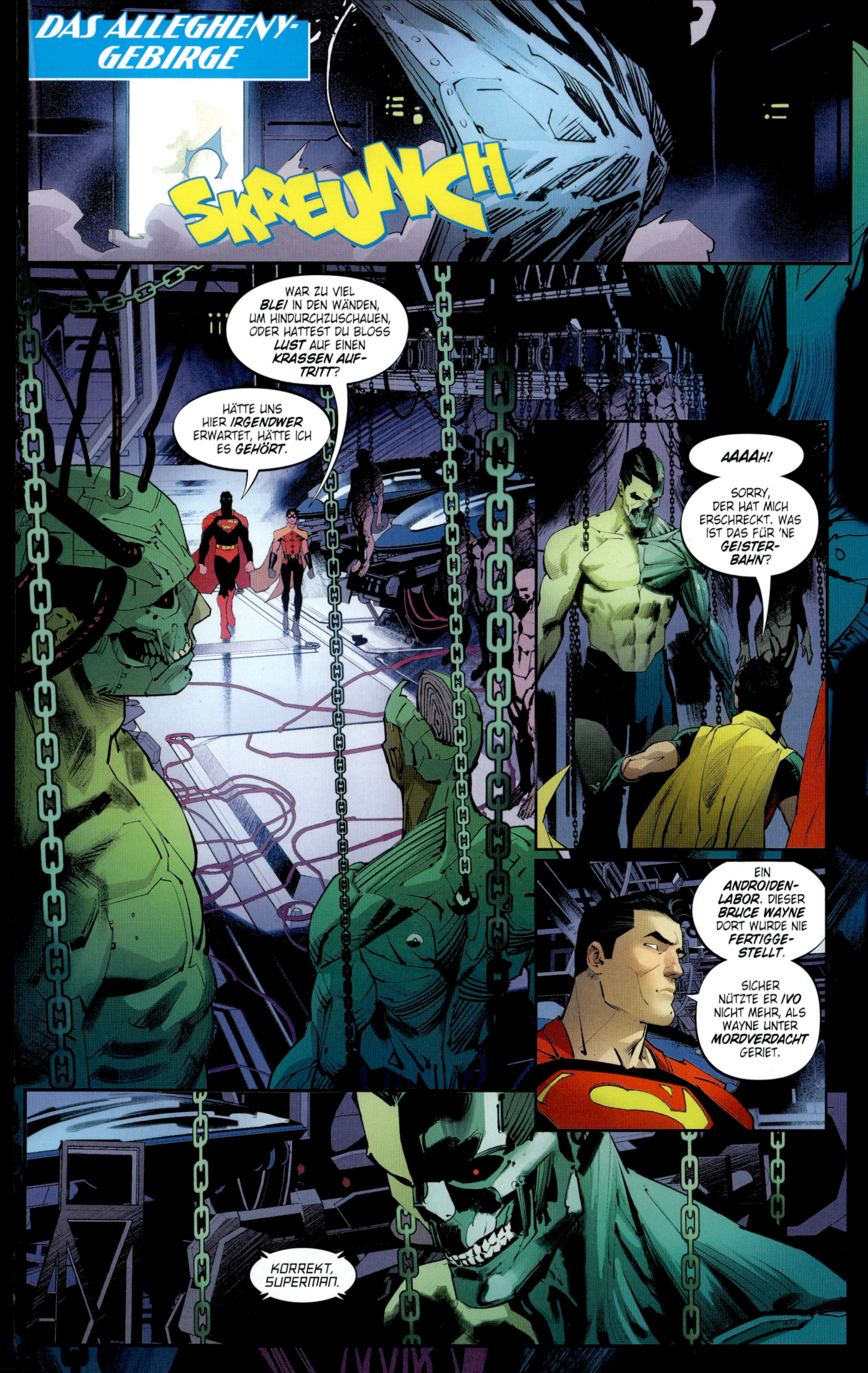
DAS ALLEGHENY-GEBIRGE
SKREUNCH
WAR ZU VIEL BLEI IN DEN WÄNDEN, UM HINDURCHZUSCHAUEN, ODER HATTEST DU BLOSS LUST AUF EINEN KRASSEN AUFTRITT?
HÄTTE UNS HIER IRGENDWER ERWARTET, HÄTTE ICH ES GEHÖRT.
AAAAH!
SORRY, DER HAT MICH ERSCHRECKT. WAS IST DAS FÜR 'NE GEISTERBAHN?
EIN ANDROIDENLABOR. DIESER BRUCE WAYNE DORT WURDE NIE FERTIGGESTELLT.
SICHER NÜTZTE ER IVO NICHT MEHR, ALS WAYNE UNTER MORDVERDACHT GERIET.
KORREKT, SUPERMAN.

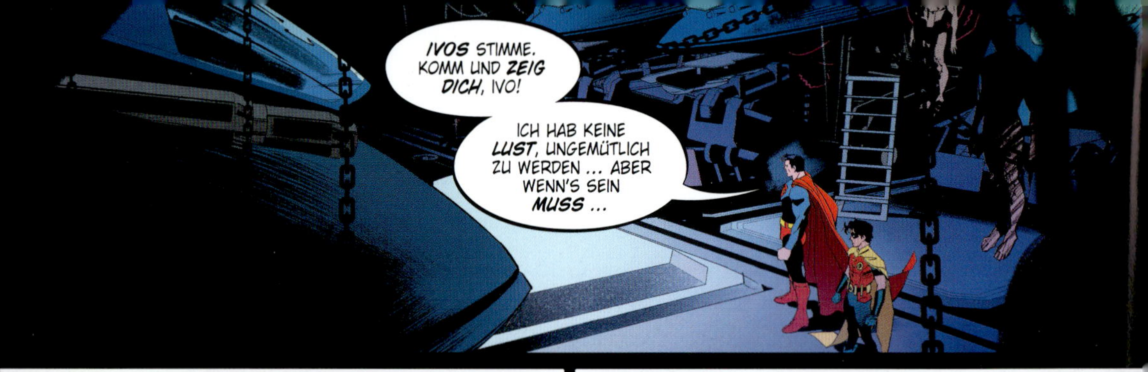
IVOS STIMME. KOMM UND ZEIG DICH, IVO!
ICH HAB KEINE LUST, UNGEMÜTLICH ZU WERDEN ... ABER WENN'S SEIN MUSS ...

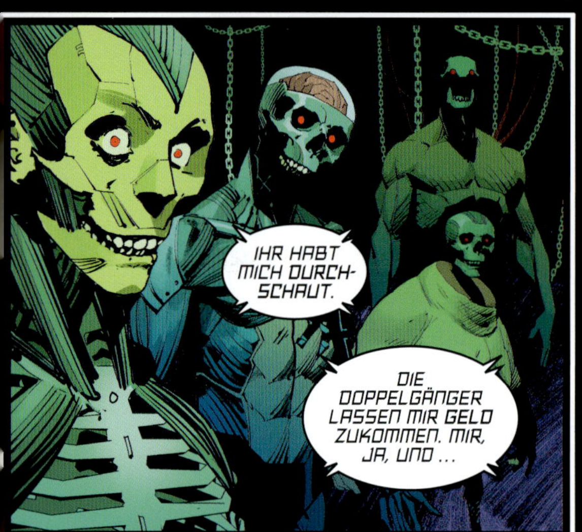
IHR HABT MICH DURCH-SCHAUT.
DIE DOPPELGÄNGER LASSEN MIR GELD ZUKOMMEN. MIR, JA, UND ...

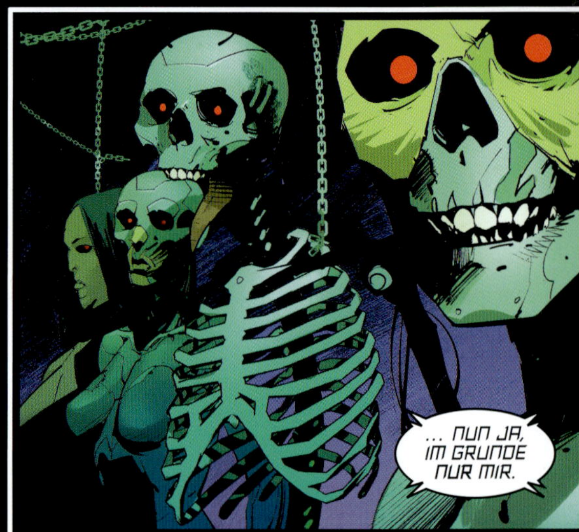
... NUN JA, IM GRUNDE NUR MIR.

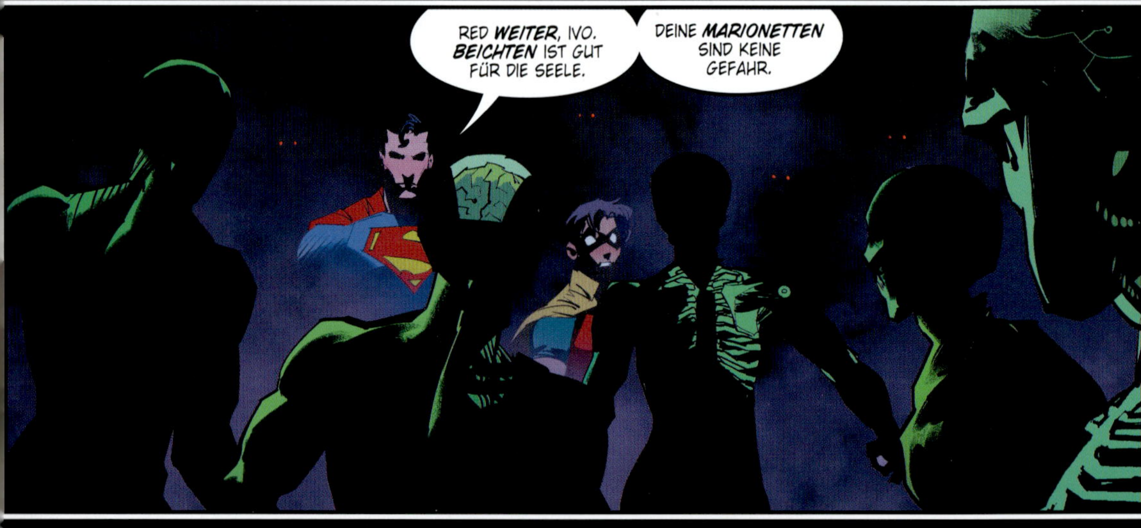
RED WEITER, IVO. BEICHTEN IST GUT FÜR DIE SEELE.
DEINE MARIONETTEN SIND KEINE GEFAHR.

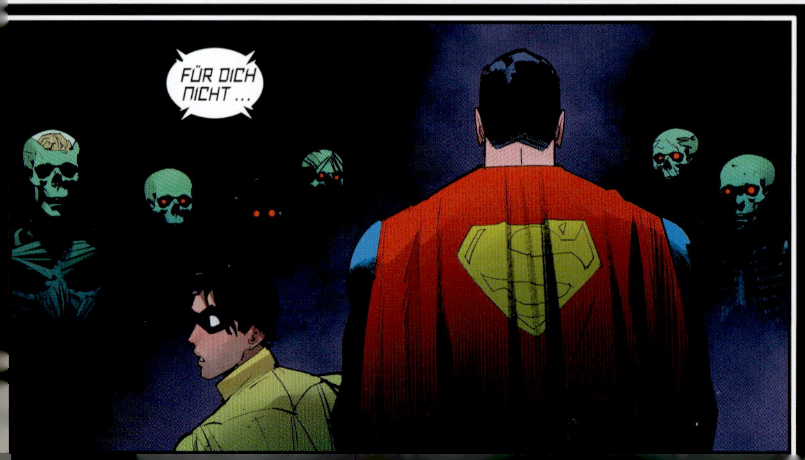
FÜR DICH NICHT ...

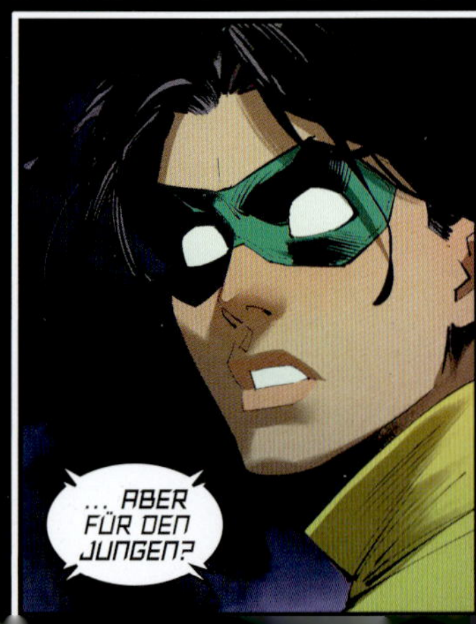
... ABER FÜR DEN JUNGEN?

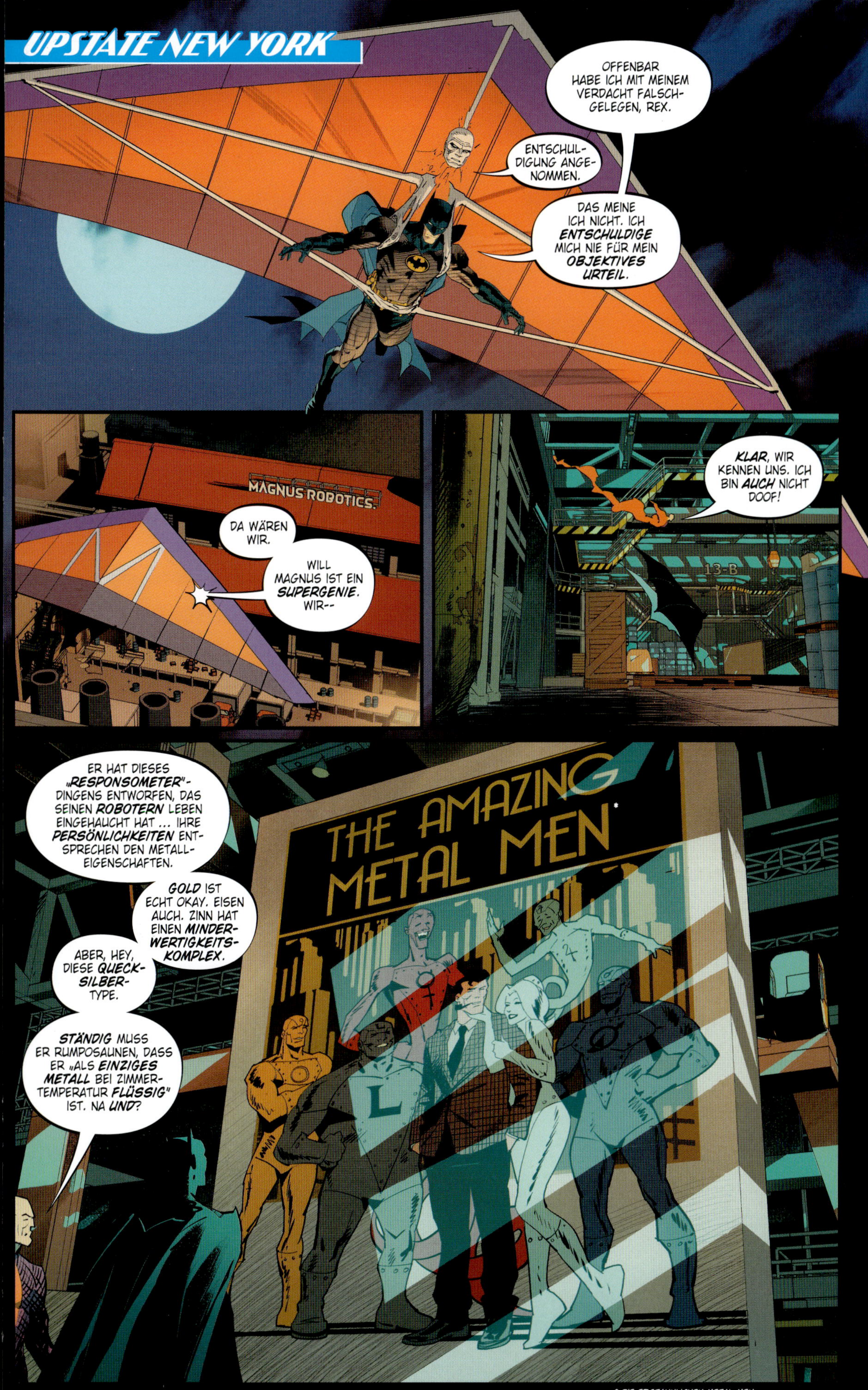
UPSTATE NEW YORK
OFFENBAR HABE ICH MIT MEINEM VERDACHT FALSCH-GELEGEN, REX.
ENTSCHUL-DIGUNG ANGE-NOMMEN.
DAS MEINE ICH NICHT. ICH ENTSCHULDIGE MICH NIE FÜR MEIN OBJEKTIVES URTEIL.
MAGNUS ROBOTICS.
DA WÄREN WIR.
WILL MAGNUS IST EIN SUPERGENIE. WIR--
KLAR, WIR KENNEN UNS. ICH BIN AUCH NICHT DOOF!
13-B
ER HAT DIESES „RESPONSOMETER"-DINGENS ENTWORFEN, DAS SEINEN ROBOTERN LEBEN EINGEHAUCHT HAT ... IHRE PERSÖNLICHKEITEN ENT-SPRECHEN DEN METALL-EIGENSCHAFTEN.
THE AMAZING METAL MEN*
GOLD IST ECHT OKAY. EISEN AUCH. ZINN HAT EINEN MINDER-WERTIGKEITS-KOMPLEX.
ABER, HEY, DIESE QUECK-SILBER-TYPE.
STÄNDIG MUSS ER RUMPOSAUNEN, DASS ER „ALS EINZIGES METALL BEI ZIMMER-TEMPERATUR FLÜSSIG" IST. NA UND?
* DIE ERSTAUNLICHEN METAL MEN

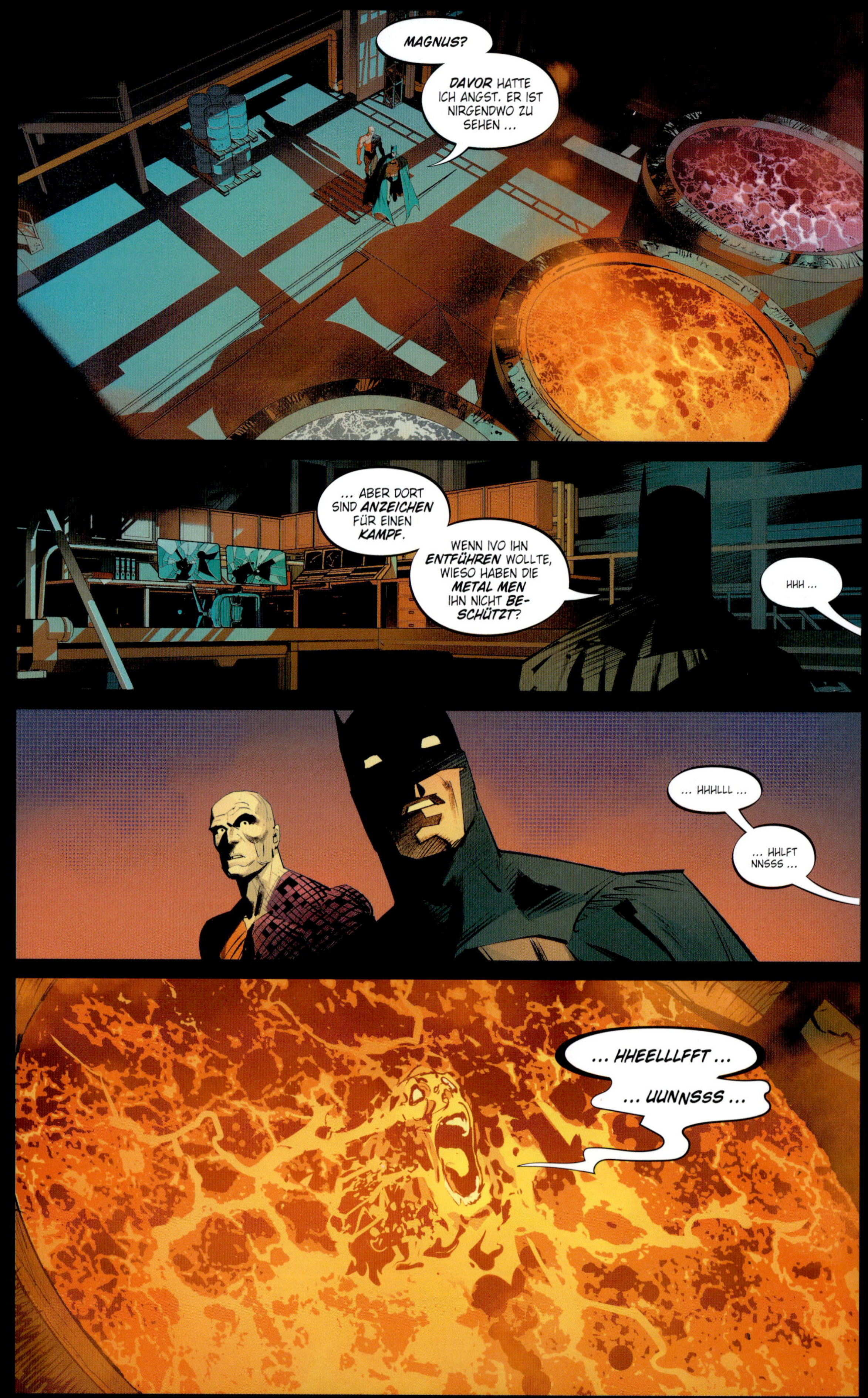
MAGNUS?
DAVOR HATTE ICH ANGST. ER IST NIRGENDWO ZU SEHEN ...
... ABER DORT SIND ANZEICHEN FÜR EINEN KAMPF.
WENN IVO IHN ENTFÜHREN WOLLTE, WIESO HABEN DIE METAL MEN IHN NICHT BESCHÜTZT?
HHH ...
... HHHLLL ...
... HHLFT NNSSS ...
... HHEELLLFFT ...
... UUNNSSS ...

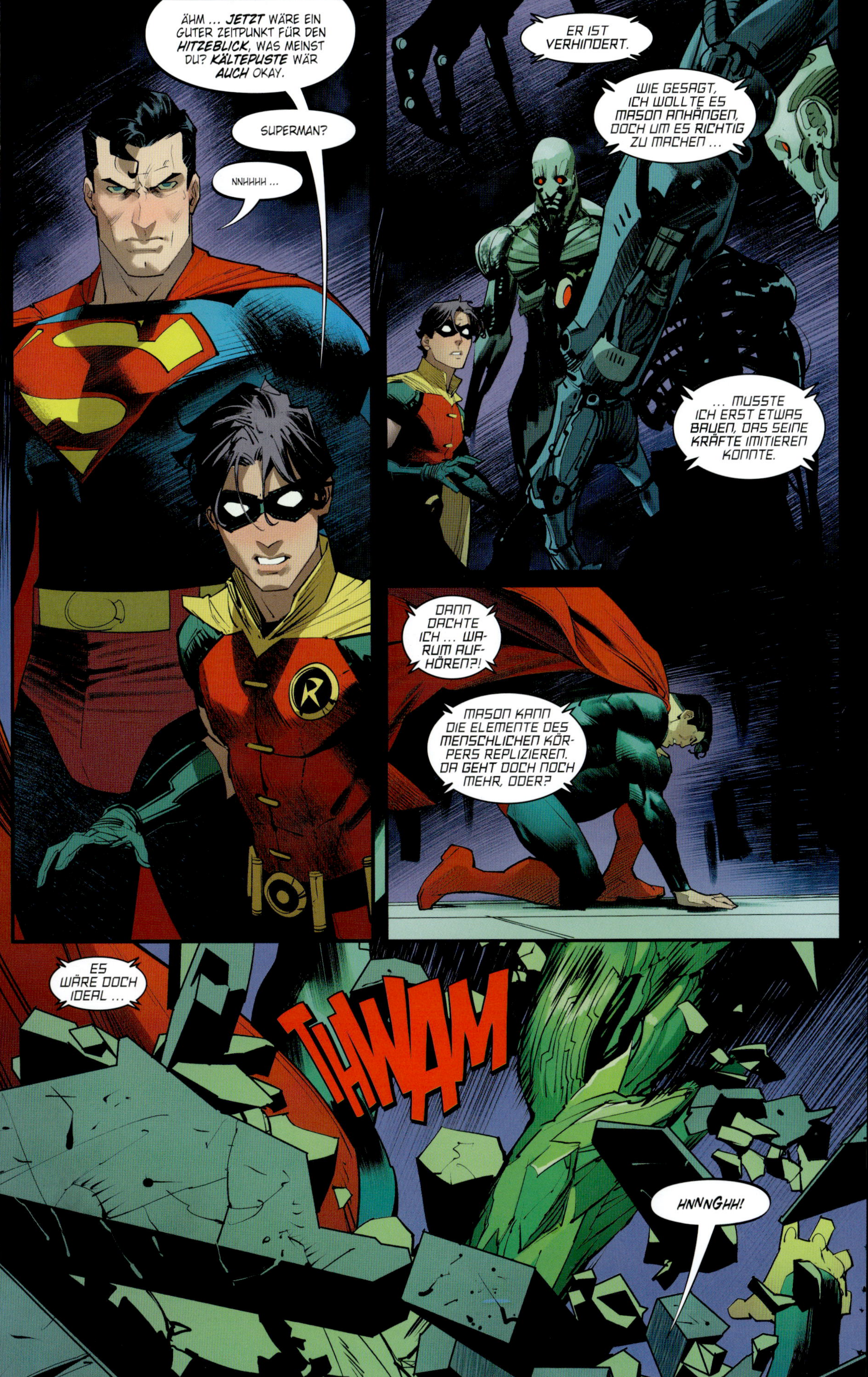
ÄHM … JETZT WÄRE EIN GUTER ZEITPUNKT FÜR DEN HITZEBLICK, WAS MEINST DU? KÄLTEPUSTE WÄR AUCH OKAY.
SUPERMAN?
NNHHHH …
ER IST VERHINDERT.
WIE GESAGT, ICH WOLLTE ES MASON ANHÄNGEN, DOCH UM ES RICHTIG ZU MACHEN …
… MUSSTE ICH ERST ETWAS BAUEN, DAS SEINE KRÄFTE IMITIEREN KONNTE.
DANN DACHTE ICH … WARUM AUFHÖREN?!
MASON KANN DIE ELEMENTE DES MENSCHLICHEN KÖRPERS REPLIZIEREN. DA GEHT DOCH NOCH MEHR, ODER?
ES WÄRE DOCH IDEAL …
THWAM
HNNNGHH!

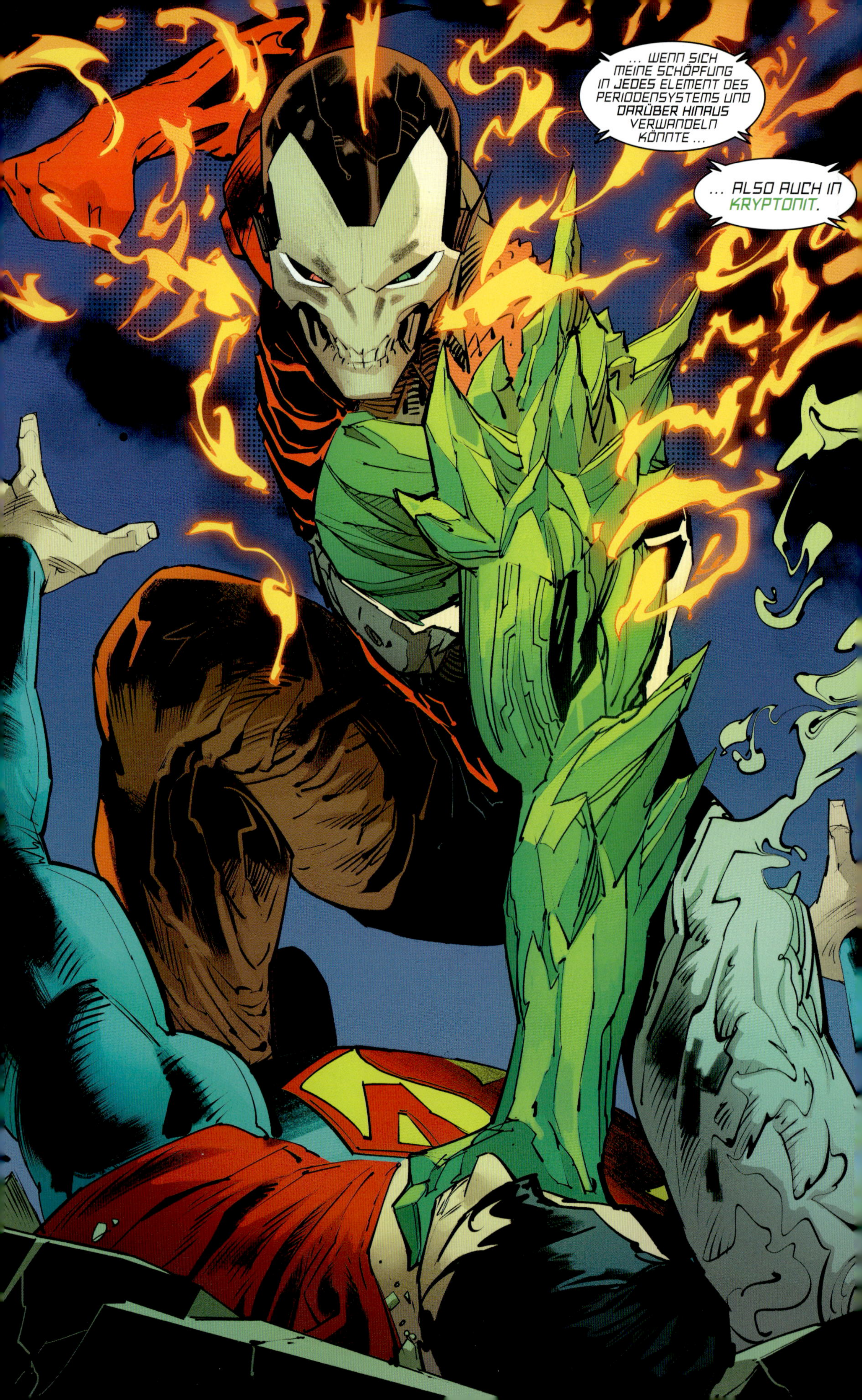

... WENN SICH MEINE SCHÖPFUNG IN JEDES ELEMENT DES PERIODENSYSTEMS UND DARÜBER HINAUS VERWANDELN KÖNNTE ...
... ALSO AUCH IN KRYPTONIT.

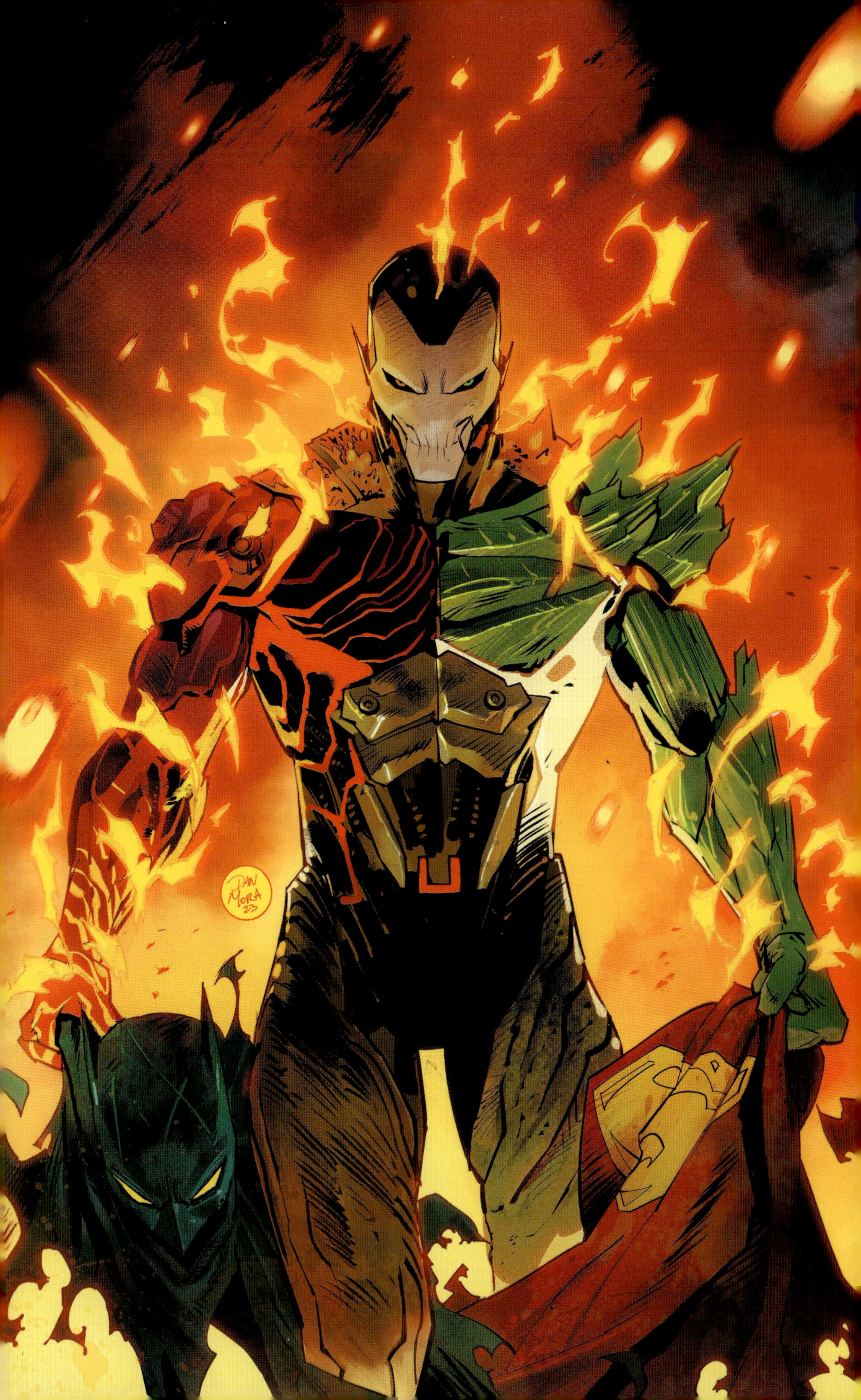
DAN MORA 23

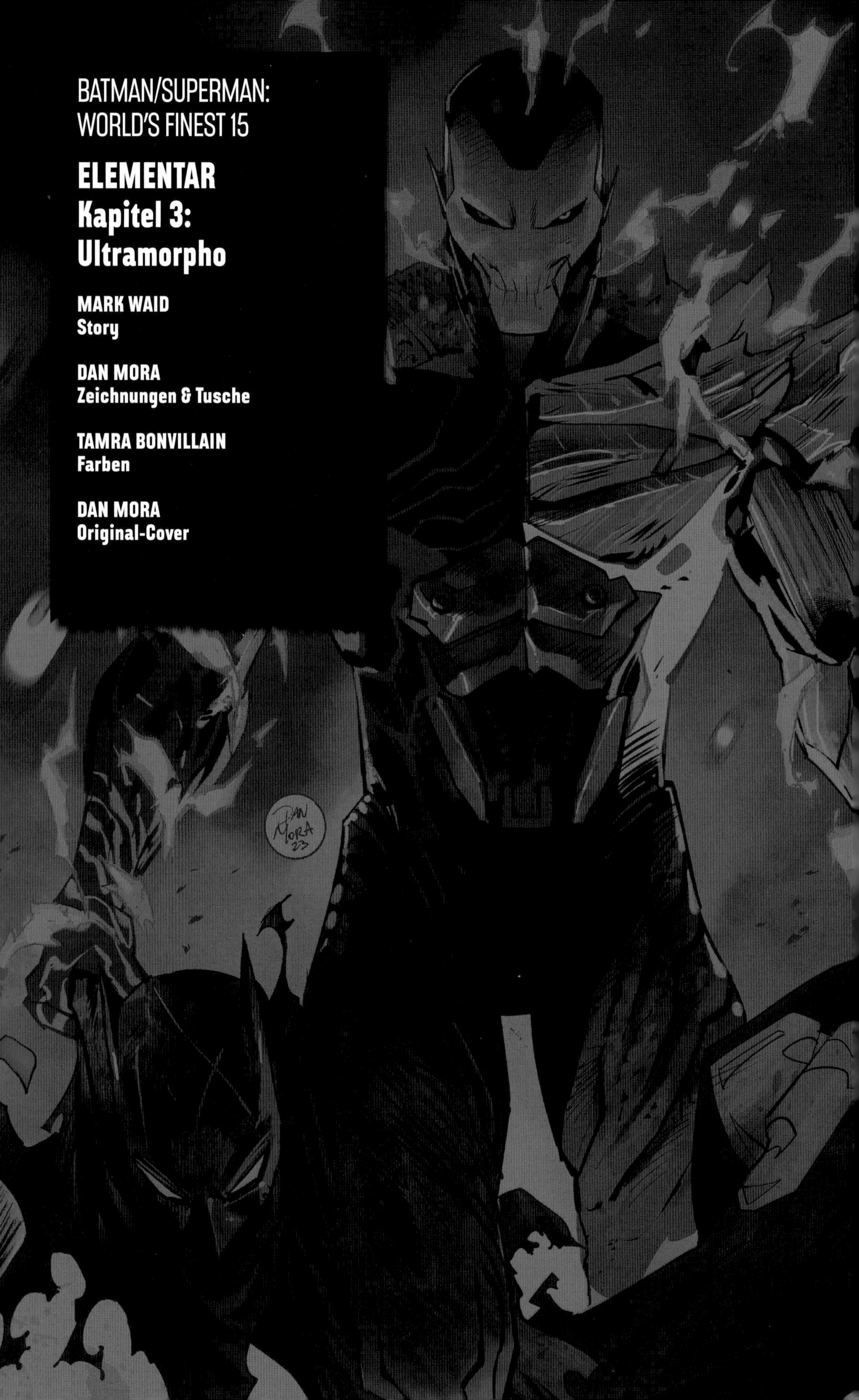

BATMAN/SUPERMAN: WORLD'S FINEST 15

ELEMENTAR Kapitel 3: Ultramorpho

MARK WAID
Story

DAN MORA
Zeichnungen & Tusche

TAMRA BONVILLAIN
Farben

DAN MORA
Original-Cover

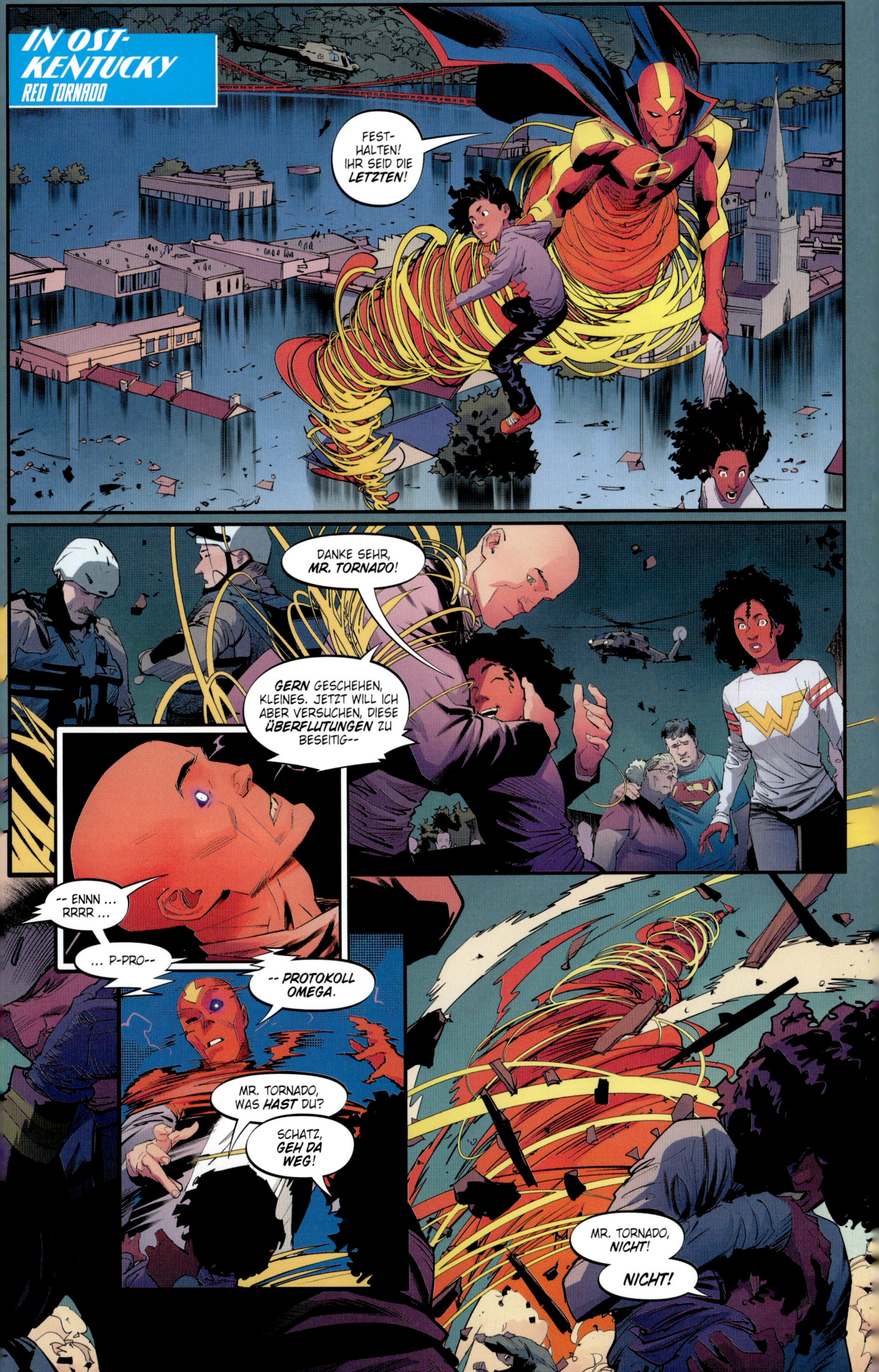
IN OST-KENTUCKY
RED TORNADO
FEST-HALTEN! IHR SEID DIE LETZTEN!
DANKE SEHR, MR. TORNADO!
GERN GESCHEHEN, KLEINES. JETZT WILL ICH ABER VERSUCHEN, DIESE ÜBERFLUTUNGEN ZU BESEITIG--
-- ENNN ... RRRR ...
... P-PRO--
-- PROTOKOLL OMEGA.
MR. TORNADO, WAS HAST DU?
SCHATZ, GEH DA WEG!
MR. TORNADO, NICHT!
NICHT!

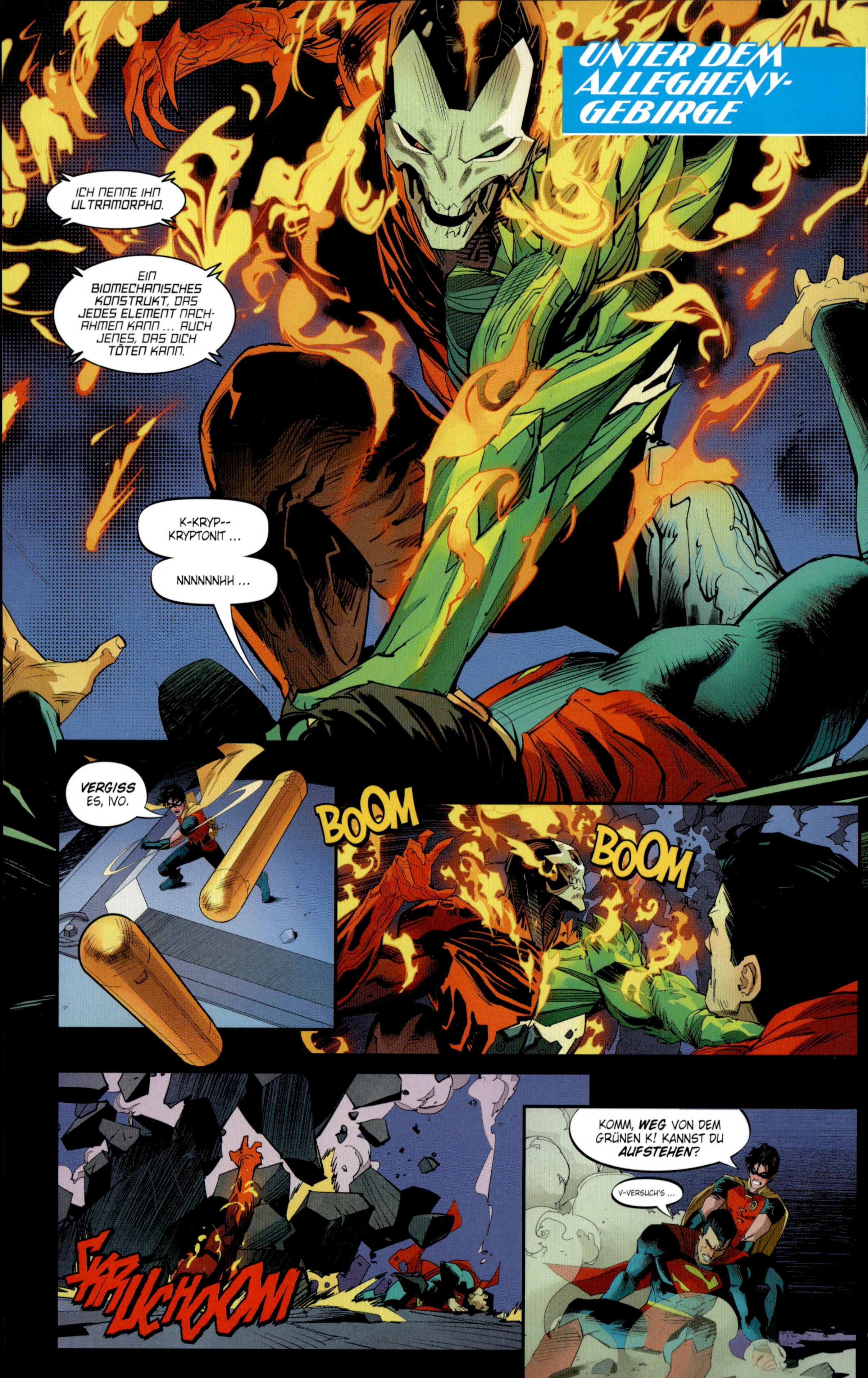
UNTER DEM ALLEGHENY-GEBIRGE
ICH NENNE IHN ULTRAMORPHO.
EIN BIOMECHANISCHES KONSTRUKT, DAS JEDES ELEMENT NACHAHMEN KANN ... AUCH JENES, DAS DICH TÖTEN KANN.
K-KRYP-- KRYPTONIT ...
NNNNNNHH ...
VERGISS ES, IVO.
BOOM
BOOM
SKRUCHOOM
KOMM, WEG VON DEM GRÜNEN K! KANNST DU AUFSTEHEN?
V-VERSUCH'S ...

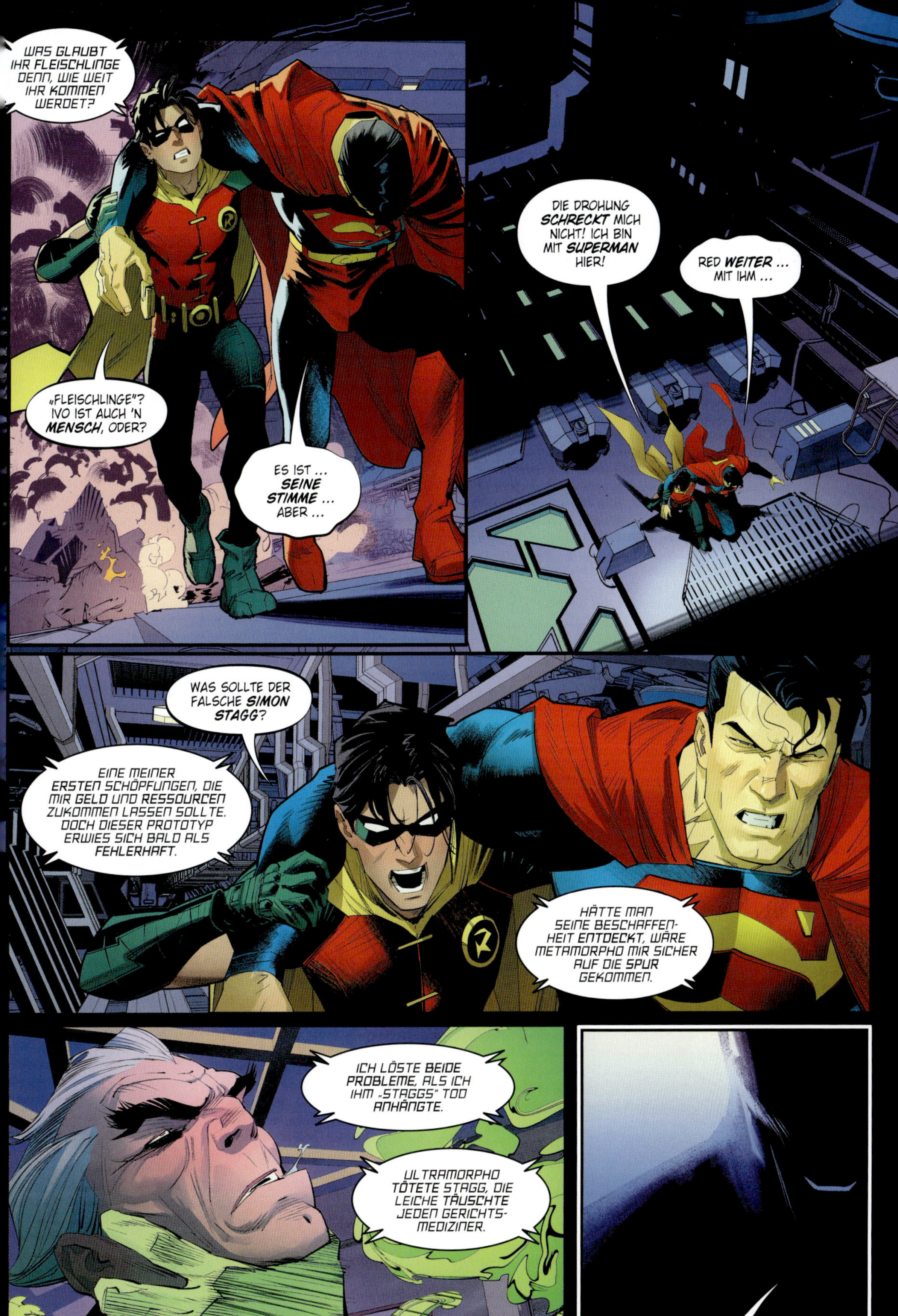
WAS GLAUBT IHR FLEISCHLINGE DENN, WIE WEIT IHR KOMMEN WERDET?
„FLEISCHLINGE"? IVO IST AUCH 'N MENSCH, ODER?
ES IST ... SEINE STIMME ... ABER ...
DIE DROHUNG SCHRECKT MICH NICHT! ICH BIN MIT SUPERMAN HIER!
RED WEITER ... MIT IHM ...
WAS SOLLTE DER FALSCHE SIMON STAGG?
EINE MEINER ERSTEN SCHÖPFUNGEN, DIE MIR GELD UND RESSOURCEN ZUKOMMEN LASSEN SOLLTE. DOCH DIESER PROTOTYP ERWIES SICH BALD ALS FEHLERHAFT.
HÄTTE MAN SEINE BESCHAFFENHEIT ENTDECKT, WÄRE METAMORPHO MIR SICHER AUF DIE SPUR GEKOMMEN.
ICH LÖSTE BEIDE PROBLEME, ALS ICH IHM „STAGGS" TOD ANHÄNGTE.
ULTRAMORPHO TÖTETE STAGG, DIE LEICHE TÄUSCHTE JEDEN GERICHTSMEDIZINER.
NUN STERBT.

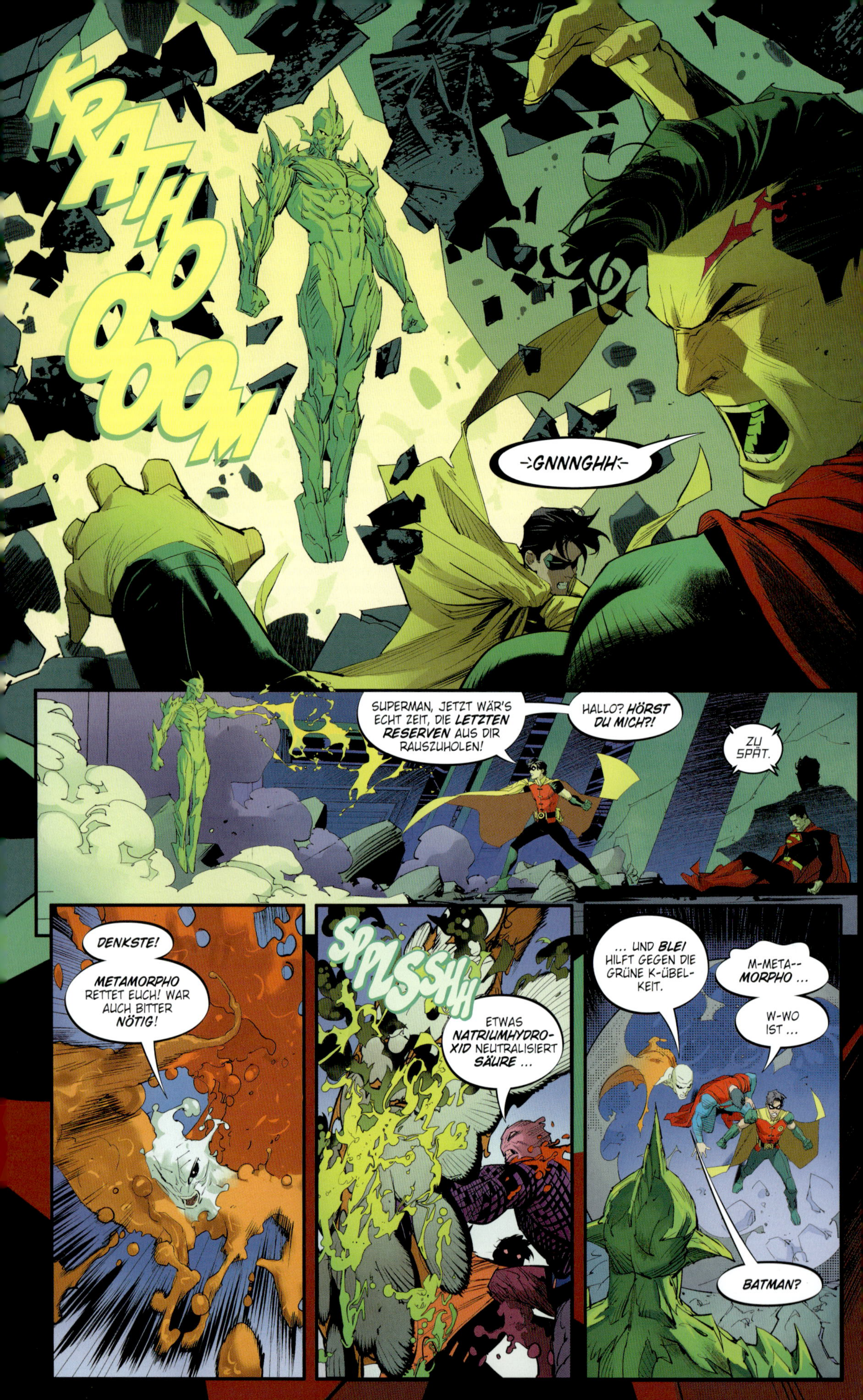
KRATHOOOOOM
-GNNNGHH-
SUPERMAN, JETZT WÄR'S ECHT ZEIT, DIE LETZTEN RESERVEN AUS DIR RAUSZUHOLEN!
HALLO? HÖRST DU MICH?!
ZU SPÄT.
DENKSTE!
METAMORPHO RETTET EUCH! WAR AUCH BITTER NÖTIG!
SPPLSSHH
ETWAS NATRIUMHYDROXID NEUTRALISIERT SÄURE ...
... UND BLEI HILFT GEGEN DIE GRÜNE K-ÜBELKEIT.
M-META--MORPHO ...
W-WO IST ...
BATMAN?

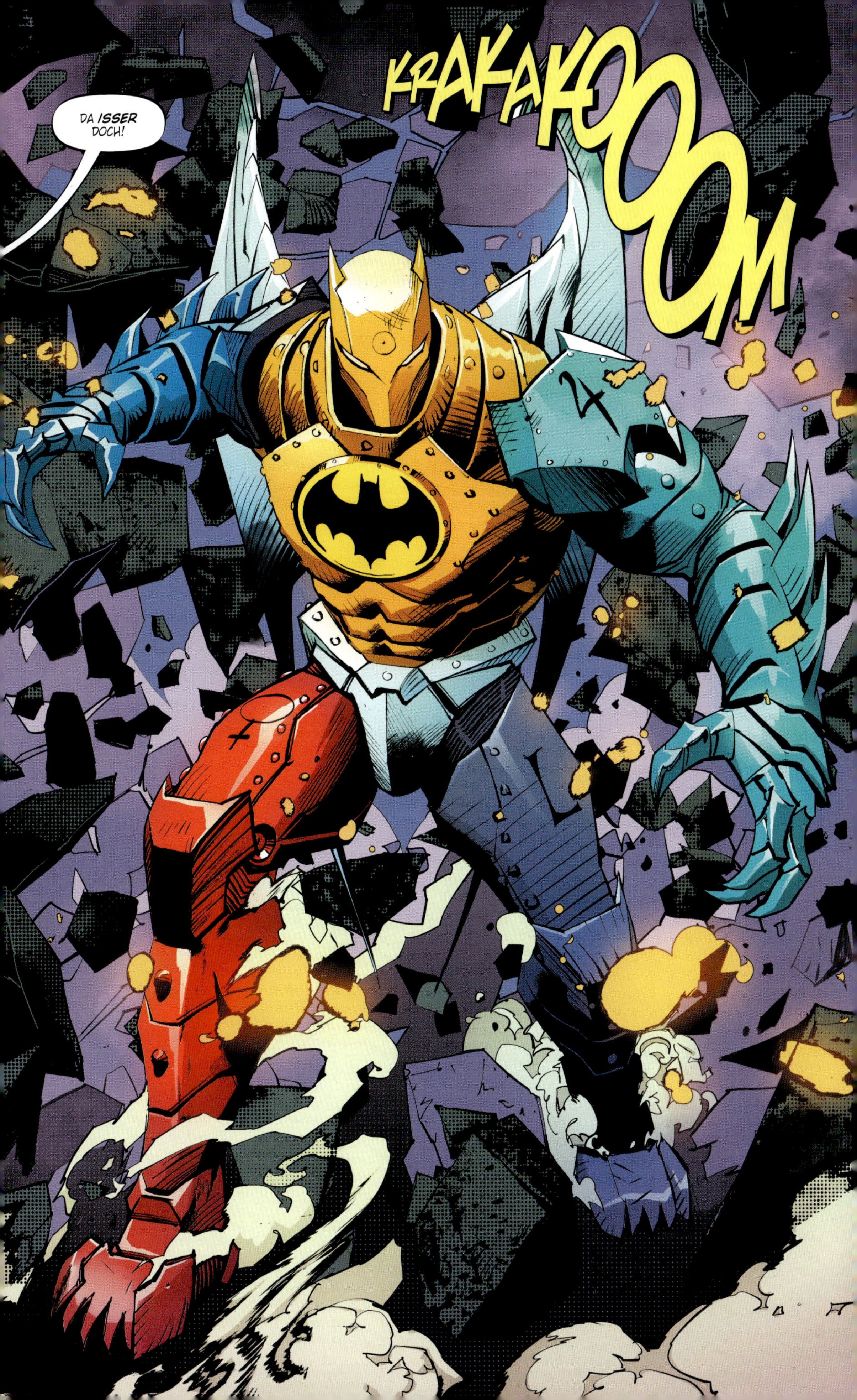
DA ISSER DOCH!
KRAKAKOOOOM

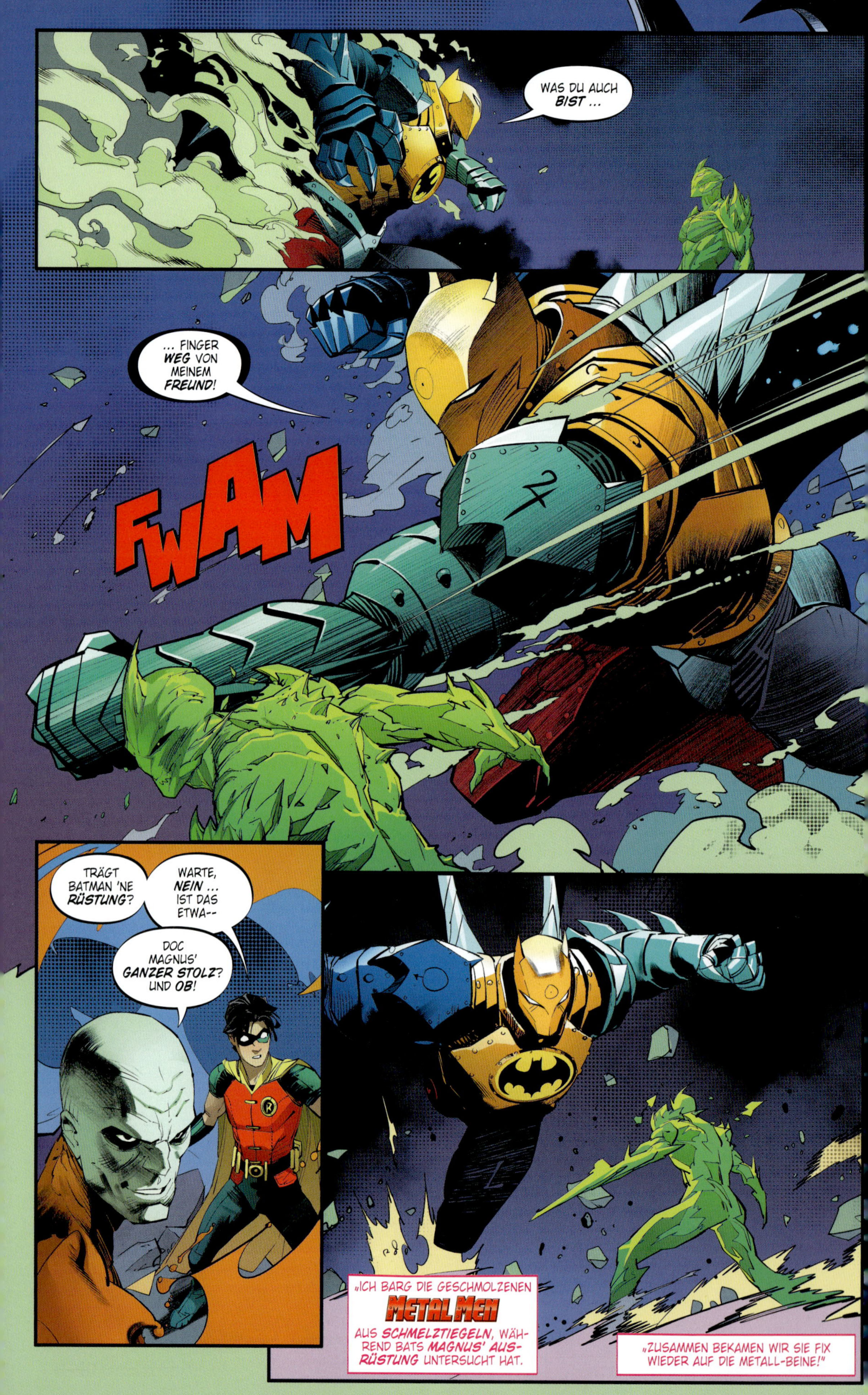
WAS DU AUCH BIST ...
... FINGER WEG VON MEINEM FREUND!
FWAM
TRÄGT BATMAN 'NE RÜSTUNG?
WARTE, NEIN ... IST DAS ETWA--
DOC MAGNUS' GANZER STOLZ? UND OB!
„ICH BARG DIE GESCHMOLZENEN METAL MEN AUS SCHMELZTIEGELN, WÄHREND BATS MAGNUS' AUSRÜSTUNG UNTERSUCHT HAT.
„ZUSAMMEN BEKAMEN WIR SIE FIX WIEDER AUF DIE METALL-BEINE!"

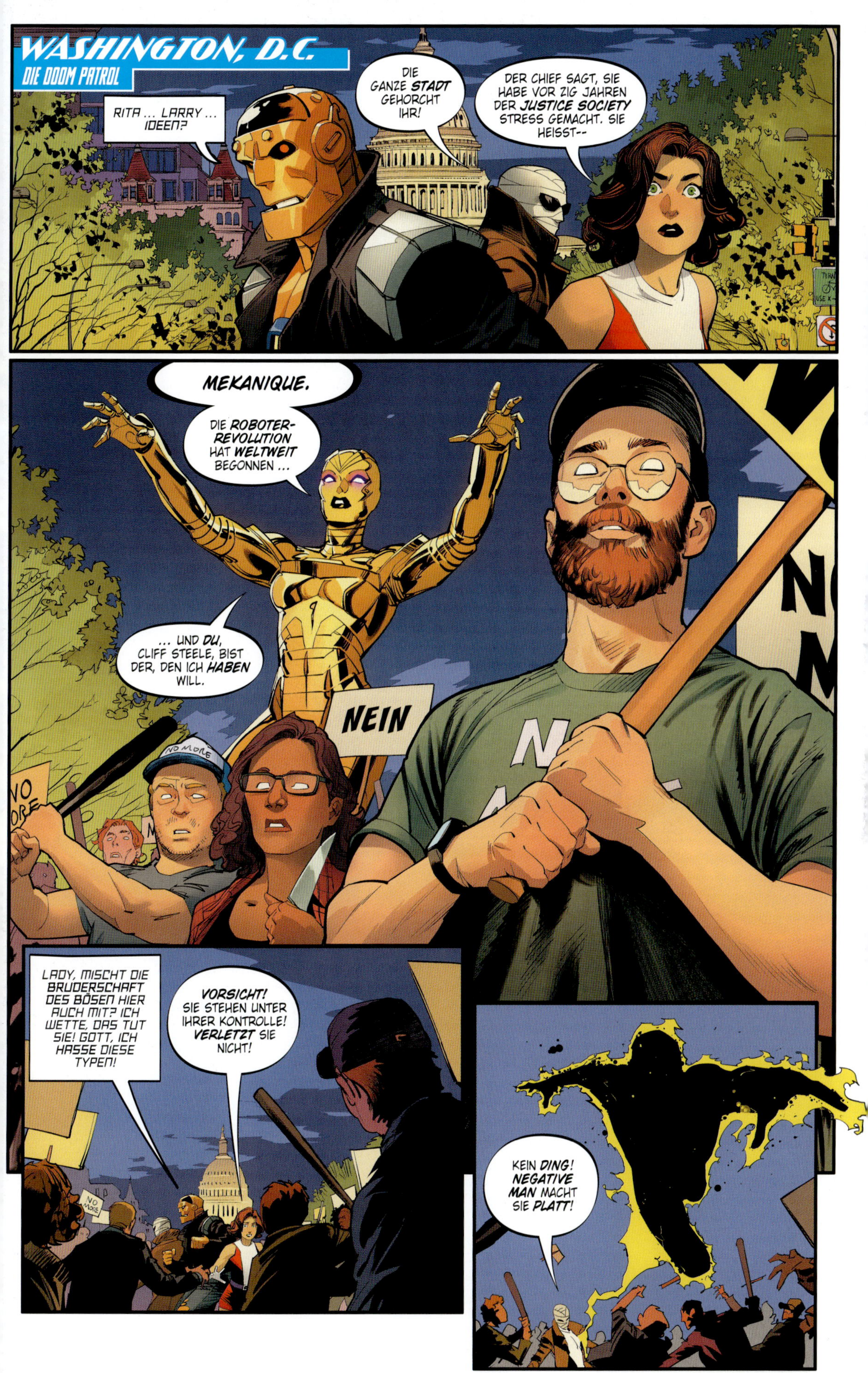
WASHINGTON, D.C.
DIE DOOM PATROL
RITA ... LARRY ... IDEEN?
DIE GANZE STADT GEHORCHT IHR!
DER CHIEF SAGT, SIE HABE VOR ZIG JAHREN DER JUSTICE SOCIETY STRESS GEMACHT. SIE HEISST--
MEKANIQUE.
DIE ROBOTER-REVOLUTION HAT WELTWEIT BEGONNEN ...
... UND DU, CLIFF STEELE, BIST DER, DEN ICH HABEN WILL.
NEIN
NO MORE
LADY, MISCHT DIE BRUDERSCHAFT DES BÖSEN HIER AUCH MIT? ICH WETTE, DAS TUT SIE! GOTT, ICH HASSE DIESE TYPEN!
VORSICHT! SIE STEHEN UNTER IHRER KONTROLLE! VERLETZT SIE NICHT!
KEIN DING! NEGATIVE MAN MACHT SIE PLATT!

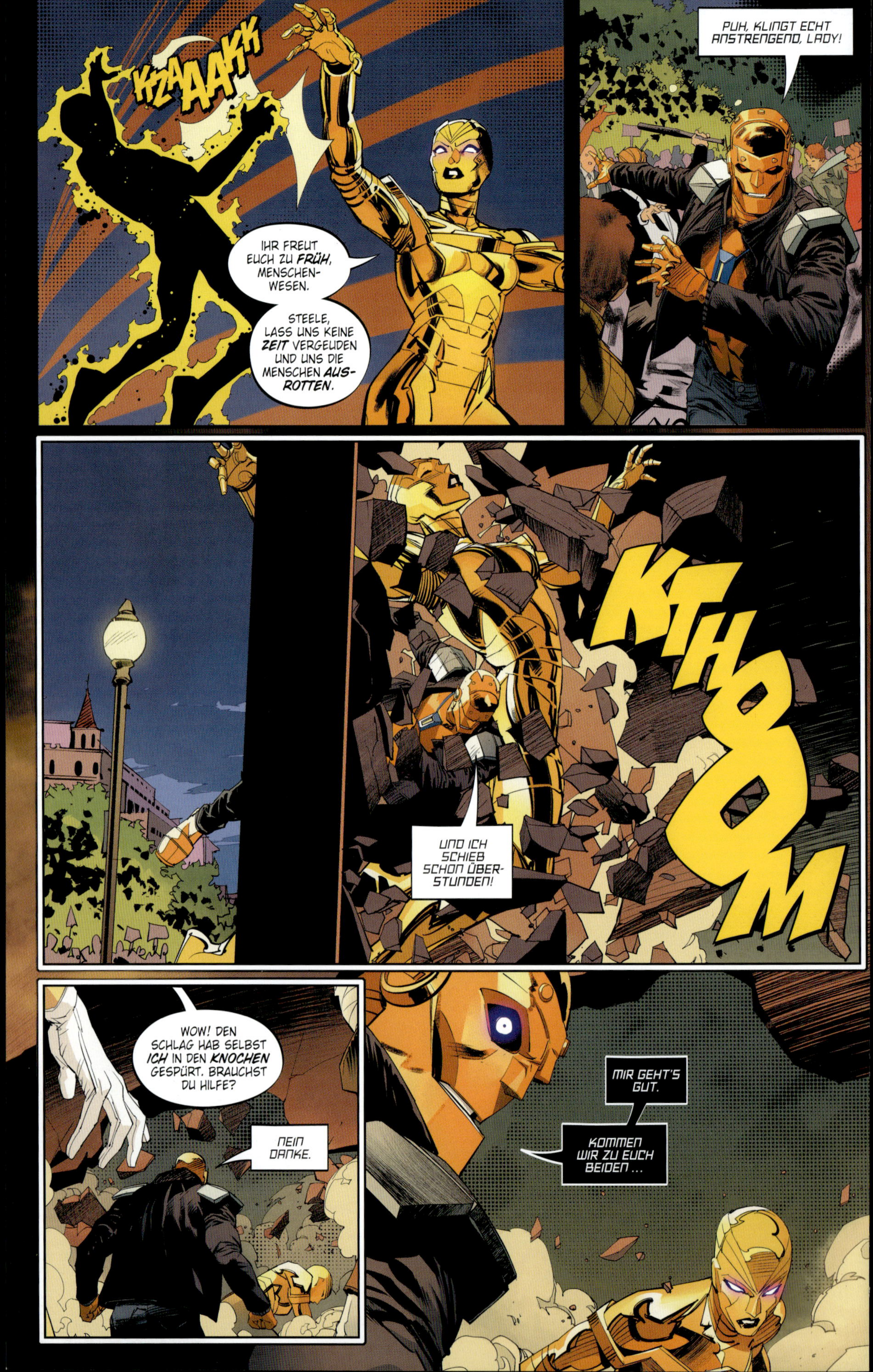

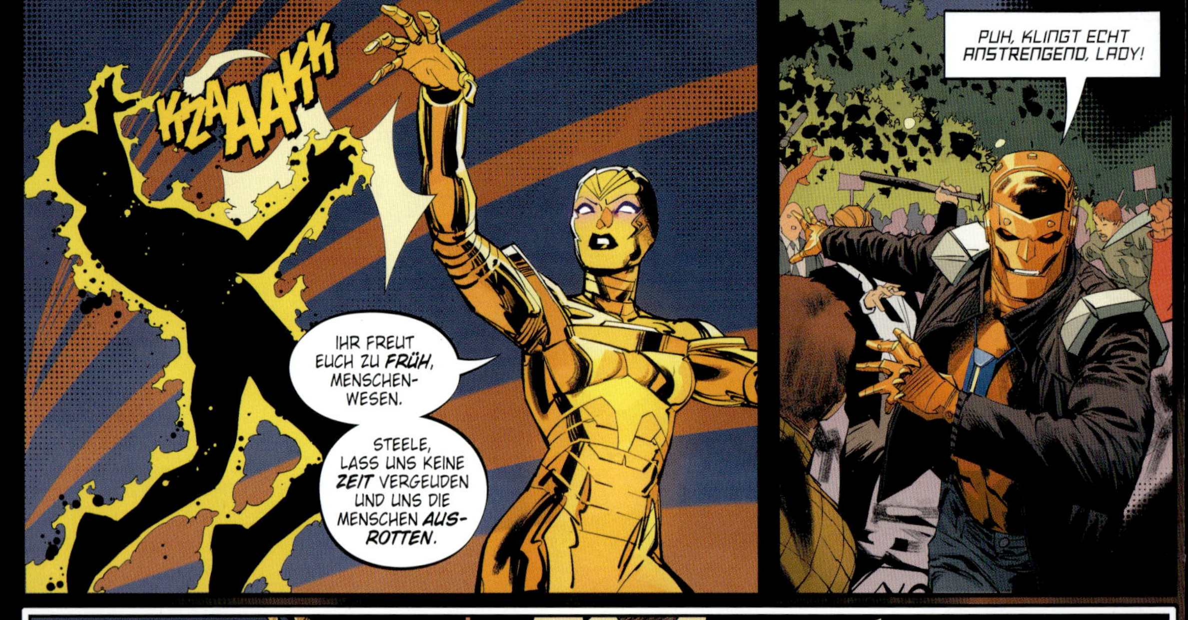
KZAAAKK
IHR FREUT EUCH ZU FRÜH, MENSCHEN-WESEN.
STEELE, LASS UNS KEINE ZEIT VERGEUDEN UND UNS DIE MENSCHEN AUS-ROTTEN.
PUH, KLINGT ECHT ANSTRENGEND, LADY!
KTHOOM
UND ICH SCHIEB SCHON ÜBER-STUNDEN!

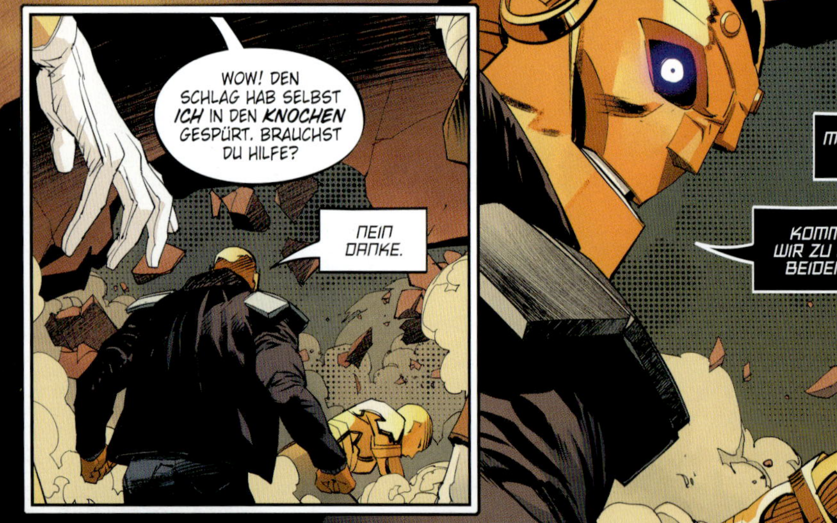
WOW! DEN SCHLAG HAB SELBST ICH IN DEN KNOCHEN GESPÜRT. BRAUCHST DU HILFE?
NEIN DANKE.

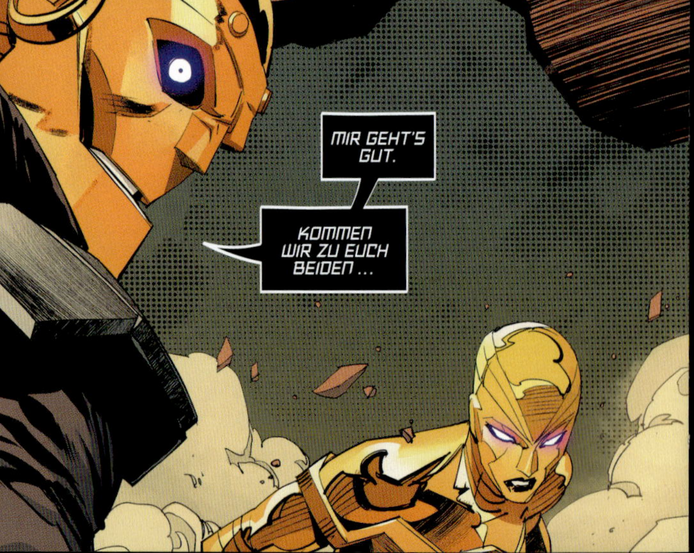
MIR GEHT'S GUT.
KOMMEN WIR ZU EUCH BEIDEN ...

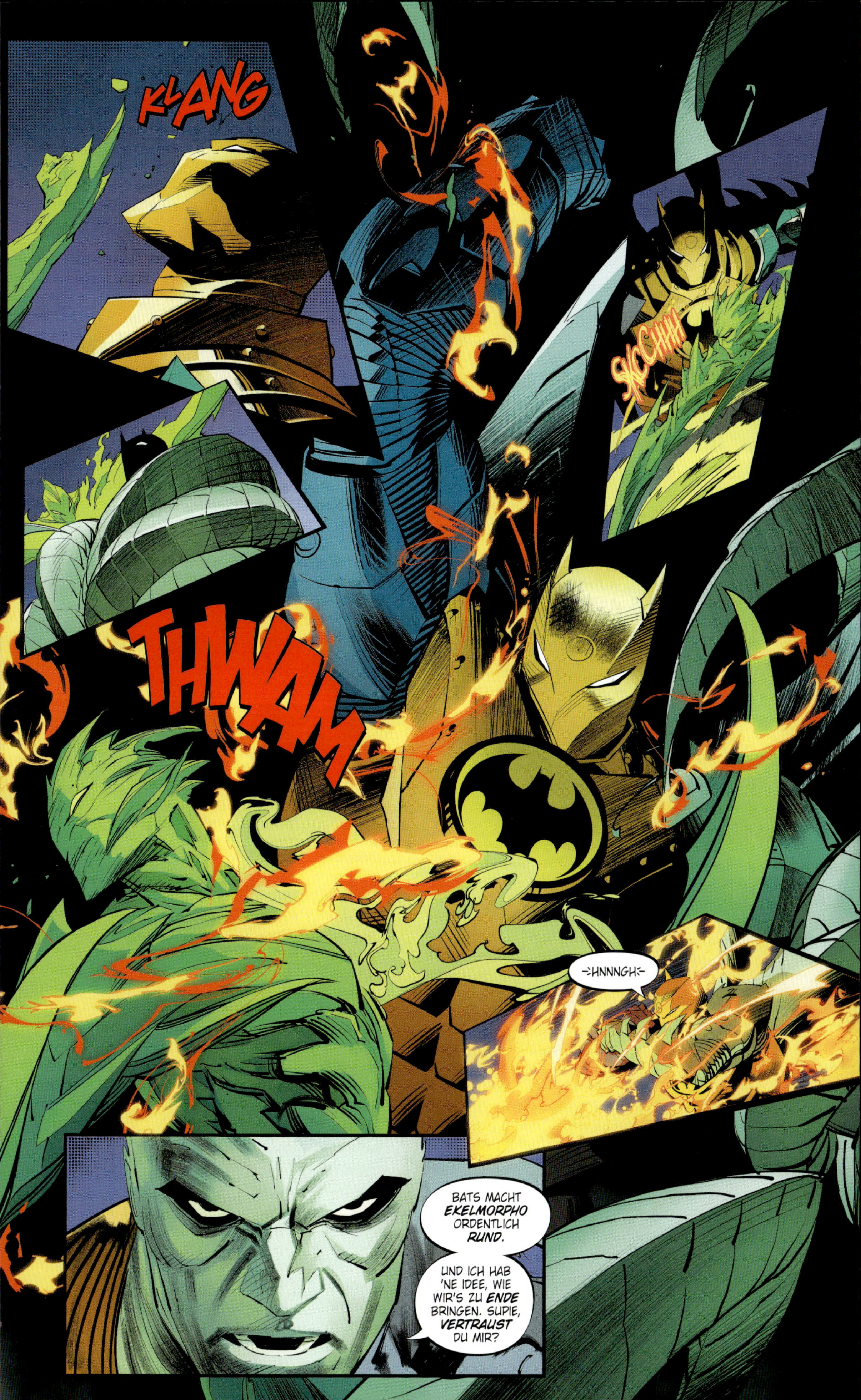
KLANG
SKCHHH
THWAM
-HNNNGH-
BATS MACHT EKELMORPHO ORDENTLICH RUND.
UND ICH HAB 'NE IDEE, WIE WIR'S ZU ENDE BRINGEN. SUPIE, VERTRAUST DU MIR?

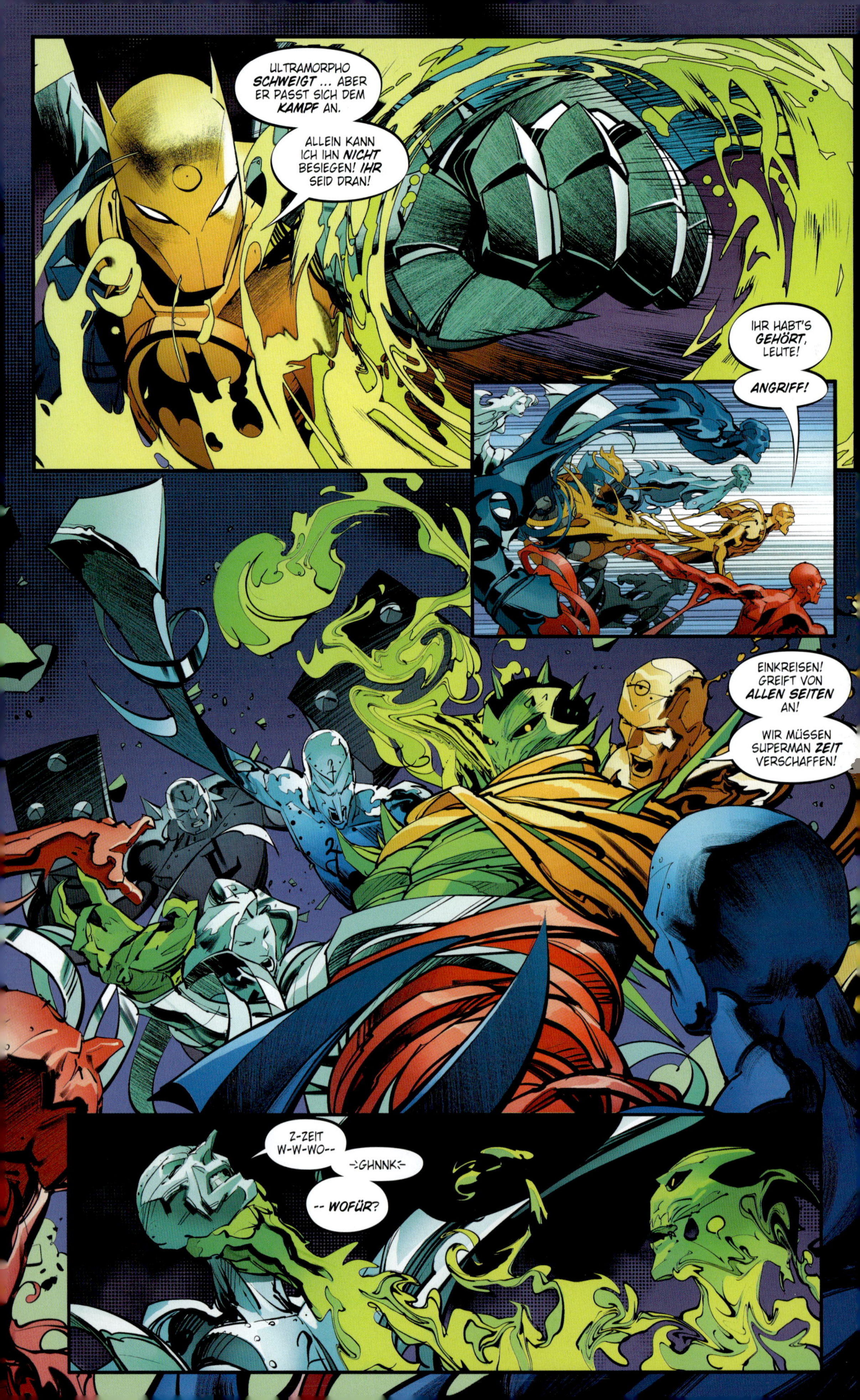
ULTRAMORPHO SCHWEIGT ... ABER ER PASST SICH DEM KAMPF AN.
ALLEIN KANN ICH IHN NICHT BESIEGEN! IHR SEID DRAN!
IHR HABT'S GEHÖRT, LEUTE!
ANGRIFF!
EINKREISEN! GREIFT VON ALLEN SEITEN AN!
WIR MÜSSEN SUPERMAN ZEIT VERSCHAFFEN!
Z-ZEIT W-W-WO--
-GHNNK-
-- WOFÜR?

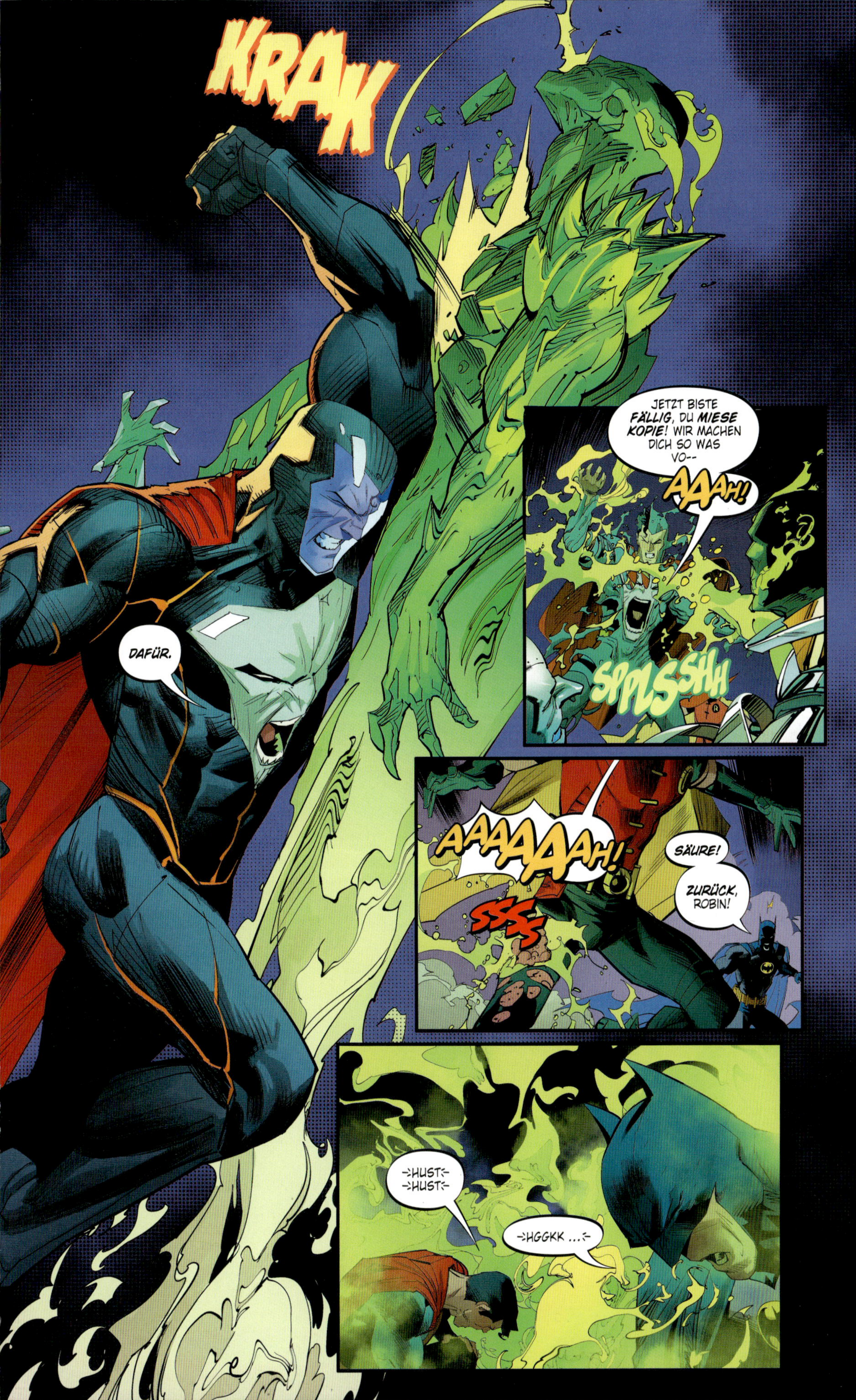
KRAK
DAFÜR.
JETZT BISTE FÄLLIG, DU MIESE KOPIE! WIR MACHEN DICH SO WAS VO--
AAAH!
SPPLSSHH
AAAAAAH!
SSSS
SÄURE!
ZURÜCK, ROBIN!
-HUST- -HUST-
-HGGKK ...-

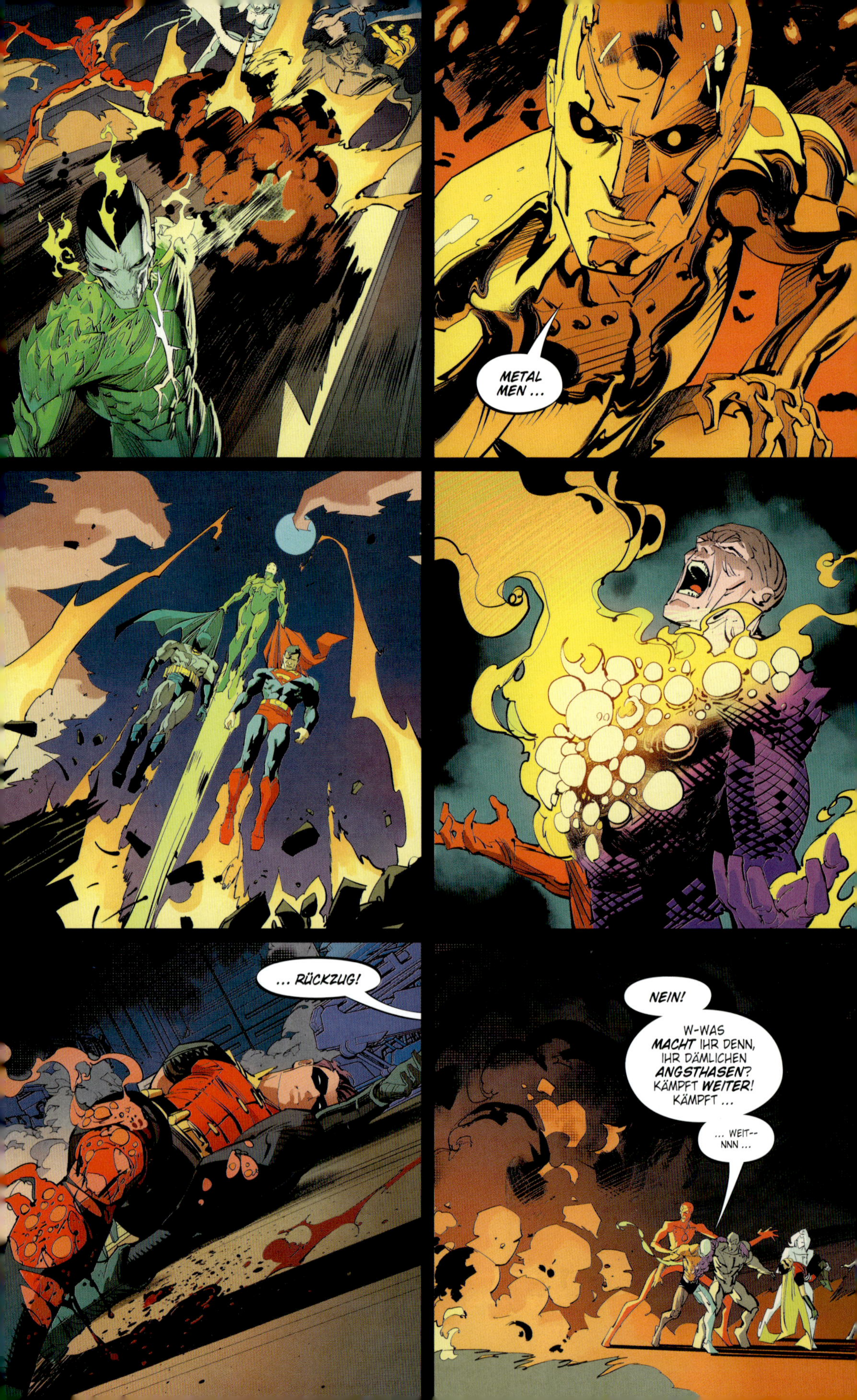
METAL MEN ...
... RÜCKZUG!
NEIN!
W-WAS MACHT IHR DENN, IHR DÄMLICHEN ANGSTHASEN? KÄMPFT WEITER! KÄMPFT ...
... WEIT-- NNN ...

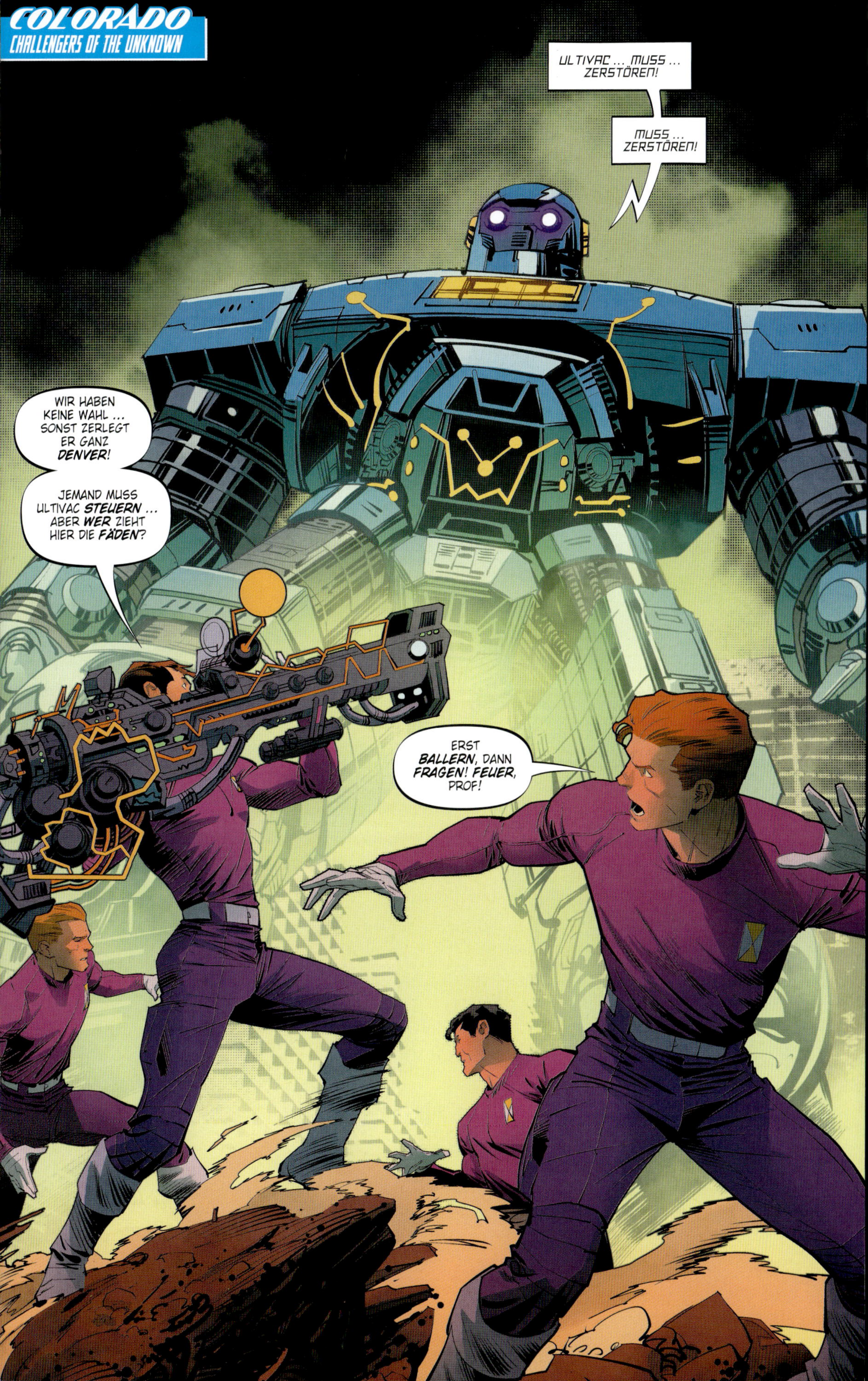
COLORADO
CHALLENGERS OF THE UNKNOWN
ULTIVAC ... MUSS ... ZERSTÖREN!
MUSS ... ZERSTÖREN!
WIR HABEN KEINE WAHL ... SONST ZERLEGT ER GANZ DENVER!
JEMAND MUSS ULTIVAC STEUERN ... ABER WER ZIEHT HIER DIE FÄDEN?
ERST BALLERN, DANN FRAGEN! FEUER, PROF!

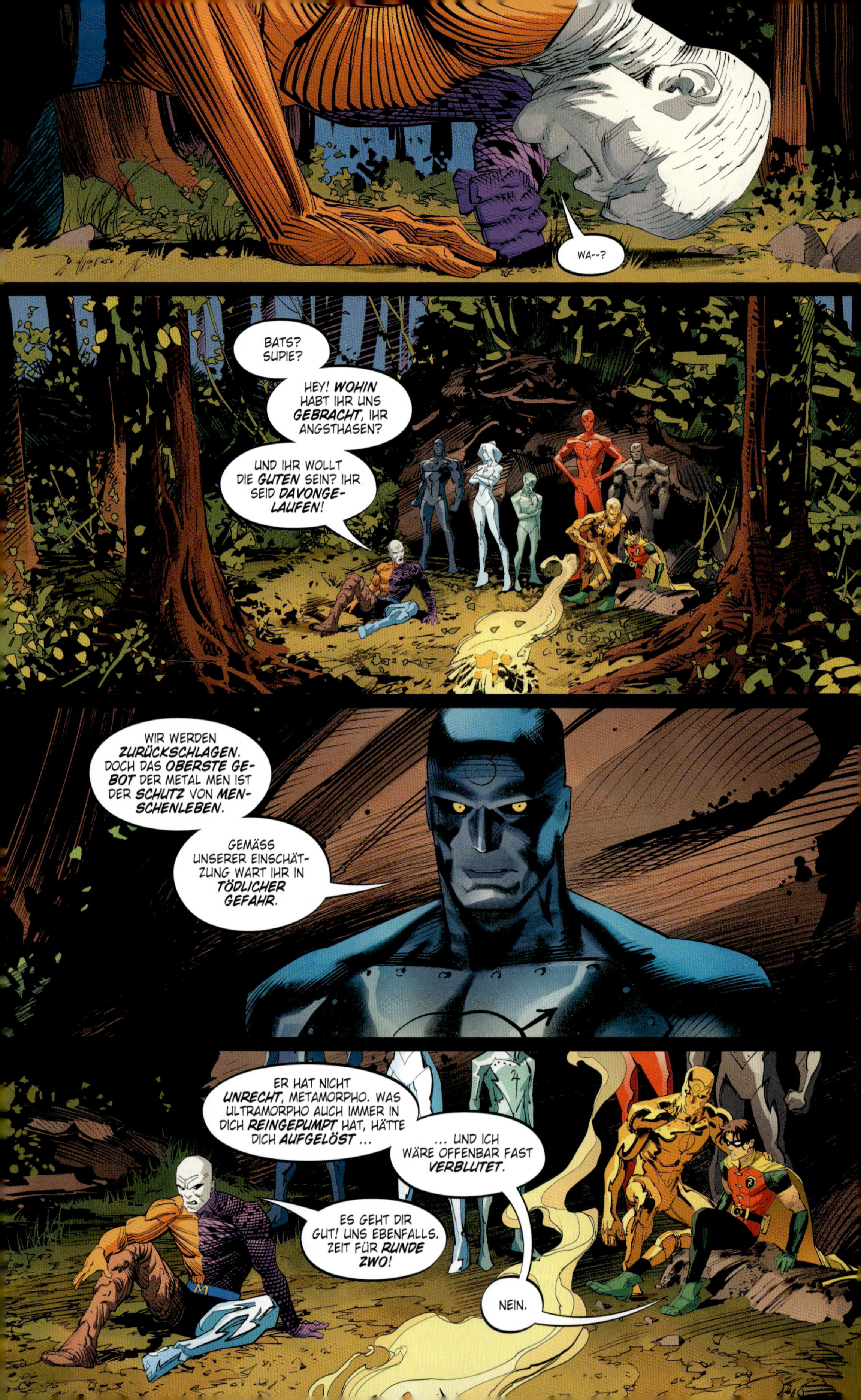
WA--?
BATS? SUPIE?
HEY! WOHIN HABT IHR UNS GEBRACHT, IHR ANGSTHASEN?
UND IHR WOLLT DIE GUTEN SEIN? IHR SEID DAVONGE-LAUFEN!
WIR WERDEN ZURÜCKSCHLAGEN. DOCH DAS OBERSTE GE-BOT DER METAL MEN IST DER SCHUTZ VON MEN-SCHENLEBEN.
GEMÄSS UNSERER EINSCHÄT-ZUNG WART IHR IN TÖDLICHER GEFAHR.
ER HAT NICHT UNRECHT, METAMORPHO. WAS ULTRAMORPHO AUCH IMMER IN DICH REINGEPUMPT HAT, HÄTTE DICH AUFGELÖST ...
... UND ICH WÄRE OFFENBAR FAST VERBLUTET.
ES GEHT DIR GUT! UNS EBENFALLS. ZEIT FÜR RUNDE ZWO!
NEIN.

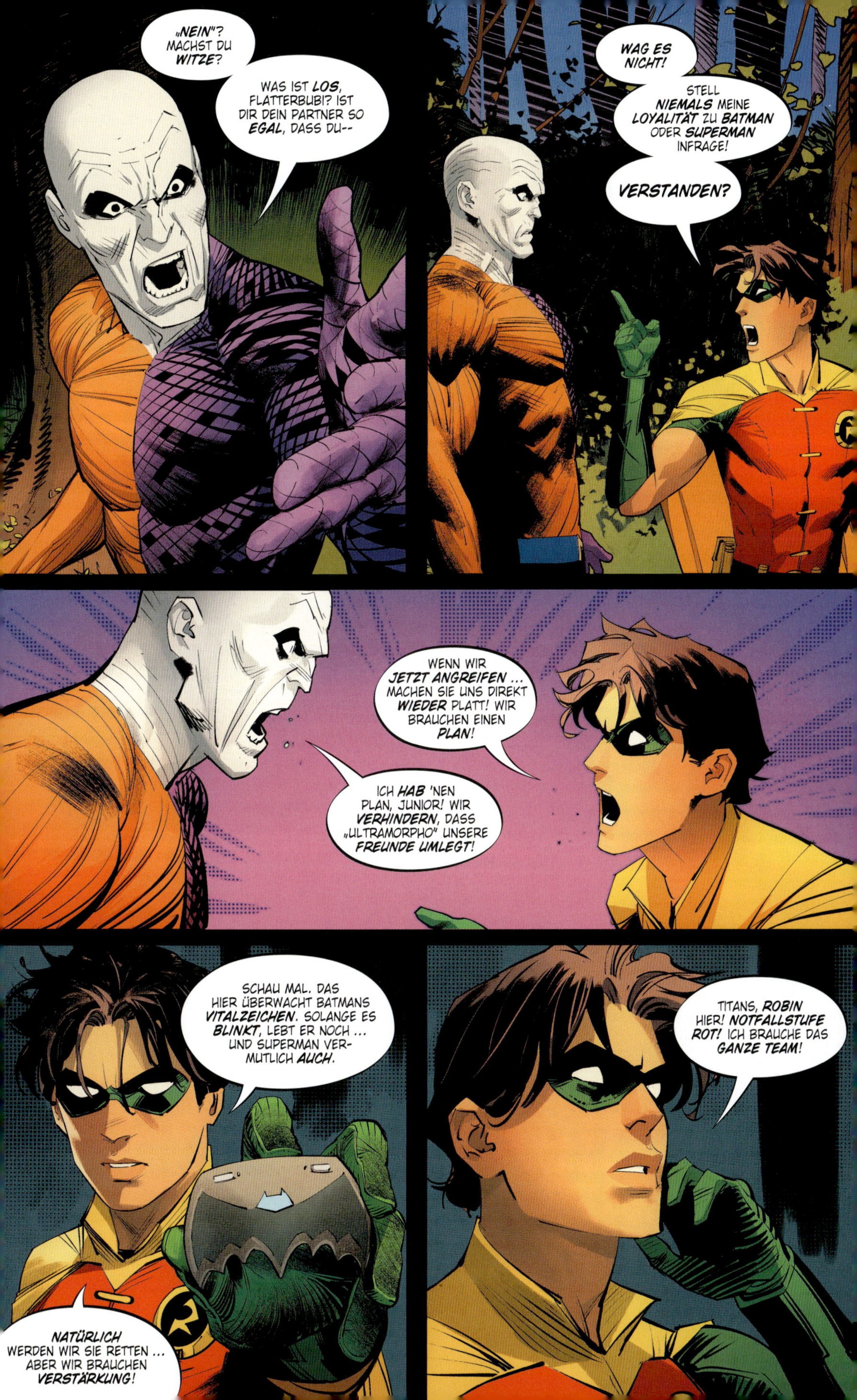

„NEIN"? MACHST DU WITZE?
WAS IST LOS, FLATTERBUBI? IST DIR DEIN PARTNER SO EGAL, DASS DU--
WAG ES NICHT!
STELL NIEMALS MEINE LOYALITÄT ZU BATMAN ODER SUPERMAN INFRAGE!
VERSTANDEN?

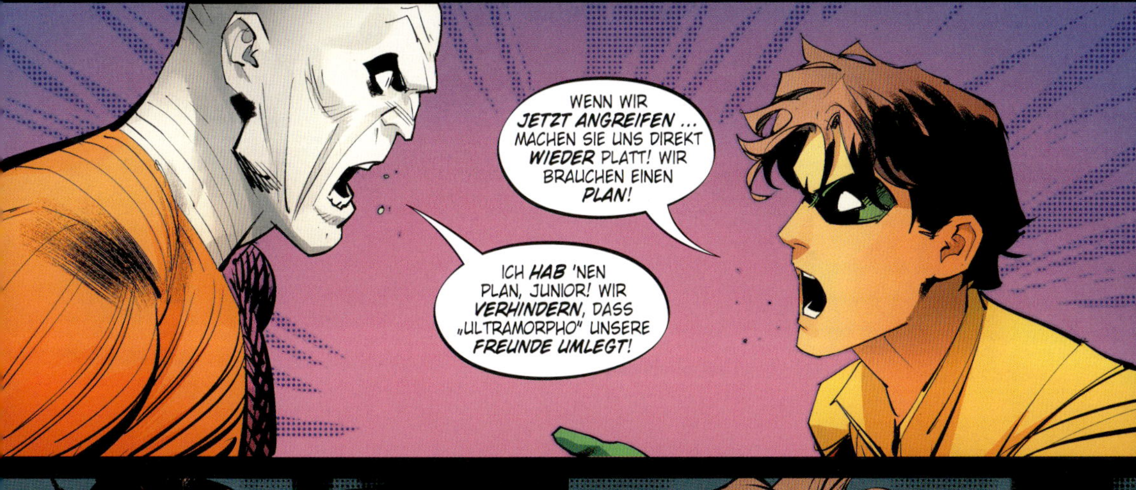

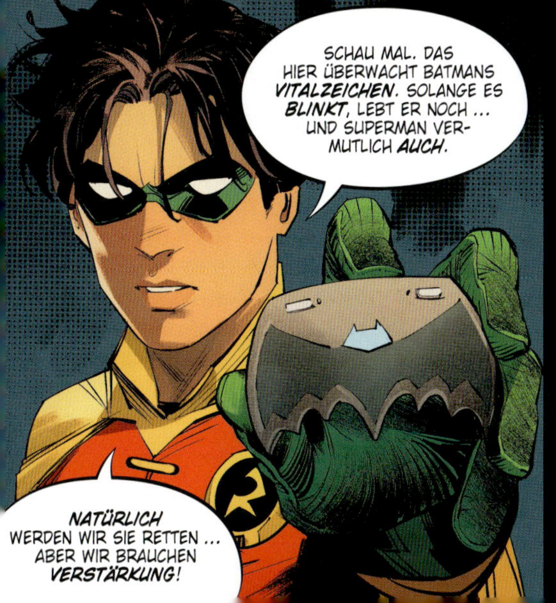

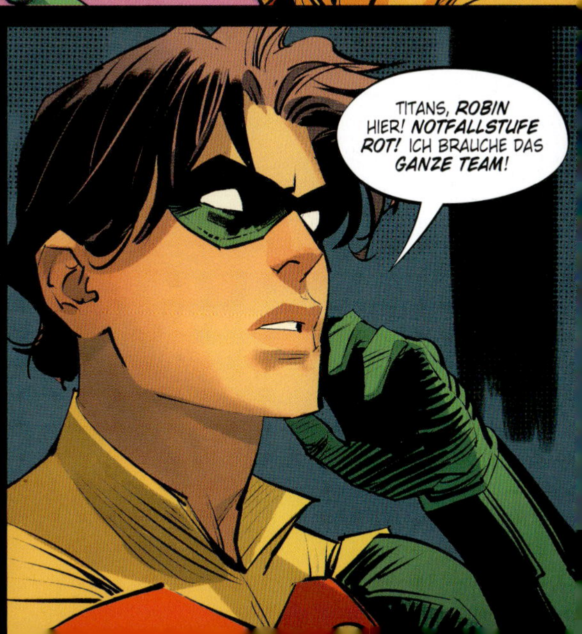

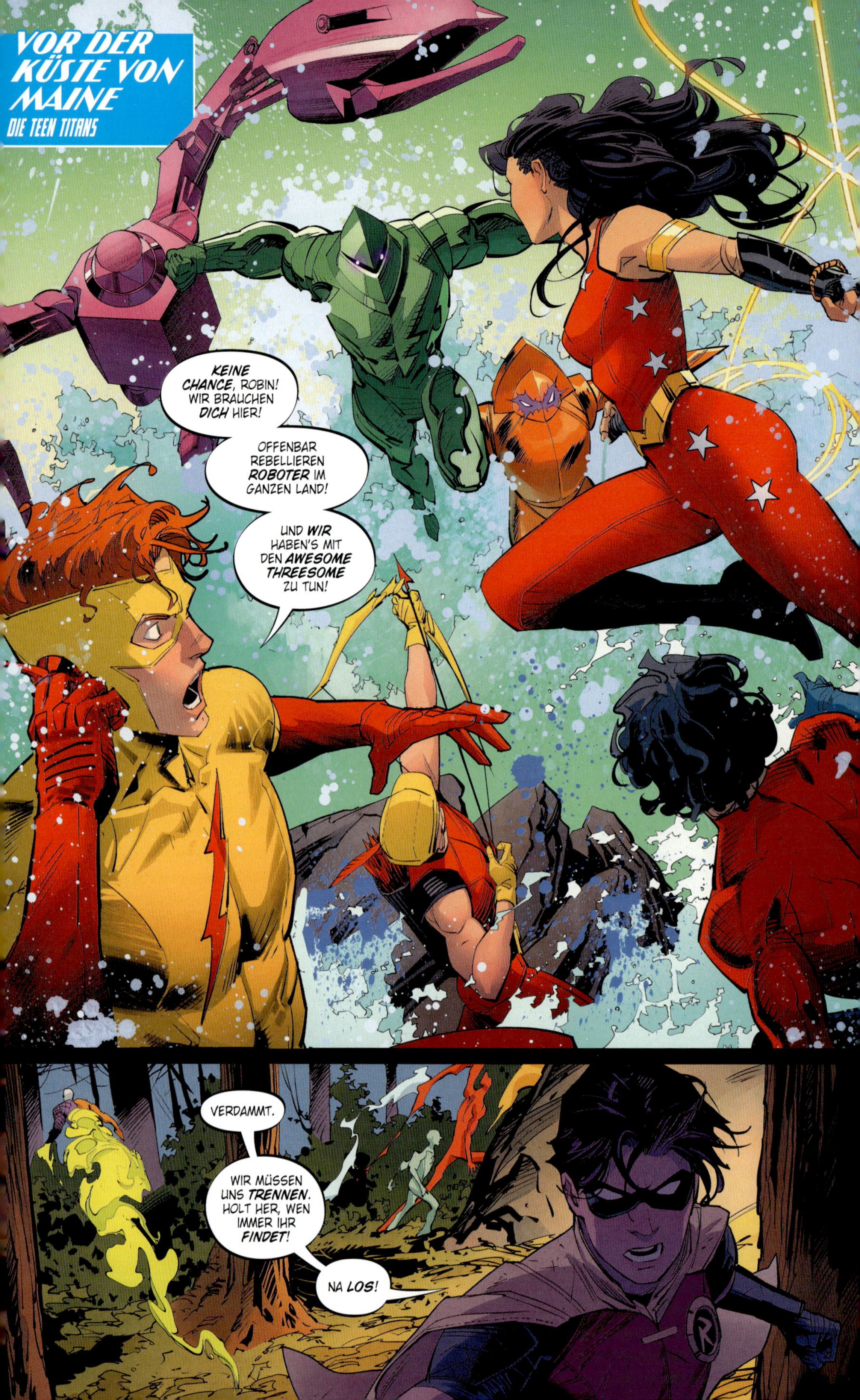
VOR DER KÜSTE VON MAINE
DIE TEEN TITANS
KEINE CHANCE, ROBIN! WIR BRAUCHEN DICH HIER!
OFFENBAR REBELLIEREN ROBOTER IM GANZEN LAND!
UND WIR HABEN'S MIT DEN AWESOME THREESOME ZU TUN!
VERDAMMT.
WIR MÜSSEN UNS TRENNEN. HOLT HER, WEN IMMER IHR FINDET!
NA LOS!

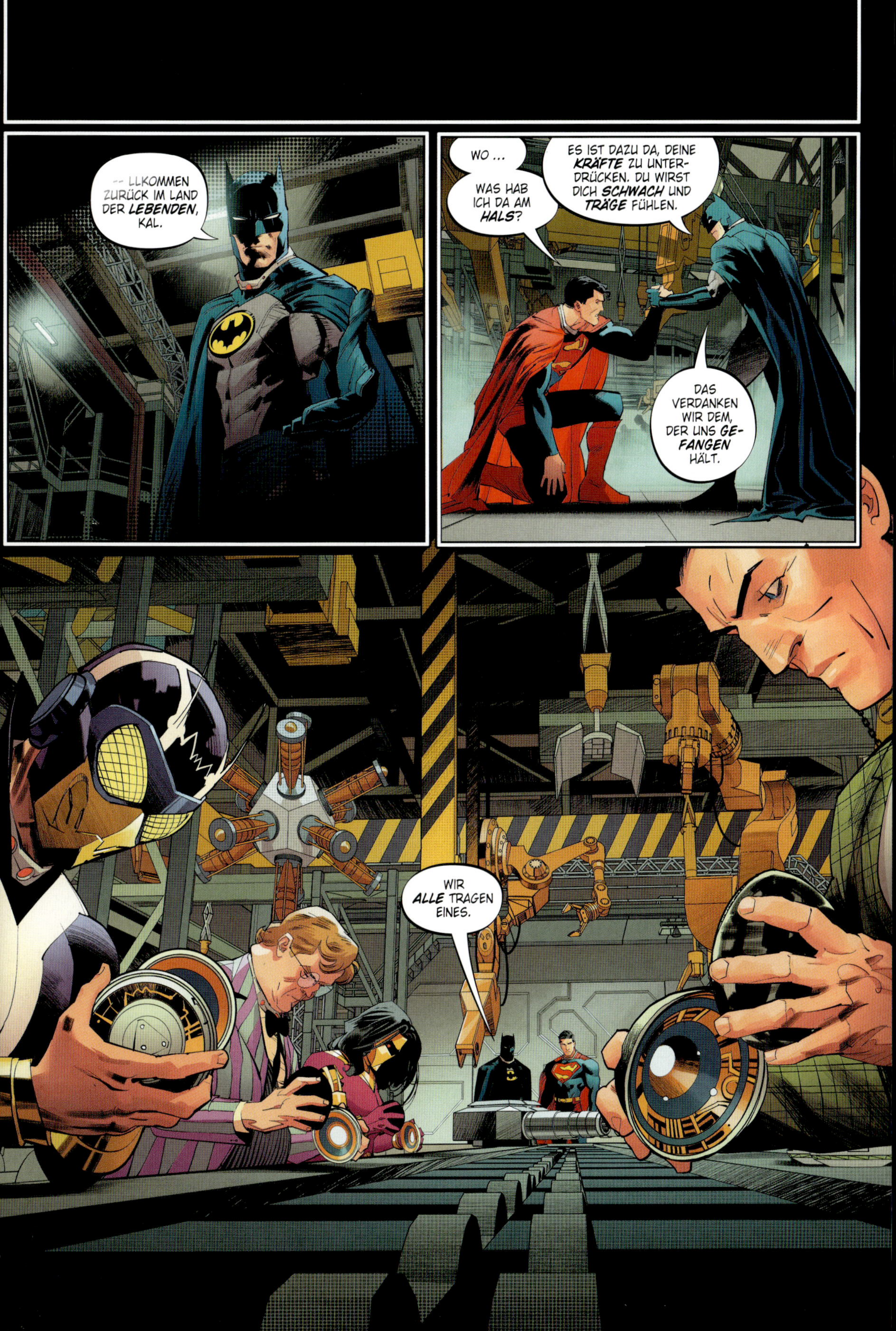
-- LLKOMMEN ZURÜCK IM LAND DER LEBENDEN, KAL.
WO ...
WAS HAB ICH DA AM HALS?
ES IST DAZU DA, DEINE KRÄFTE ZU UNTERDRÜCKEN. DU WIRST DICH SCHWACH UND TRÄGE FÜHLEN.
DAS VERDANKEN WIR DEM, DER UNS GEFANGEN HÄLT.
WIR ALLE TRAGEN EINES.

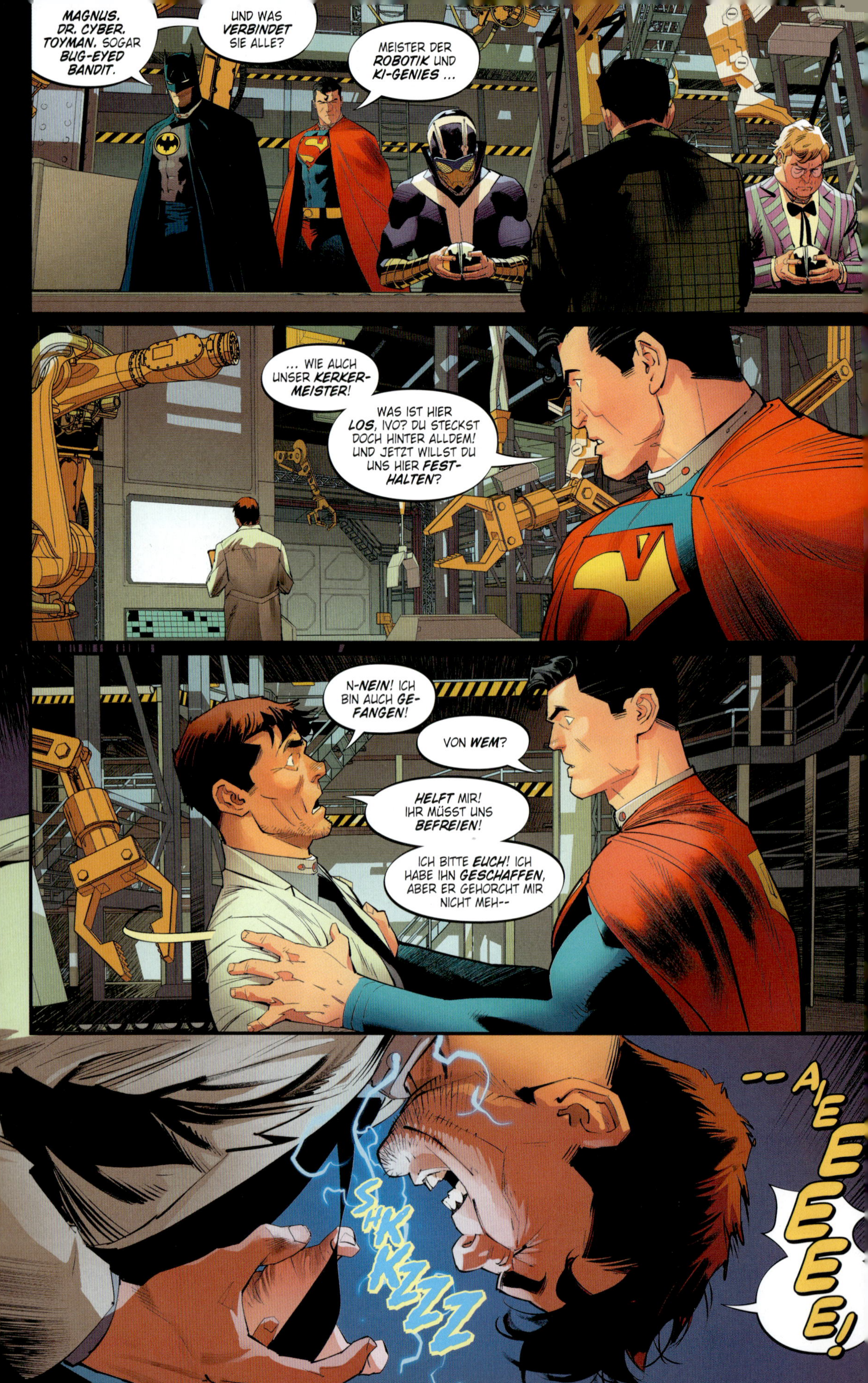
MAGNUS. DR. CYBER. TOYMAN. SOGAR BUG-EYED BANDIT.
UND WAS VERBINDET SIE ALLE?
MEISTER DER ROBOTIK UND KI-GENIES ...
... WIE AUCH UNSER KERKER-MEISTER!
WAS IST HIER LOS, IVO? DU STECKST DOCH HINTER ALLDEM! UND JETZT WILLST DU UNS HIER FEST-HALTEN?
N-NEIN! ICH BIN AUCH GE-FANGEN!
VON WEM?
HELFT MIR! IHR MÜSST UNS BEFREIEN!
ICH BITTE EUCH! ICH HABE IHN GESCHAFFEN, ABER ER GEHORCHT MIR NICHT MEH--
SHKKZZZ
--AIEEEEEE!

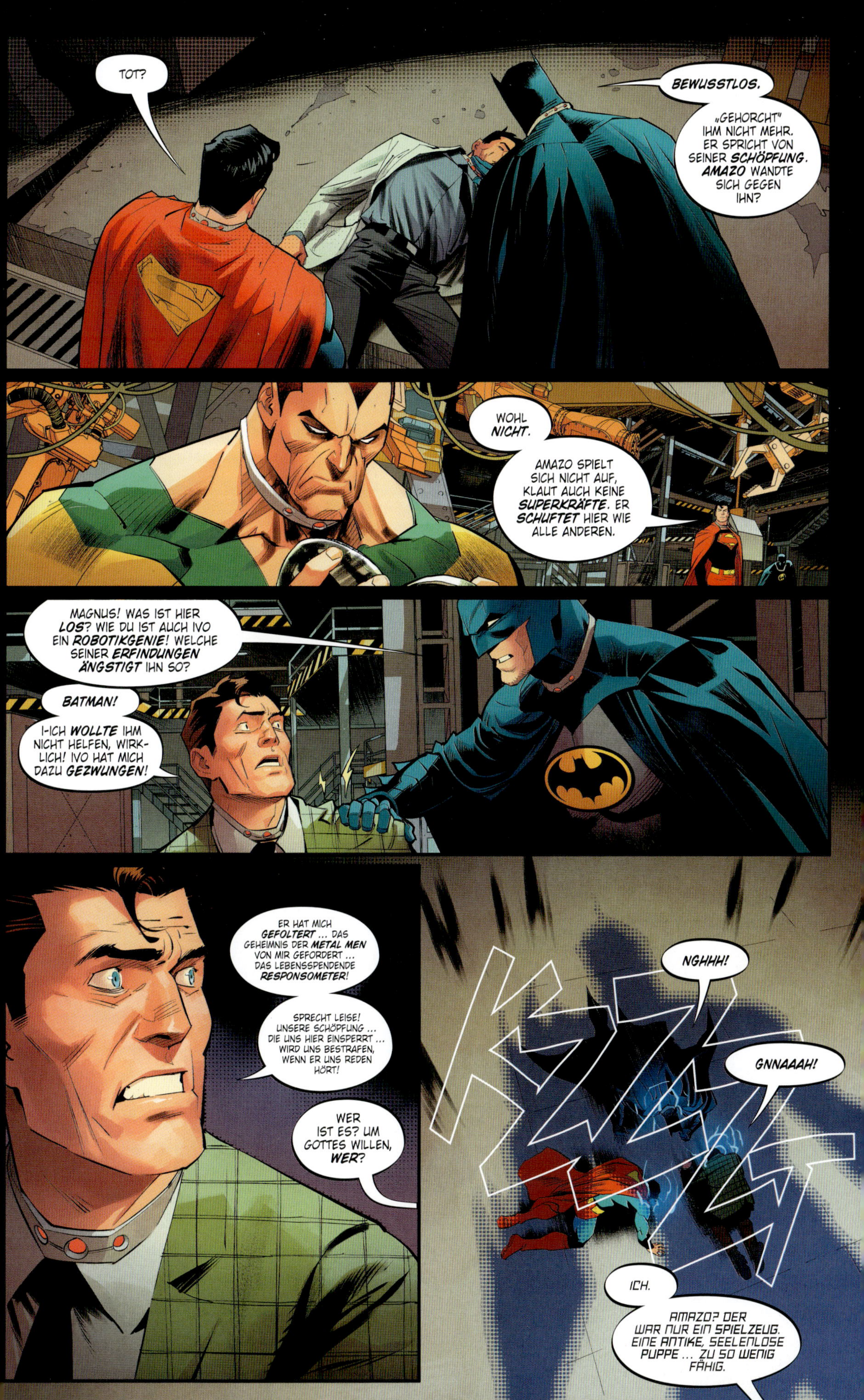
TOT?
BEWUSSTLOS.
„GEHORCHT" IHM NICHT MEHR. ER SPRICHT VON SEINER SCHÖPFUNG. AMAZO WANDTE SICH GEGEN IHN?
WOHL NICHT.
AMAZO SPIELT SICH NICHT AUF, KLAUT AUCH KEINE SUPERKRÄFTE. ER SCHUFTET HIER WIE ALLE ANDEREN.
MAGNUS! WAS IST HIER LOS? WIE DU IST AUCH IVO EIN ROBOTIKGENIE! WELCHE SEINER ERFINDUNGEN ÄNGSTIGT IHN SO?
BATMAN!
I-ICH WOLLTE IHM NICHT HELFEN, WIRKLICH! IVO HAT MICH DAZU GEZWUNGEN!
ER HAT MICH GEFOLTERT ... DAS GEHEIMNIS DER METAL MEN VON MIR GEFORDERT ... DAS LEBENSSPENDENDE RESPONSOMETER!
SPRECHT LEISE! UNSERE SCHÖPFUNG ... DIE UNS HIER EINSPERRT ... WIRD UNS BESTRAFEN, WENN ER UNS REDEN HÖRT!
WER IST ES? UM GOTTES WILLEN, WER?
NGHHH!
KZZZT
GNNAAAH!
ICH.
AMAZO? DER WAR NUR EIN SPIELZEUG. EINE ANTIKE, SEELENLOSE PUPPE ... ZU SO WENIG FÄHIG.

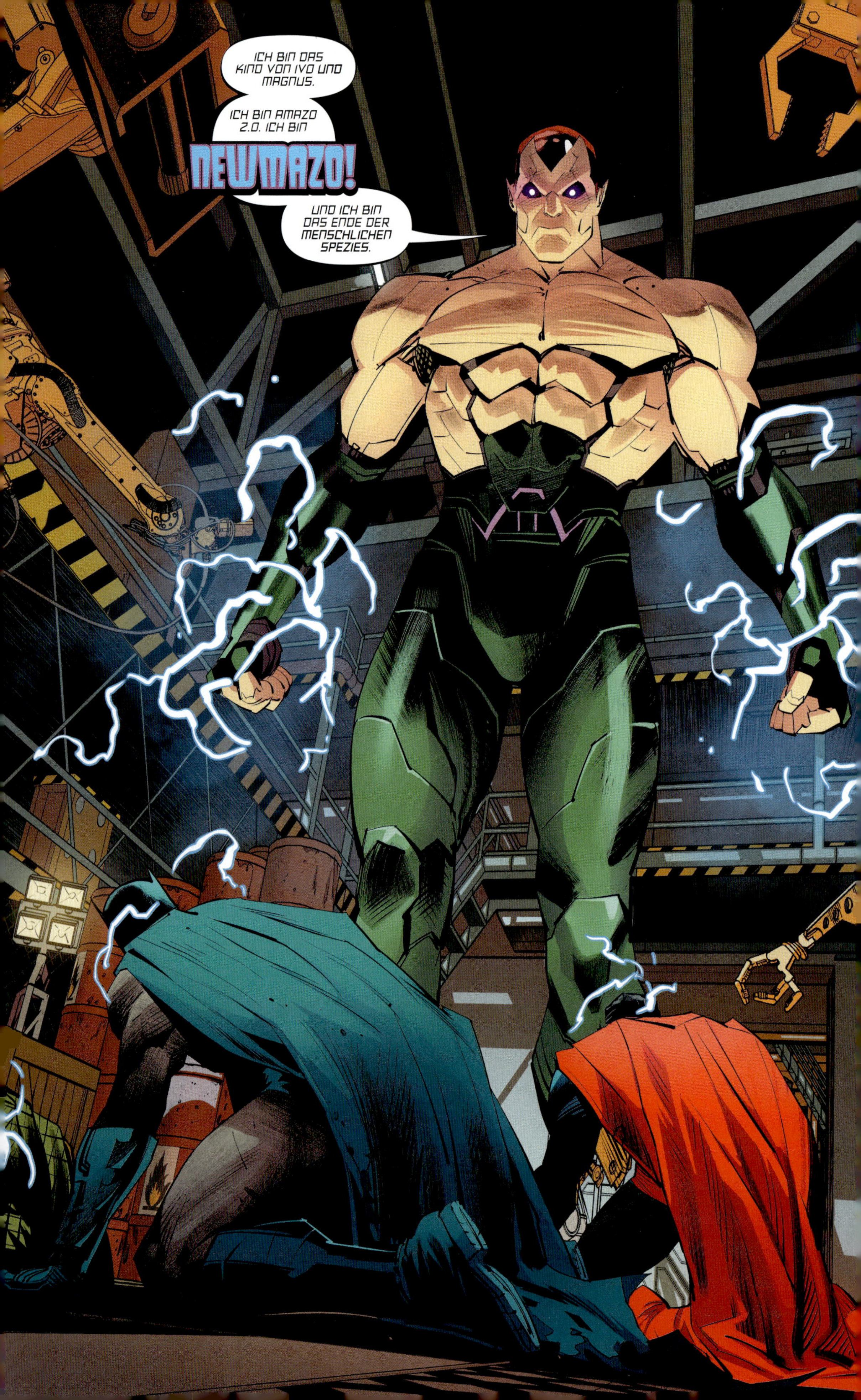
ICH BIN DAS KIND VON IVO UND MAGNUS.
ICH BIN AMAZO 2.0. ICH BIN
NEWMAZO!
UND ICH BIN DAS ENDE DER MENSCHLICHEN SPEZIES.

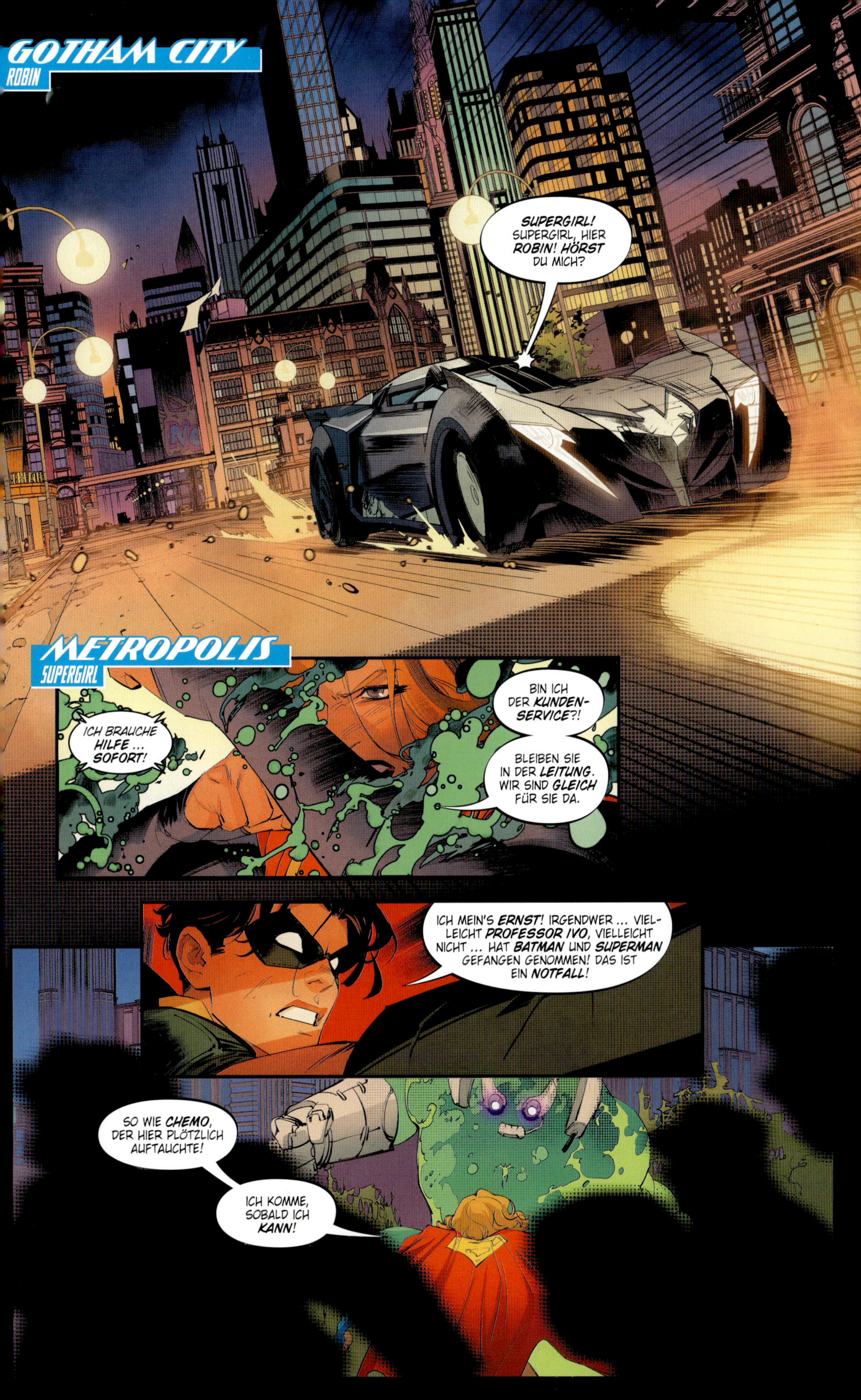
GOTHAM CITY
ROBIN
SUPERGIRL! SUPERGIRL, HIER ROBIN! HÖRST DU MICH?
METROPOLIS
SUPERGIRL
BIN ICH DER KUNDEN-SERVICE?!
ICH BRAUCHE HILFE ... SOFORT!
BLEIBEN SIE IN DER LEITUNG. WIR SIND GLEICH FÜR SIE DA.
ICH MEIN'S ERNST! IRGENDWER ... VIELLEICHT PROFESSOR IVO, VIELLEICHT NICHT ... HAT BATMAN UND SUPERMAN GEFANGEN GENOMMEN! DAS IST EIN NOTFALL!
SO WIE CHEMO, DER HIER PLÖTZLICH AUFTAUCHTE!
ICH KOMME, SOBALD ICH KANN!

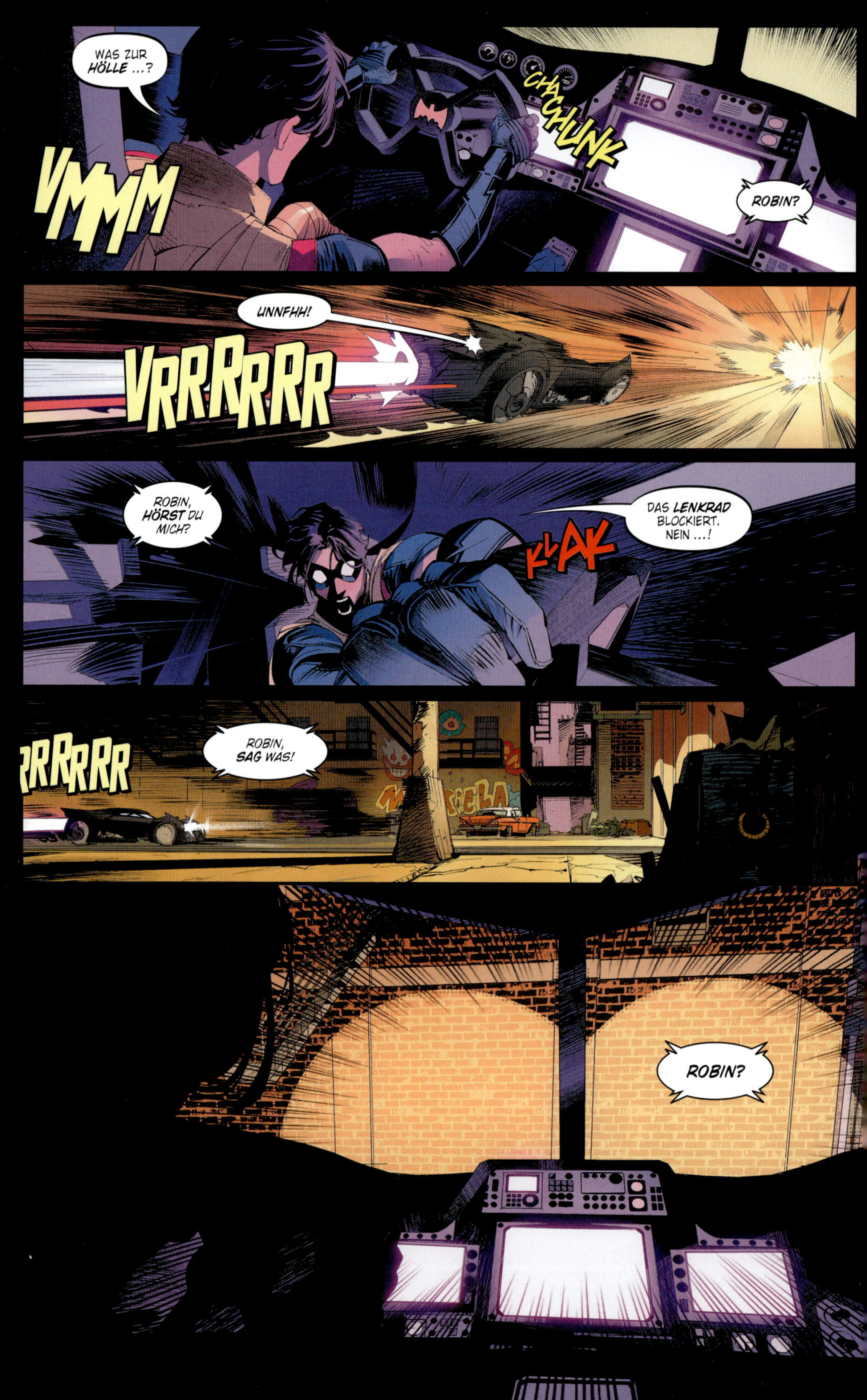
WAS ZUR HÖLLE ...?
CHACHUNK
VMMM
ROBIN?
UNNFHH!
VRRRRRR
ROBIN, HÖRST DU MICH?
KLAK
DAS LENKRAD BLOCKIERT. NEIN ...!
RRRRRR
ROBIN, SAG WAS!
ROBIN?

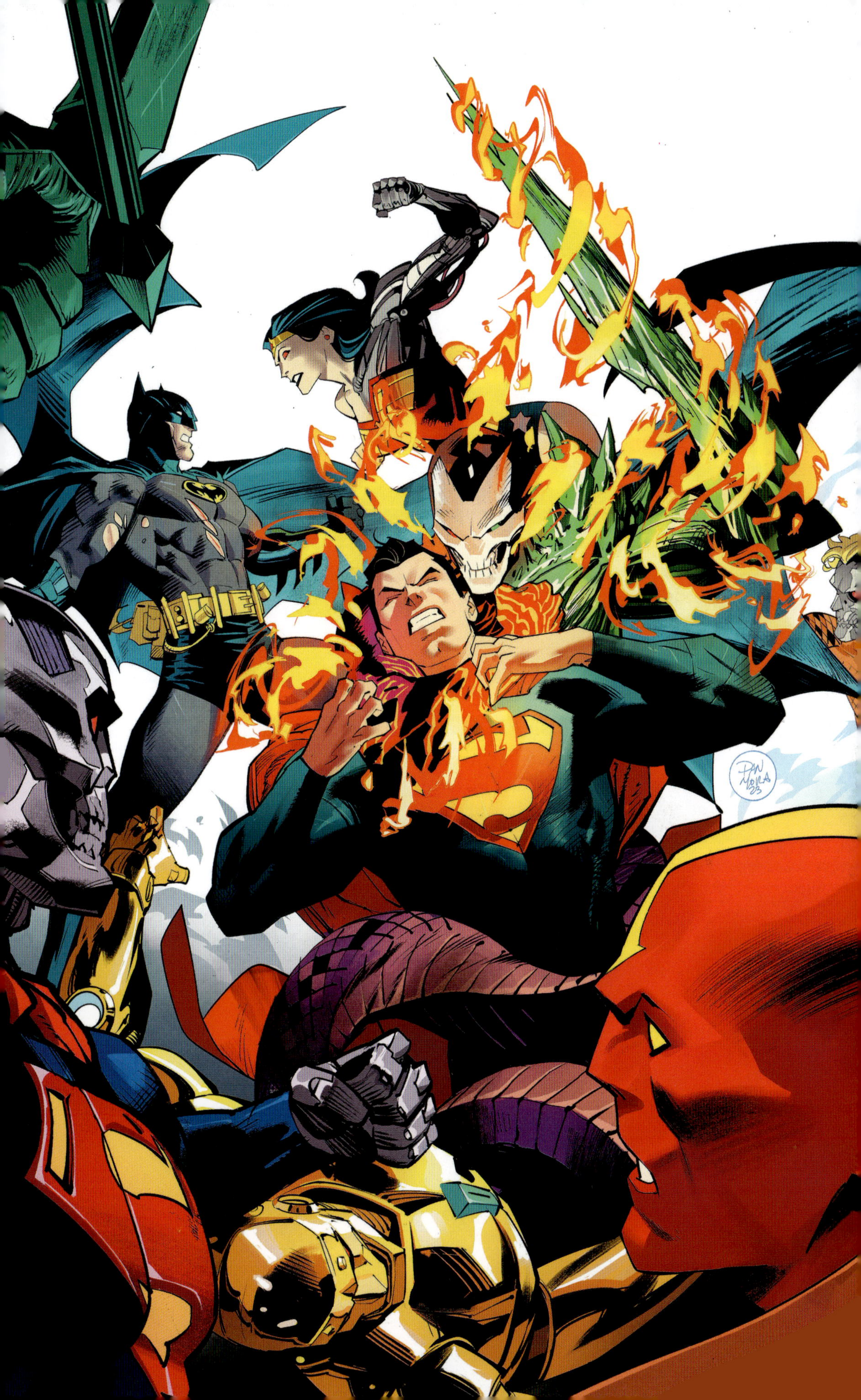

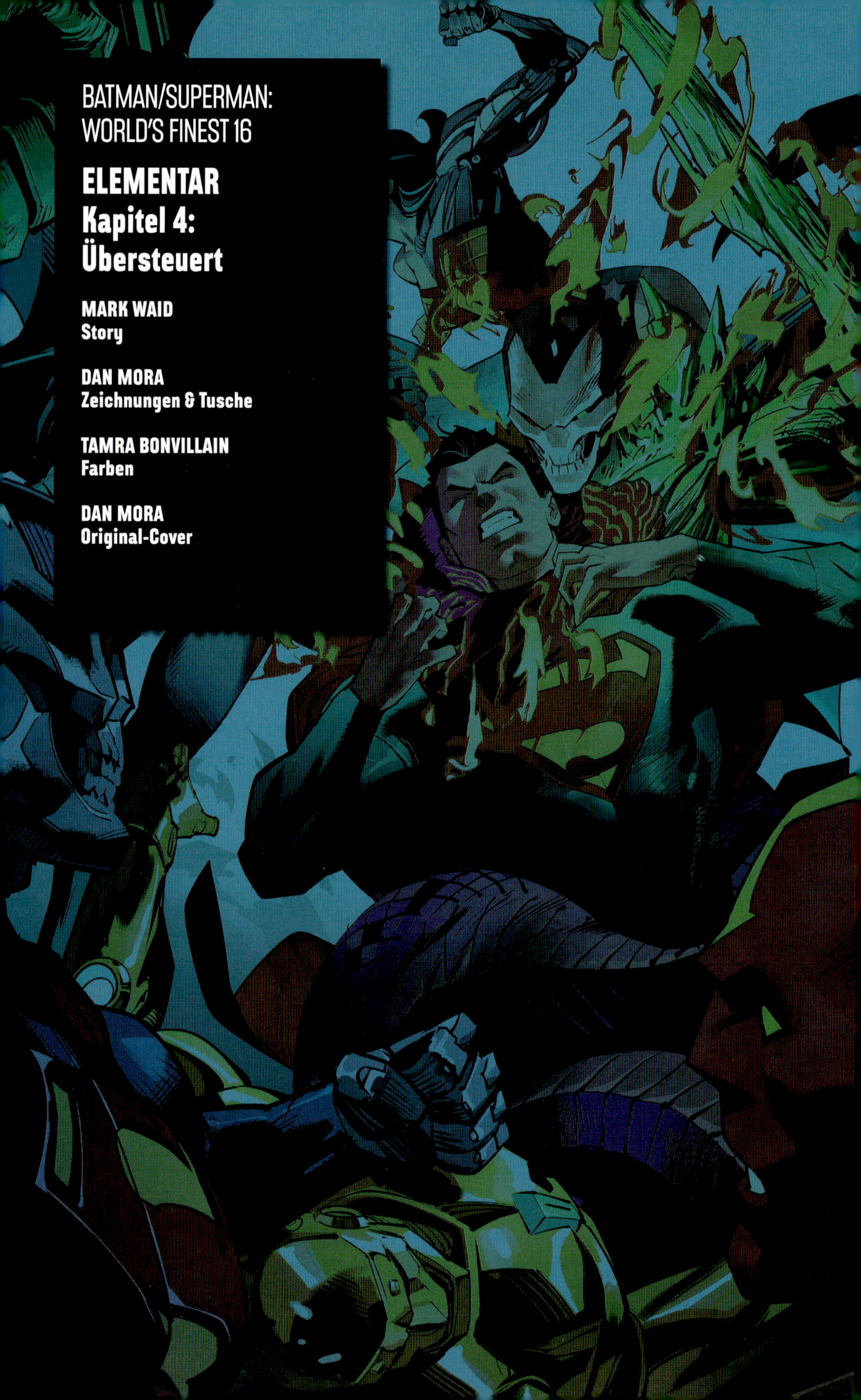

BATMAN/SUPERMAN:
WORLD'S FINEST 16

ELEMENTAR
Kapitel 4: Übersteuert

MARK WAID
Story

DAN MORA
Zeichnungen & Tusche

TAMRA BONVILLAIN
Farben

DAN MORA
Original-Cover

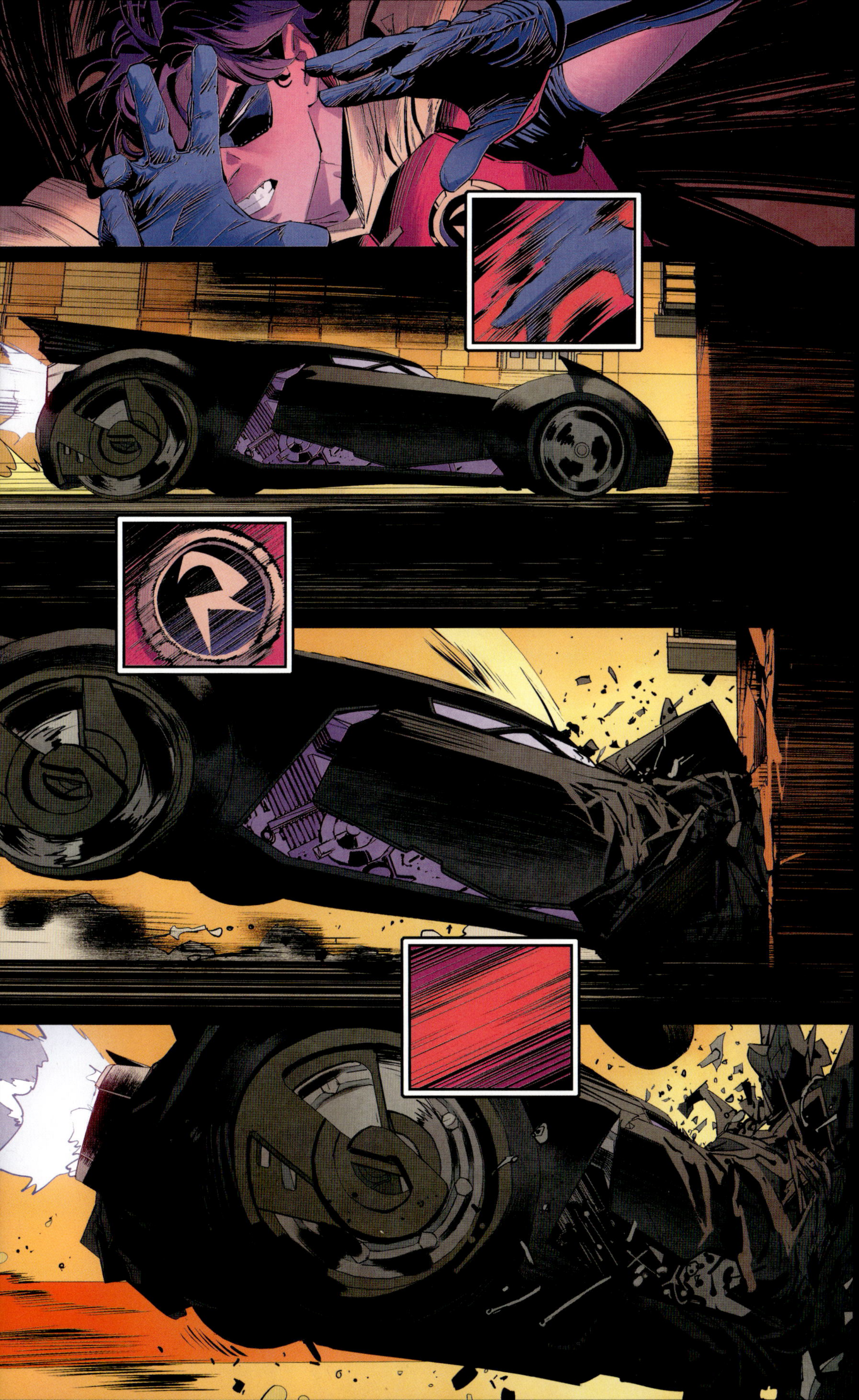

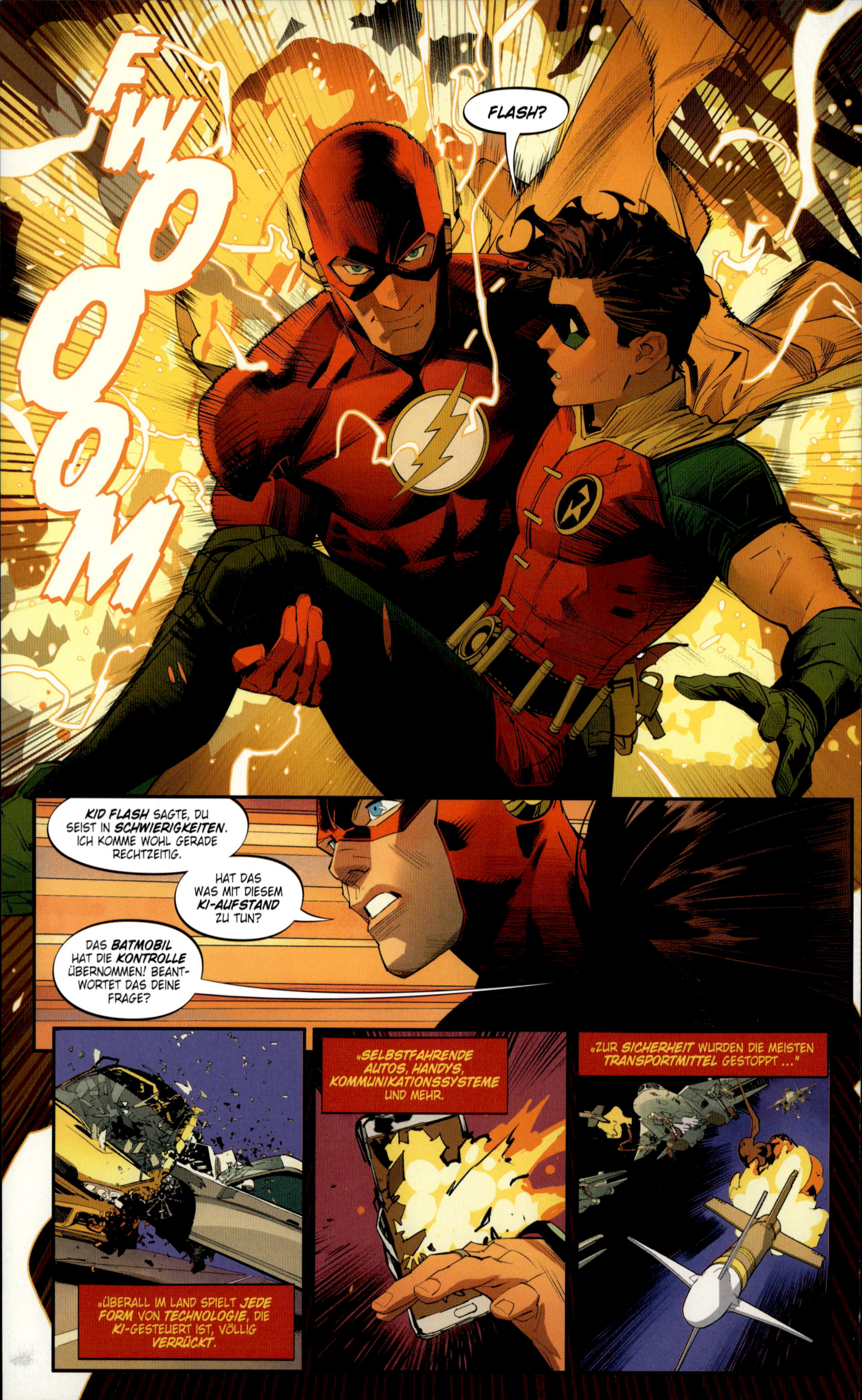
FWOOOM
FLASH?
KID FLASH SAGTE, DU SEIST IN SCHWIERIGKEITEN. ICH KOMME WOHL GERADE RECHTZEITIG.
HAT DAS WAS MIT DIESEM KI-AUFSTAND ZU TUN?
DAS BATMOBIL HAT DIE KONTROLLE ÜBERNOMMEN! BEANT-WORTET DAS DEINE FRAGE?
„ÜBERALL IM LAND SPIELT JEDE FORM VON TECHNOLOGIE, DIE KI-GESTEUERT IST, VÖLLIG VERRÜCKT.
„SELBSTFAHRENDE AUTOS, HANDYS, KOMMUNIKATIONSSYSTEME UND MEHR.
„ZUR SICHERHEIT WURDEN DIE MEISTEN TRANSPORTMITTEL GESTOPPT ...“

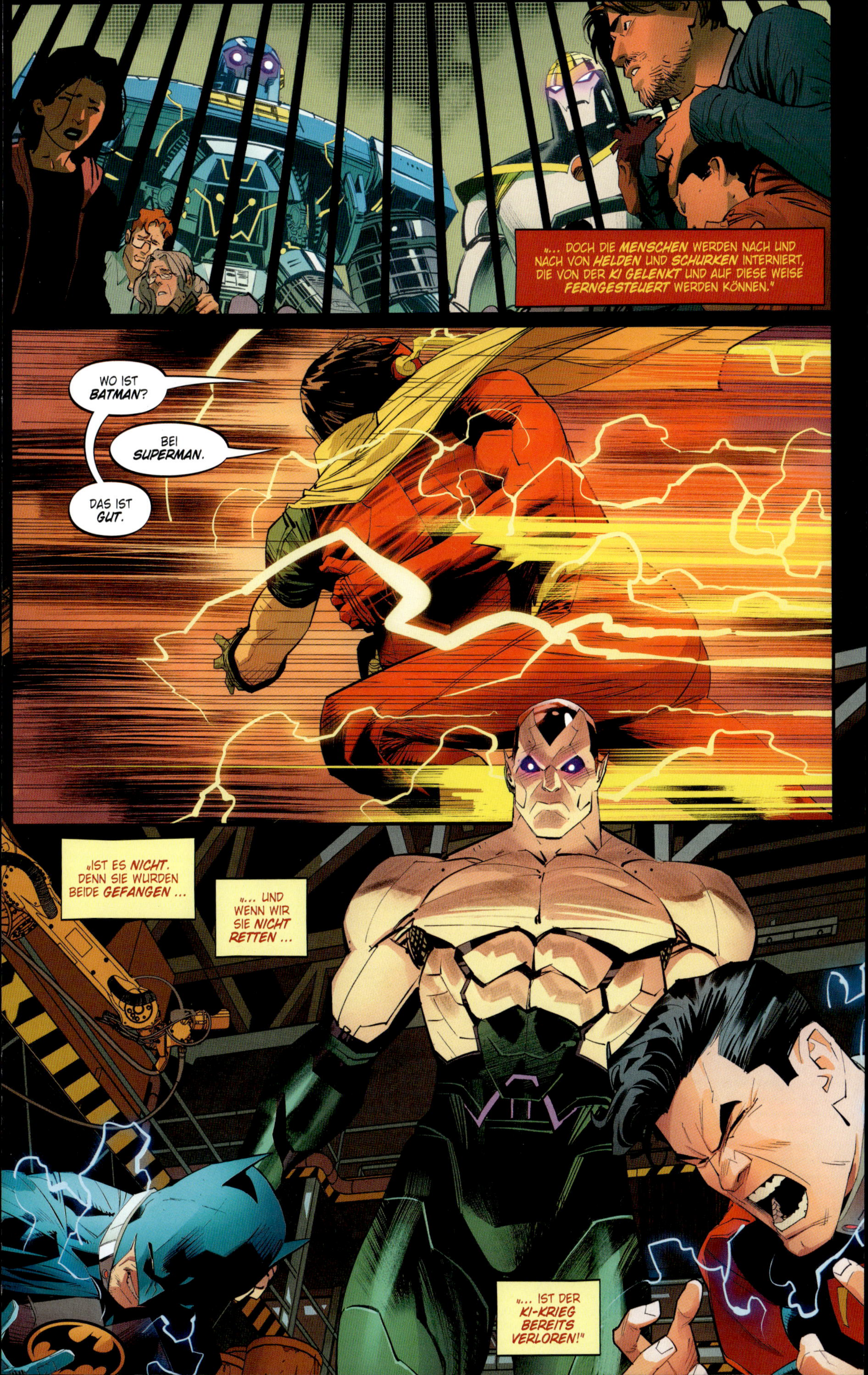
„... DOCH DIE MENSCHEN WERDEN NACH UND NACH VON HELDEN UND SCHURKEN INTERNIERT, DIE VON DER KI GELENKT UND AUF DIESE WEISE FERNGESTEUERT WERDEN KÖNNEN."
WO IST BATMAN?
BEI SUPERMAN.
DAS IST GUT.
„IST ES NICHT. DENN SIE WURDEN BEIDE GEFANGEN ...
„... UND WENN WIR SIE NICHT RETTEN ...
„... IST DER KI-KRIEG BEREITS VERLOREN!"

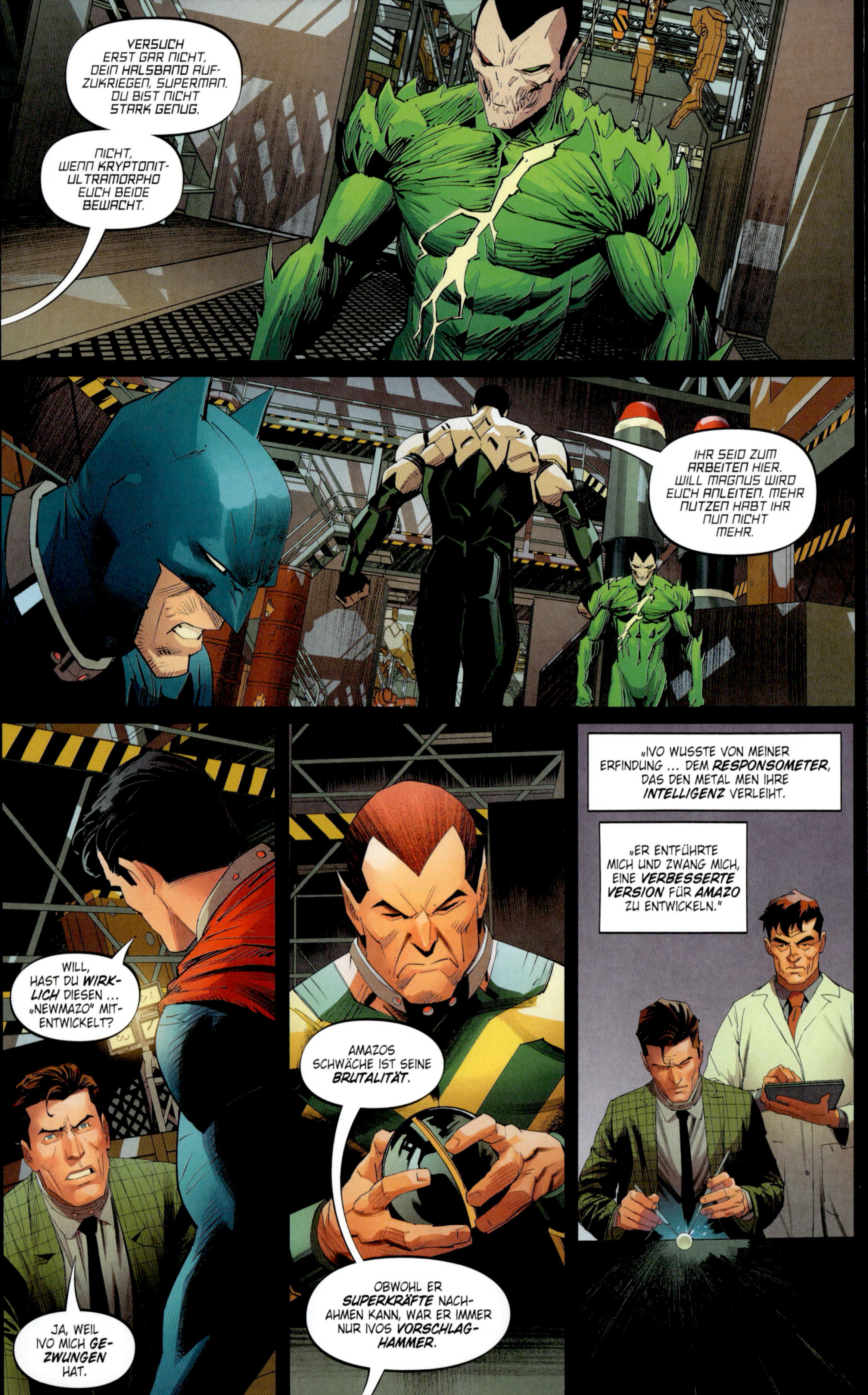
VERSUCH ERST GAR NICHT, DEIN HALSBAND AUF-ZUKRIEGEN, SUPERMAN. DU BIST NICHT STARK GENUG.
NICHT, WENN KRYPTONIT-ULTRAMORPHO EUCH BEIDE BEWACHT.
IHR SEID ZUM ARBEITEN HIER. WILL MAGNUS WIRD EUCH ANLEITEN. MEHR NUTZEN HABT IHR NUN NICHT MEHR.
WILL, HAST DU WIRK-LICH DIESEN ... „NEWMAZO" MIT-ENTWICKELT?
JA, WEIL IVO MICH GE-ZWUNGEN HAT.
AMAZOS SCHWÄCHE IST SEINE BRUTALITÄT.
OBWOHL ER SUPERKRÄFTE NACH-AHMEN KANN, WAR ER IMMER NUR IVOS VORSCHLAG-HAMMER.
„IVO WUSSTE VON MEINER ERFINDUNG ... DEM RESPONSOMETER, DAS DEN METAL MEN IHRE INTELLIGENZ VERLEIHT.
„ER ENTFÜHRTE MICH UND ZWANG MICH, EINE VERBESSERTE VERSION FÜR AMAZO ZU ENTWICKELN."

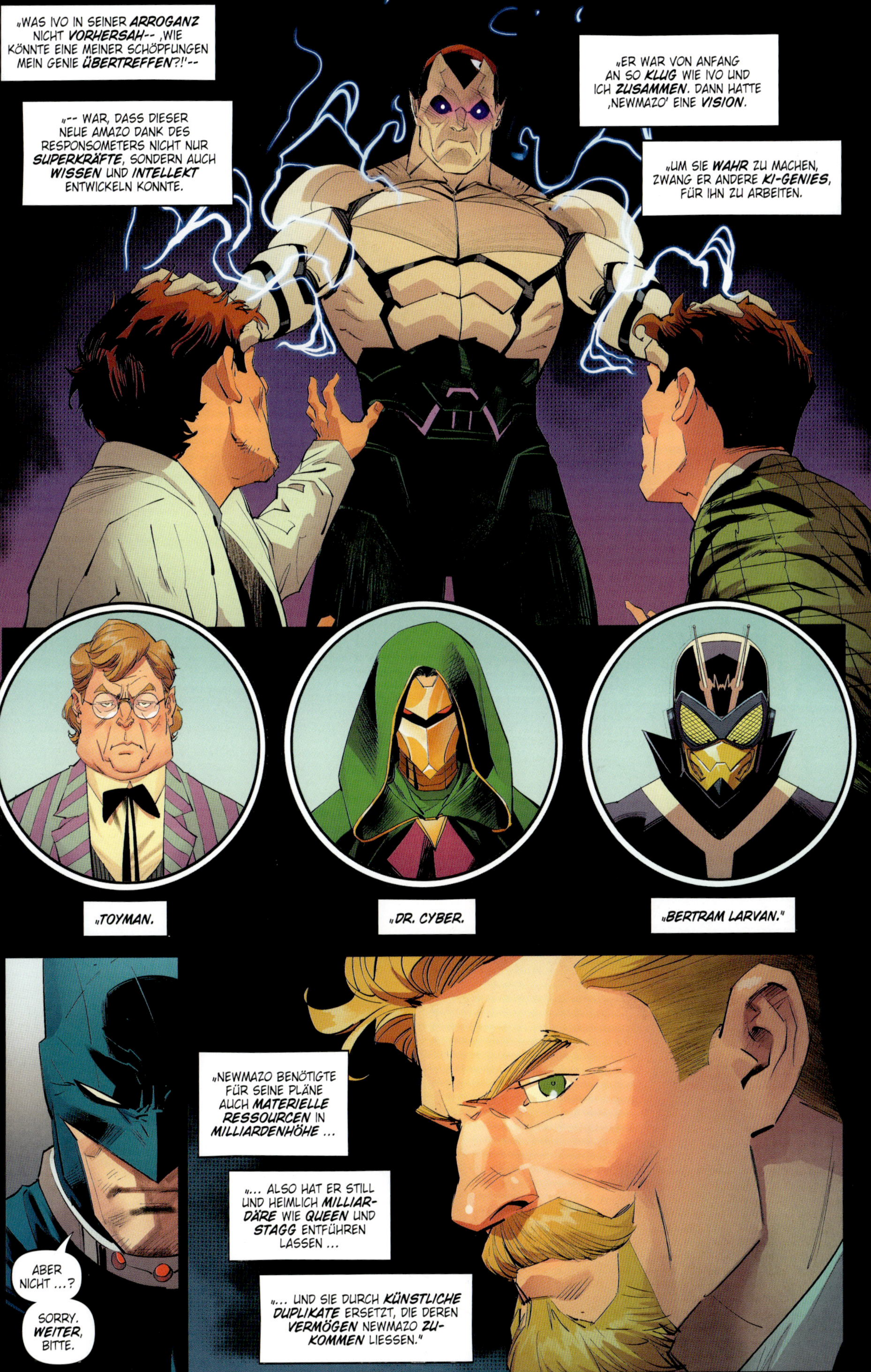
„WAS IVO IN SEINER ARROGANZ NICHT VORHERSAH-- ‚WIE KÖNNTE EINE MEINER SCHÖPFUNGEN MEIN GENIE ÜBERTREFFEN?!'--
„-- WAR, DASS DIESER NEUE AMAZO DANK DES RESPONSOMETERS NICHT NUR SUPERKRÄFTE, SONDERN AUCH WISSEN UND INTELLEKT ENTWICKELN KONNTE.
„ER WAR VON ANFANG AN SO KLUG WIE IVO UND ICH ZUSAMMEN. DANN HATTE ‚NEWMAZO' EINE VISION.
„UM SIE WAHR ZU MACHEN, ZWANG ER ANDERE KI-GENIES, FÜR IHN ZU ARBEITEN.
„TOYMAN.
„DR. CYBER.
„BERTRAM LARVAN."
„NEWMAZO BENÖTIGTE FÜR SEINE PLÄNE AUCH MATERIELLE RESSOURCEN IN MILLIARDENHÖHE …
„… ALSO HAT ER STILL UND HEIMLICH MILLIARDÄRE WIE QUEEN UND STAGG ENTFÜHREN LASSEN …
ABER NICHT …?
SORRY. WEITER, BITTE.
„… UND SIE DURCH KÜNSTLICHE DUPLIKATE ERSETZT, DIE DEREN VERMÖGEN NEWMAZO ZUKOMMEN LIESSEN."

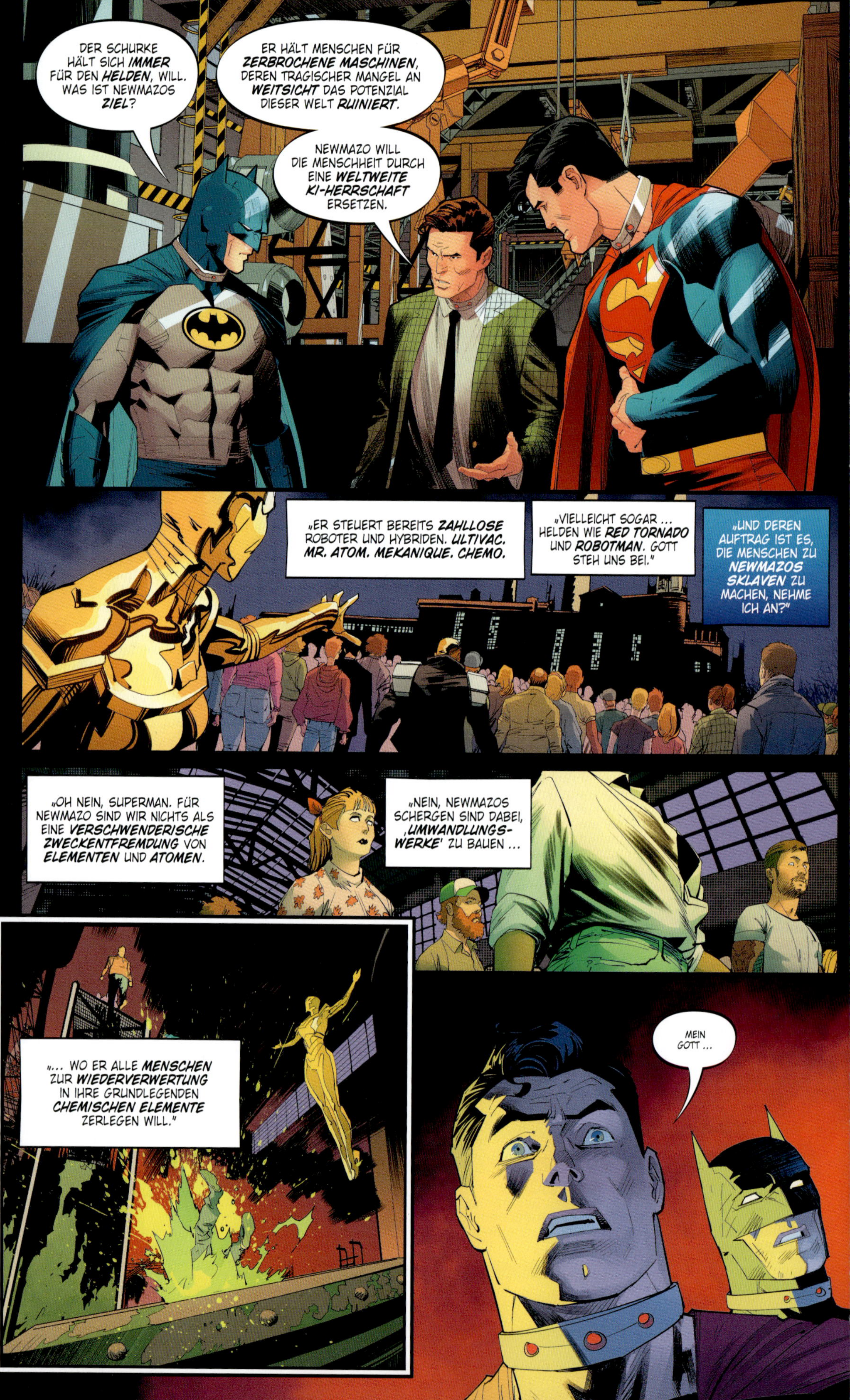
DER SCHURKE HÄLT SICH IMMER FÜR DEN HELDEN, WILL. WAS IST NEWMAZOS ZIEL?
ER HÄLT MENSCHEN FÜR ZERBROCHENE MASCHINEN, DEREN TRAGISCHER MANGEL AN WEITSICHT DAS POTENZIAL DIESER WELT RUINIERT.
NEWMAZO WILL DIE MENSCHHEIT DURCH EINE WELTWEITE KI-HERRSCHAFT ERSETZEN.
„ER STEUERT BEREITS ZAHLLOSE ROBOTER UND HYBRIDEN. ULTIVAC. MR. ATOM. MEKANIQUE. CHEMO.
„VIELLEICHT SOGAR … HELDEN WIE RED TORNADO UND ROBOTMAN. GOTT STEH UNS BEI."
„UND DEREN AUFTRAG IST ES, DIE MENSCHEN ZU NEWMAZOS SKLAVEN ZU MACHEN, NEHME ICH AN?"
„OH NEIN, SUPERMAN. FÜR NEWMAZO SIND WIR NICHTS ALS EINE VERSCHWENDERISCHE ZWECKENTFREMDUNG VON ELEMENTEN UND ATOMEN.
„NEIN, NEWMAZOS SCHERGEN SIND DABEI, ‚UMWANDLUNGS-WERKE' ZU BAUEN …
„… WO ER ALLE MENSCHEN ZUR WIEDERVERWERTUNG IN IHRE GRUNDLEGENDEN CHEMISCHEN ELEMENTE ZERLEGEN WILL."
MEIN GOTT …

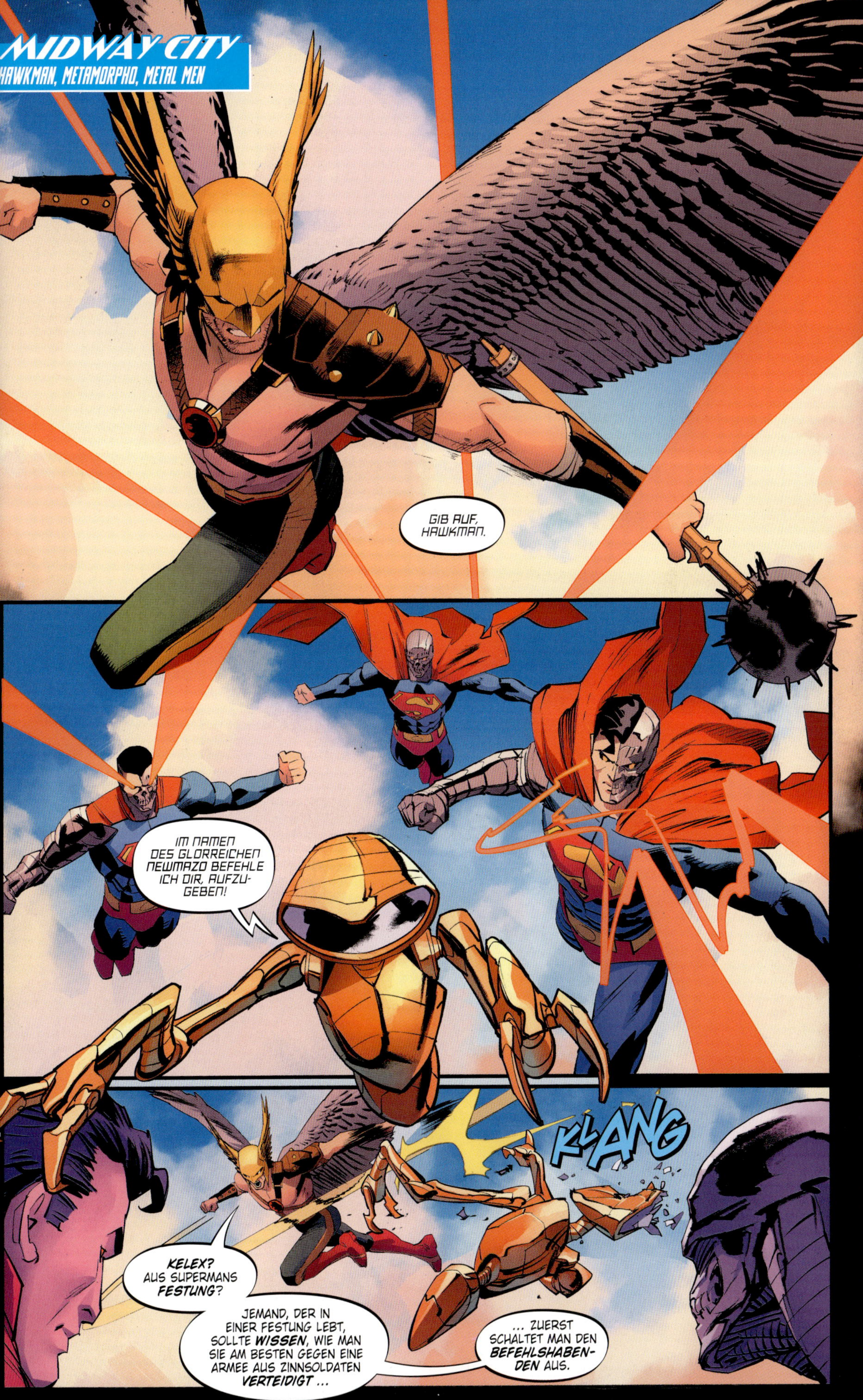
MIDWAY CITY
HAWKMAN, METAMORPHO, METAL MEN
GIB AUF, HAWKMAN.
IM NAMEN DES GLORREICHEN NEWMAZO BEFEHLE ICH DIR, AUFZUGEBEN!
KLANG
KELEX? AUS SUPERMANS FESTUNG?
JEMAND, DER IN EINER FESTUNG LEBT, SOLLTE WISSEN, WIE MAN SIE AM BESTEN GEGEN EINE ARMEE AUS ZINNSOLDATEN VERTEIDIGT ...
... ZUERST SCHALTET MAN DEN BEFEHLSHABENDEN AUS.

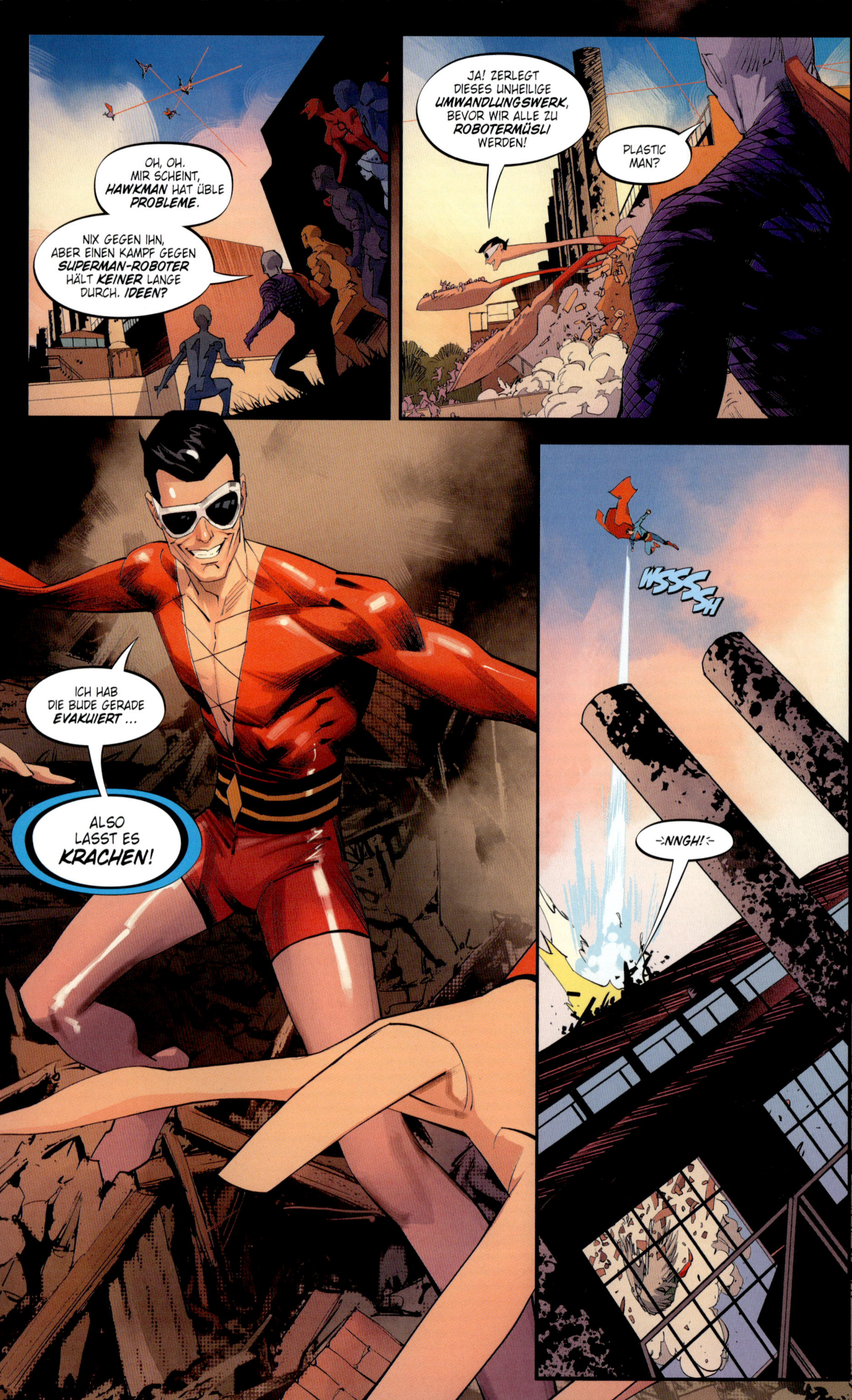
OH, OH. MIR SCHEINT, HAWKMAN HAT ÜBLE PROBLEME.
NIX GEGEN IHN, ABER EINEN KAMPF GEGEN SUPERMAN-ROBOTER HÄLT KEINER LANGE DURCH. IDEEN?
JA! ZERLEGT DIESES UNHEILIGE UMWANDLUNGSWERK, BEVOR WIR ALLE ZU ROBOTERMÜSLI WERDEN!
PLASTIC MAN?
ICH HAB DIE BUDE GERADE EVAKUIERT ...
ALSO LASST ES KRACHEN!
WSSSSH
NNGH!

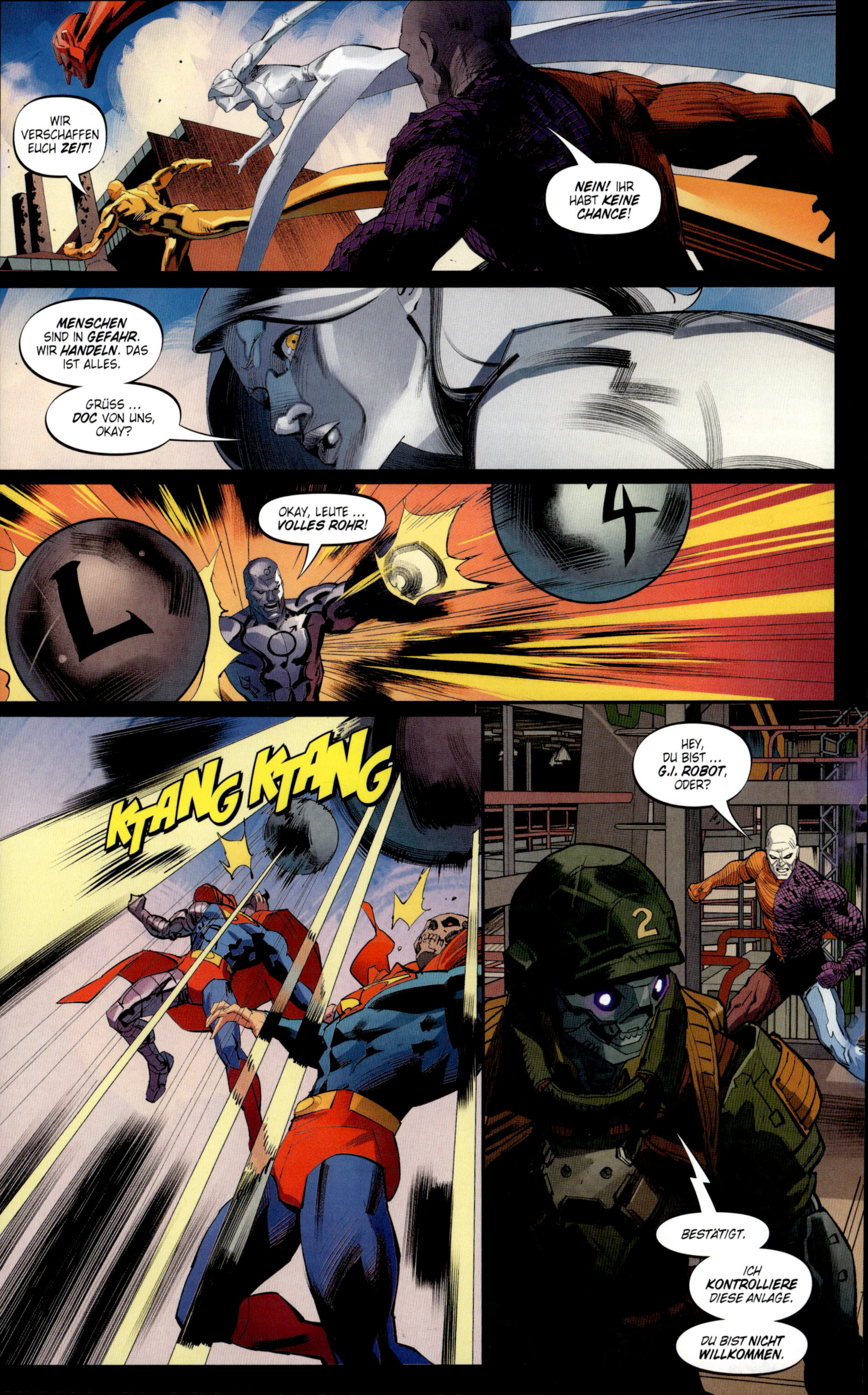
WIR VERSCHAFFEN EUCH ZEIT!
NEIN! IHR HABT KEINE CHANCE!
MENSCHEN SIND IN GEFAHR. WIR HANDELN. DAS IST ALLES.
GRÜSS ... DOC VON UNS, OKAY?
OKAY, LEUTE ... VOLLES ROHR!
KTANG KTANG
HEY, DU BIST ... G.I. ROBOT, ODER?
BESTÄTIGT.
ICH KONTROLLIERE DIESE ANLAGE.
DU BIST NICHT WILLKOMMEN.

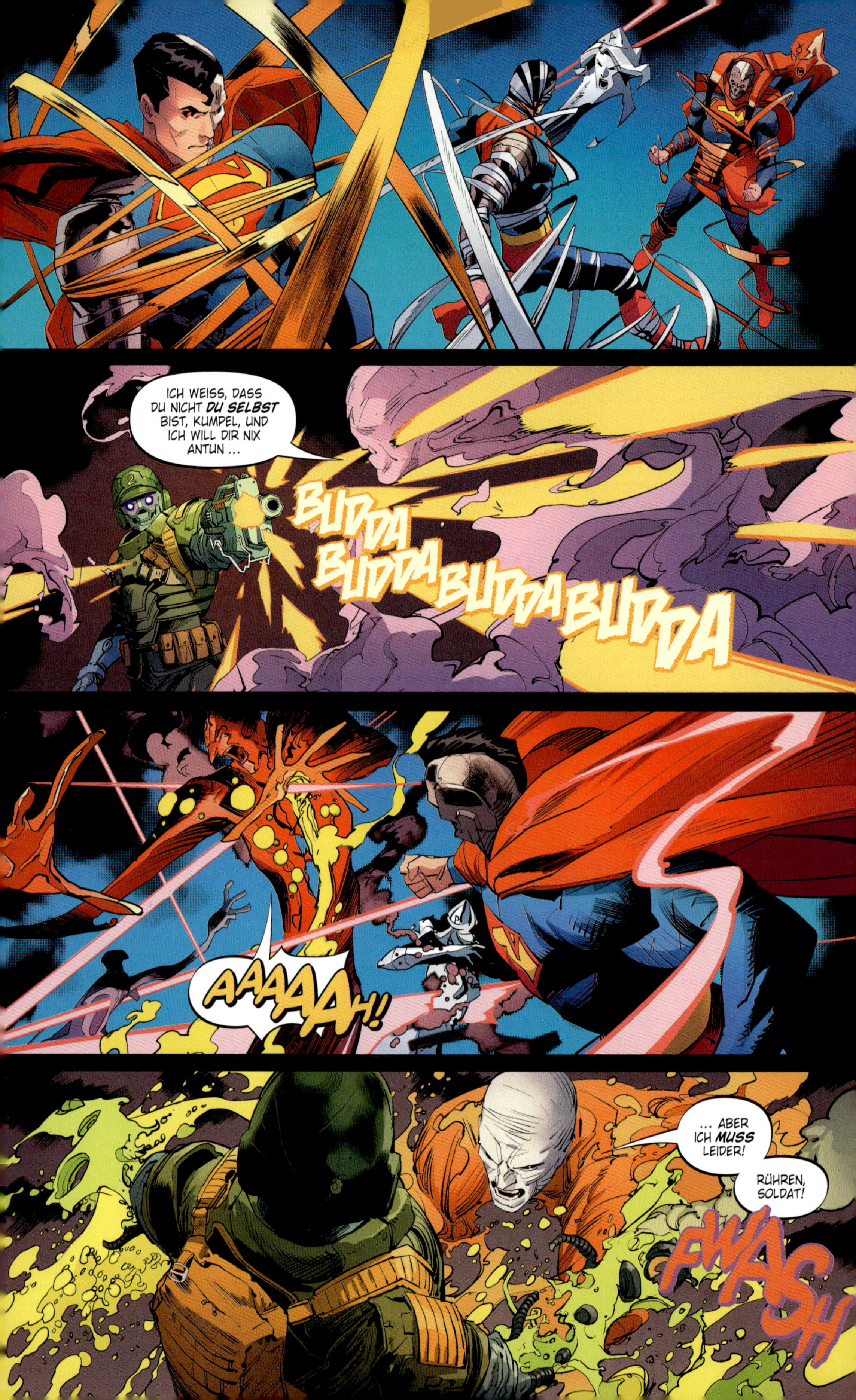
ICH WEISS, DASS DU NICHT **DU SELBST** BIST, KUMPEL, UND ICH WILL DIR NIX ANTUN …
BUDDA BUDDA BUDDA BUDDA
AAAAAH!
… ABER ICH **MUSS** LEIDER!
RÜHREN, SOLDAT!
FWASH

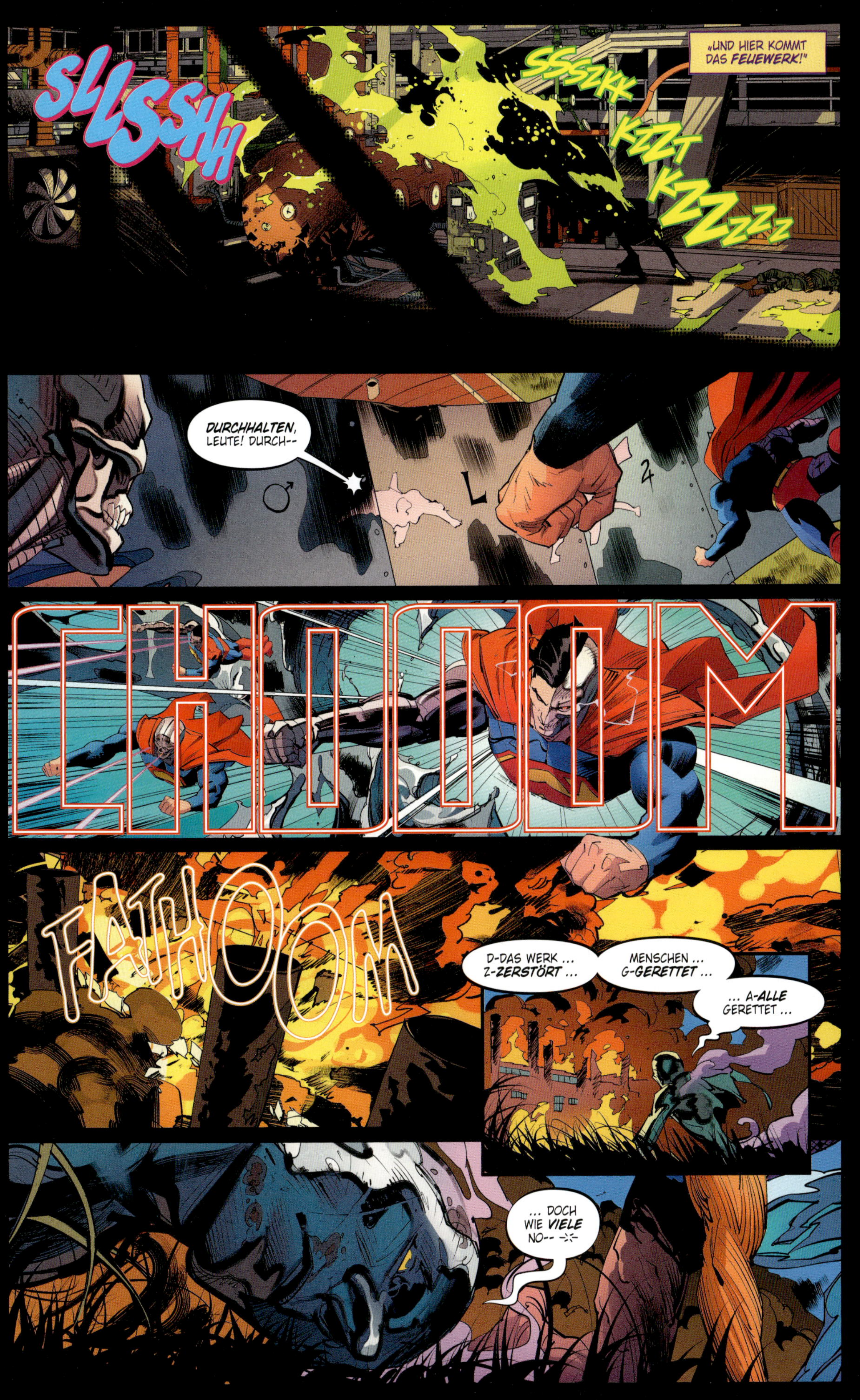
SLISSHH
„UND HIER KOMMT DAS FEUEWERK!"
SSSZKK
KZZT
KZZZZZZ
DURCHHALTEN, LEUTE! DURCH--
CHOOOM
FATHOOM
D-DAS WERK ... Z-ZERSTÖRT ...
MENSCHEN ... G-GERETTET ...
... A-ALLE GERETTET ...
... DOCH WIE VIELE NO--

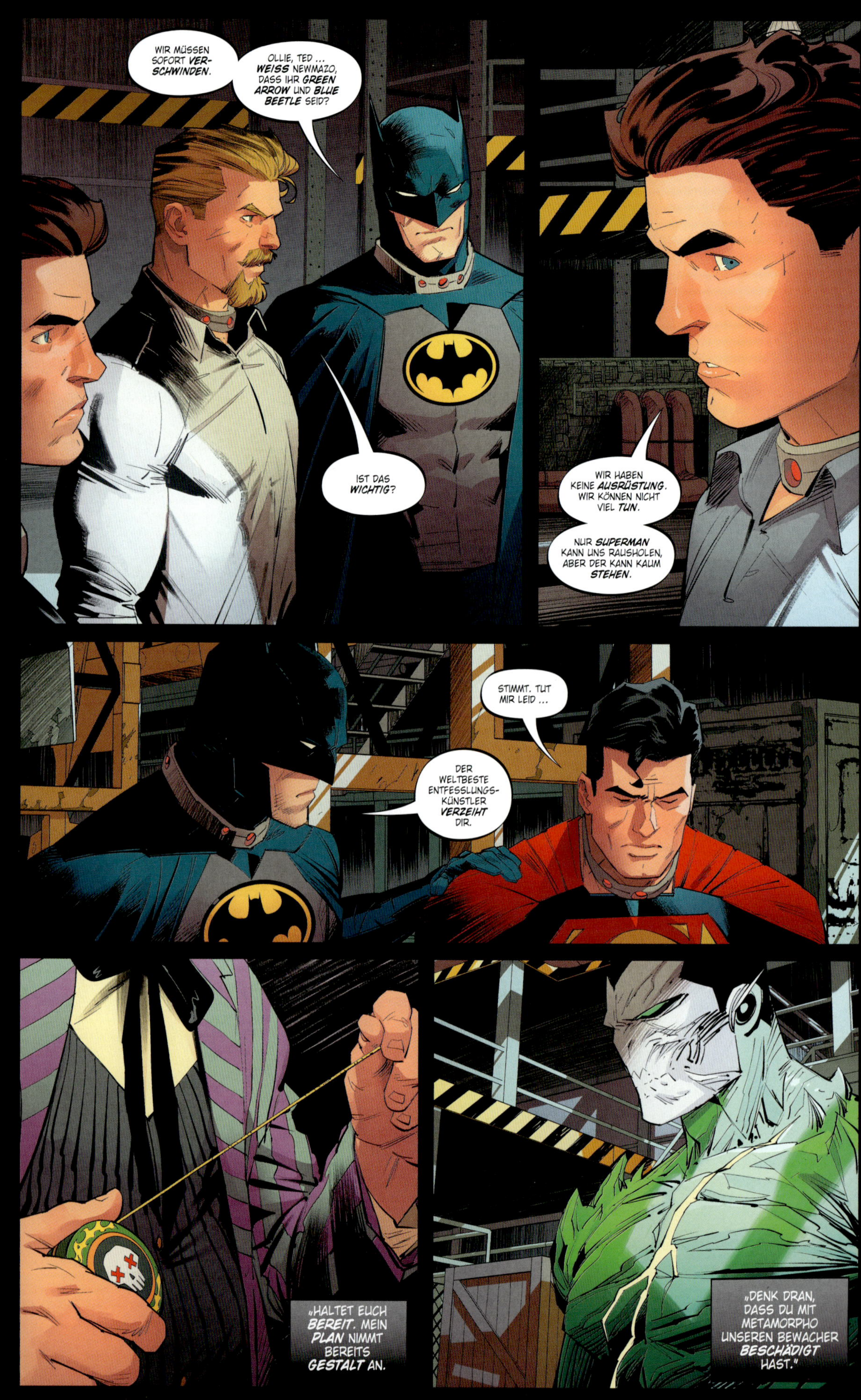
WIR MÜSSEN SOFORT VERSCHWINDEN.
OLLIE, TED ... WEISS NEWMAZO, DASS IHR GREEN ARROW UND BLUE BEETLE SEID?
IST DAS WICHTIG?
WIR HABEN KEINE AUSRÜSTUNG. WIR KÖNNEN NICHT VIEL TUN.
NUR SUPERMAN KANN UNS RAUSHOLEN, ABER DER KANN KAUM STEHEN.
STIMMT. TUT MIR LEID ...
DER WELTBESTE ENTFESSLUNGS-KÜNSTLER VERZEIHT DIR.
„HALTET EUCH BEREIT. MEIN PLAN NIMMT BEREITS GESTALT AN.
„DENK DRAN, DASS DU MIT METAMORPHO UNSEREN BEWACHER BESCHÄDIGT HAST."

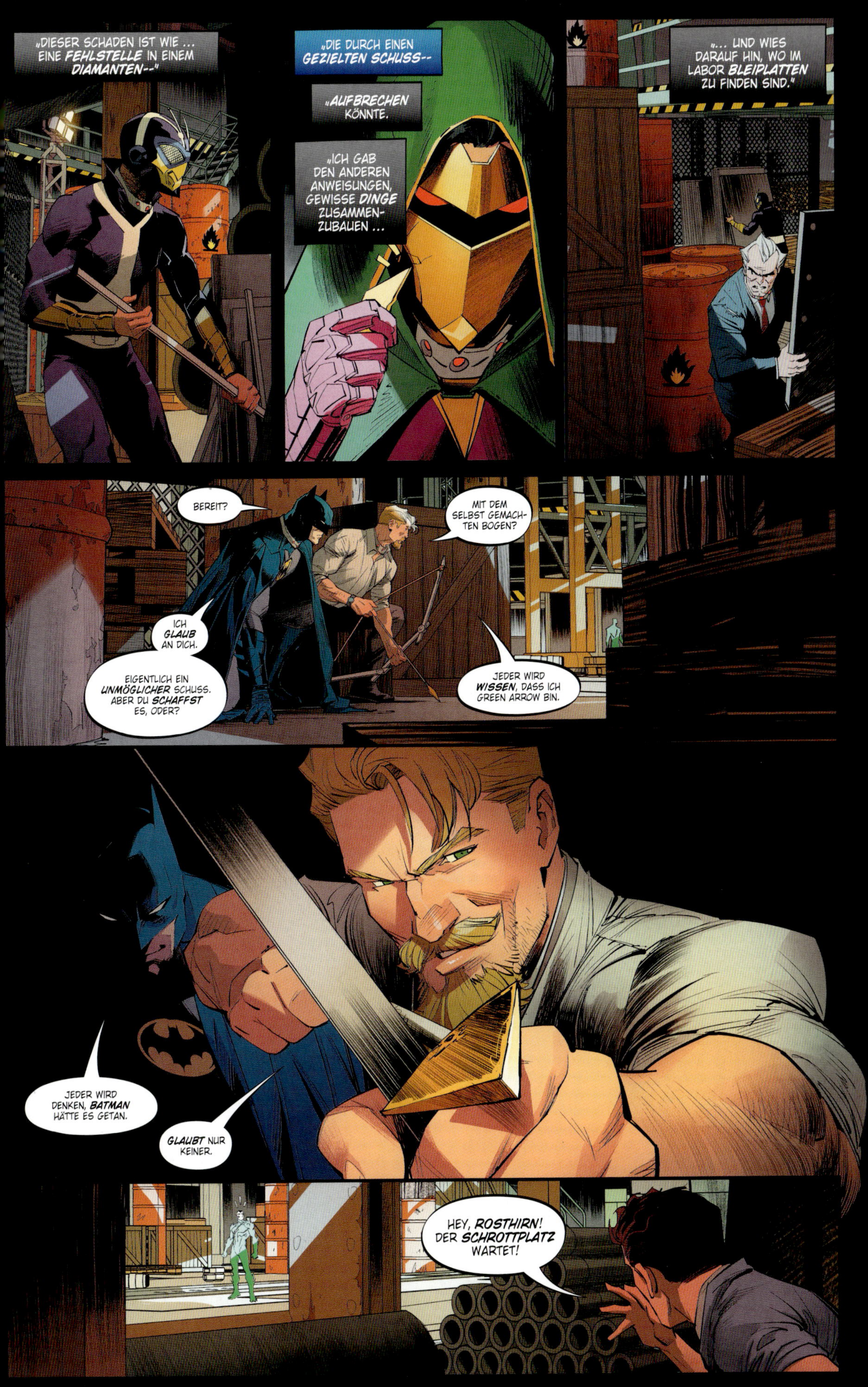
„DIESER SCHADEN IST WIE ... EINE FEHLSTELLE IN EINEM DIAMANTEN--"
„DIE DURCH EINEN GEZIELTEN SCHUSS--
„AUFBRECHEN KÖNNTE.
„ICH GAB DEN ANDEREN ANWEISUNGEN, GEWISSE DINGE ZUSAMMEN-ZUBAUEN ...
„... UND WIES DARAUF HIN, WO IM LABOR BLEIPLATTEN ZU FINDEN SIND."
BEREIT?
MIT DEM SELBST GEMACH-TEN BOGEN?
ICH GLAUB AN DICH.
EIGENTLICH EIN UNMÖGLICHER SCHUSS. ABER DU SCHAFFST ES, ODER?
JEDER WIRD WISSEN, DASS ICH GREEN ARROW BIN.
JEDER WIRD DENKEN, BATMAN HÄTTE ES GETAN.
GLAUBT NUR KEINER.
HEY, ROSTHIRN! DER SCHROTTPLATZ WARTET!

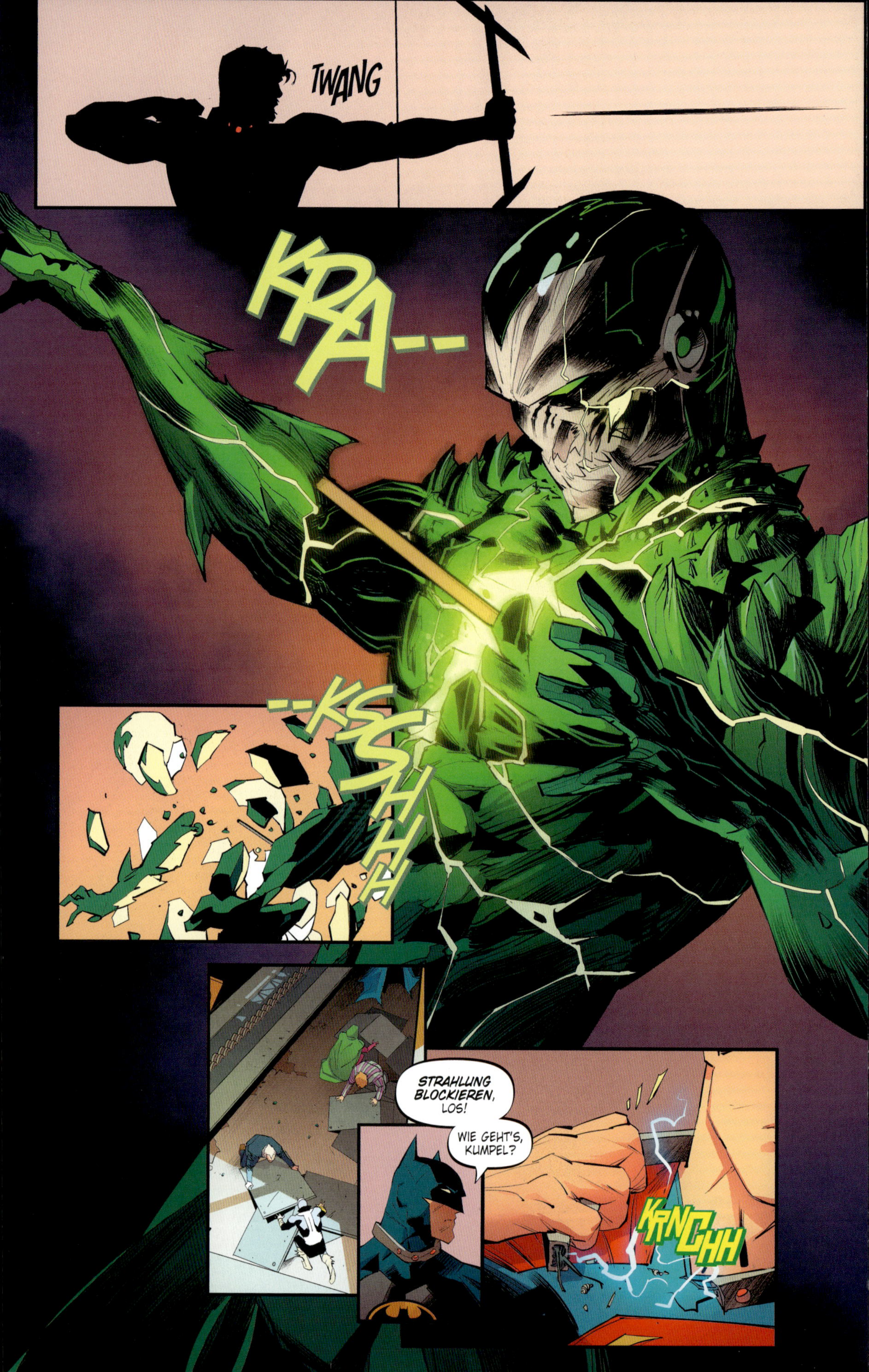
TWANG
KRA--
--KSSHHHH
STRAHLUNG BLOCKIEREN, LOS!
WIE GEHT'S, KUMPEL?
KRNCHH

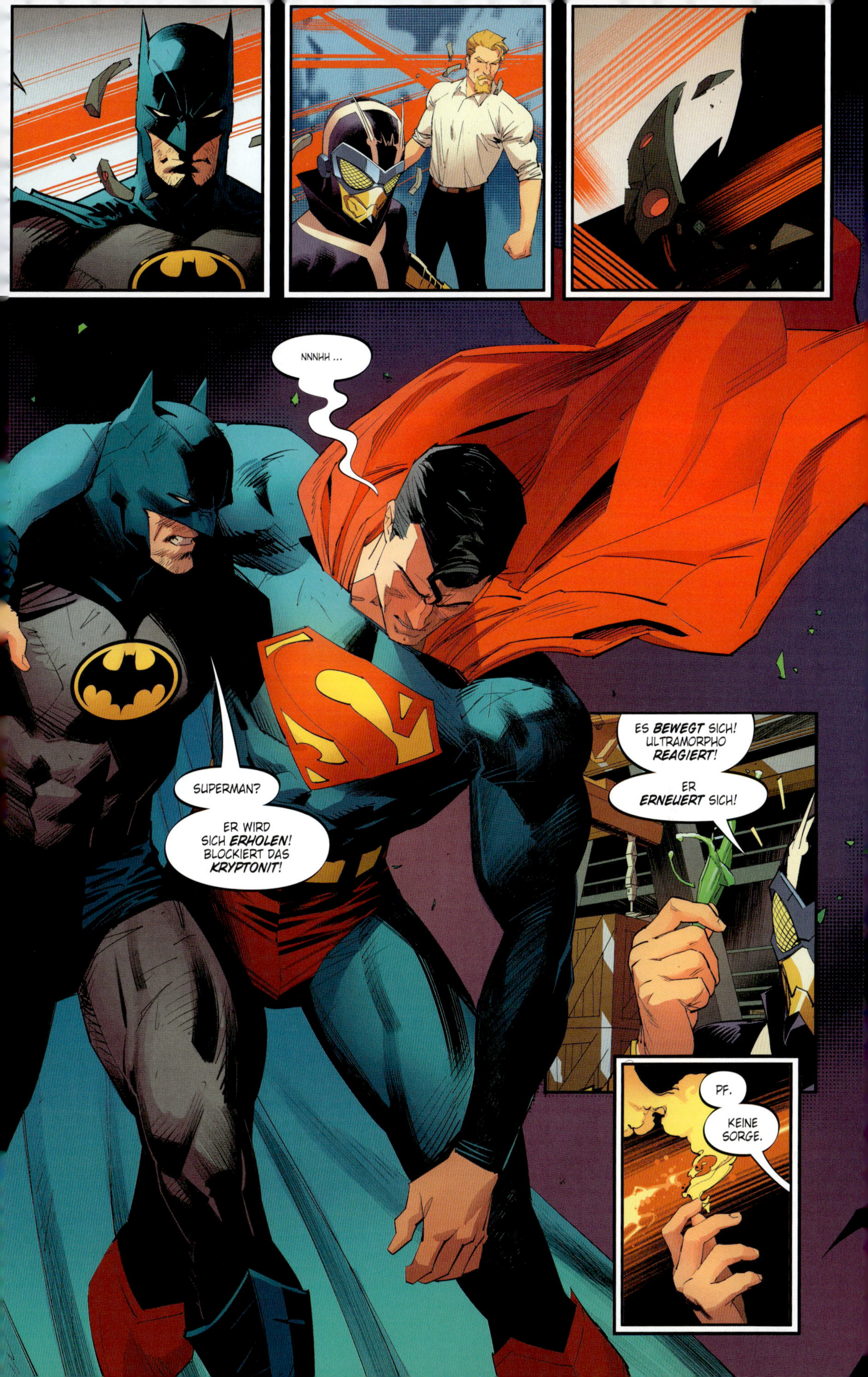
NNNHH ...
SUPERMAN?
ER WIRD SICH ERHOLEN! BLOCKIERT DAS KRYPTONIT!
ES BEWEGT SICH! ULTRAMORPHO REAGIERT!
ER ERNEUERT SICH!
PF.
KEINE SORGE.

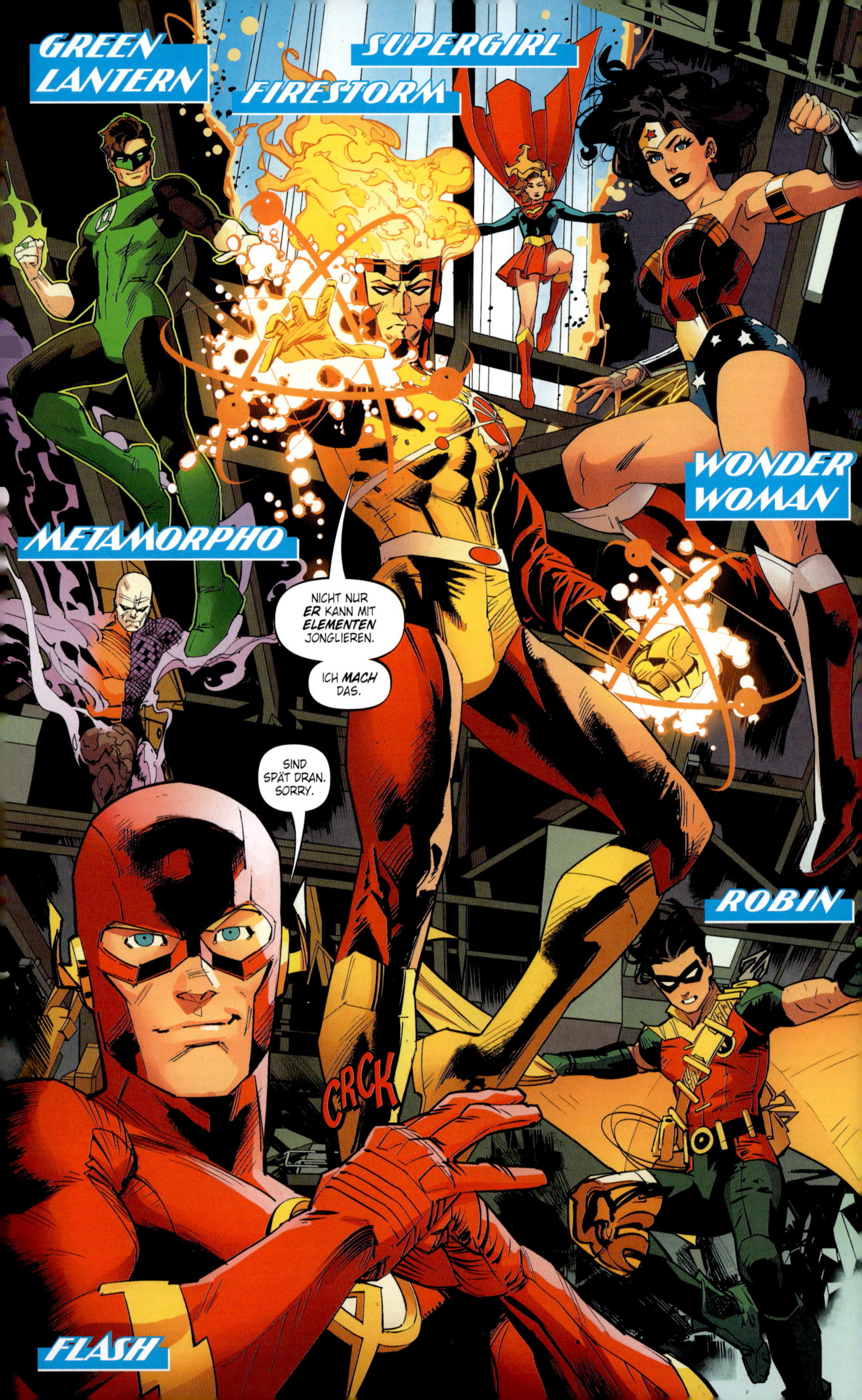
GREEN LANTERN
SUPERGIRL
FIRESTORM
WONDER WOMAN
METAMORPHO
NICHT NUR ER KANN MIT ELEMENTEN JONGLIEREN.
ICH MACH DAS.
SIND SPÄT DRAN. SORRY.
ROBIN
CRCK
FLASH

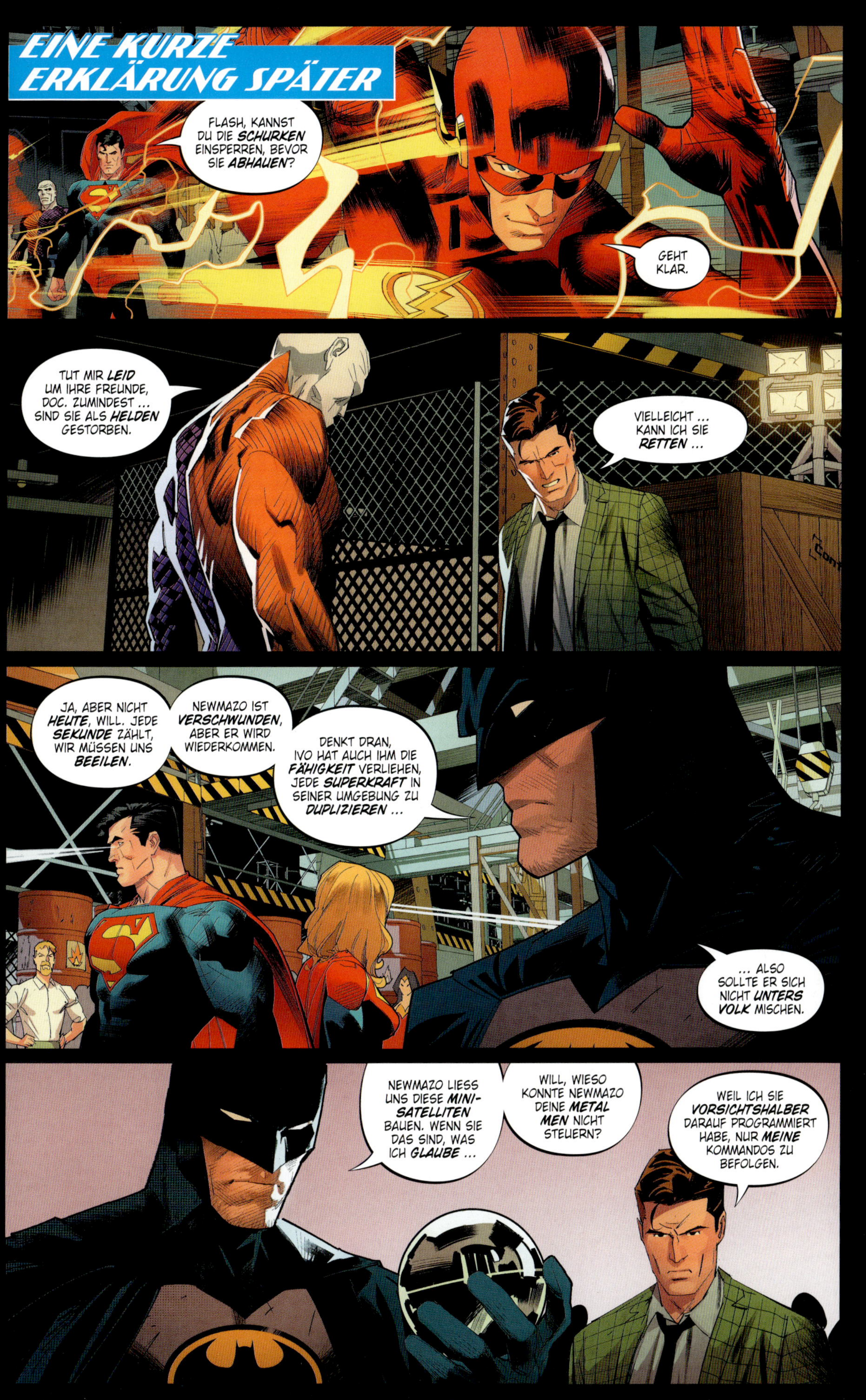
EINE KURZE ERKLÄRUNG SPÄTER
FLASH, KANNST DU DIE SCHURKEN EINSPERREN, BEVOR SIE ABHAUEN?
GEHT KLAR.
TUT MIR LEID UM IHRE FREUNDE, DOC. ZUMINDEST ... SIND SIE ALS HELDEN GESTORBEN.
VIELLEICHT ... KANN ICH SIE RETTEN ...
JA, ABER NICHT HEUTE, WILL. JEDE SEKUNDE ZÄHLT, WIR MÜSSEN UNS BEEILEN.
NEWMAZO IST VERSCHWUNDEN, ABER ER WIRD WIEDERKOMMEN.
DENKT DRAN, IVO HAT AUCH IHM DIE FÄHIGKEIT VERLIEHEN, JEDE SUPERKRAFT IN SEINER UMGEBUNG ZU DUPLIZIEREN ...
... ALSO SOLLTE ER SICH NICHT UNTERS VOLK MISCHEN.
NEWMAZO LIESS UNS DIESE MINI-SATELLITEN BAUEN. WENN SIE DAS SIND, WAS ICH GLAUBE ...
WILL, WIESO KONNTE NEWMAZO DEINE METAL MEN NICHT STEUERN?
WEIL ICH SIE VORSICHTSHALBER DARAUF PROGRAMMIERT HABE, NUR MEINE KOMMANDOS ZU BEFOLGEN.

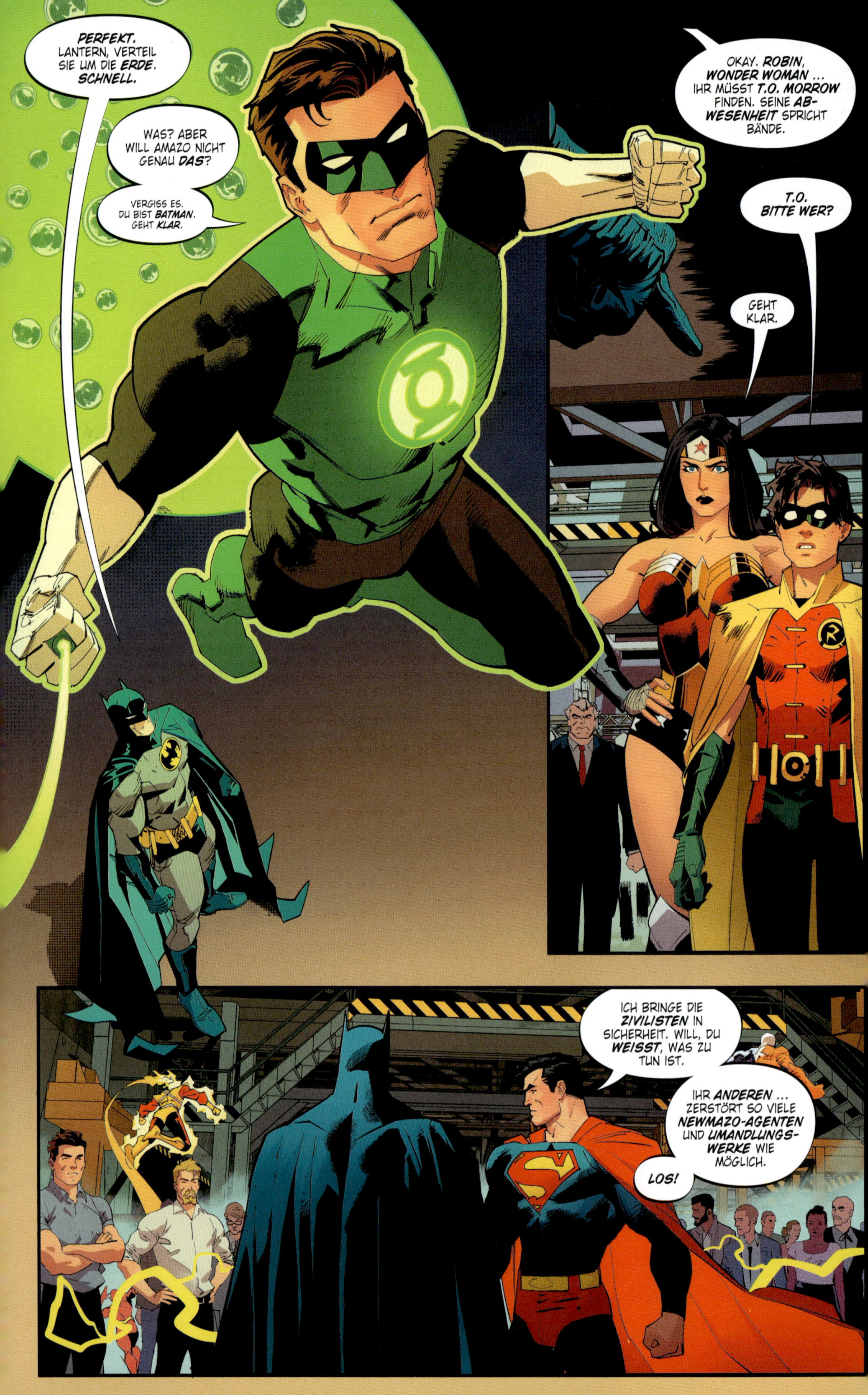
PERFEKT. LANTERN, VERTEIL SIE UM DIE ERDE. SCHNELL.
WAS? ABER WILL AMAZO NICHT GENAU DAS?
VERGISS ES. DU BIST BATMAN. GEHT KLAR.
OKAY. ROBIN, WONDER WOMAN ... IHR MÜSST T.O. MORROW FINDEN. SEINE ABWESENHEIT SPRICHT BÄNDE.
T.O. BITTE WER?
GEHT KLAR.
ICH BRINGE DIE ZIVILISTEN IN SICHERHEIT. WILL, DU WEISST, WAS ZU TUN IST.
IHR ANDEREN ... ZERSTÖRT SO VIELE NEWMAZO-AGENTEN UND UMANDLUNGS-WERKE WIE MÖGLICH.
LOS!

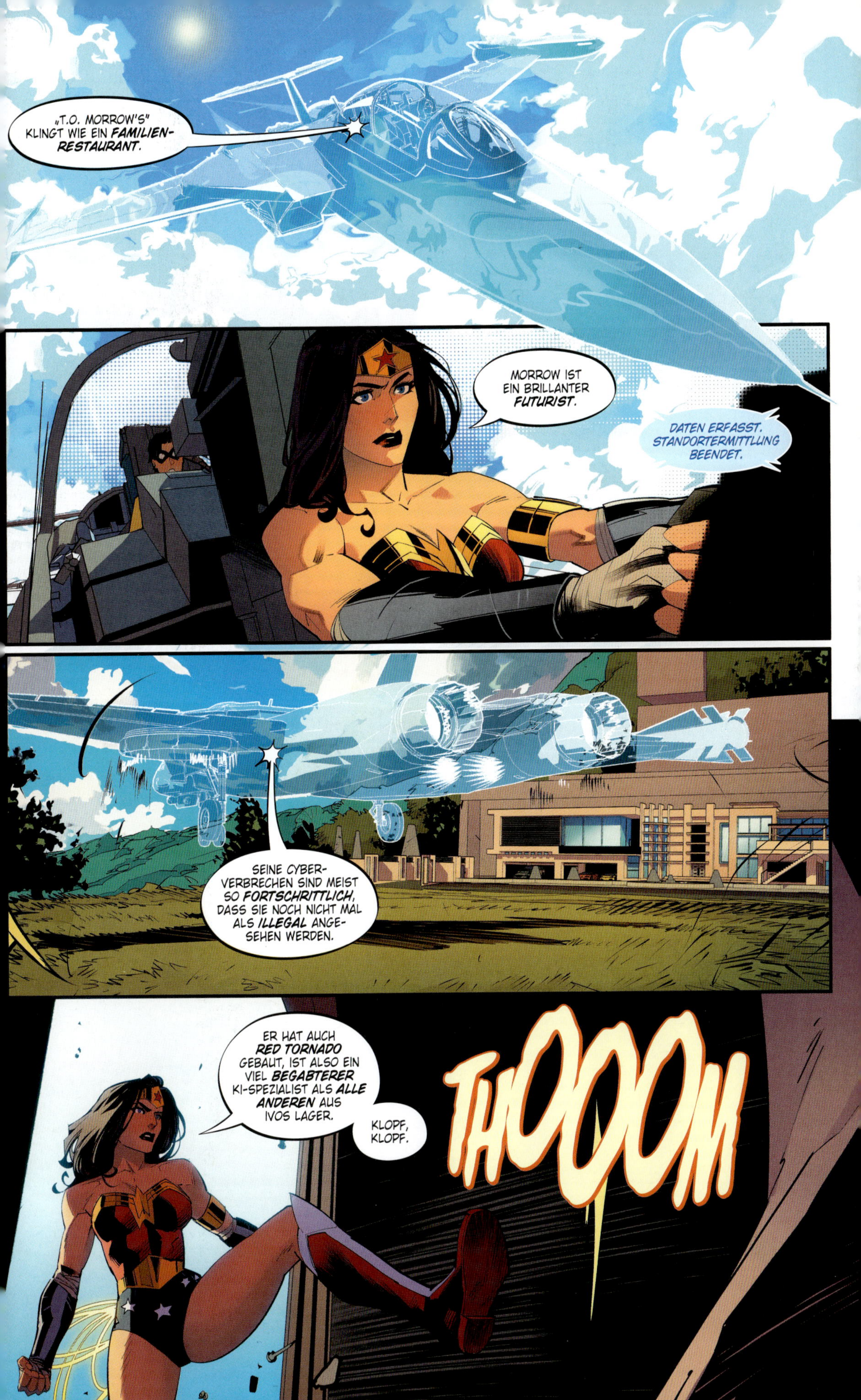
„T.O. MORROW'S" KLINGT WIE EIN FAMILIEN-RESTAURANT.
MORROW IST EIN BRILLANTER FUTURIST.
DATEN ERFASST. STANDORTERMITTLUNG BEENDET.
SEINE CYBER-VERBRECHEN SIND MEIST SO FORTSCHRITTLICH, DASS SIE NOCH NICHT MAL ALS ILLEGAL ANGE-SEHEN WERDEN.
ER HAT AUCH RED TORNADO GEBAUT, IST ALSO EIN VIEL BEGABTERER KI-SPEZIALIST ALS ALLE ANDEREN AUS IVOS LAGER.
KLOPF, KLOPF.
THOOOM

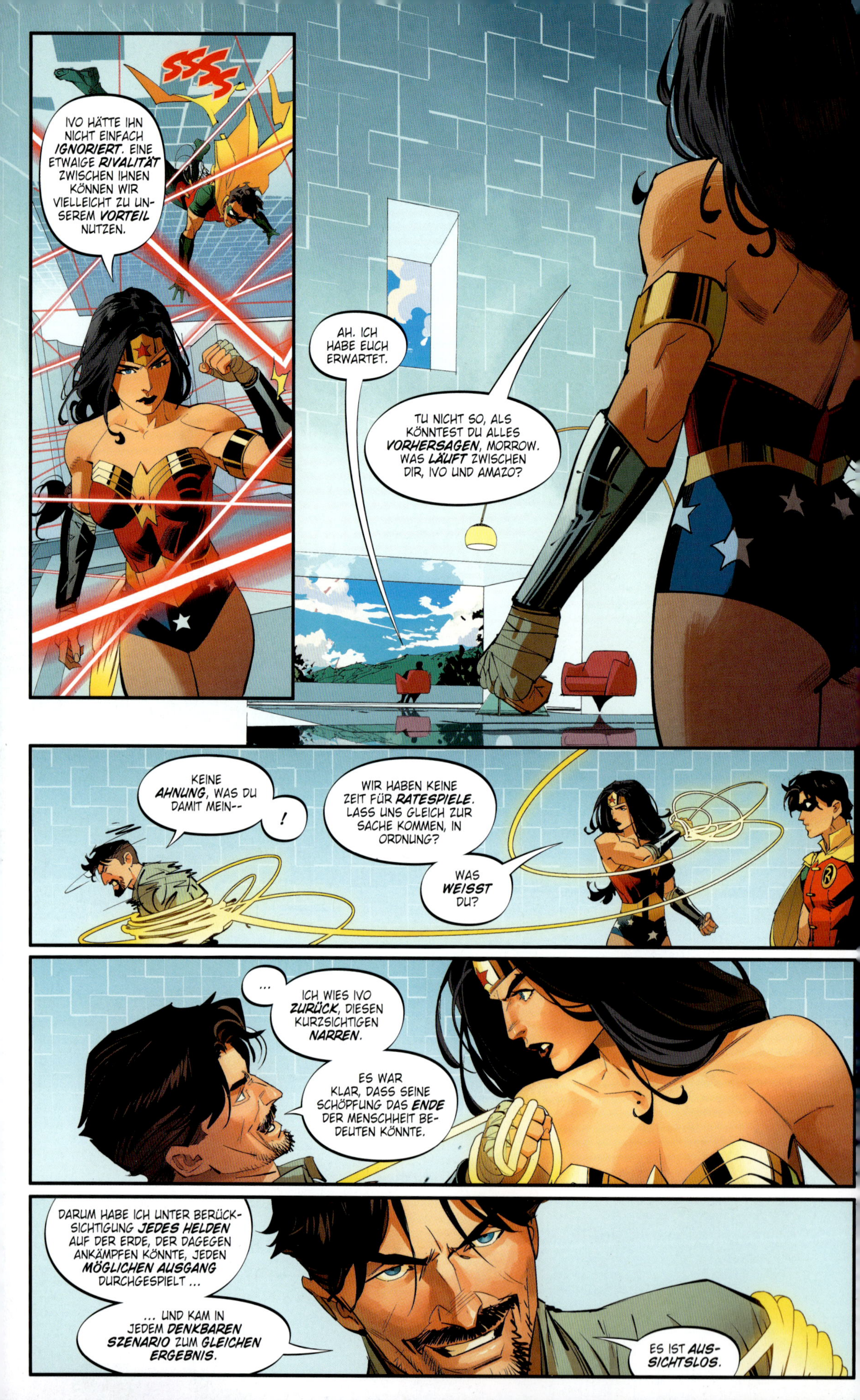
SSSS
IVO HÄTTE IHN NICHT EINFACH IGNORIERT. EINE ETWAIGE RIVALITÄT ZWISCHEN IHNEN KÖNNEN WIR VIELLEICHT ZU UNSEREM VORTEIL NUTZEN.
AH. ICH HABE EUCH ERWARTET.
TU NICHT SO, ALS KÖNNTEST DU ALLES VORHERSAGEN, MORROW. WAS LÄUFT ZWISCHEN DIR, IVO UND AMAZO?
KEINE AHNUNG, WAS DU DAMIT MEIN--
!
WIR HABEN KEINE ZEIT FÜR RATESPIELE. LASS UNS GLEICH ZUR SACHE KOMMEN, IN ORDNUNG?
WAS WEISST DU?
...
ICH WIES IVO ZURÜCK, DIESEN KURZSICHTIGEN NARREN.
ES WAR KLAR, DASS SEINE SCHÖPFUNG DAS ENDE DER MENSCHHEIT BEDEUTEN KÖNNTE.
DARUM HABE ICH UNTER BERÜCKSICHTIGUNG JEDES HELDEN AUF DER ERDE, DER DAGEGEN ANKÄMPFEN KÖNNTE, JEDEN MÖGLICHEN AUSGANG DURCHGESPIELT ...
... UND KAM IN JEDEM DENKBAREN SZENARIO ZUM GLEICHEN ERGEBNIS.
ES IST AUSSICHTSLOS.

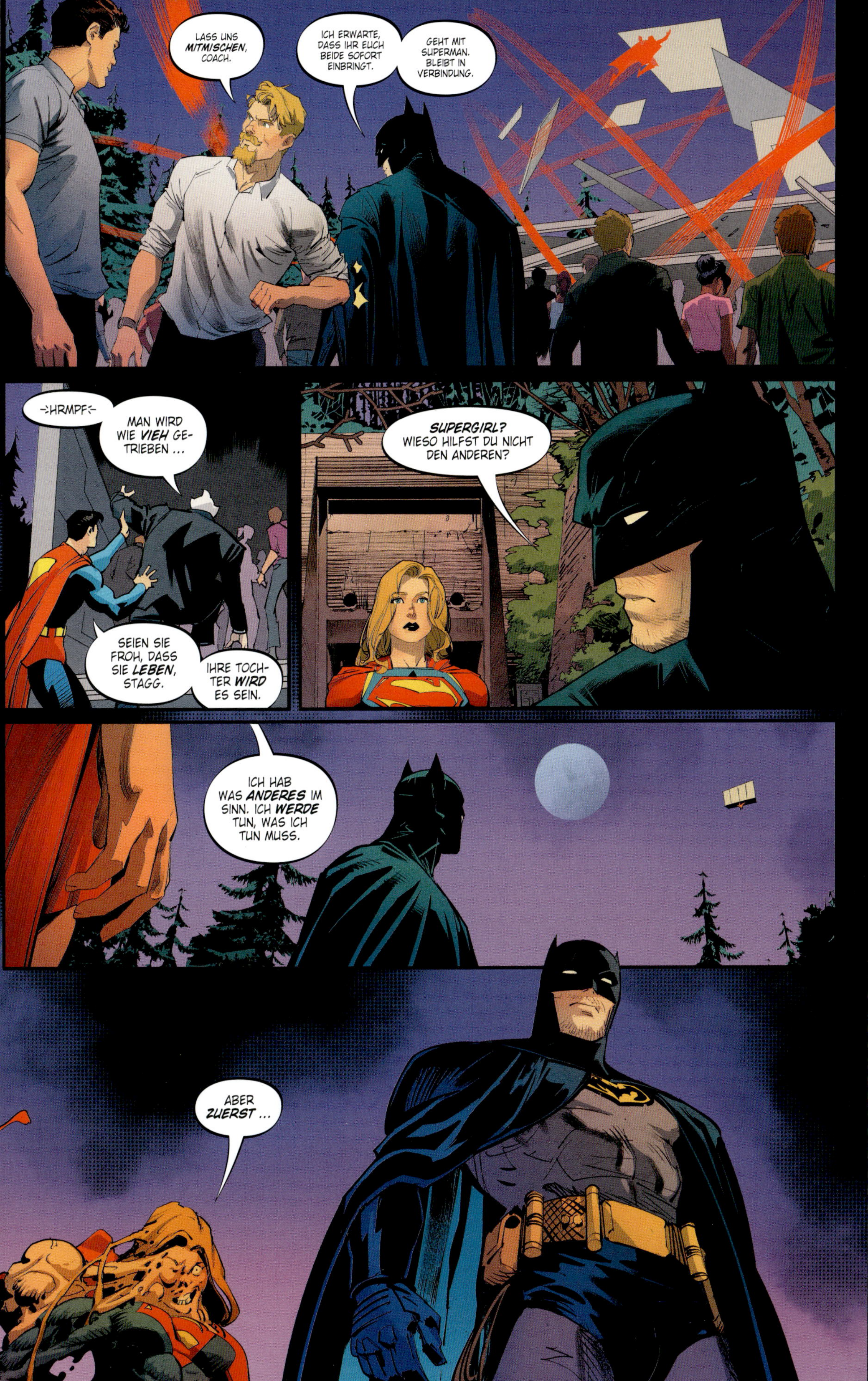

LASS UNS MITMISCHEN, COACH.
ICH ERWARTE, DASS IHR EUCH BEIDE SOFORT EINBRINGT.
GEHT MIT SUPERMAN. BLEIBT IN VERBINDUNG.
-HRMPF-
MAN WIRD WIE VIEH GE-TRIEBEN ...
SEIEN SIE FROH, DASS SIE LEBEN, STAGG.
IHRE TOCH-TER WIRD ES SEIN.
SUPERGIRL? WIESO HILFST DU NICHT DEN ANDEREN?
ICH HAB WAS ANDERES IM SINN. ICH WERDE TUN, WAS ICH TUN MUSS.
ABER ZUERST ...

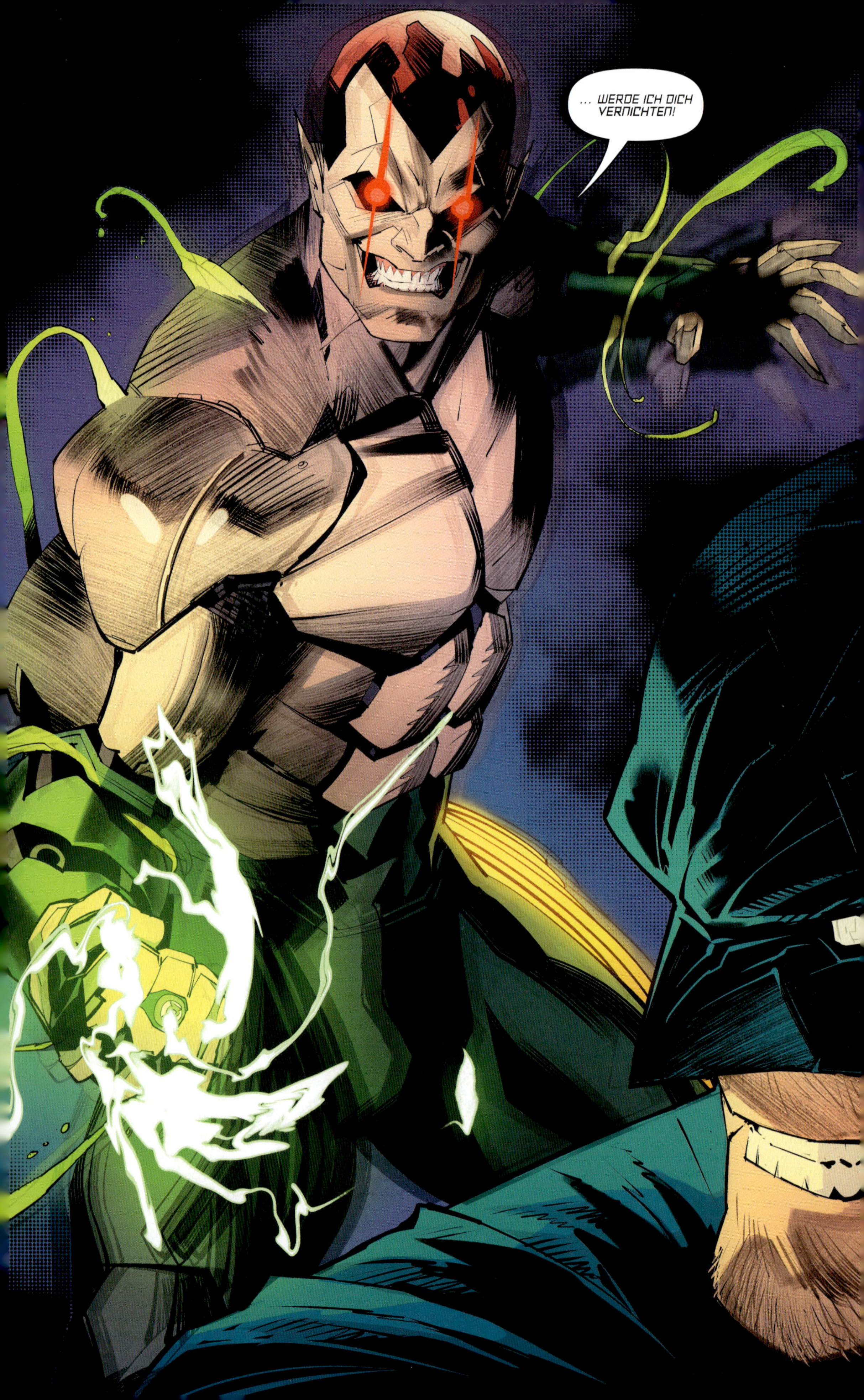
... WERDE ICH DICH VERNICHTEN!

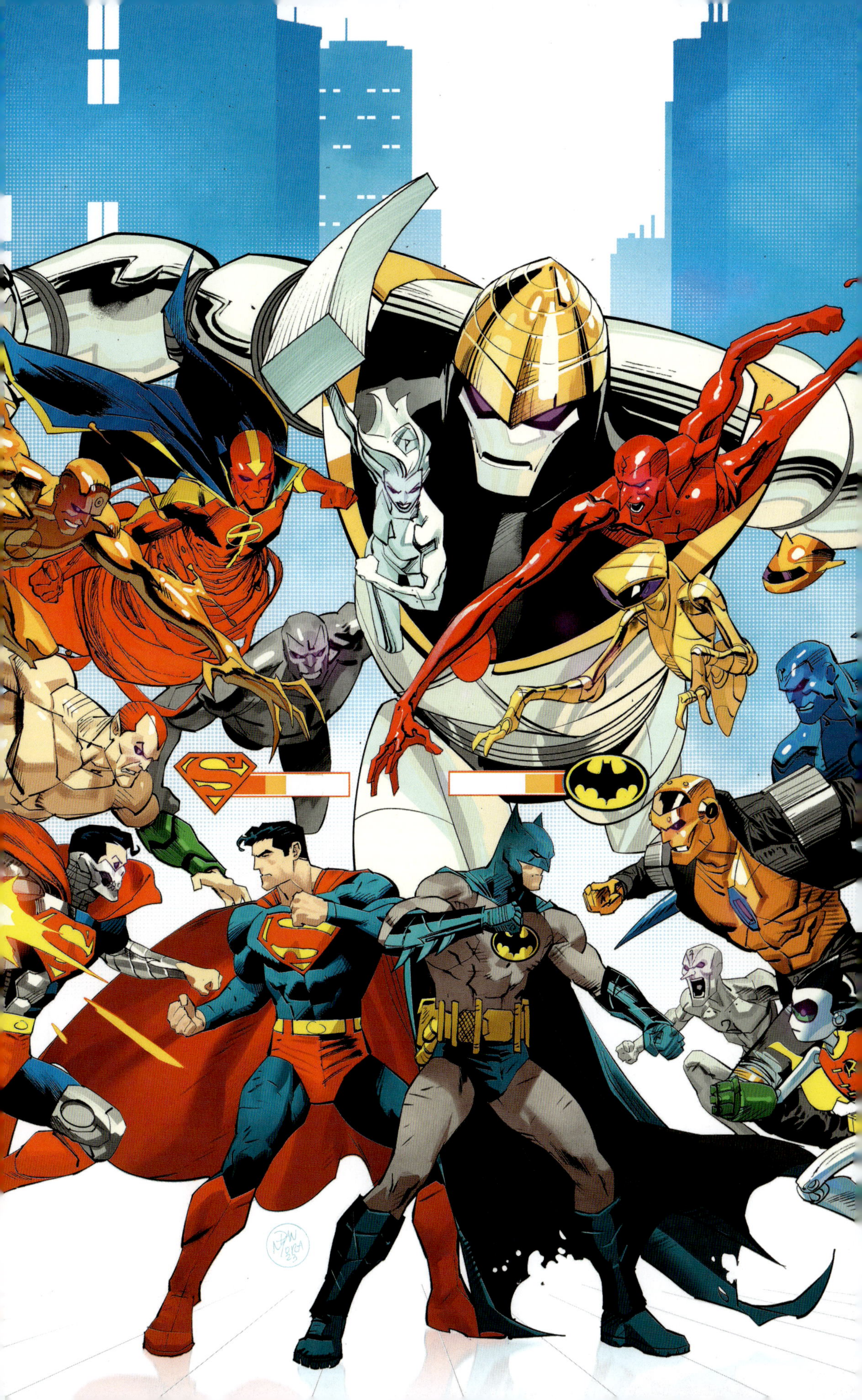

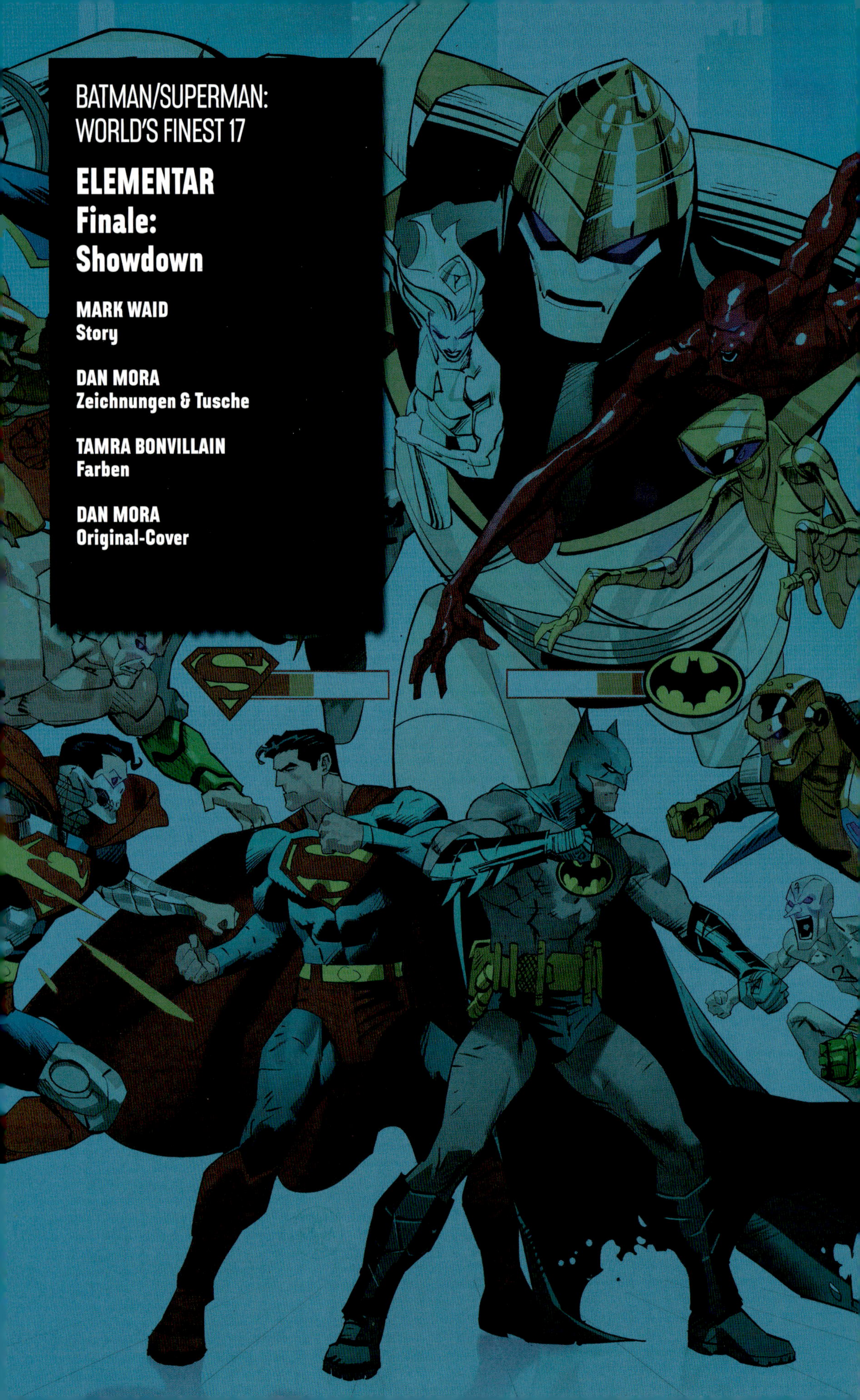
BATMAN/SUPERMAN:
WORLD'S FINEST 17
ELEMENTAR
Finale:
Showdown
MARK WAID
Story
DAN MORA
Zeichnungen & Tusche
TAMRA BONVILLAIN
Farben
DAN MORA
Original-Cover

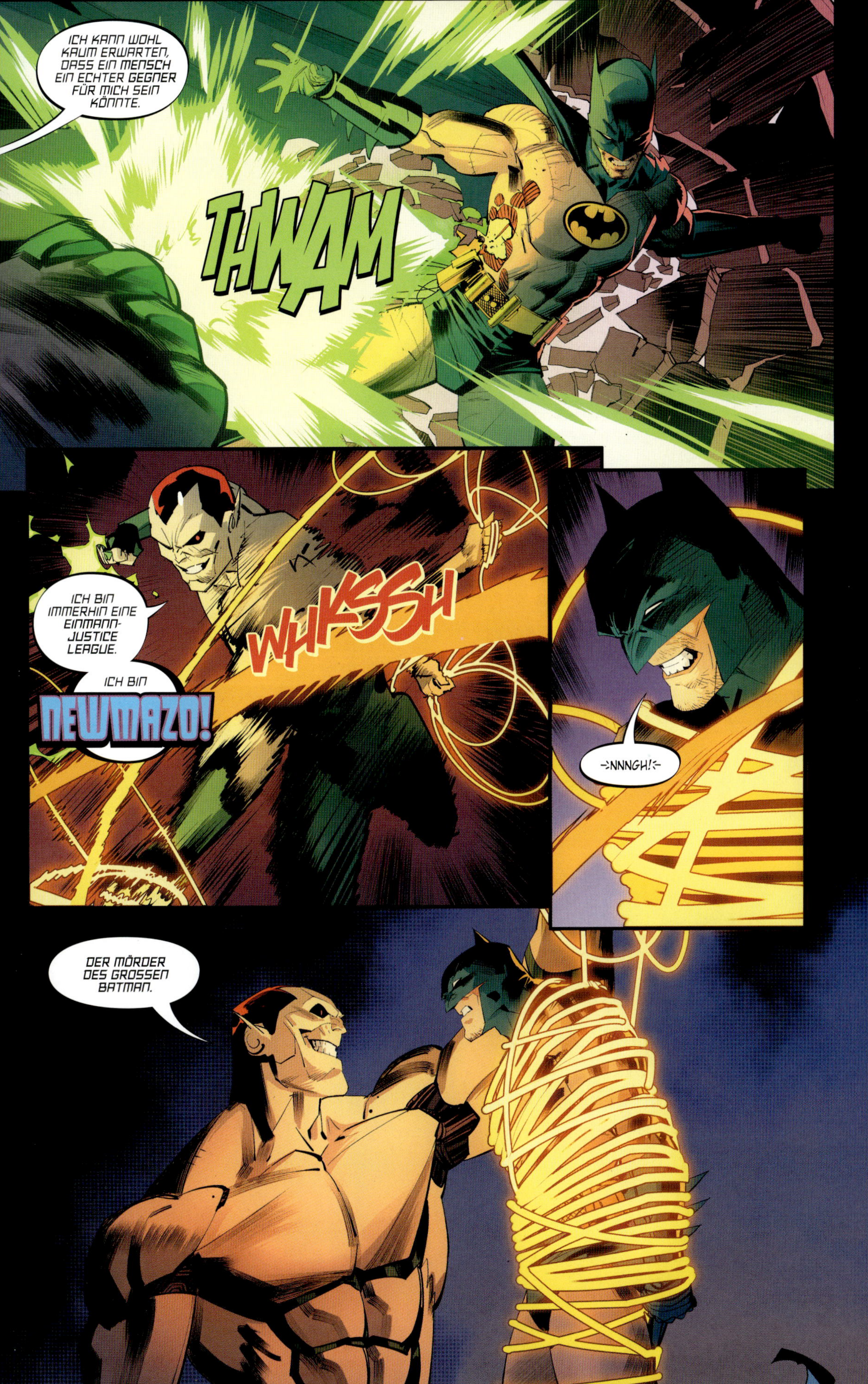
ICH KANN WOHL KAUM ERWARTEN, DASS EIN MENSCH EIN ECHTER GEGNER FÜR MICH SEIN KÖNNTE.
THWAM
ICH BIN IMMERHIN EINE EINMANN-JUSTICE LEAGUE.
WHKSSH
ICH BIN
NEWMAZO!
-NNNGH!-
DER MÖRDER DES GROSSEN BATMAN.

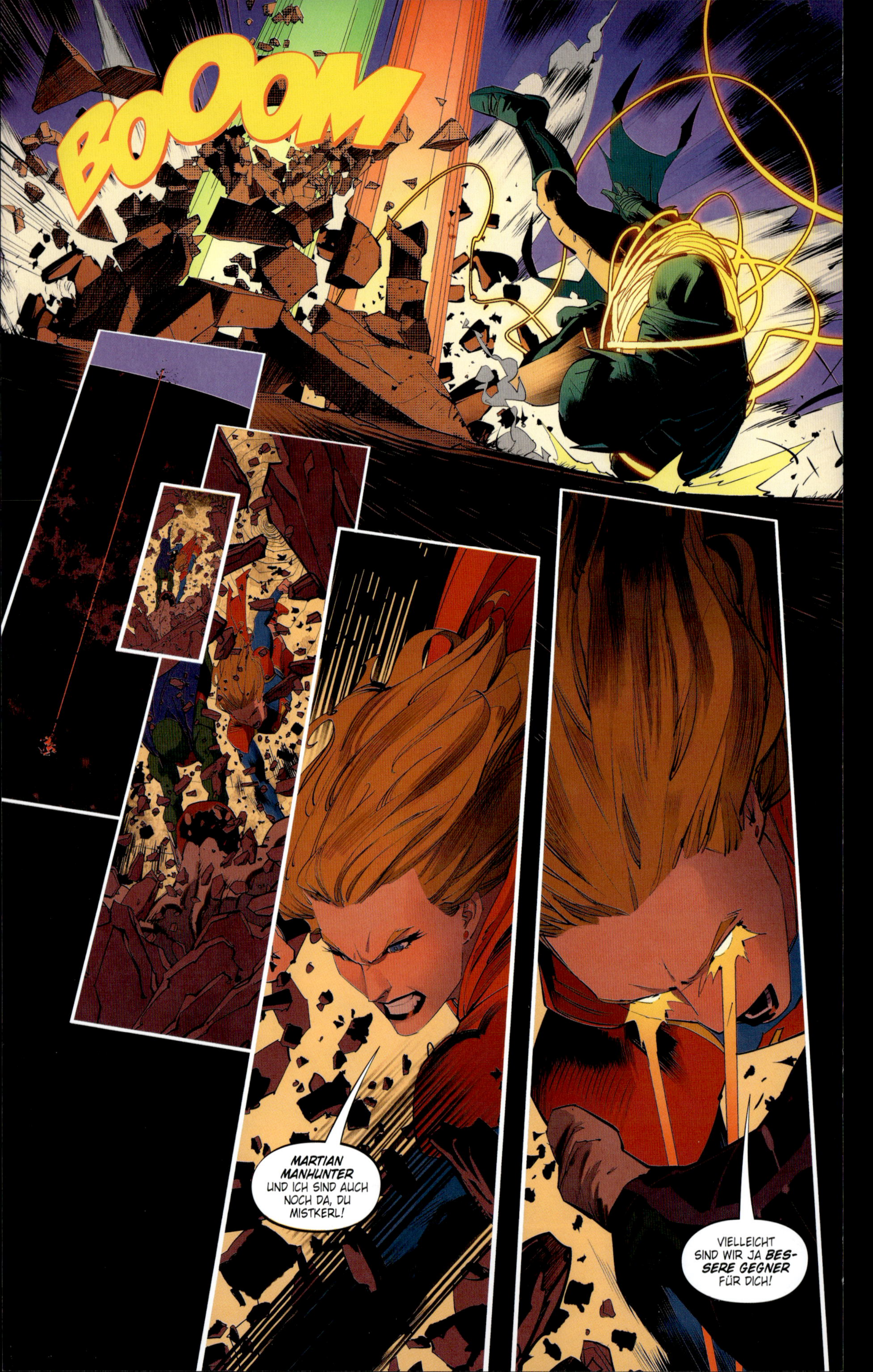
BOOOM
MARTIAN MANHUNTER UND ICH SIND AUCH NOCH DA, DU MISTKERL!
VIELLEICHT SIND WIR JA BESSERE GEGNER FÜR DICH!

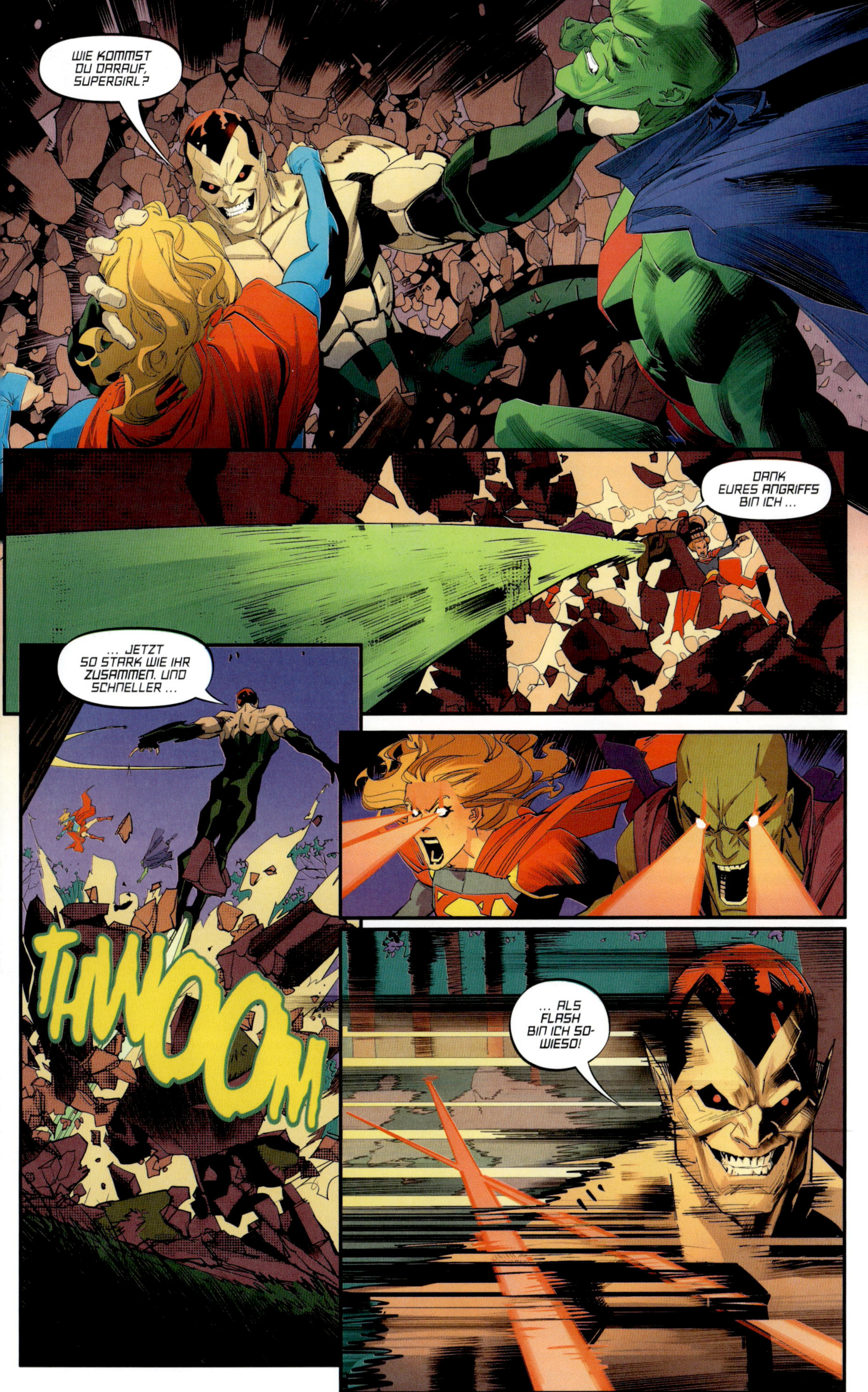
WIE KOMMST DU DARAUF, SUPERGIRL?
DANK EURES ANGRIFFS BIN ICH ...
... JETZT SO STARK WIE IHR ZUSAMMEN. UND SCHNELLER ...
THWOOM
... ALS FLASH BIN ICH SO-WIESO!

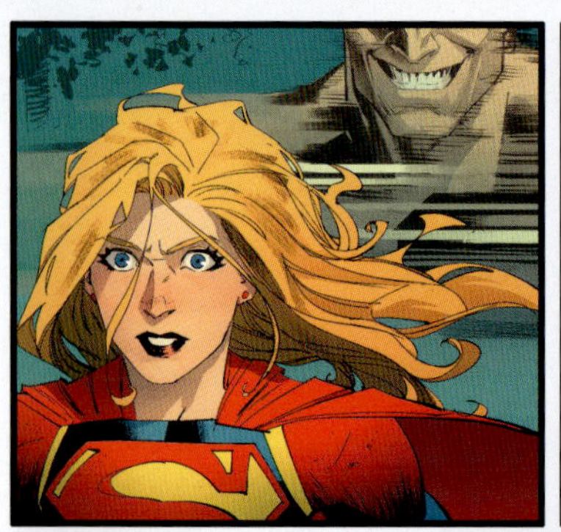
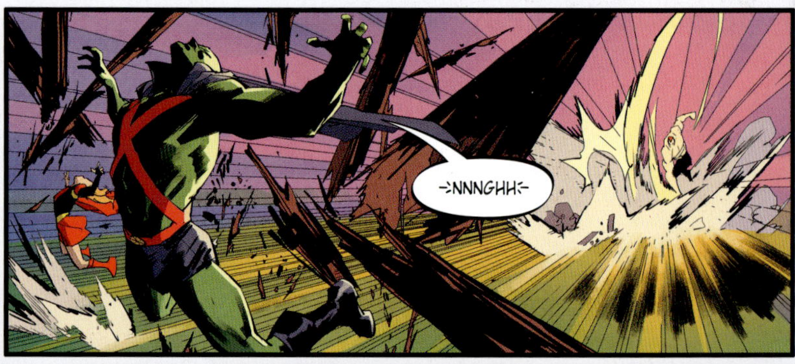
-NNNGHH-
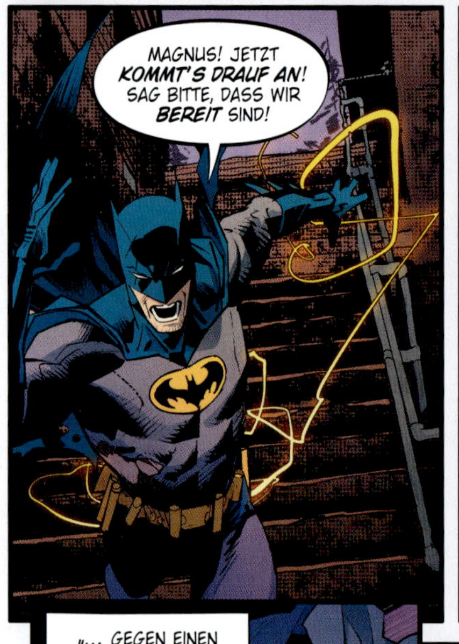
MAGNUS! JETZT **KOMMT'S DRAUF AN!** SAG BITTE, DASS WIR **BEREIT** SIND!
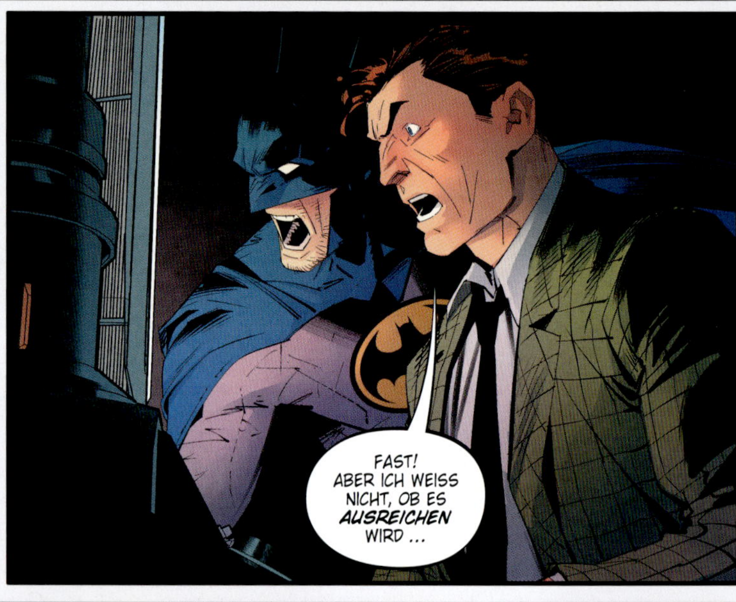
FAST! ABER ICH WEISS NICHT, OB ES **AUSREICHEN** WIRD ...
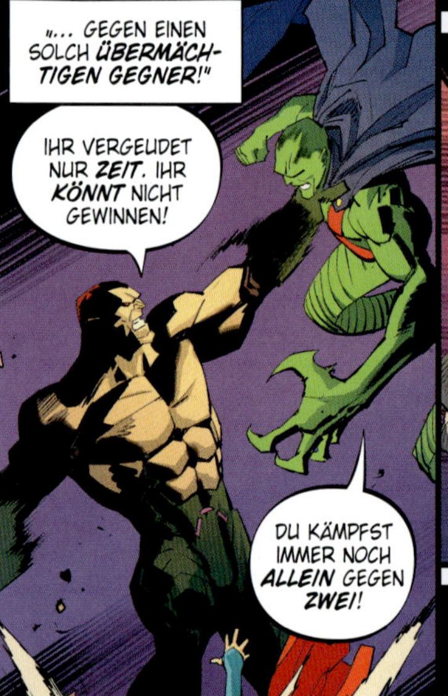
„... GEGEN EINEN SOLCH **ÜBERMÄCHTIGEN GEGNER!"**
IHR VERGEUDET NUR **ZEIT**. IHR **KÖNNT** NICHT GEWINNEN!
DU KÄMPFST IMMER NOCH **ALLEIN** GEGEN **ZWEI!**
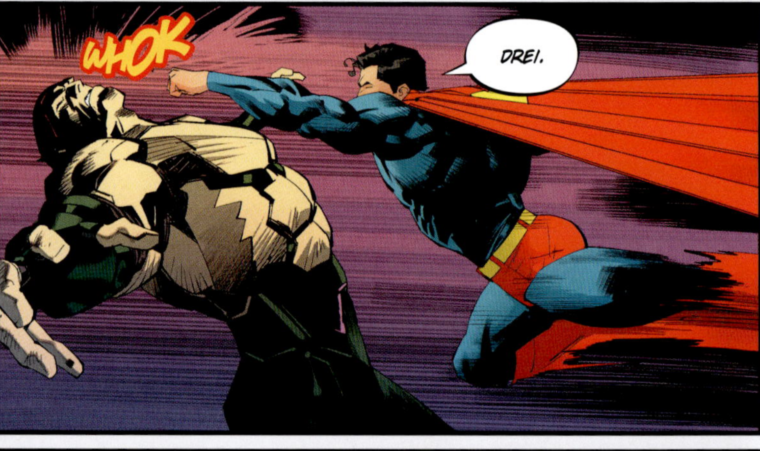
WHOK
DREI.
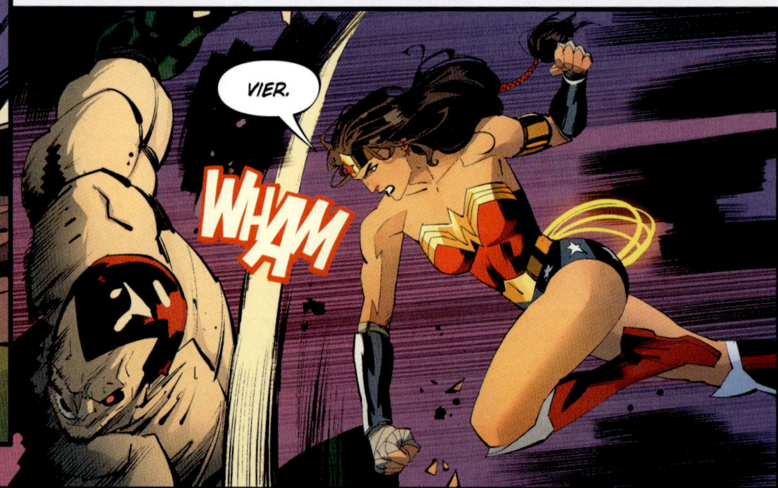
VIER.
WHAM

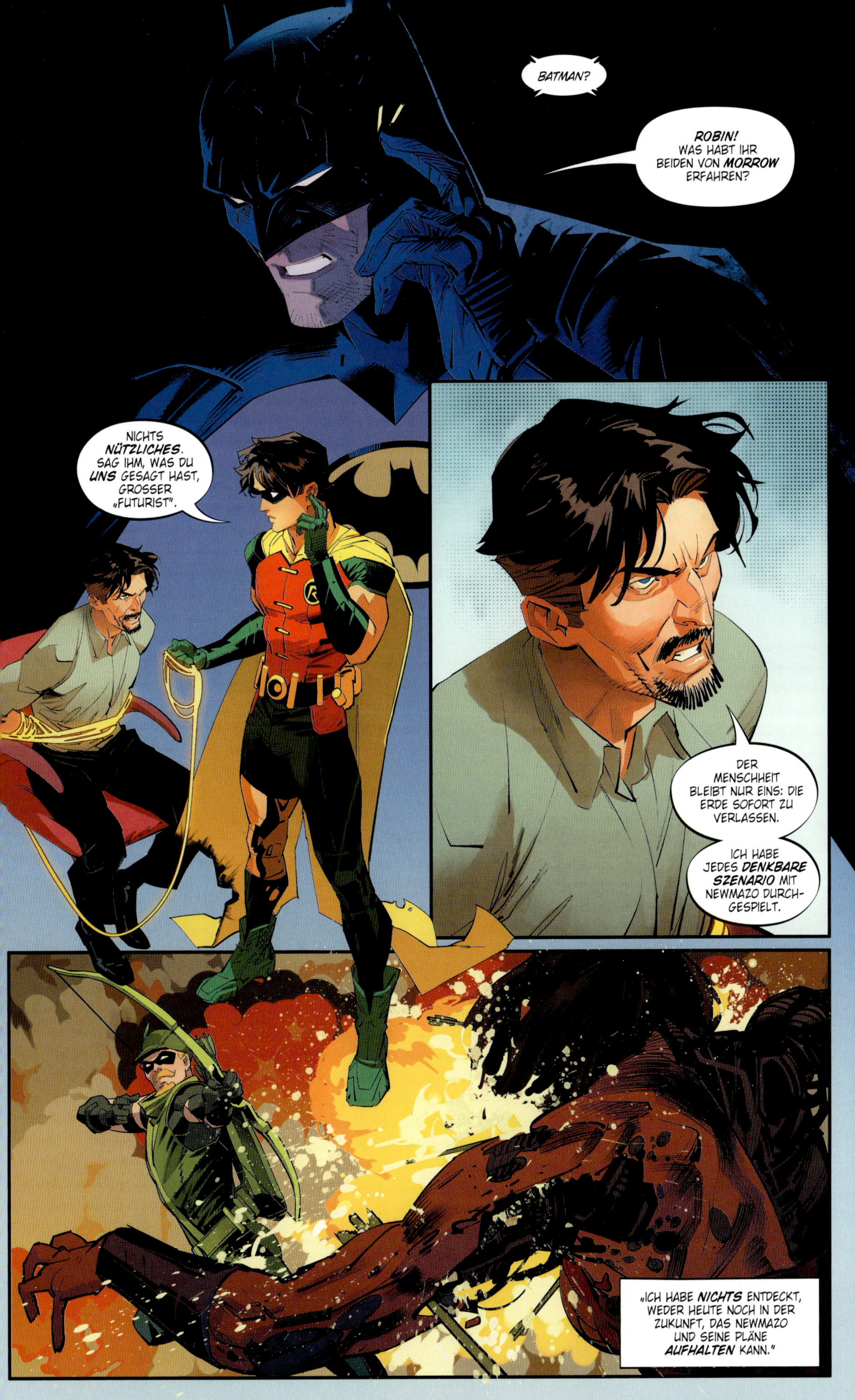
BATMAN?
ROBIN! WAS HABT IHR BEIDEN VON MORROW ERFAHREN?
NICHTS NÜTZLICHES. SAG IHM, WAS DU UNS GESAGT HAST, GROSSER „FUTURIST".
DER MENSCHHEIT BLEIBT NUR EINS: DIE ERDE SOFORT ZU VERLASSEN.
ICH HABE JEDES DENKBARE SZENARIO MIT NEWMAZO DURCH-GESPIELT.
„ICH HABE NICHTS ENTDECKT, WEDER HEUTE NOCH IN DER ZUKUNFT, DAS NEWMAZO UND SEINE PLÄNE AUFHALTEN KANN."

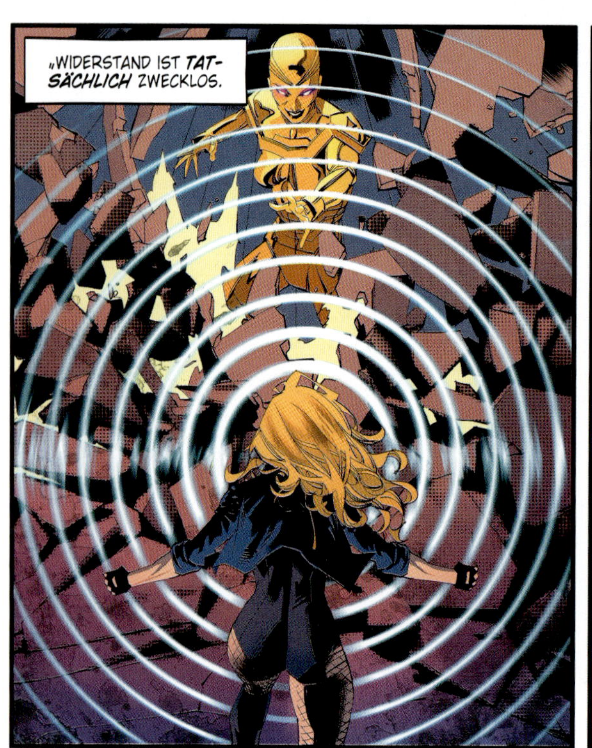
„WIDERSTAND IST TATSÄCHLICH ZWECKLOS.

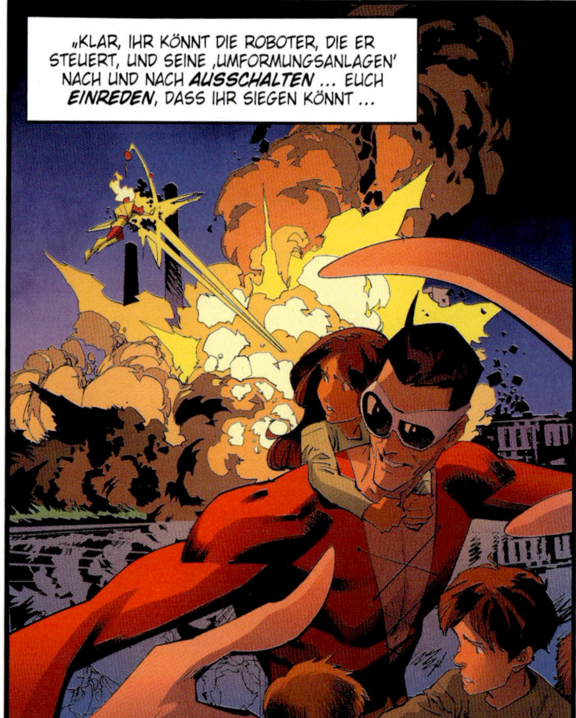
„KLAR, IHR KÖNNT DIE ROBOTER, DIE ER STEUERT, UND SEINE ‚UMFORMUNGSANLAGEN' NACH UND NACH AUSSCHALTEN ... EUCH EINREDEN, DASS IHR SIEGEN KÖNNT ...

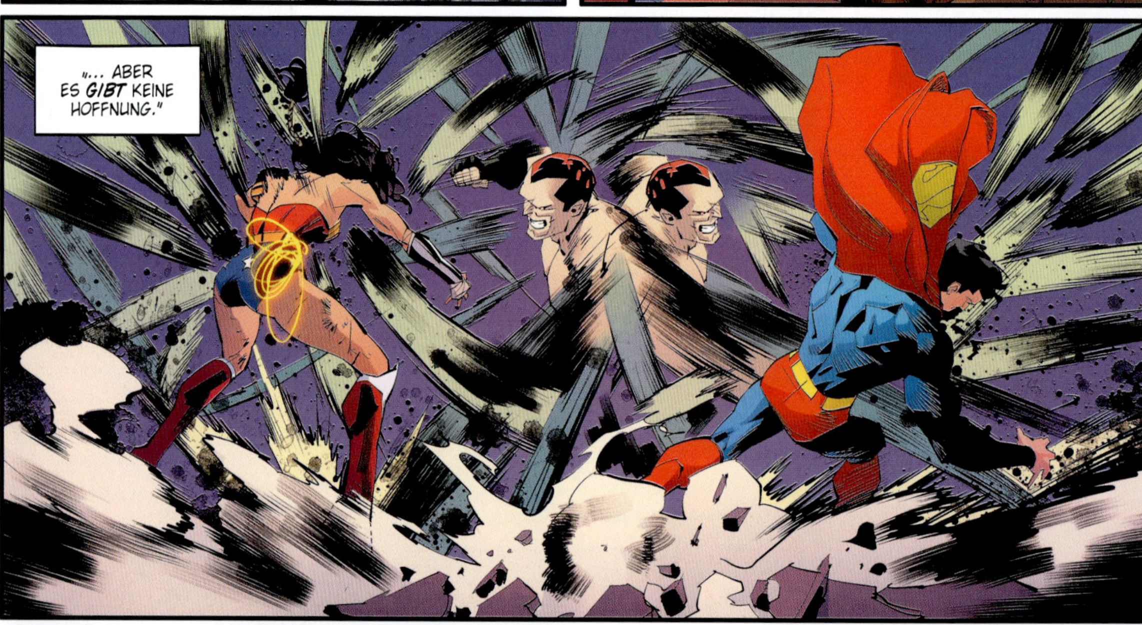
„... ABER ES GIBT KEINE HOFFNUNG."

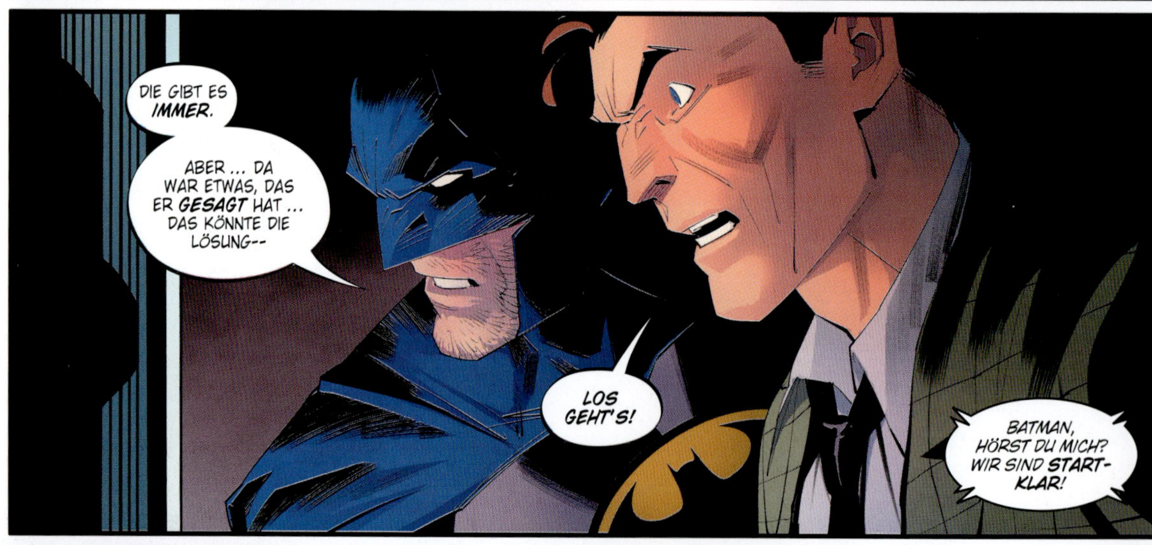
DIE GIBT ES IMMER.
ABER ... DA WAR ETWAS, DAS ER GESAGT HAT ... DAS KÖNNTE DIE LÖSUNG--
LOS GEHT'S!
BATMAN, HÖRST DU MICH? WIR SIND STARTKLAR!

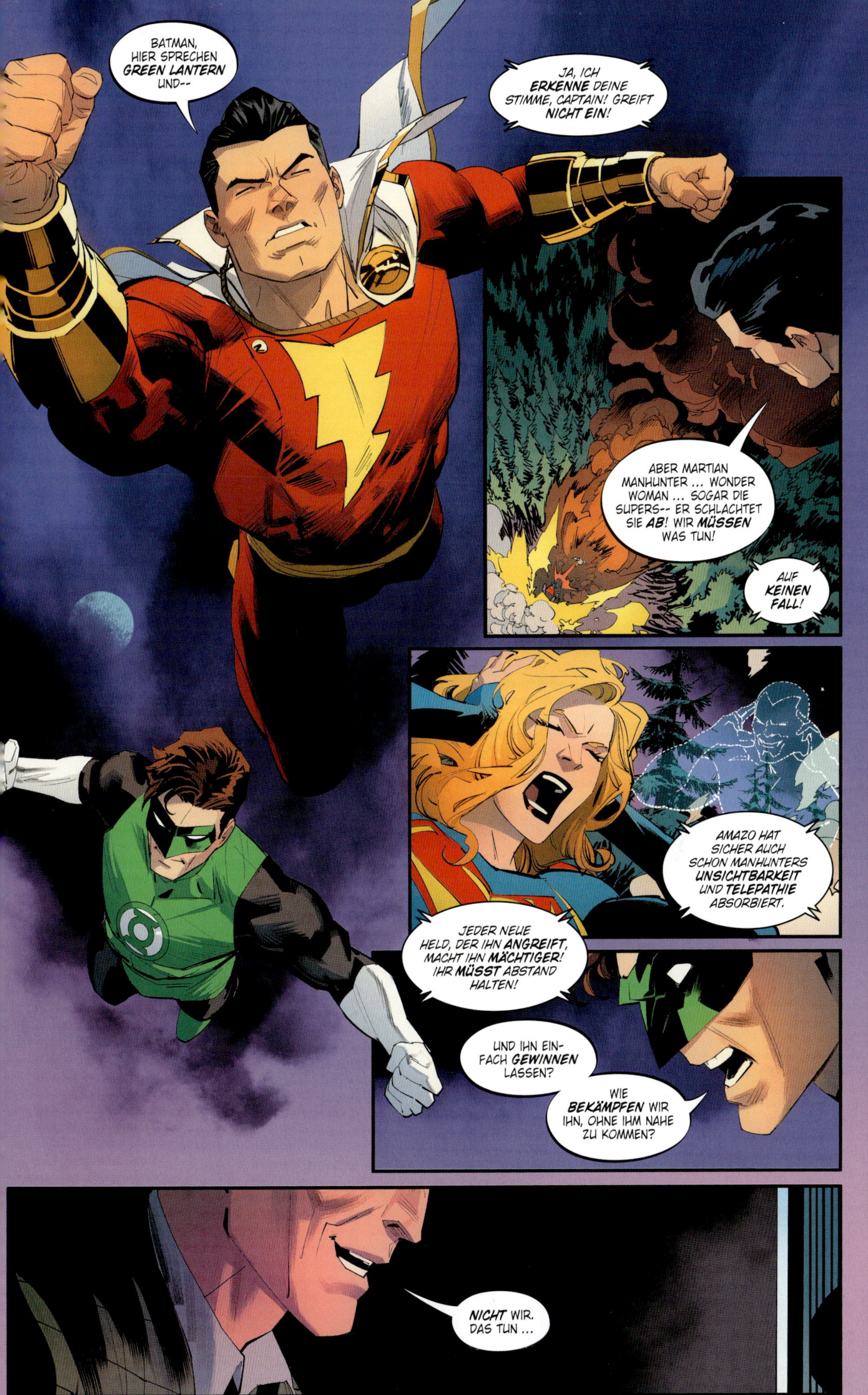
BATMAN, HIER SPRECHEN GREEN LANTERN UND--
JA, ICH ERKENNE DEINE STIMME, CAPTAIN! GREIFT NICHT EIN!
ABER MARTIAN MANHUNTER ... WONDER WOMAN ... SOGAR DIE SUPERS-- ER SCHLACHTET SIE AB! WIR MÜSSEN WAS TUN!
AUF KEINEN FALL!
AMAZO HAT SICHER AUCH SCHON MANHUNTERS UNSICHTBARKEIT UND TELEPATHIE ABSORBIERT.
JEDER NEUE HELD, DER IHN ANGREIFT, MACHT IHN MÄCHTIGER! IHR MÜSST ABSTAND HALTEN!
UND IHN EINFACH GEWINNEN LASSEN?
WIE BEKÄMPFEN WIR IHN, OHNE IHM NAHE ZU KOMMEN?
NICHT WIR. DAS TUN ...

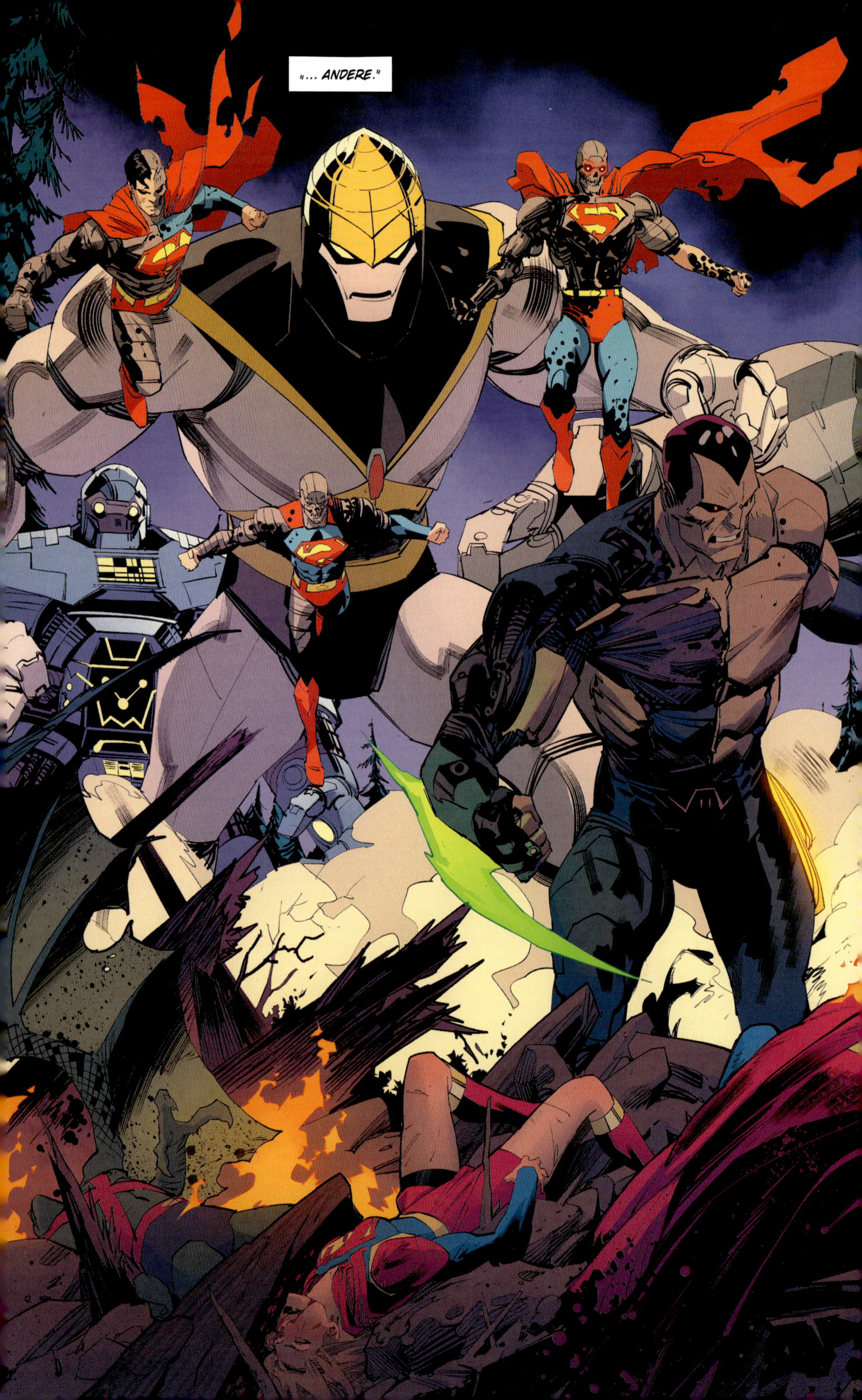
"... ANDERE."

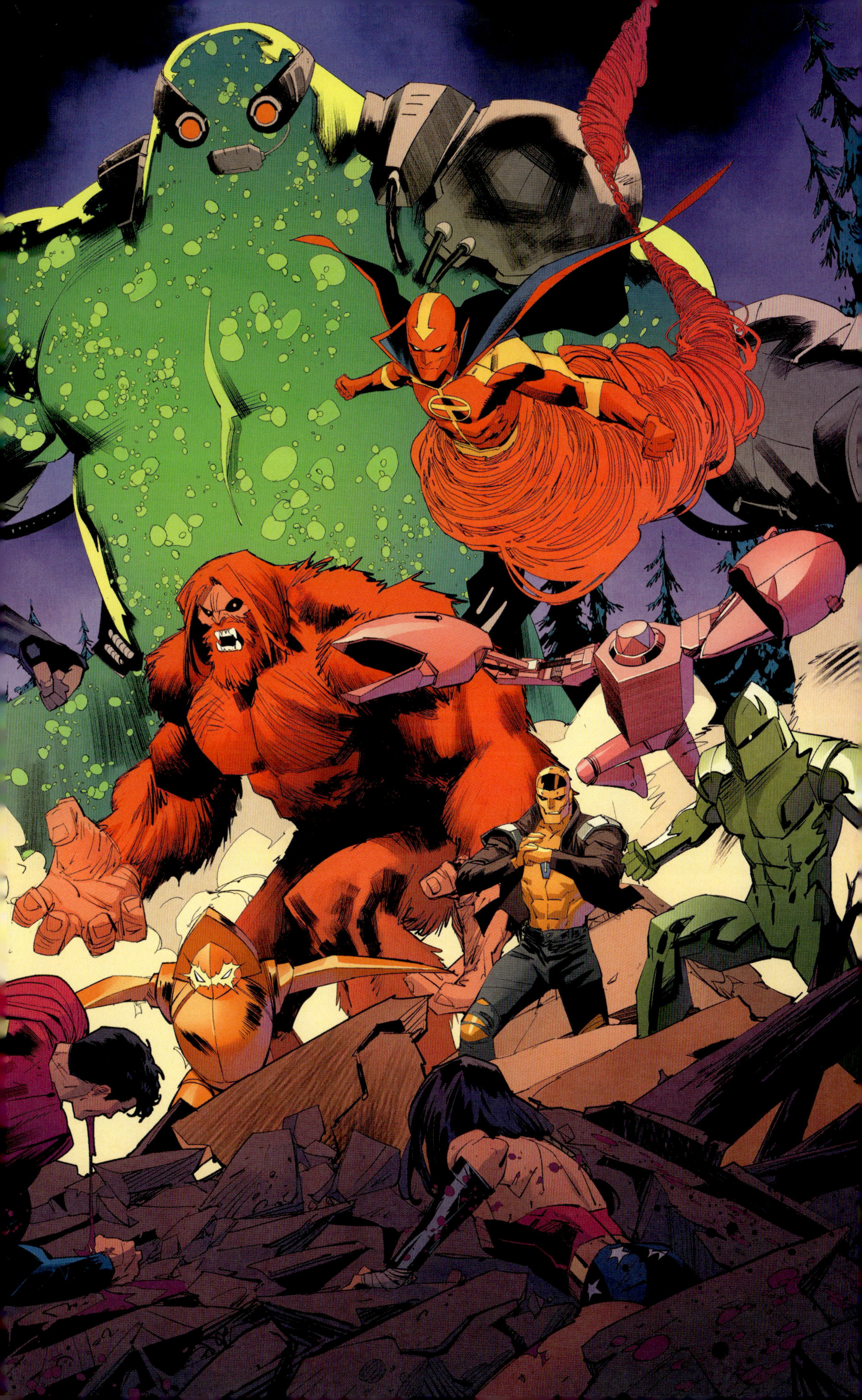

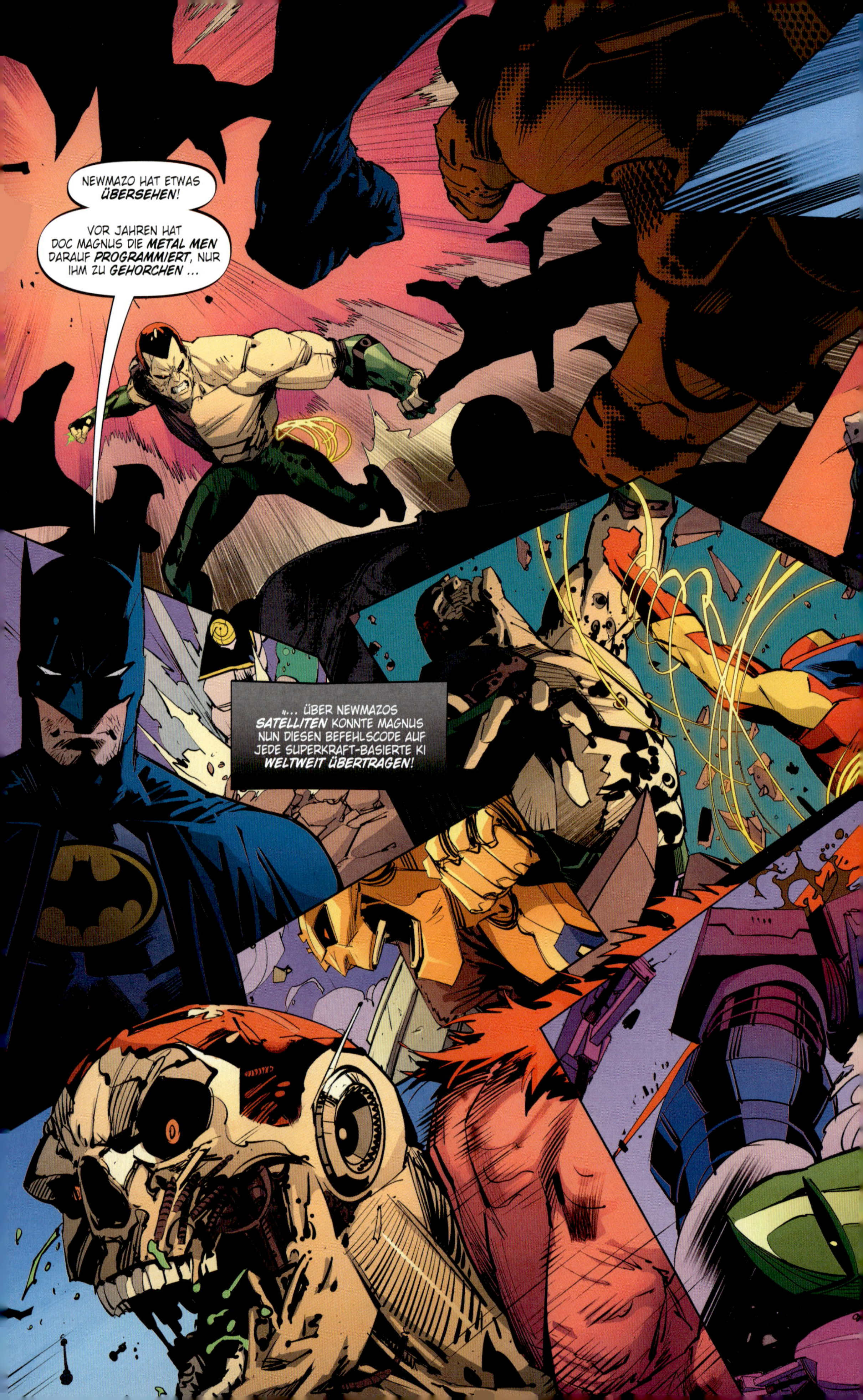
NEWMAZO HAT ETWAS ÜBERSEHEN!
VOR JAHREN HAT DOC MAGNUS DIE METAL MEN DARAUF PROGRAMMIERT, NUR IHM ZU GEHORCHEN …
„… ÜBER NEWMAZOS SATELLITEN KONNTE MAGNUS NUN DIESEN BEFEHLSCODE AUF JEDE SUPERKRAFT-BASIERTE KI WELTWEIT ÜBERTRAGEN!

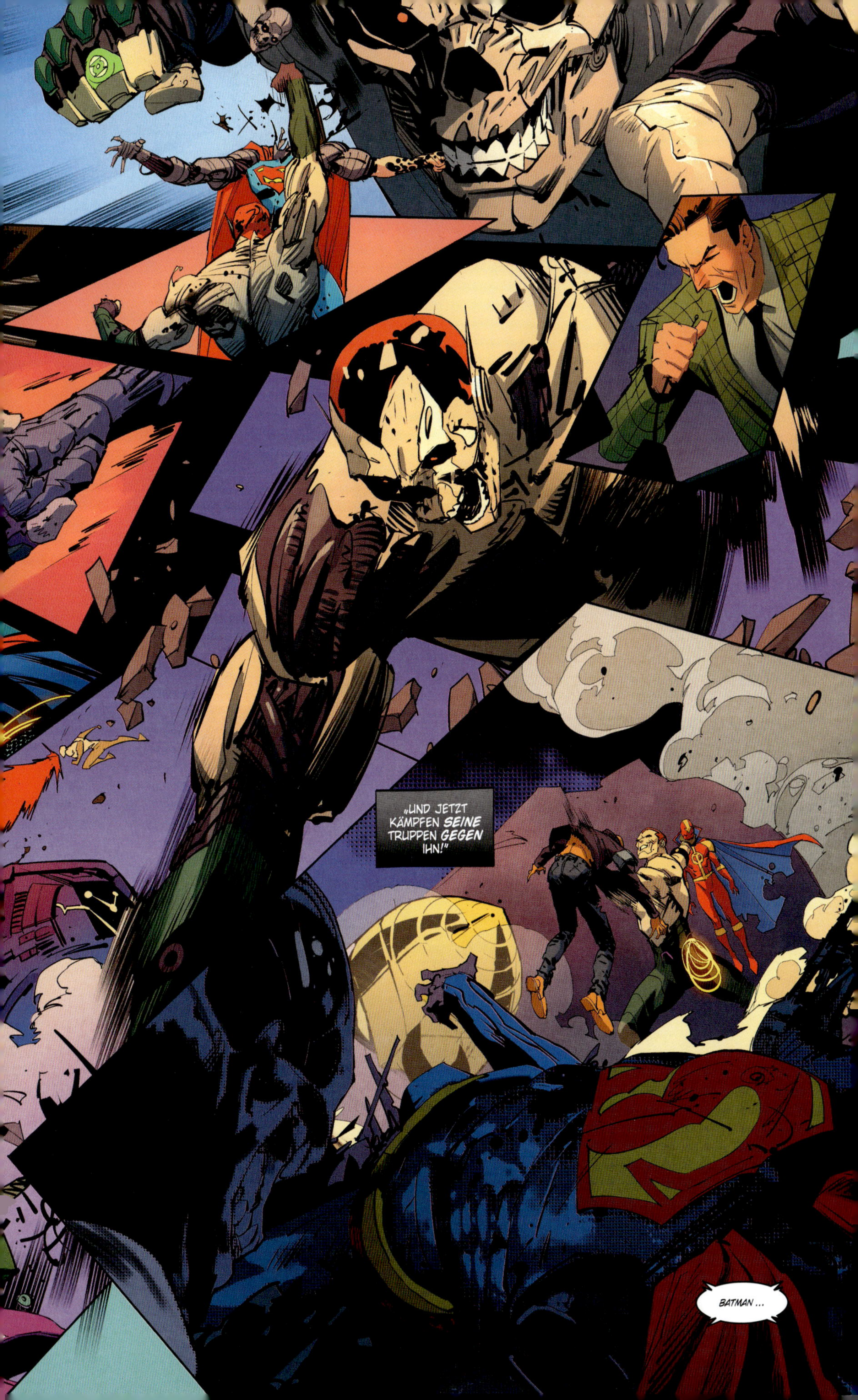
„UND JETZT KÄMPFEN SEINE TRUPPEN GEGEN IHN!"
BATMAN ...

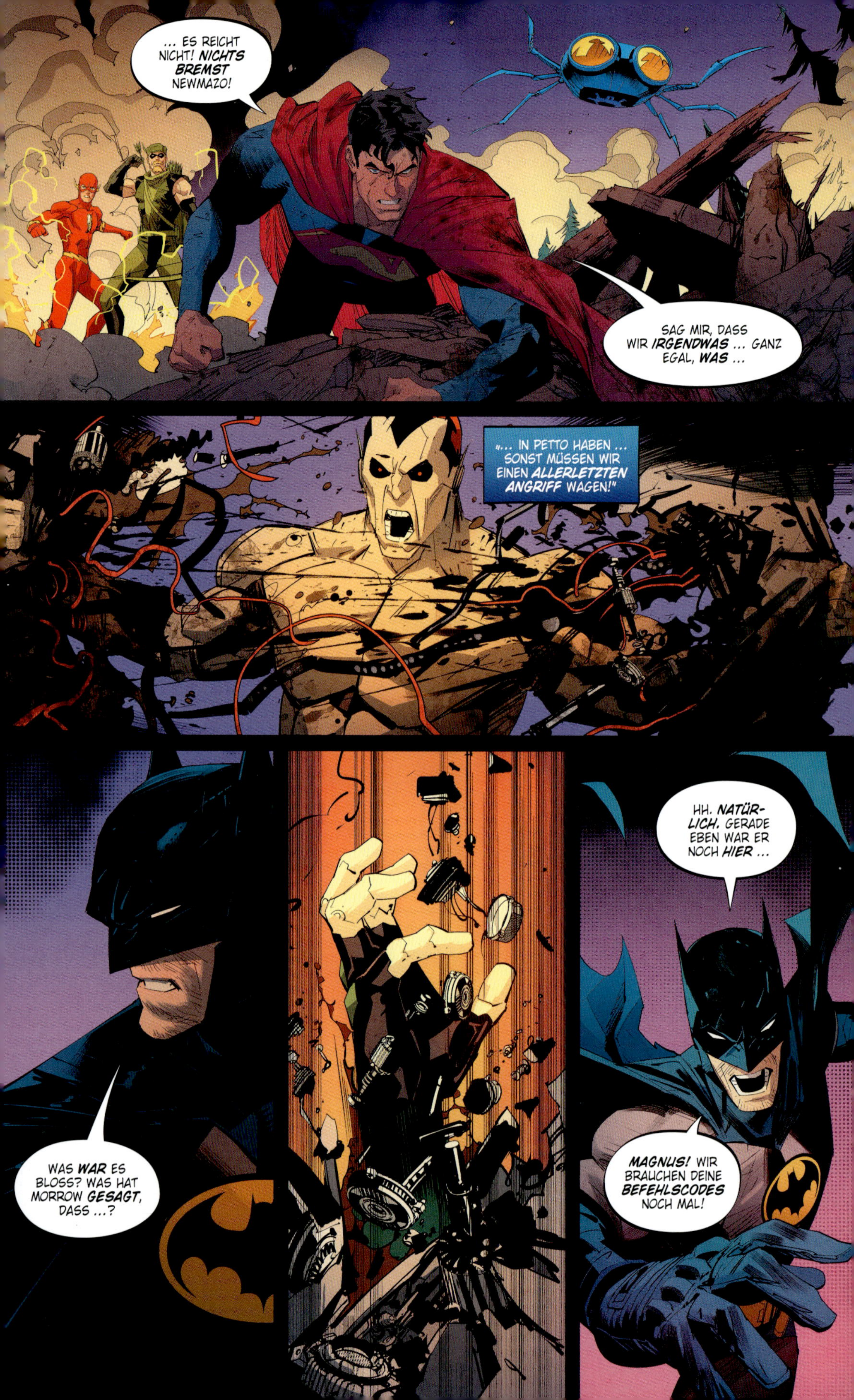
... ES REICHT NICHT! NICHTS BREMST NEWMAZO!
SAG MIR, DASS WIR IRGENDWAS ... GANZ EGAL, WAS ...
"... IN PETTO HABEN ... SONST MÜSSEN WIR EINEN ALLERLETZTEN ANGRIFF WAGEN!"
WAS WAR ES BLOSS? WAS HAT MORROW GESAGT, DASS ...?
HH. NATÜRLICH. GERADE EBEN WAR ER NOCH HIER ...
MAGNUS! WIR BRAUCHEN DEINE BEFEHLSCODES NOCH MAL!

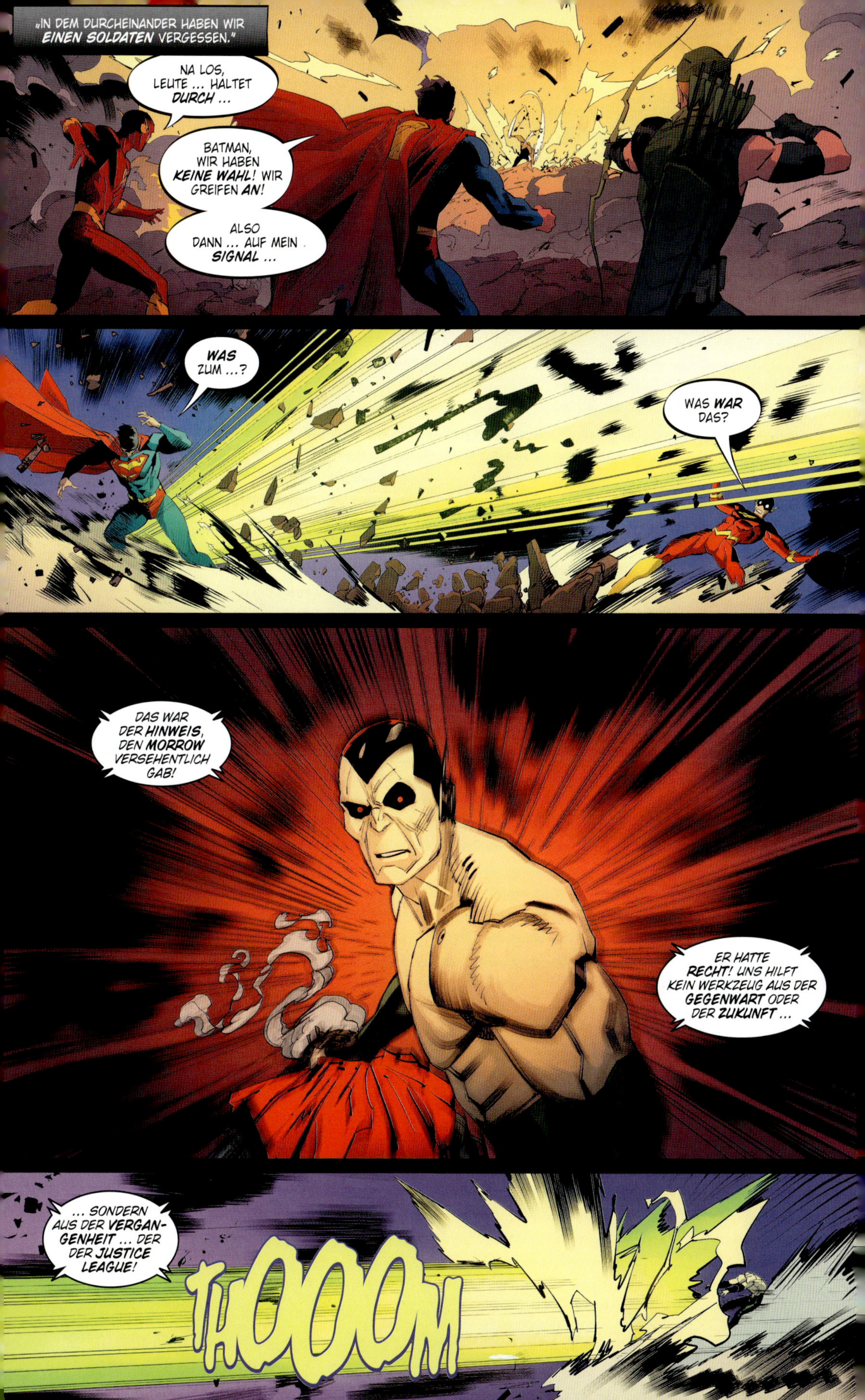
„IN DEM DURCHEINANDER HABEN WIR EINEN SOLDATEN VERGESSEN."
NA LOS, LEUTE ... HALTET DURCH ...
BATMAN, WIR HABEN KEINE WAHL! WIR GREIFEN AN!
ALSO DANN ... AUF MEIN SIGNAL ...
WAS ZUM ...?
WAS WAR DAS?
DAS WAR DER HINWEIS, DEN MORROW VERSEHENTLICH GAB!
ER HATTE RECHT! UNS HILFT KEIN WERKZEUG AUS DER GEGENWART ODER DER ZUKUNFT ...
... SONDERN AUS DER VERGAN-GENHEIT ... DER DER JUSTICE LEAGUE!
THOOOM

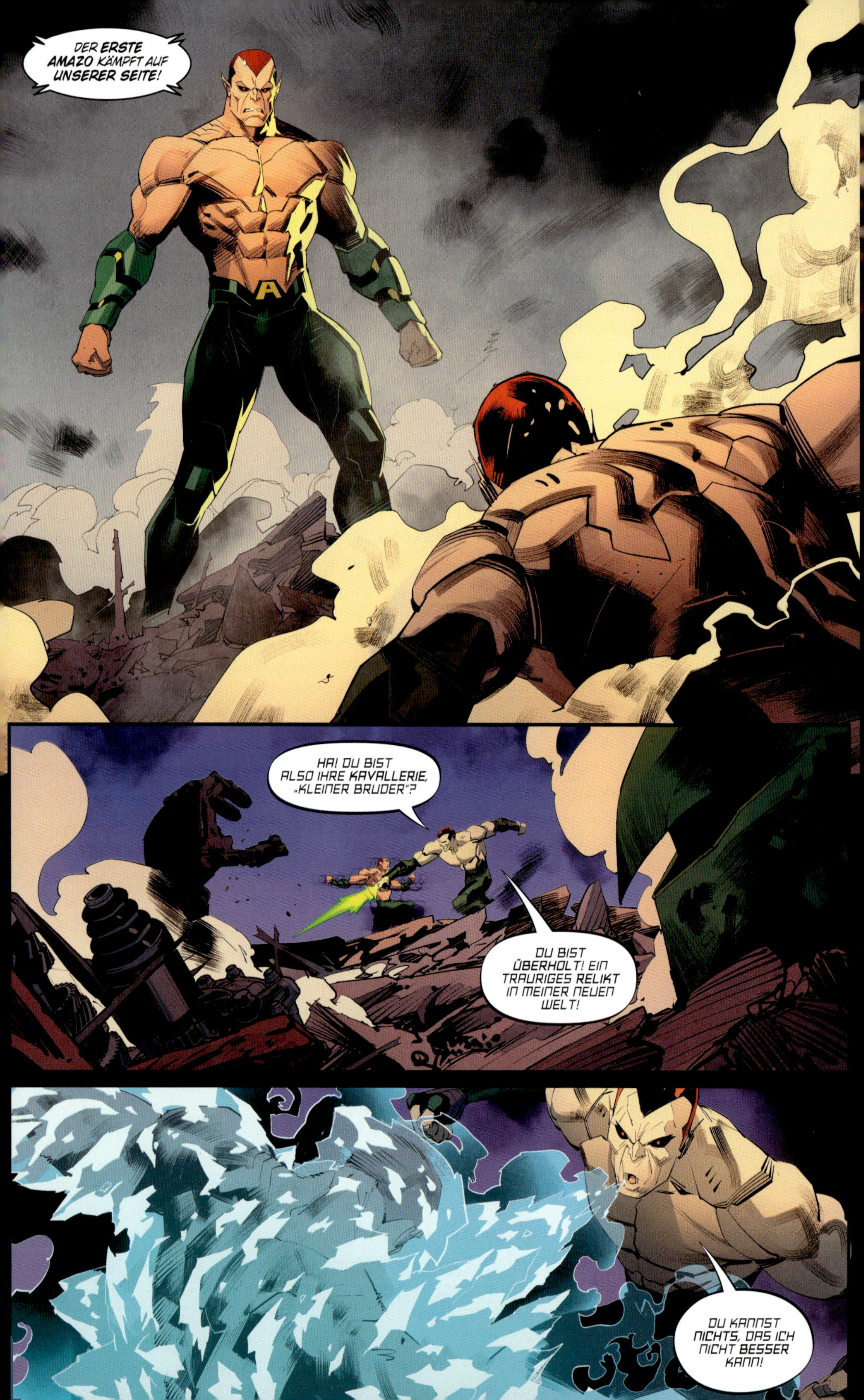
DER ERSTE AMAZO KÄMPFT AUF UNSERER SEITE!
HA! DU BIST ALSO IHRE KAVALLERIE, „KLEINER BRUDER"?
DU BIST ÜBERHOLT! EIN TRAURIGES RELIKT IN MEINER NEUEN WELT!
DU KANNST NICHTS, DAS ICH NICHT BESSER KANN!

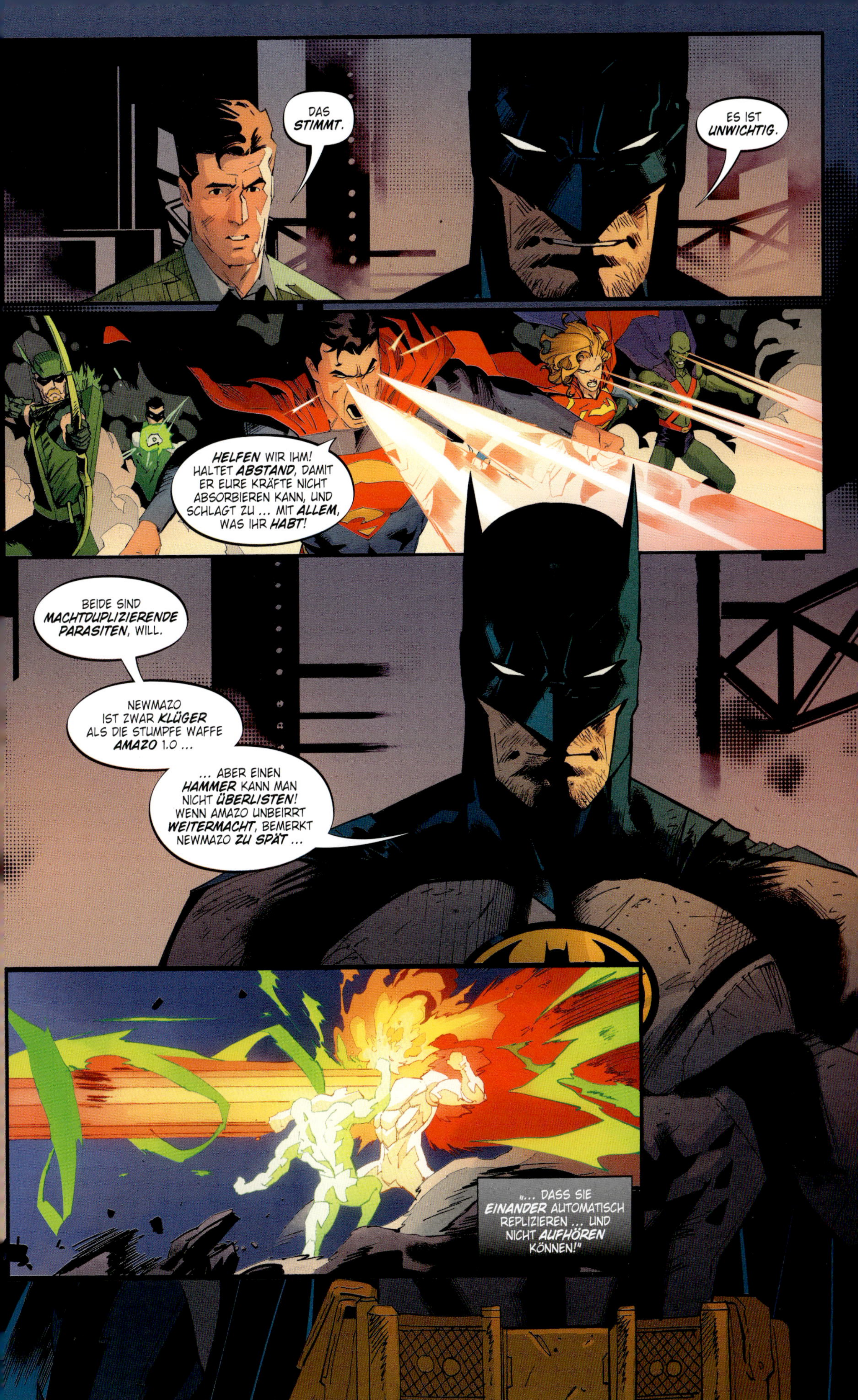
DAS STIMMT.
ES IST UNWICHTIG.
HELFEN WIR IHM! HALTET ABSTAND, DAMIT ER EURE KRÄFTE NICHT ABSORBIEREN KANN, UND SCHLAGT ZU ... MIT ALLEM, WAS IHR HABT!
BEIDE SIND MACHTDUPLIZIERENDE PARASITEN, WILL.
NEWMAZO IST ZWAR KLÜGER ALS DIE STUMPFE WAFFE AMAZO 1.0 ...
... ABER EINEN HAMMER KANN MAN NICHT ÜBERLISTEN! WENN AMAZO UNBEIRRT WEITERMACHT, BEMERKT NEWMAZO ZU SPÄT ...
„... DASS SIE EINANDER AUTOMATISCH REPLIZIEREN ... UND NICHT AUFHÖREN KÖNNEN!"

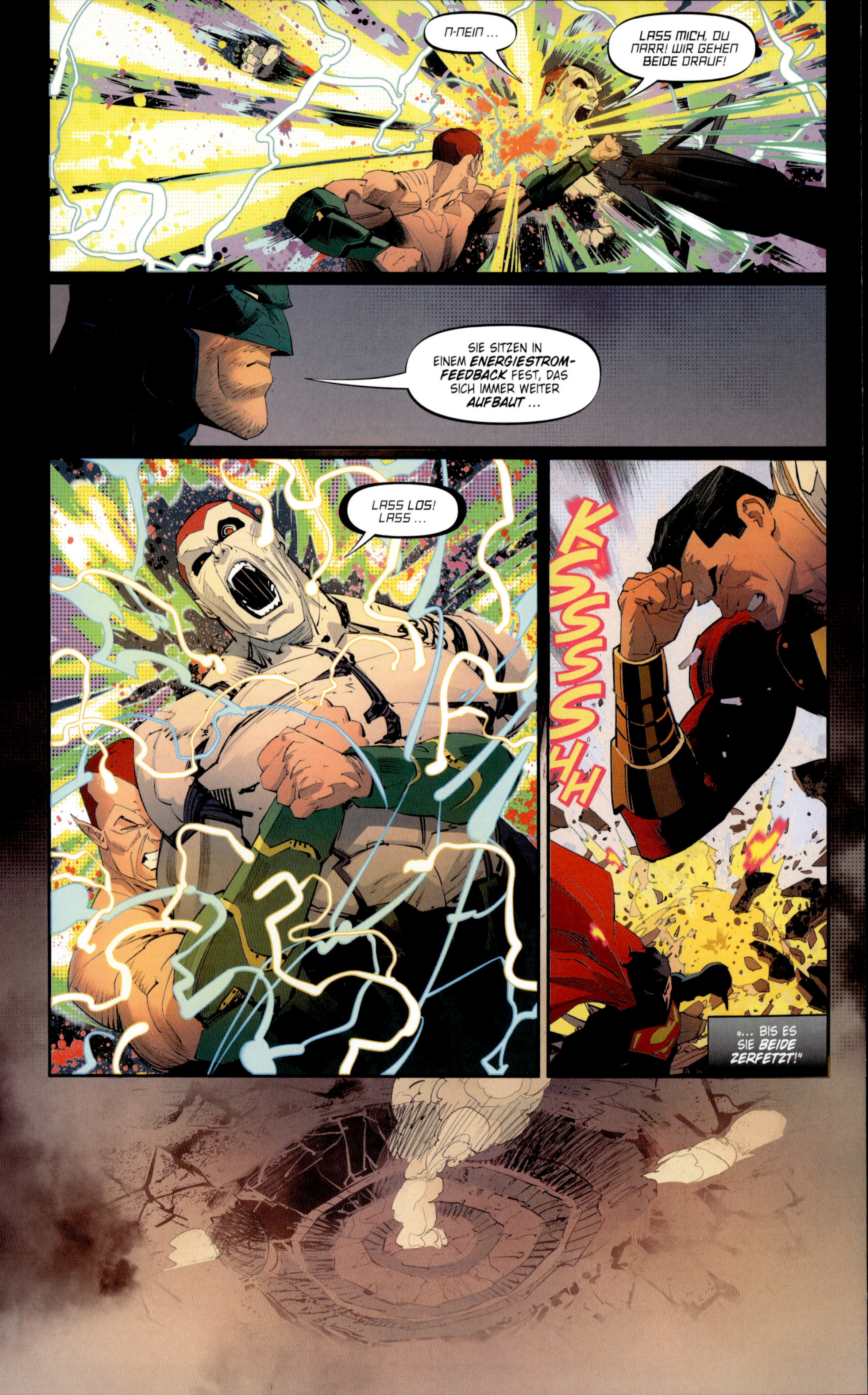
N-NEIN ...
LASS MICH, DU NARR! WIR GEHEN BEIDE DRAUF!
SIE SITZEN IN EINEM ENERGIESTROM-FEEDBACK FEST, DAS SICH IMMER WEITER AUFBAUT ...
LASS LOS! LASS ...
KSSSSHH
"... BIS ES SIE BEIDE ZERFETZT!"

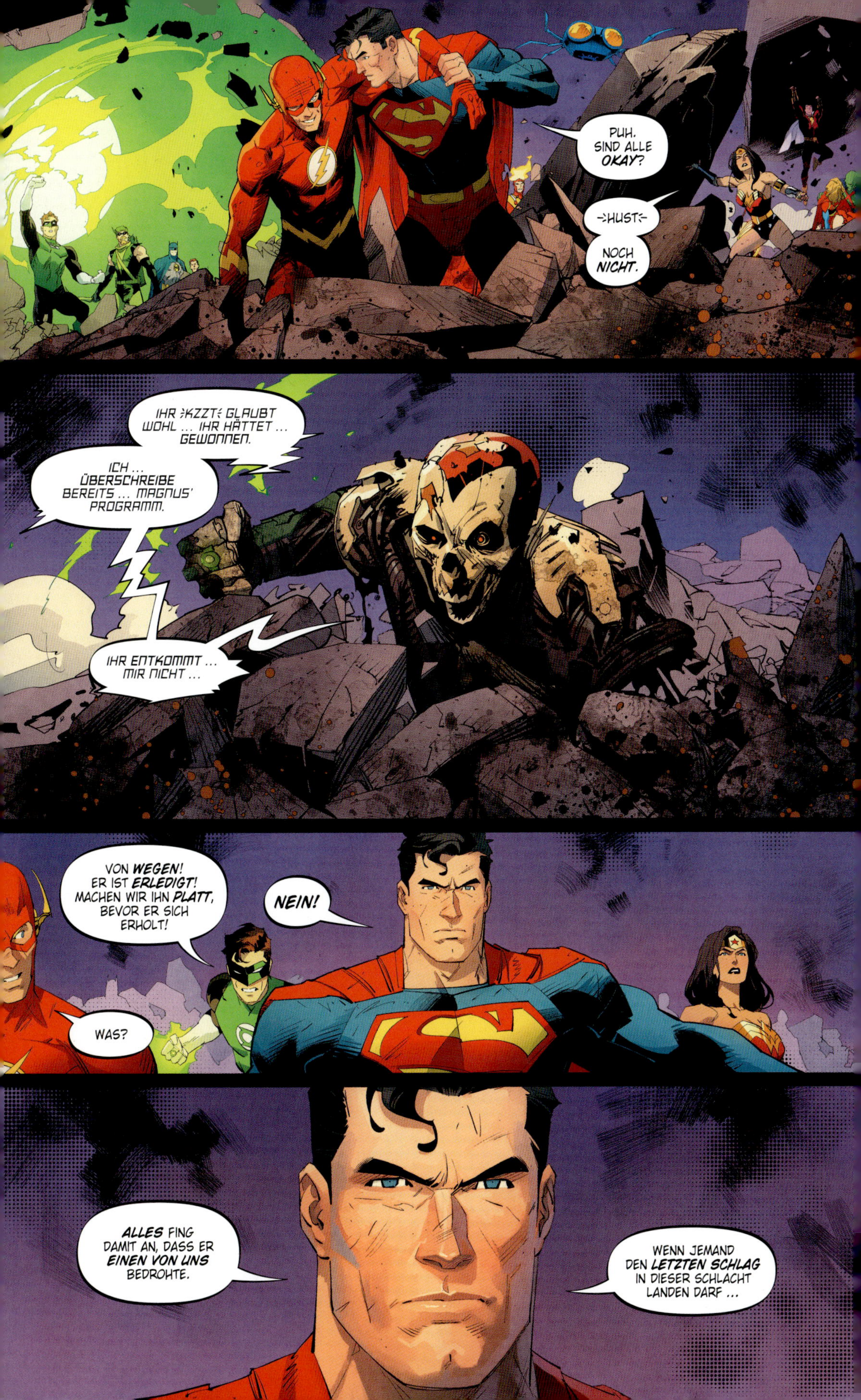
PUH. SIND ALLE OKAY?
-HUST-
NOCH NICHT.
IHR -KZZT- GLAUBT WOHL ... IHR HÄTTET ... GEWONNEN.
ICH ... ÜBERSCHREIBE BEREITS ... MAGNUS' PROGRAMM.
IHR ENTKOMMT ... MIR NICHT ...
VON WEGEN! ER IST ERLEDIGT! MACHEN WIR IHN PLATT, BEVOR ER SICH ERHOLT!
NEIN!
WAS?
ALLES FING DAMIT AN, DASS ER EINEN VON UNS BEDROHTE.
WENN JEMAND DEN LETZTEN SCHLAG IN DIESER SCHLACHT LANDEN DARF ...

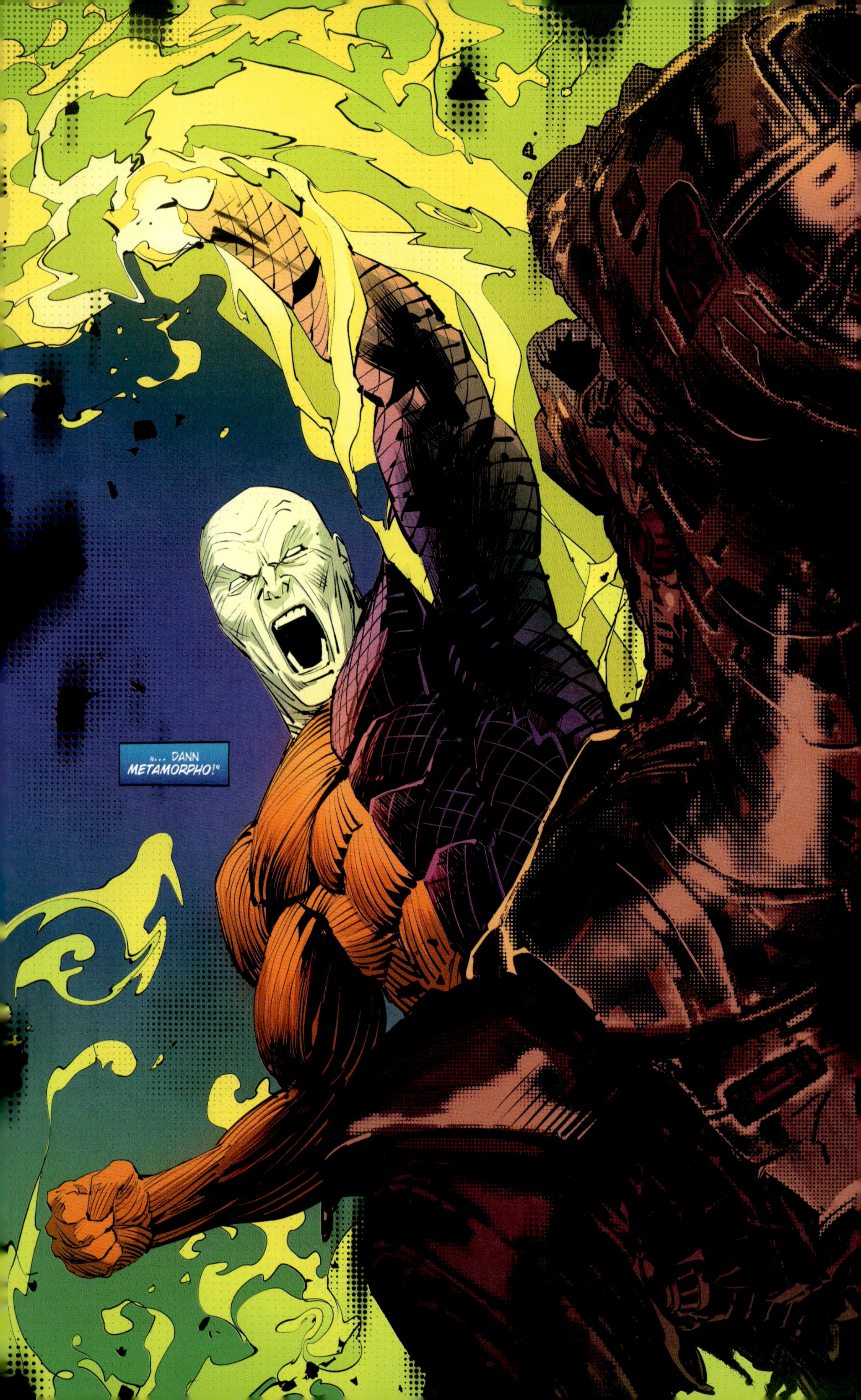
"... DANN METAMORPHO!"

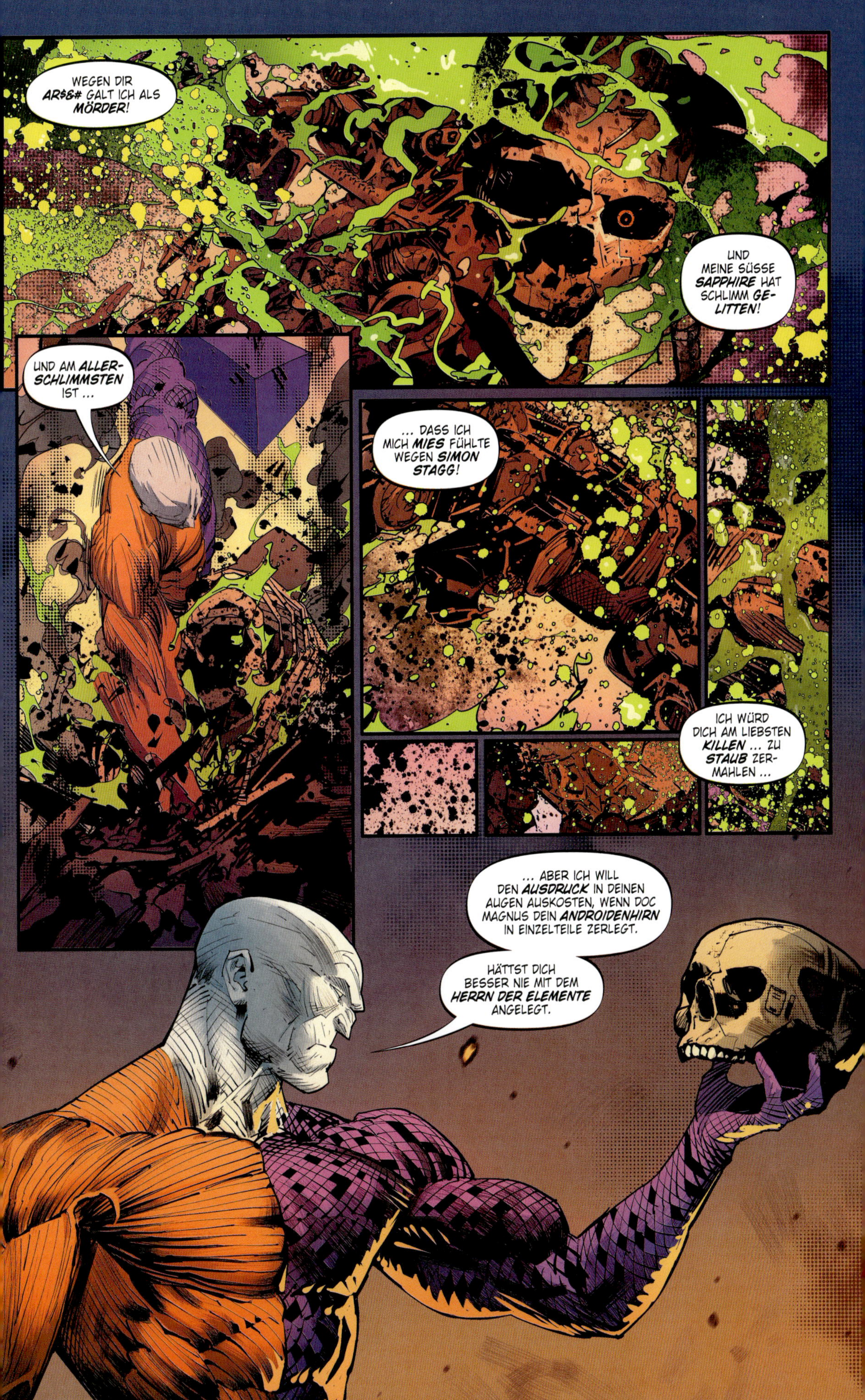
WEGEN DIR AR$&# GALT ICH ALS MÖRDER!
UND MEINE SÜSSE SAPPHIRE HAT SCHLIMM GE-LITTEN!
UND AM ALLER-SCHLIMMSTEN IST …
… DASS ICH MICH MIES FÜHLTE WEGEN SIMON STAGG!
ICH WÜRD DICH AM LIEBSTEN KILLEN … ZU STAUB ZER-MAHLEN …
… ABER ICH WILL DEN AUSDRUCK IN DEINEN AUGEN AUSKOSTEN, WENN DOC MAGNUS DEIN ANDROIDENHIRN IN EINZELTEILE ZERLEGT.
HÄTTST DICH BESSER NIE MIT DEM HERRN DER ELEMENTE ANGELEGT.

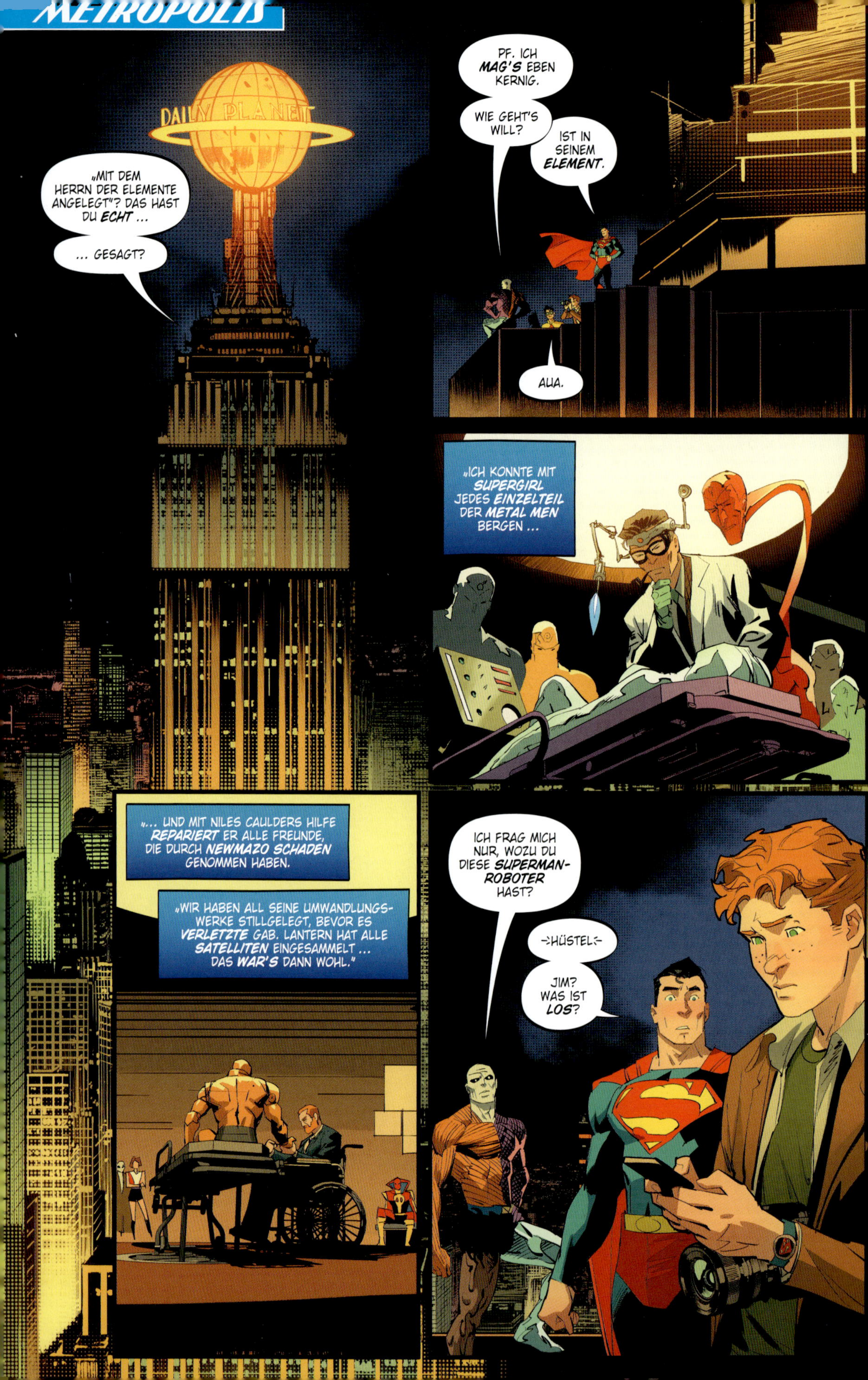
METROPOLIS
DAILY PLANET
„MIT DEM HERRN DER ELEMENTE ANGELEGT"? DAS HAST DU ECHT ...
... GESAGT?
PF. ICH MAG'S EBEN KERNIG.
WIE GEHT'S WILL?
IST IN SEINEM ELEMENT.
AUA.
„ICH KONNTE MIT SUPERGIRL JEDES EINZELTEIL DER METAL MEN BERGEN ...
„... UND MIT NILES CAULDERS HILFE REPARIERT ER ALLE FREUNDE, DIE DURCH NEWMAZO SCHADEN GENOMMEN HABEN.
„WIR HABEN ALL SEINE UMWANDLUNGSWERKE STILLGELEGT, BEVOR ES VERLETZTE GAB. LANTERN HAT ALLE SATELLITEN EINGESAMMELT ... DAS WAR'S DANN WOHL."
ICH FRAG MICH NUR, WOZU DU DIESE SUPERMAN-ROBOTER HAST?
-HÜSTEL-
JIM? WAS IST LOS?

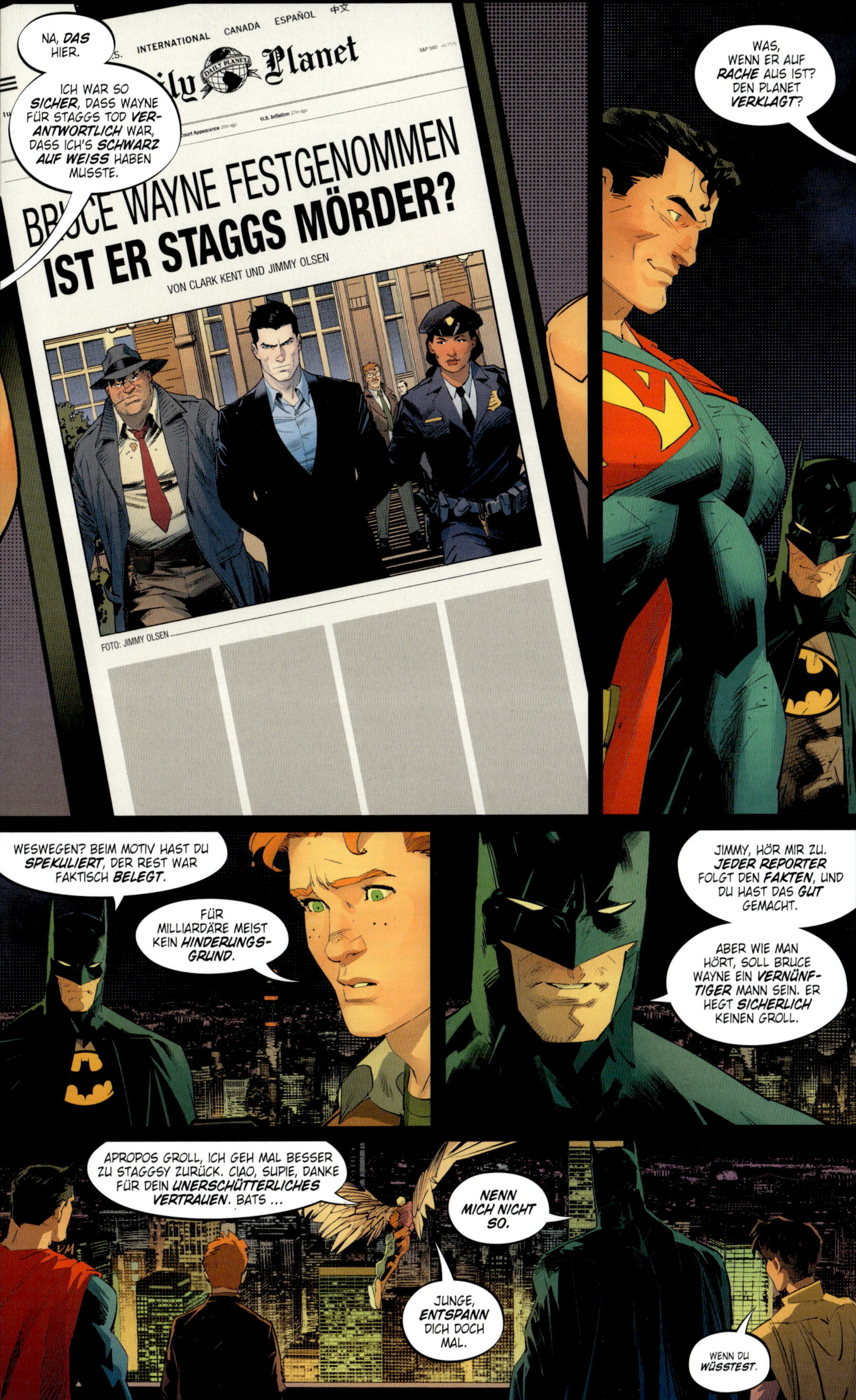
NA, DAS HIER.
ICH WAR SO SICHER, DASS WAYNE FÜR STAGGS TOD VERANTWORTLICH WAR, DASS ICH'S SCHWARZ AUF WEISS HABEN MUSSTE.
INTERNATIONAL CANADA ESPAÑOL 中文
Daily Planet
BRUCE WAYNE FESTGENOMMEN
IST ER STAGGS MÖRDER?
VON CLARK KENT UND JIMMY OLSEN
FOTO: JIMMY OLSEN
WAS, WENN ER AUF RACHE AUS IST? DEN PLANET VERKLAGT?
WESWEGEN? BEIM MOTIV HAST DU SPEKULIERT, DER REST WAR FAKTISCH BELEGT.
FÜR MILLIARDÄRE MEIST KEIN HINDERUNGSGRUND.
JIMMY, HÖR MIR ZU. JEDER REPORTER FOLGT DEN FAKTEN, UND DU HAST DAS GUT GEMACHT.
ABER WIE MAN HÖRT, SOLL BRUCE WAYNE EIN VERNÜNFTIGER MANN SEIN. ER HEGT SICHERLICH KEINEN GROLL.
APROPOS GROLL, ICH GEH MAL BESSER ZU STAGGSY ZURÜCK. CIAO, SUPIE, DANKE FÜR DEIN UNERSCHÜTTERLICHES VERTRAUEN. BATS ...
NENN MICH NICHT SO.
JUNGE, ENTSPANN DICH DOCH MAL.
WENN DU WÜSSTEST.

UND JETZT ...

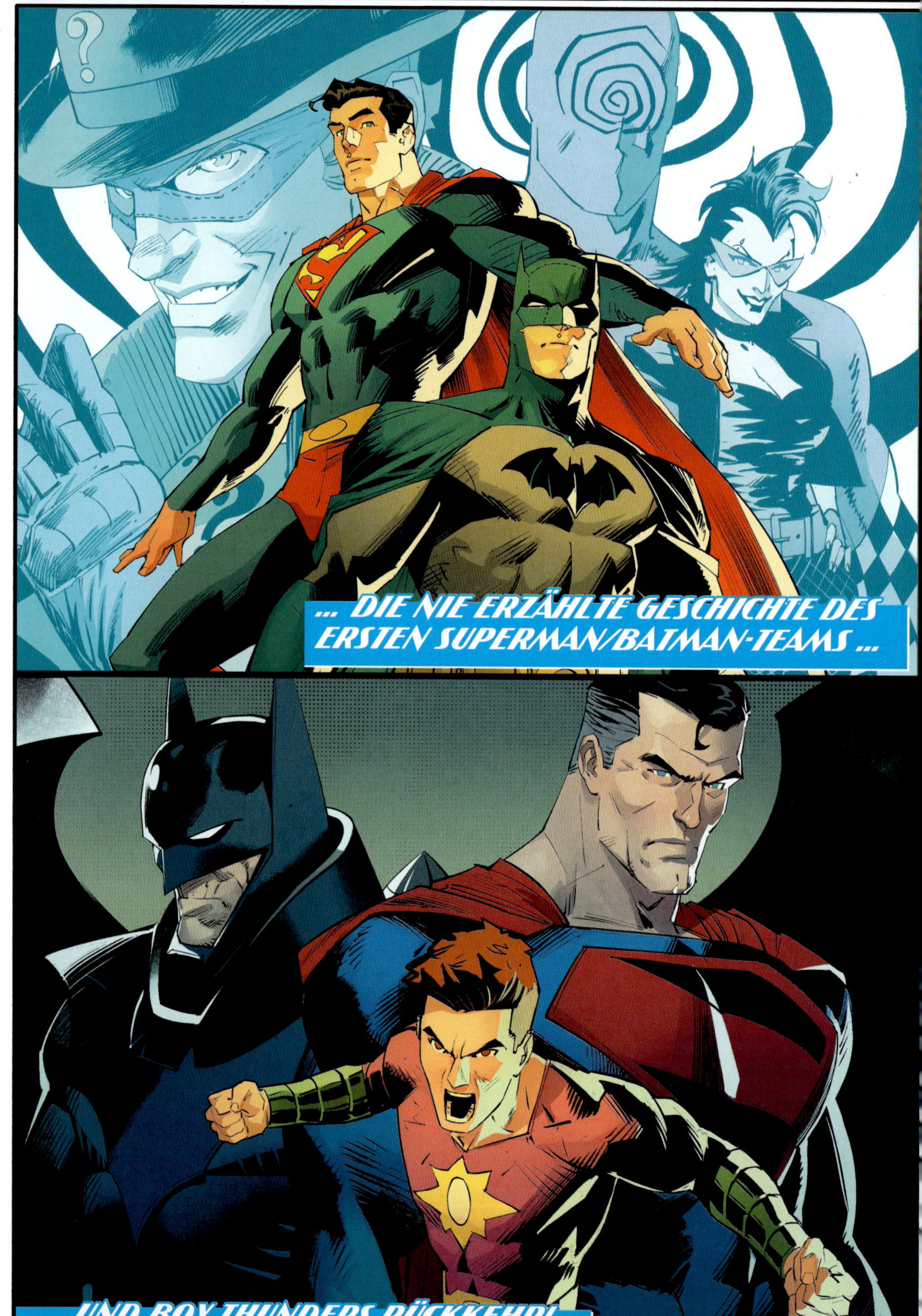

... DIE NIE ERZÄHLTE GESCHICHTE DES ERSTEN SUPERMAN/BATMAN-TEAMS ...
... UND BOY THUNDERS RÜCKKEHR!

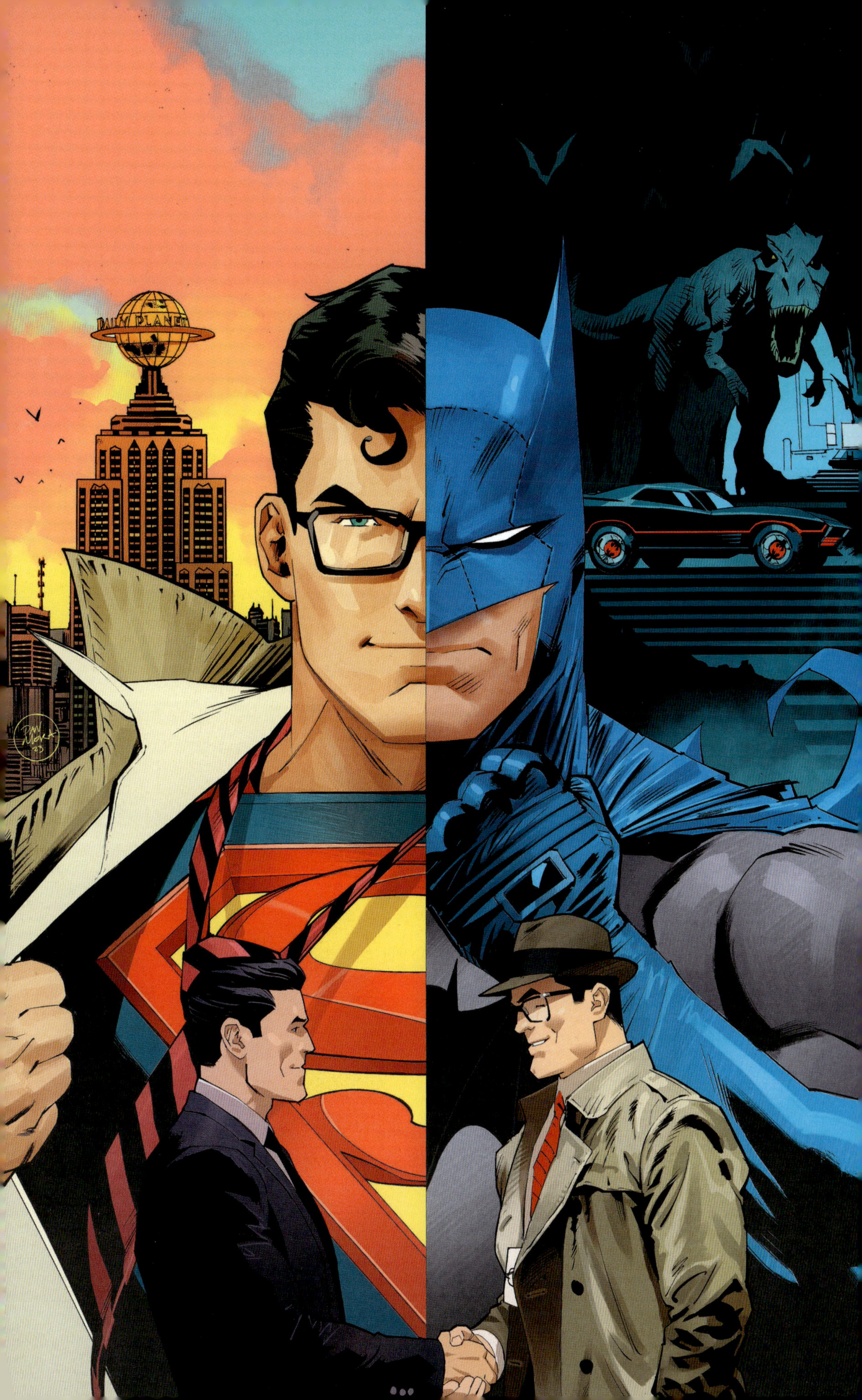
DAILY PLANET

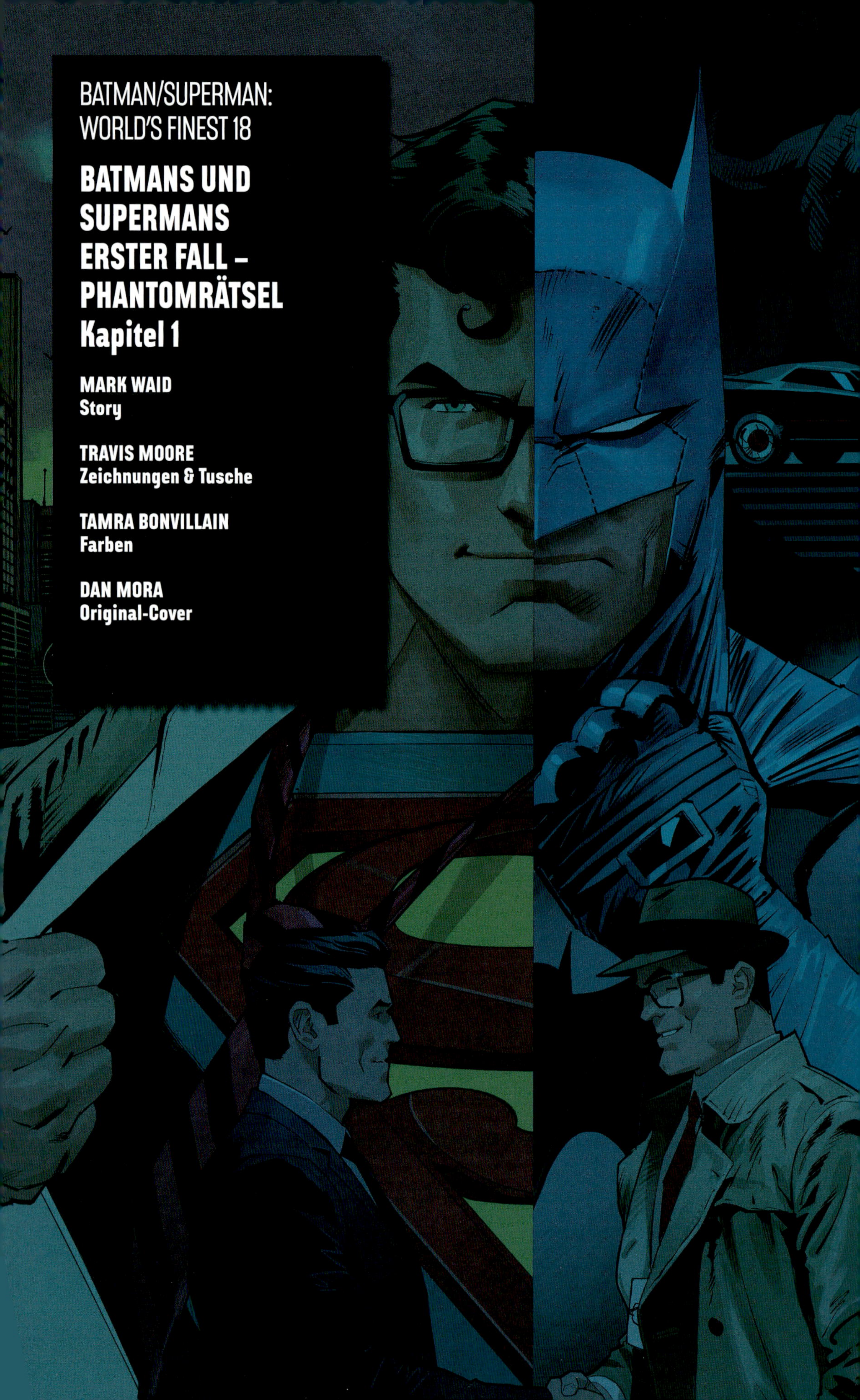
BATMAN/SUPERMAN:
WORLD'S FINEST 18
BATMANS UND SUPERMANS ERSTER FALL – PHANTOMRÄTSEL
Kapitel 1
MARK WAID
Story
TRAVIS MOORE
Zeichnungen & Tusche
TAMRA BONVILLAIN
Farben
DAN MORA
Original-Cover

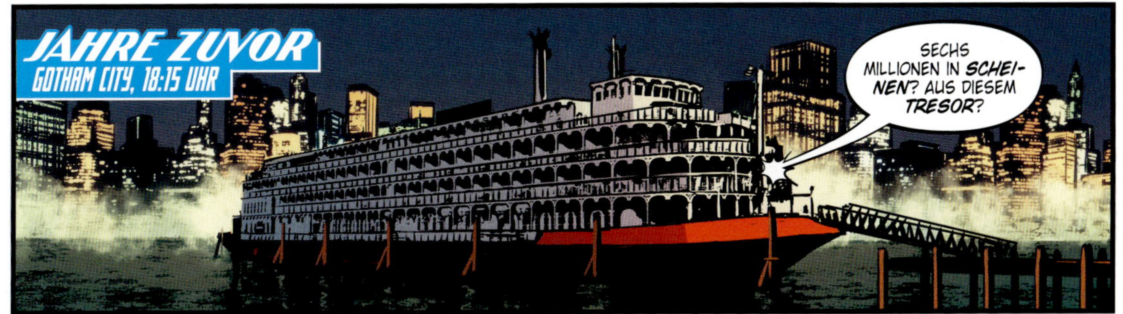
JAHRE ZUVOR
GOTHAM CITY, 18:15 UHR
SECHS MILLIONEN IN SCHEINEN? AUS DIESEM TRESOR?
JEP. DER IRRE WEISS LEIDER, WIE MAN EINEN ÜBERFALL PLANT. UND DIE SCHRÄGEN RÄTSEL, DIE ER HINTERLÄSST, MACHEN'S NICHT BESSER.
HABEN SIE EINE IDEE, WIE ER HIER EINDRINGEN KONNTE?
INOFFIZIELL, CHARLIE? ABSOLUT KEINE.

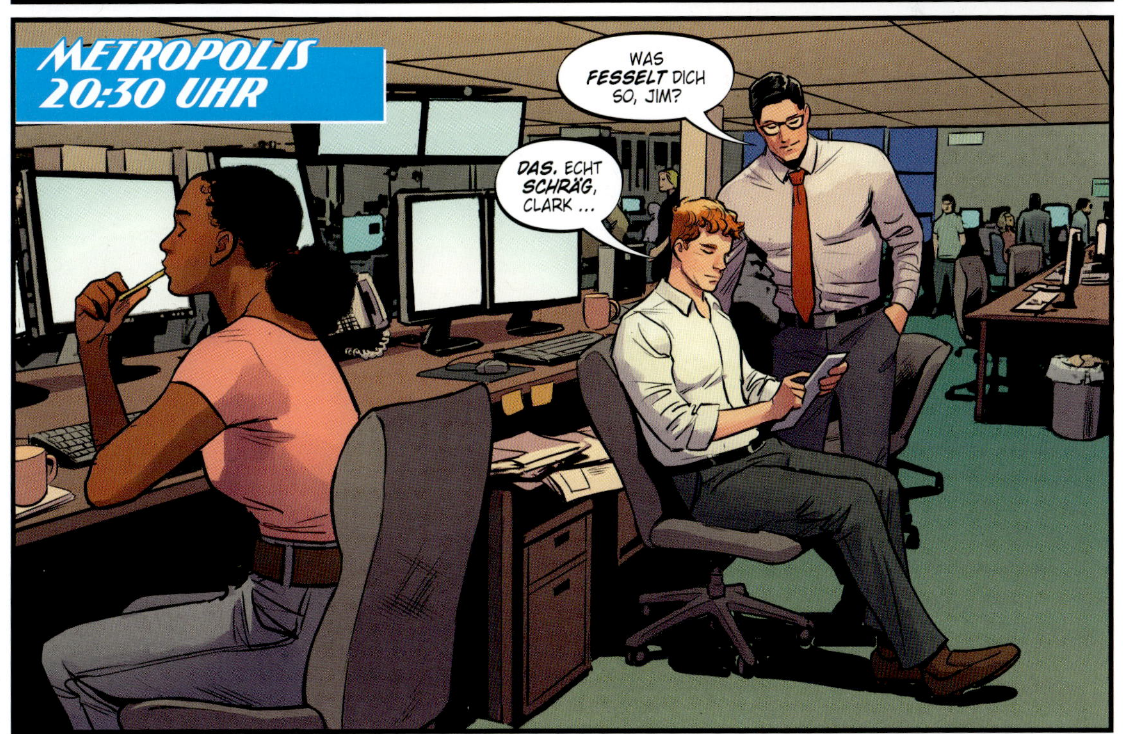
METROPOLIS
20:30 UHR
WAS FESSELT DICH SO, JIM?
DAS. ECHT SCHRÄG, CLARK ...

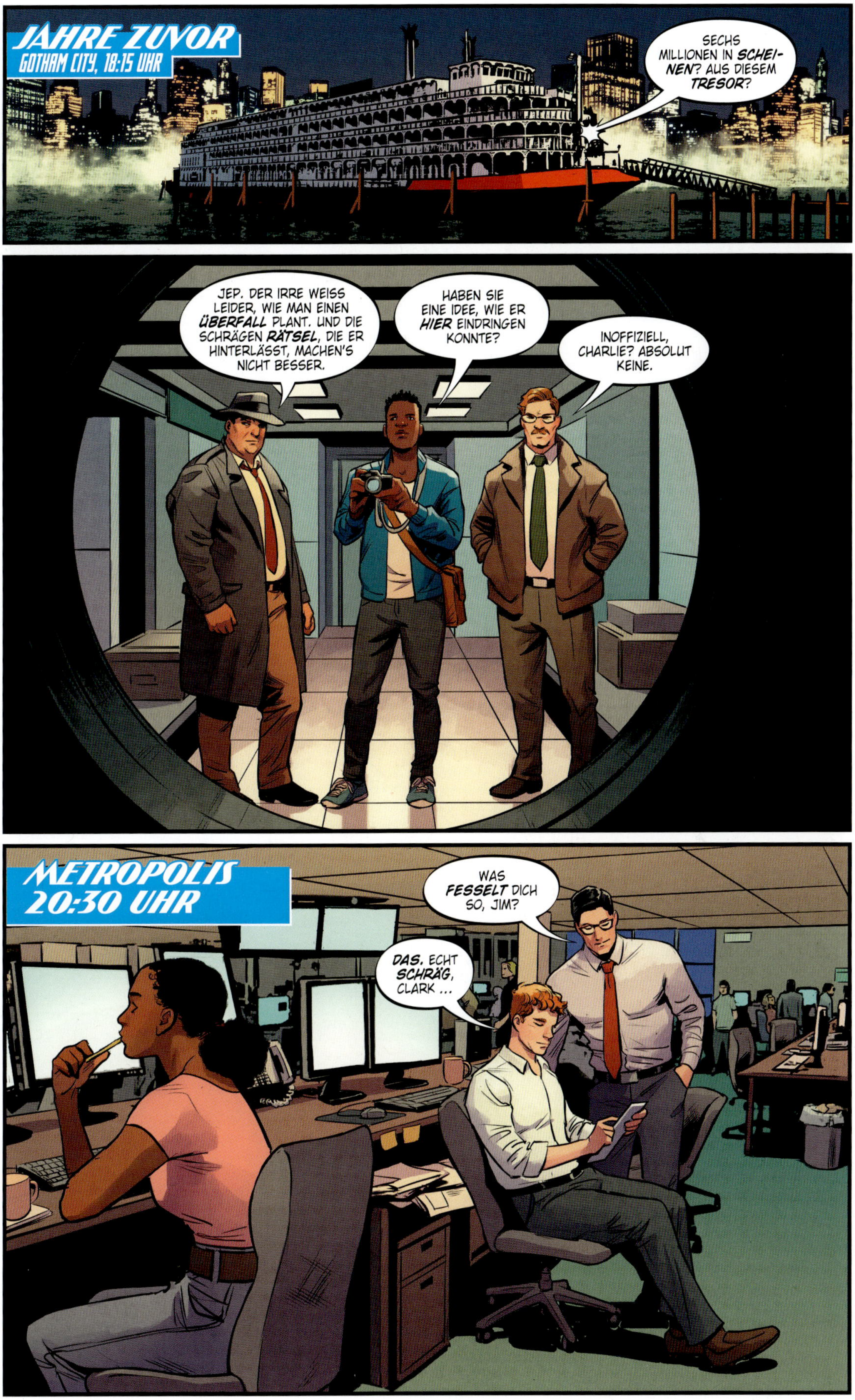

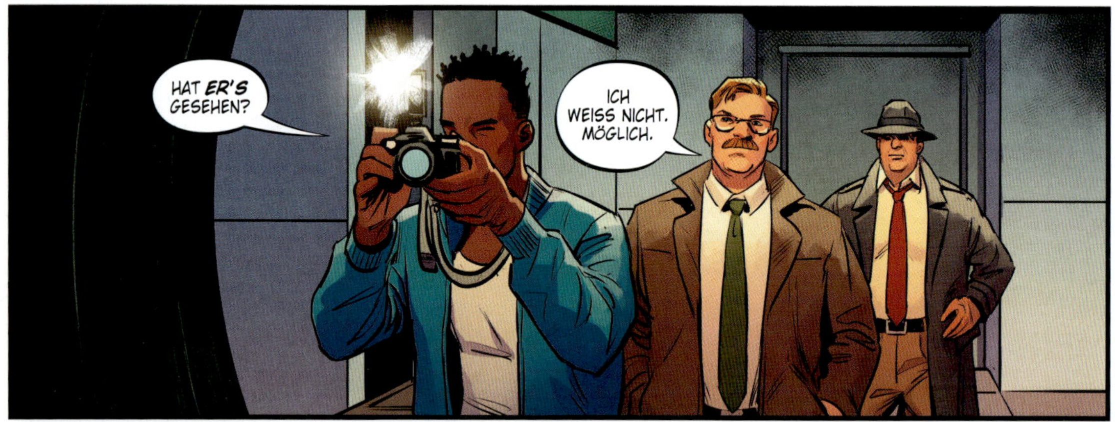
HAT ER'S GESEHEN?
ICH WEISS NICHT. MÖGLICH.

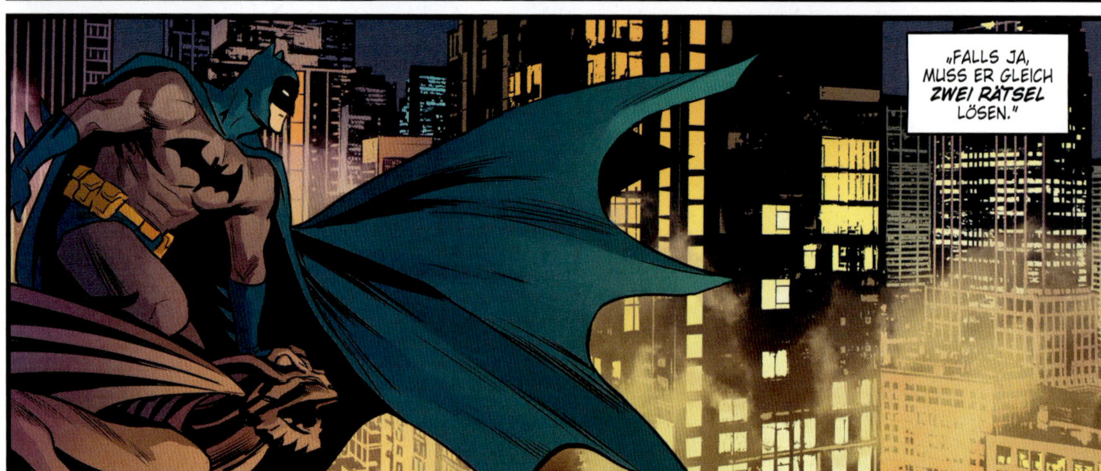
„FALLS JA, MUSS ER GLEICH ZWEI RÄTSEL LÖSEN."

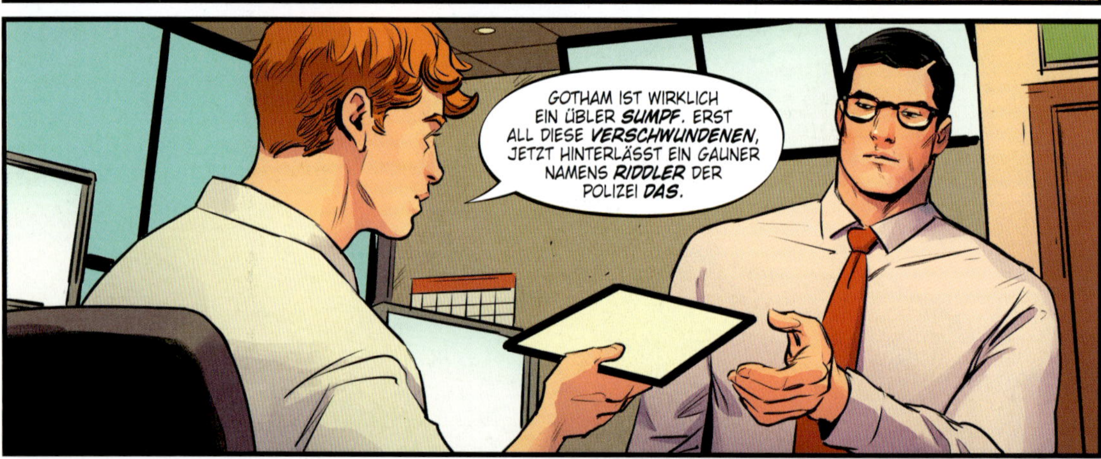
GOTHAM IST WIRKLICH EIN ÜBLER SUMPF. ERST ALL DIESE VERSCHWUNDENEN, JETZT HINTERLÄSST EIN GAUNER NAMENS RIDDLER DER POLIZEI DAS.

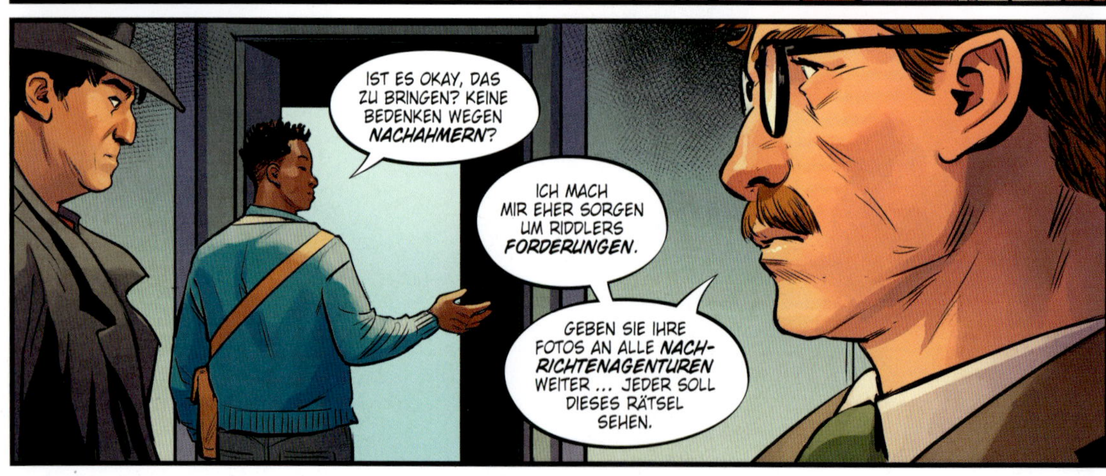
IST ES OKAY, DAS ZU BRINGEN? KEINE BEDENKEN WEGEN NACHAHMERN?
ICH MACH MIR EHER SORGEN UM RIDDLERS FORDERUNGEN.
GEBEN SIE IHRE FOTOS AN ALLE NACH-RICHTENAGENTUREN WEITER ... JEDER SOLL DIESES RÄTSEL SEHEN.

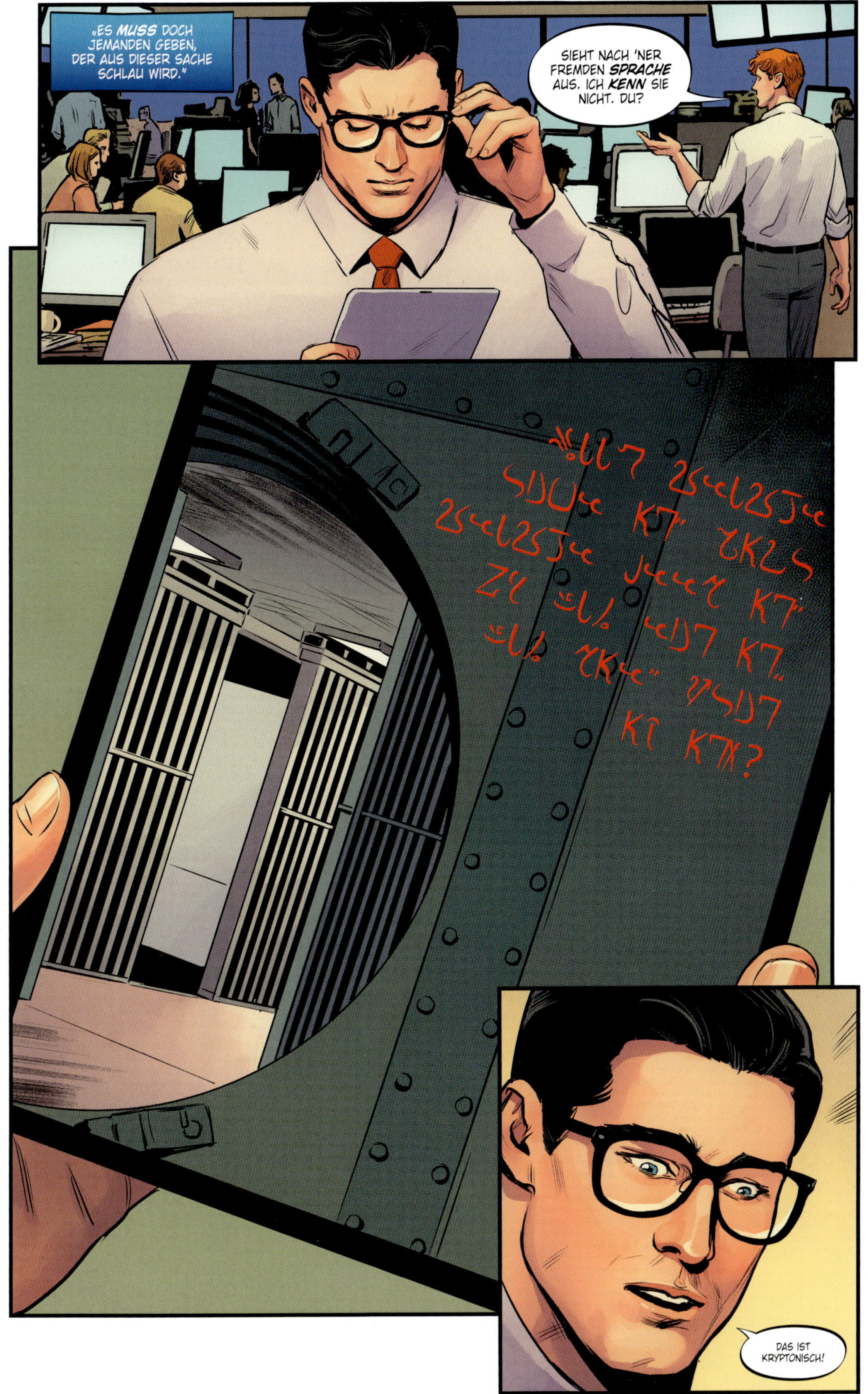
„ES MUSS DOCH JEMANDEN GEBEN, DER AUS DIESER SACHE SCHLAU WIRD."
SIEHT NACH 'NER FREMDEN SPRACHE AUS. ICH KENN SIE NICHT. DU?
DAS IST KRYPTONISCH!

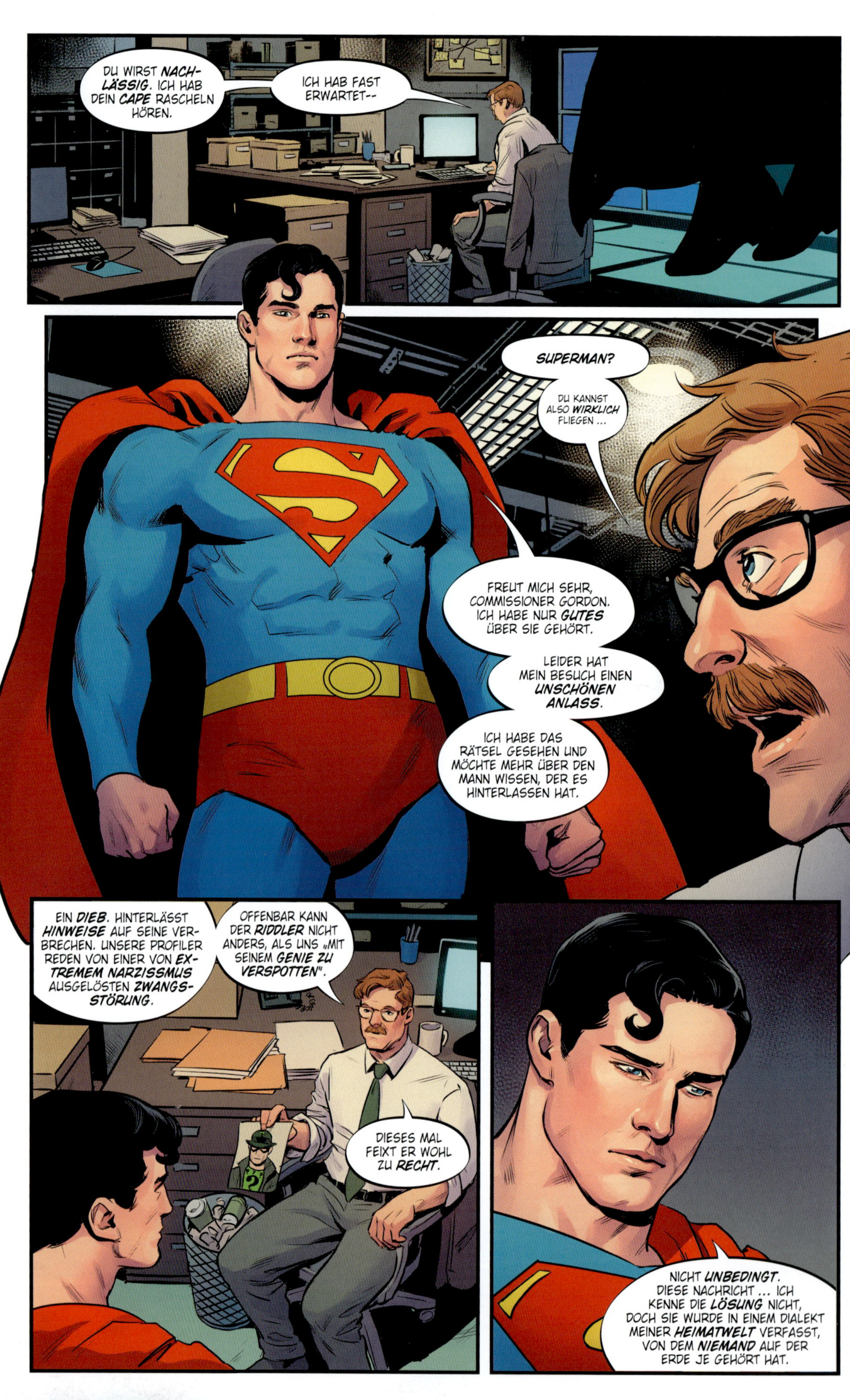
DU WIRST NACHLÄSSIG. ICH HAB DEIN CAPE RASCHELN HÖREN.
ICH HAB FAST ERWARTET--
SUPERMAN?
DU KANNST ALSO WIRKLICH FLIEGEN …
FREUT MICH SEHR, COMMISSIONER GORDON. ICH HABE NUR GUTES ÜBER SIE GEHÖRT.
LEIDER HAT MEIN BESUCH EINEN UNSCHÖNEN ANLASS.
ICH HABE DAS RÄTSEL GESEHEN UND MÖCHTE MEHR ÜBER DEN MANN WISSEN, DER ES HINTERLASSEN HAT.
EIN DIEB. HINTERLÄSST HINWEISE AUF SEINE VERBRECHEN. UNSERE PROFILER REDEN VON EINER VON EXTREMEM NARZISSMUS AUSGELÖSTEN ZWANGSSTÖRUNG.
OFFENBAR KANN DER RIDDLER NICHT ANDERS, ALS UNS „MIT SEINEM GENIE ZU VERSPOTTEN".
DIESES MAL FEIXT ER WOHL ZU RECHT.
NICHT UNBEDINGT. DIESE NACHRICHT … ICH KENNE DIE LÖSUNG NICHT, DOCH SIE WURDE IN EINEM DIALEKT MEINER HEIMATWELT VERFASST, VON DEM NIEMAND AUF DER ERDE JE GEHÖRT HAT.

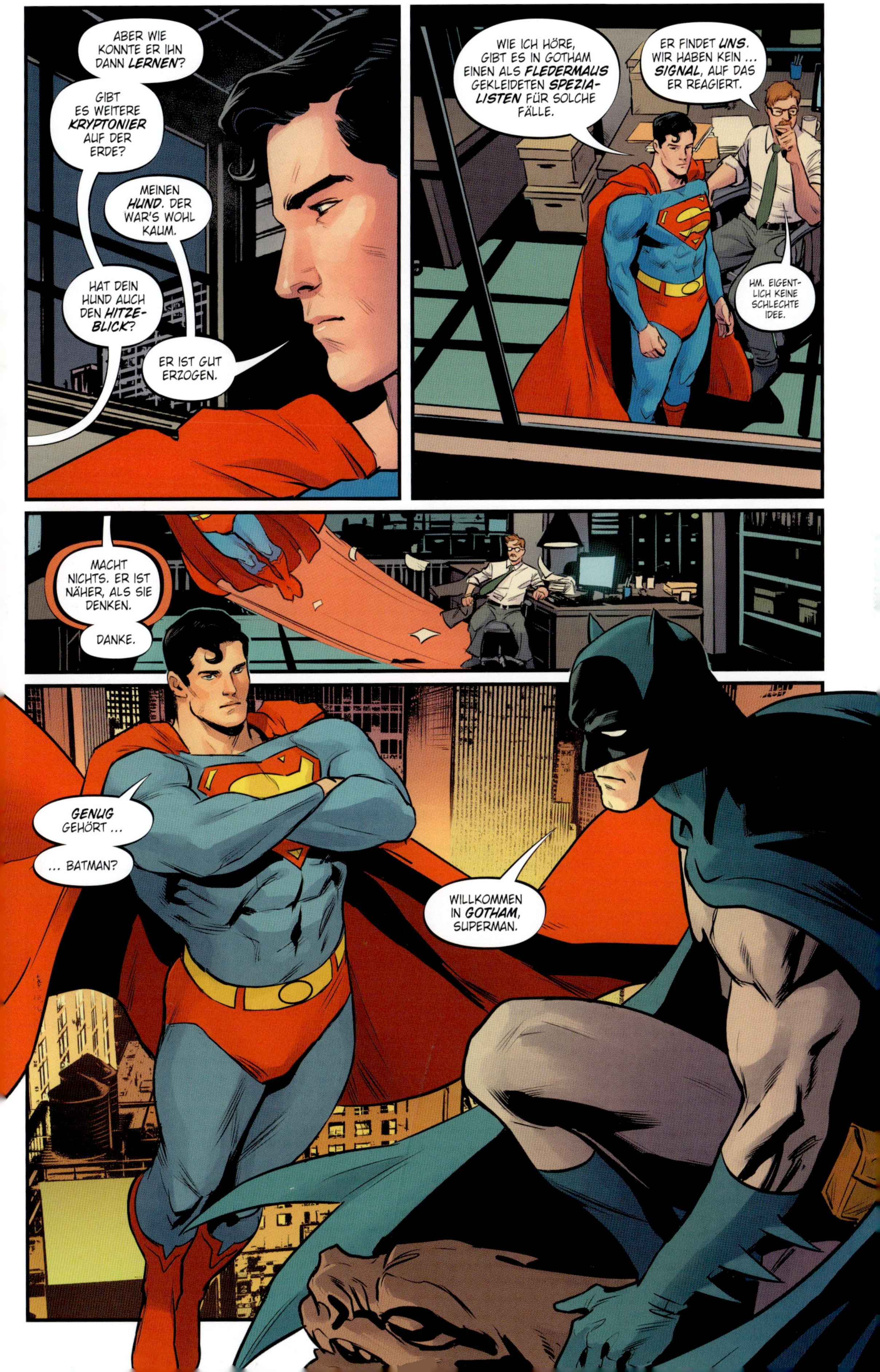

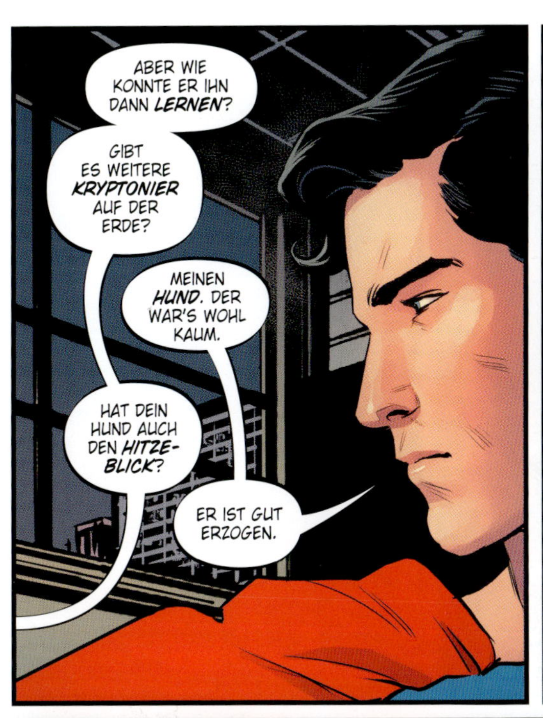
ABER WIE KONNTE ER IHN DANN *LERNEN*?
GIBT ES WEITERE *KRYPTONIER* AUF DER ERDE?
MEINEN *HUND*. DER WAR'S WOHL KAUM.
HAT DEIN HUND AUCH DEN *HITZE-BLICK*?
ER IST GUT ERZOGEN.

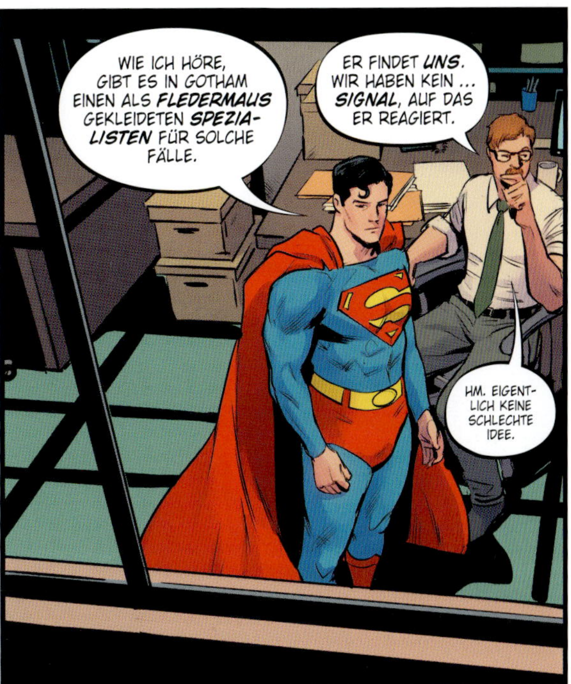
WIE ICH HÖRE, GIBT ES IN GOTHAM EINEN ALS *FLEDERMAUS* GEKLEIDETEN *SPEZIA-LISTEN* FÜR SOLCHE FÄLLE.
ER FINDET *UNS*. WIR HABEN KEIN ... *SIGNAL*, AUF DAS ER REAGIERT.
HM. EIGENT-LICH KEINE SCHLECHTE IDEE.

MACHT NICHTS. ER IST NÄHER, ALS SIE DENKEN.
DANKE.
GENUG GEHÖRT ...
... BATMAN?
WILLKOMMEN IN *GOTHAM*, SUPERMAN.

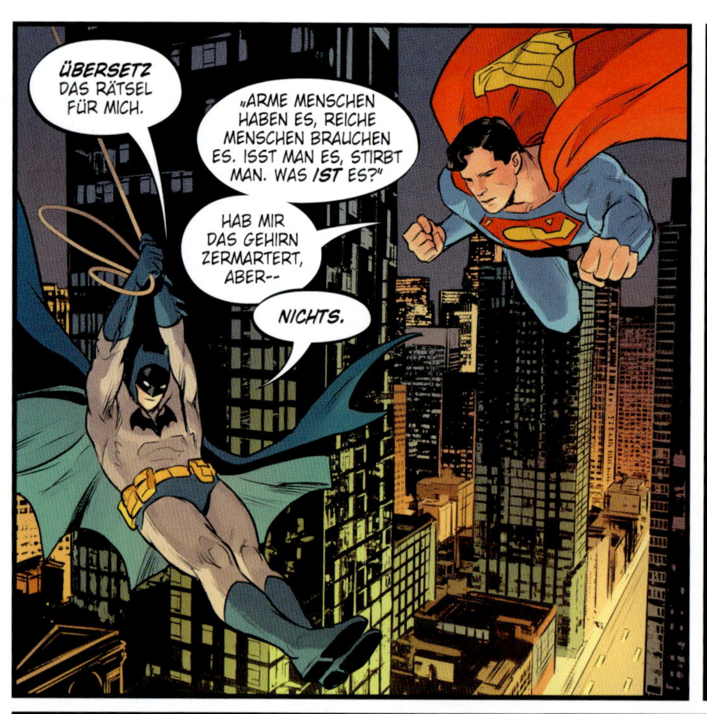
ÜBERSETZ DAS RÄTSEL FÜR MICH.
„ARME MENSCHEN HABEN ES, REICHE MENSCHEN BRAUCHEN ES. ISST MAN ES, STIRBT MAN. WAS IST ES?"
HAB MIR DAS GEHIRN ZERMARTERT, ABER--
NICHTS.

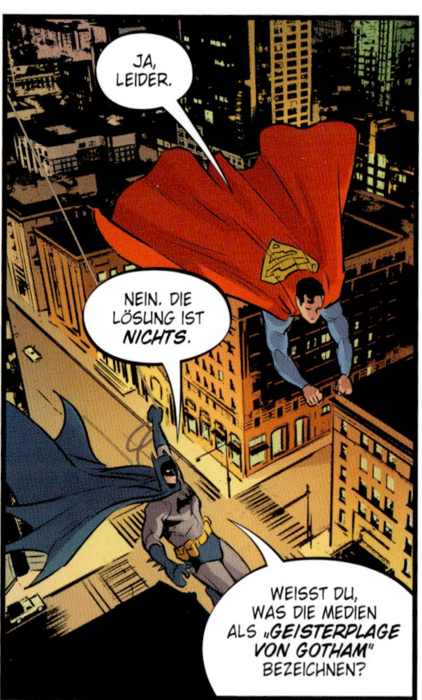
JA, LEIDER.
NEIN. DIE LÖSUNG IST NICHTS.
WEISST DU, WAS DIE MEDIEN ALS „GEISTERPLAGE VON GOTHAM" BEZEICHNEN?

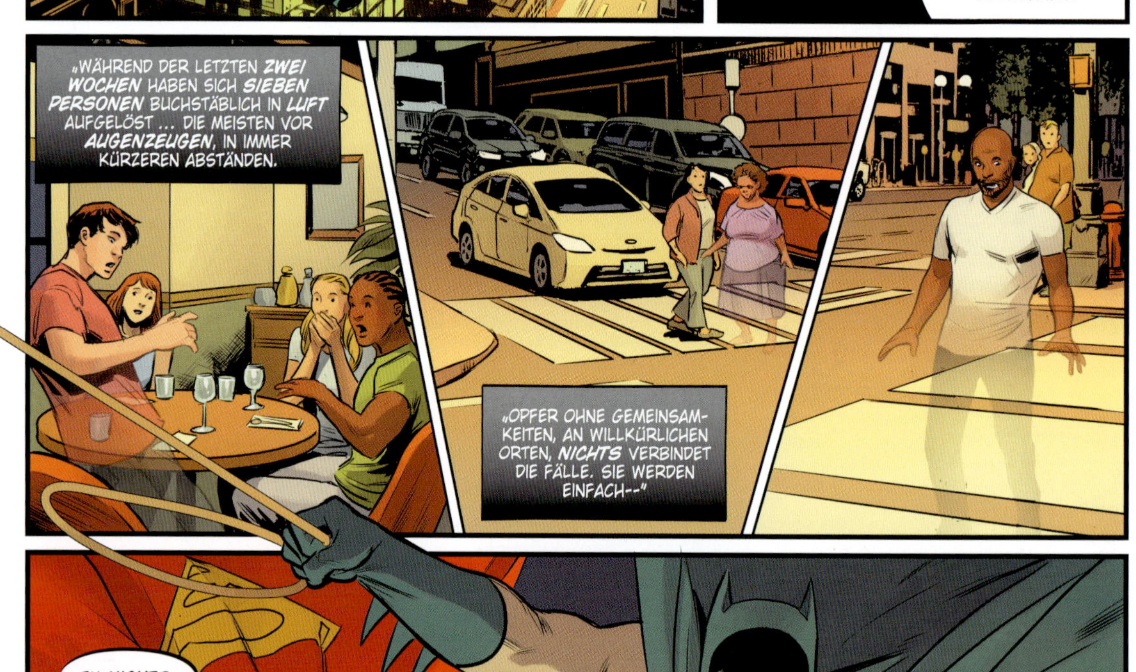
„WÄHREND DER LETZTEN ZWEI WOCHEN HABEN SICH SIEBEN PERSONEN BUCHSTÄBLICH IN LUFT AUFGELÖST ... DIE MEISTEN VOR AUGENZEUGEN, IN IMMER KÜRZEREN ABSTÄNDEN.
„OPFER OHNE GEMEINSAMKEITEN, AN WILLKÜRLICHEN ORTEN, NICHTS VERBINDET DIE FÄLLE. SIE WERDEN EINFACH--"

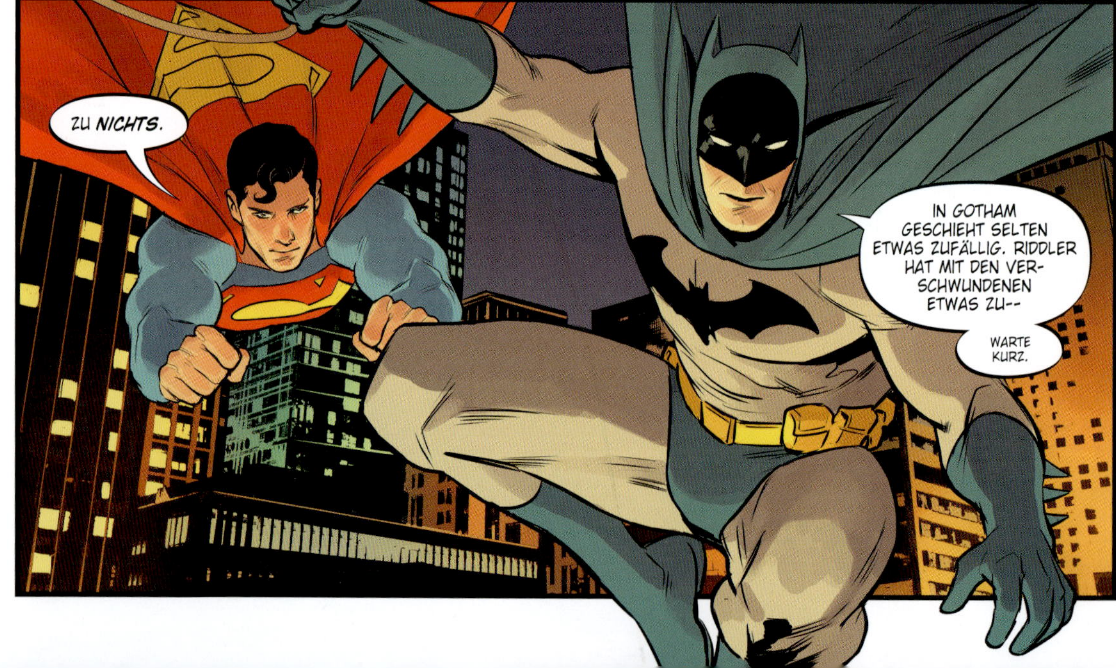
ZU NICHTS.
IN GOTHAM GESCHIEHT SELTEN ETWAS ZUFÄLLIG. RIDDLER HAT MIT DEN VERSCHWUNDENEN ETWAS ZU--
WARTE KURZ.

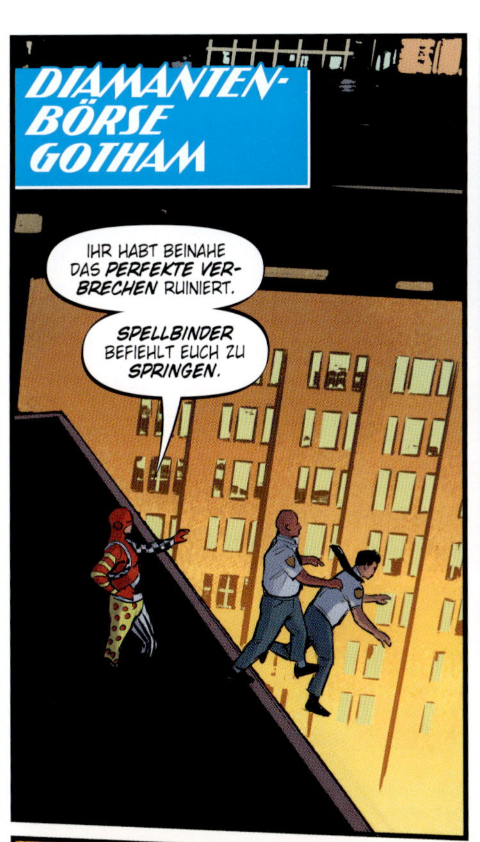
DIAMANTEN-BÖRSE GOTHAM
IHR HABT BEINAHE DAS PERFEKTE VERBRECHEN RUINIERT.
SPELLBINDER BEFIEHLT EUCH ZU SPRINGEN.

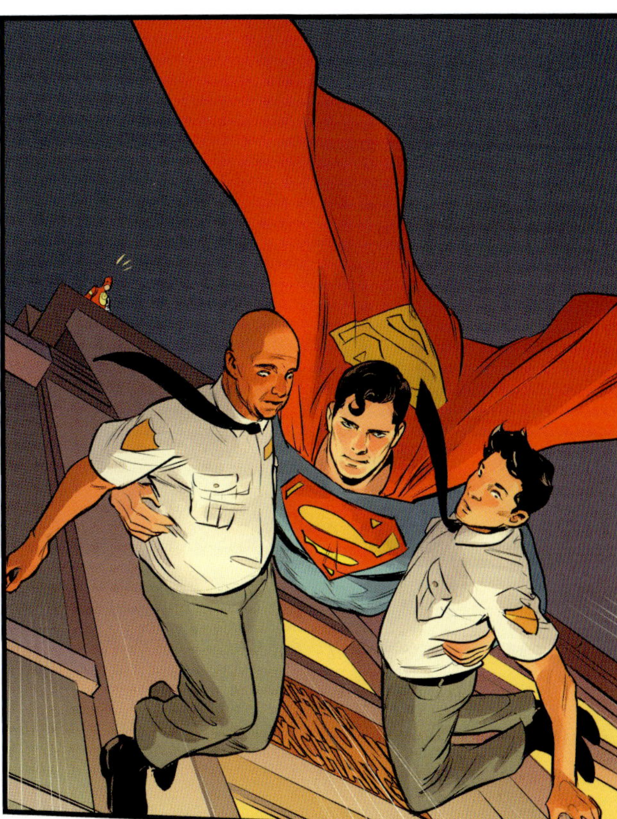

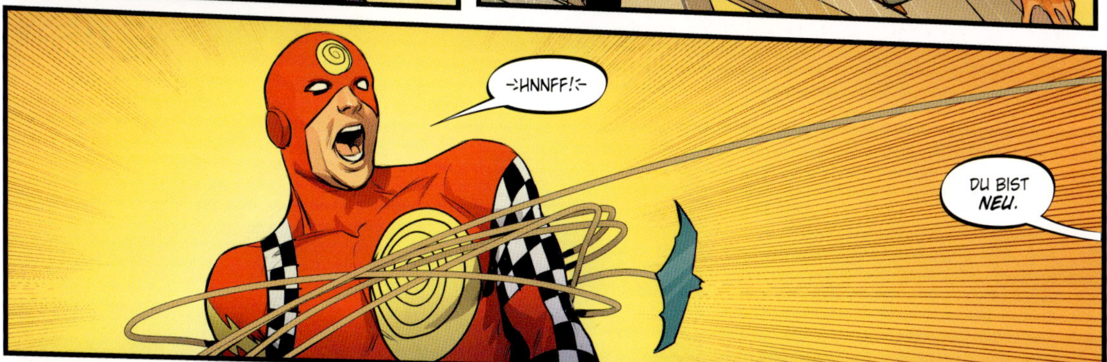
-HNNFF!-
DU BIST NEU.

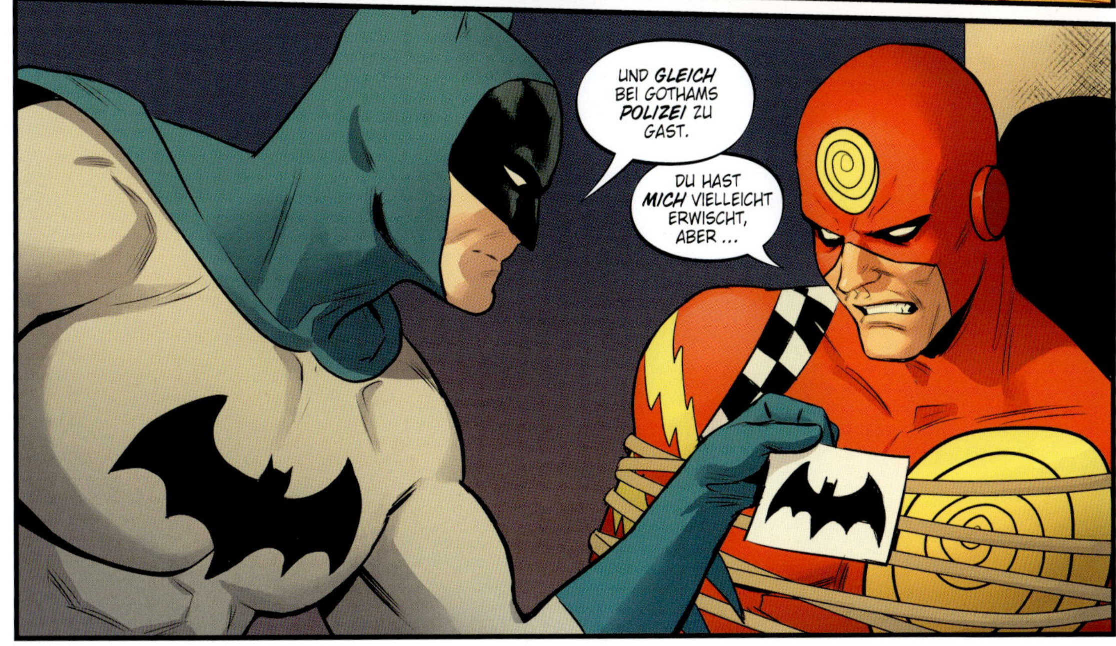
UND GLEICH BEI GOTHAMS POLIZEI ZU GAST.
DU HAST MICH VIELLEICHT ERWISCHT, ABER ...

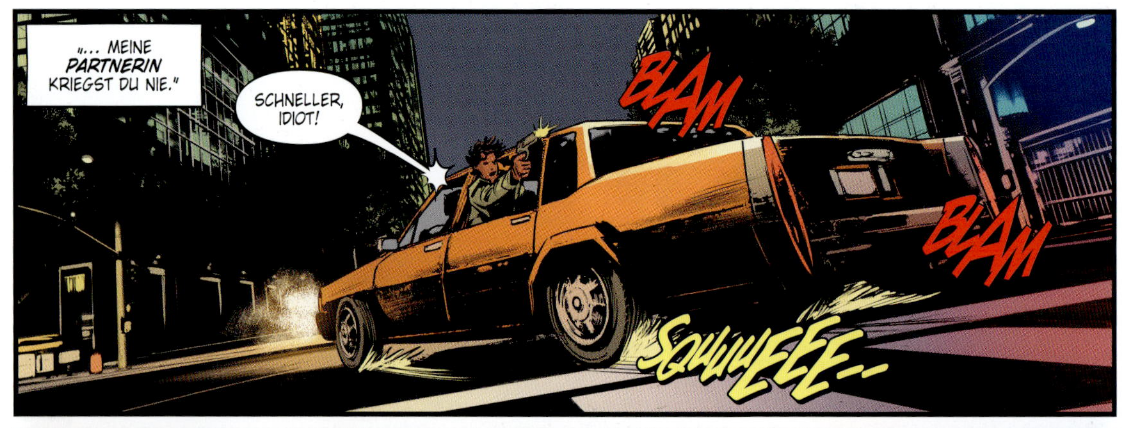
„... MEINE *PARTNERIN* KRIEGST DU NIE."
SCHNELLER, IDIOT!
BLAM
BLAM
SQUUUEEE--

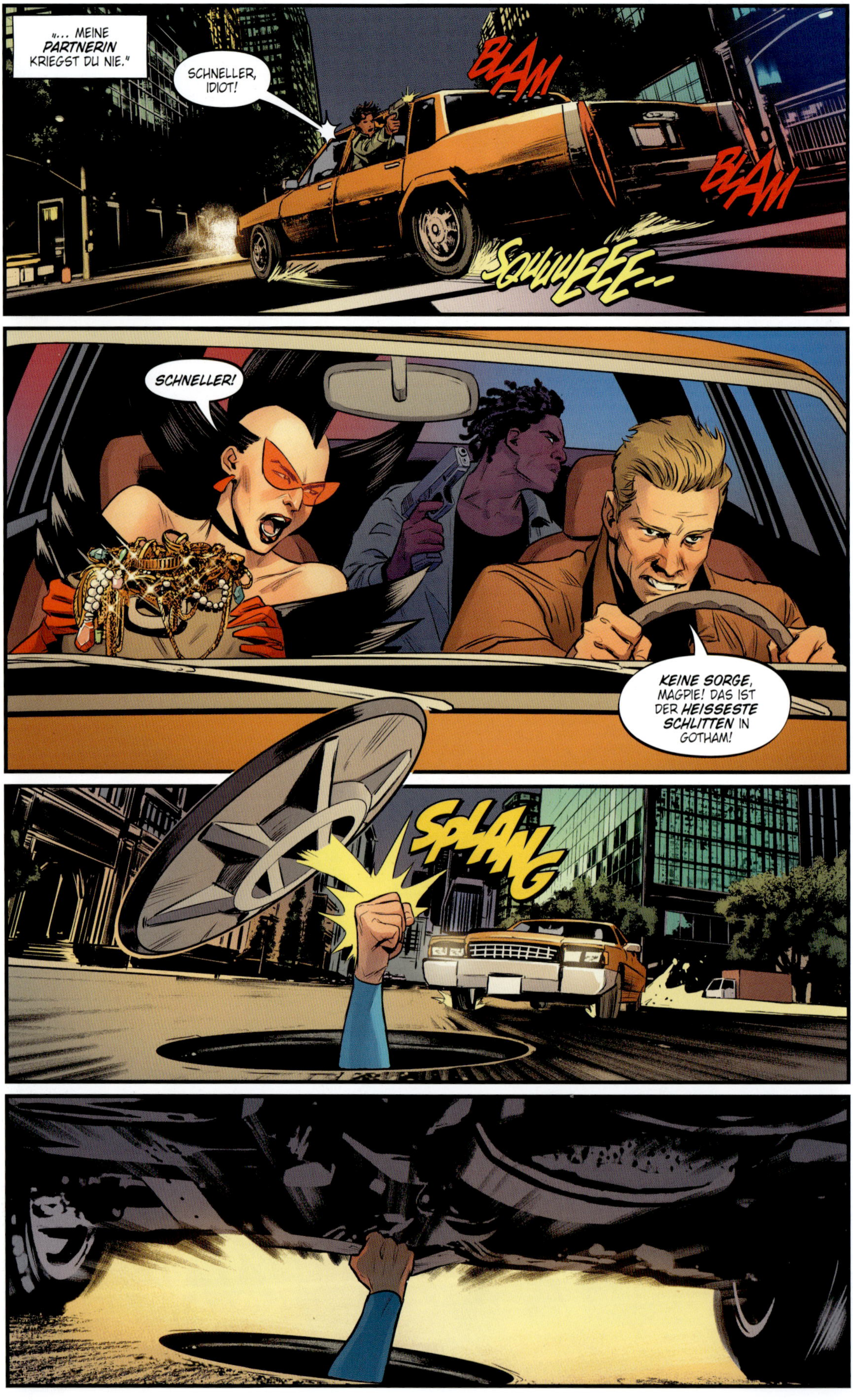

SCHNELLER!
KEINE SORGE, MAGPIE! DAS IST DER *HEISSESTE SCHLITTEN* IN GOTHAM!
SPLANG

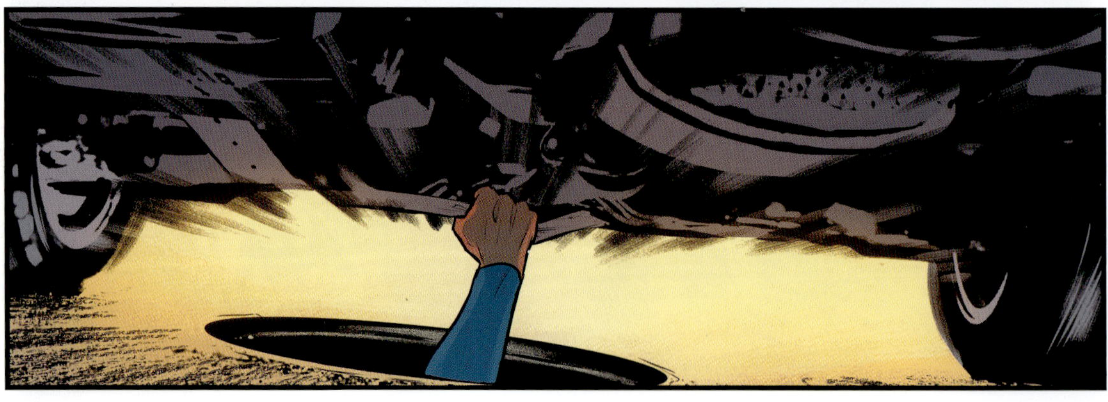

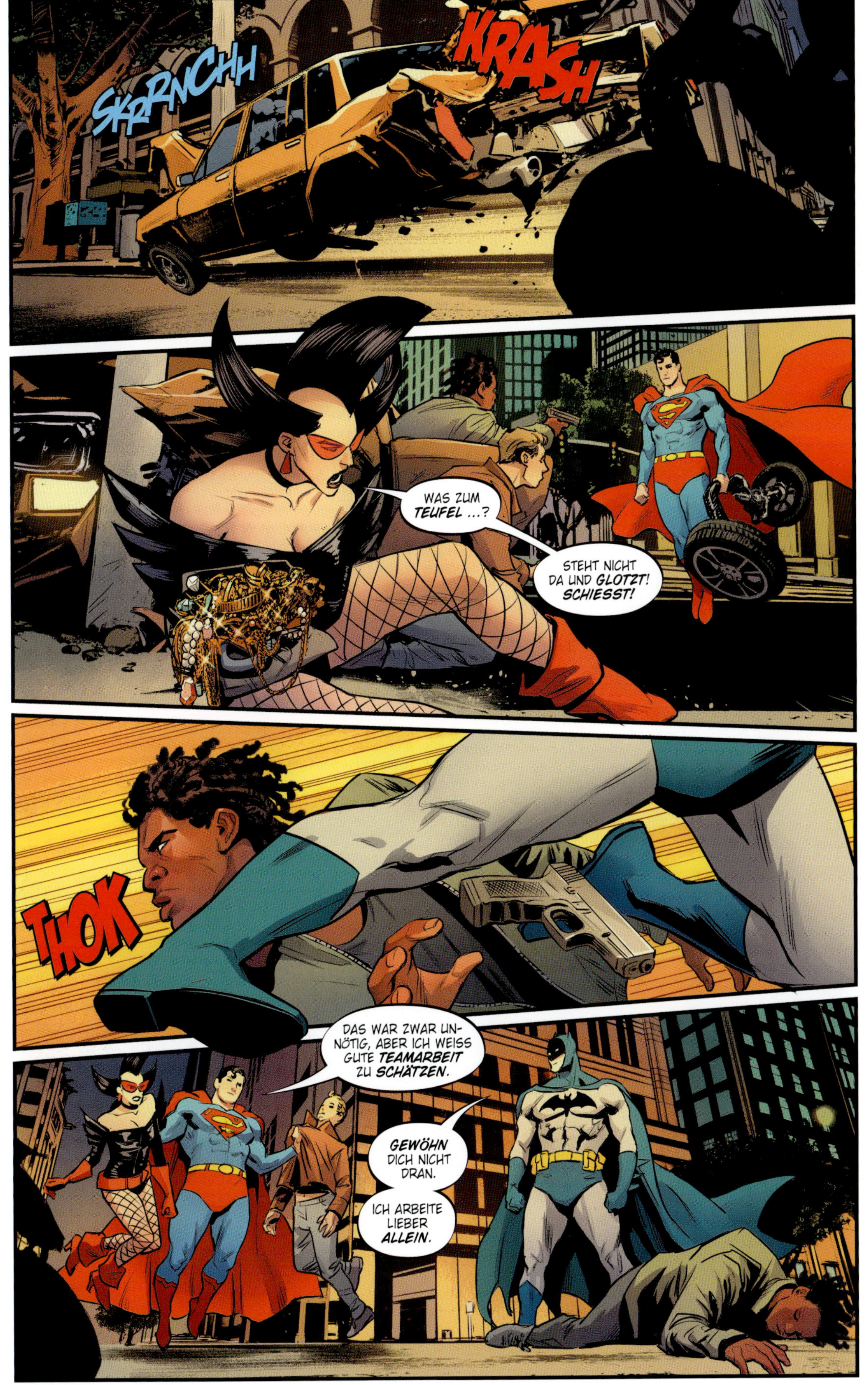
SKRRNCHH
KRASH
WAS ZUM TEUFEL ...?
STEHT NICHT DA UND GLOTZT! SCHIESST!
THOK
DAS WAR ZWAR UNNÖTIG, ABER ICH WEISS GUTE TEAMARBEIT ZU SCHÄTZEN.
GEWÖHN DICH NICHT DRAN.
ICH ARBEITE LIEBER ALLEIN.

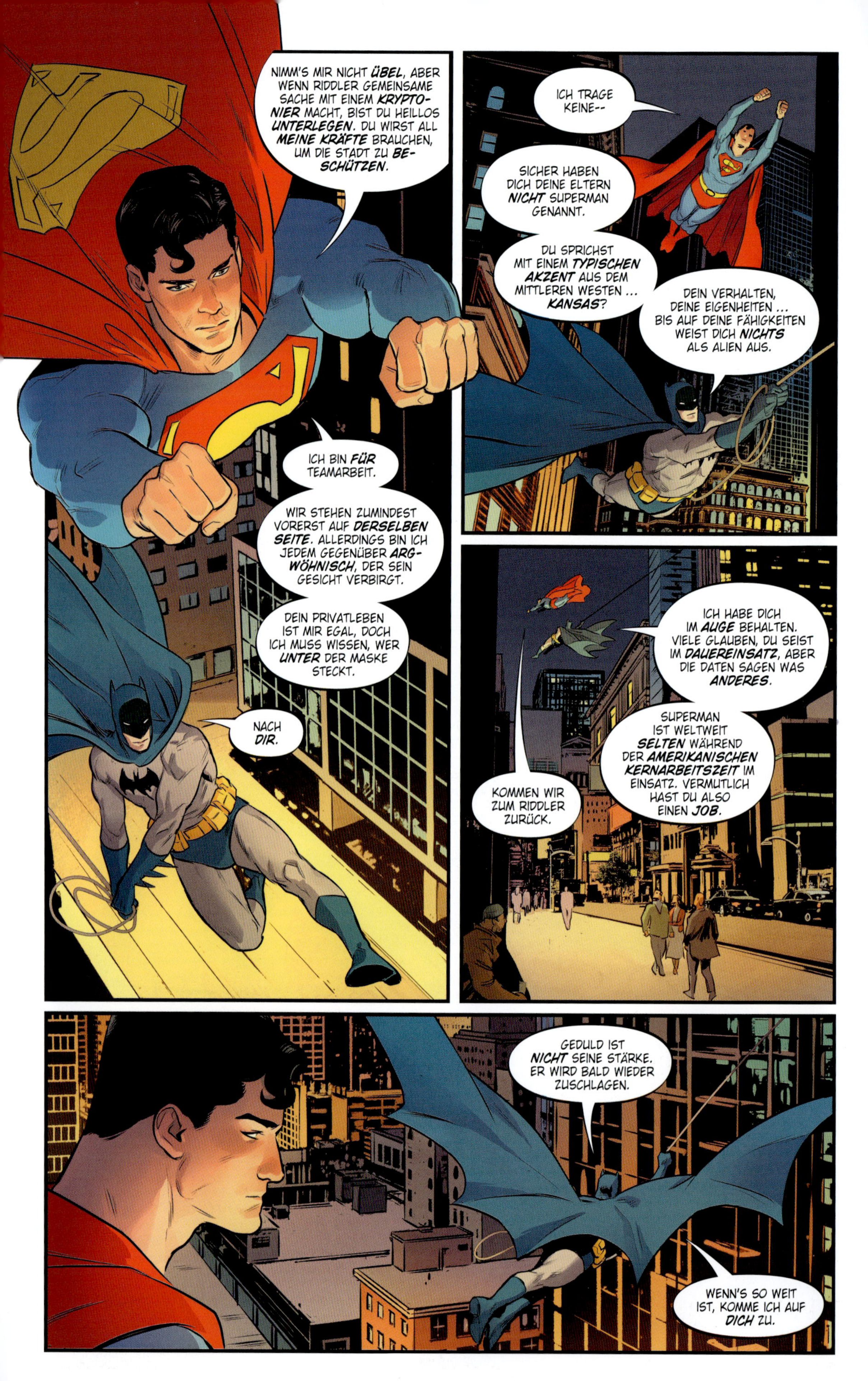

NIMM'S MIR NICHT **ÜBEL**, ABER WENN RIDDLER GEMEINSAME SACHE MIT EINEM **KRYPTONIER** MACHT, BIST DU HEILLOS **UNTERLEGEN**. DU WIRST ALL **MEINE KRÄFTE** BRAUCHEN, UM DIE STADT ZU **BESCHÜTZEN**.

ICH BIN **FÜR** TEAMARBEIT.

WIR STEHEN ZUMINDEST VORERST AUF **DERSELBEN SEITE**. ALLERDINGS BIN ICH JEDEM GEGENÜBER **ARGWÖHNISCH**, DER SEIN GESICHT VERBIRGT.

DEIN PRIVATLEBEN IST MIR EGAL, DOCH ICH MUSS WISSEN, WER **UNTER** DER MASKE STECKT.

NACH **DIR**.

ICH TRAGE KEINE--

SICHER HABEN DICH DEINE ELTERN **NICHT** SUPERMAN GENANNT.

DU SPRICHST MIT EINEM **TYPISCHEN AKZENT** AUS DEM MITTLEREN WESTEN ... **KANSAS**?

DEIN VERHALTEN, DEINE EIGENHEITEN ... BIS AUF DEINE FÄHIGKEITEN WEIST DICH **NICHTS** ALS ALIEN AUS.

ICH HABE DICH IM **AUGE** BEHALTEN. VIELE GLAUBEN, DU SEIST IM **DAUEREINSATZ**, ABER DIE DATEN SAGEN WAS **ANDERES**.

SUPERMAN IST WELTWEIT **SELTEN** WÄHREND DER **AMERIKANISCHEN KERNARBEITSZEIT** IM EINSATZ. VERMUTLICH HAST DU ALSO EINEN **JOB**.

KOMMEN WIR ZUM RIDDLER ZURÜCK.

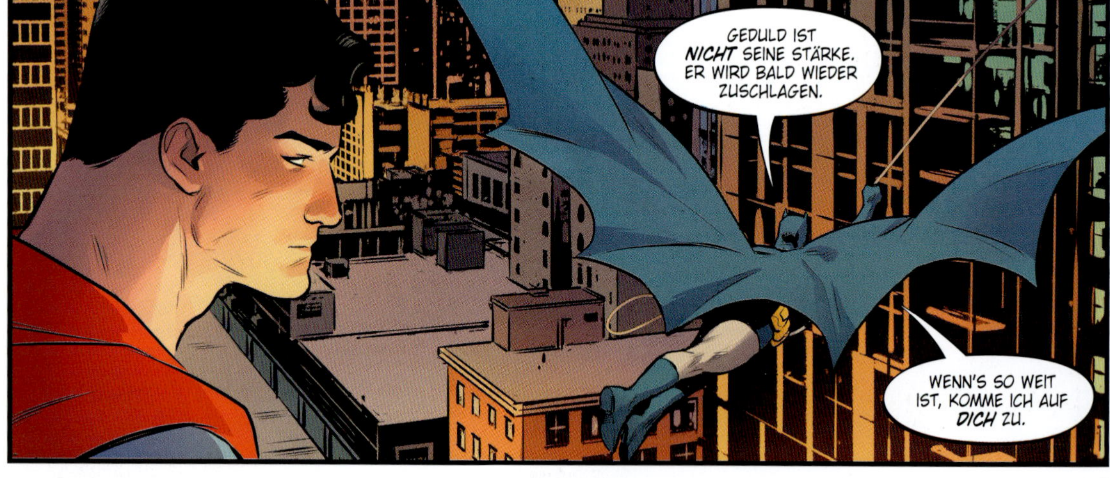

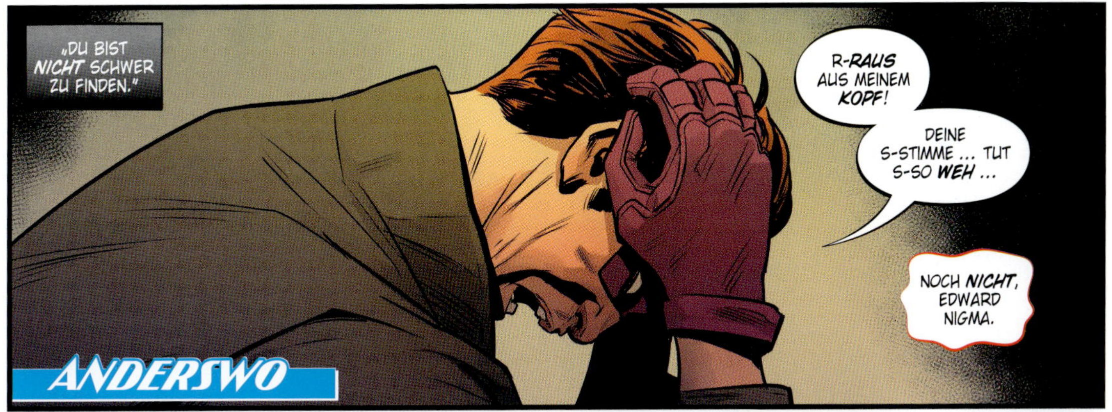
„DU BIST NICHT SCHWER ZU FINDEN."
ANDERSWO
R-RAUS AUS MEINEM KOPF!
DEINE S-STIMME ... TUT S-SO WEH ...
NOCH NICHT, EDWARD NIGMA.

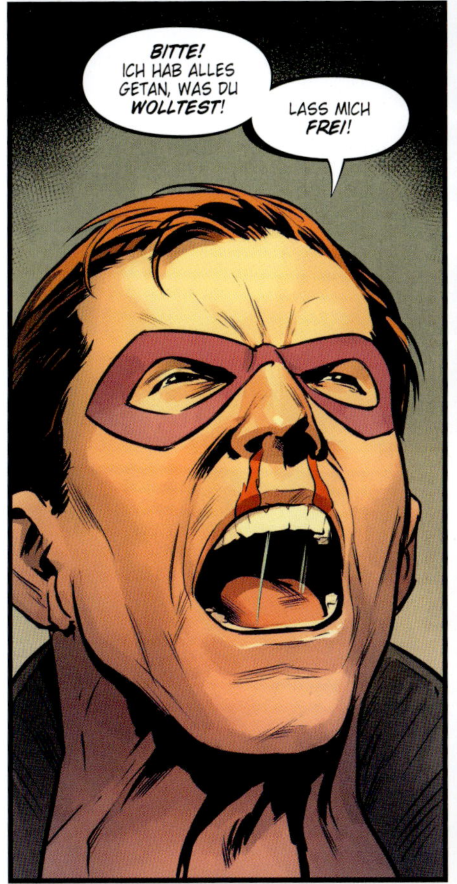
BITTE! ICH HAB ALLES GETAN, WAS DU WOLLTEST!
LASS MICH FREI!

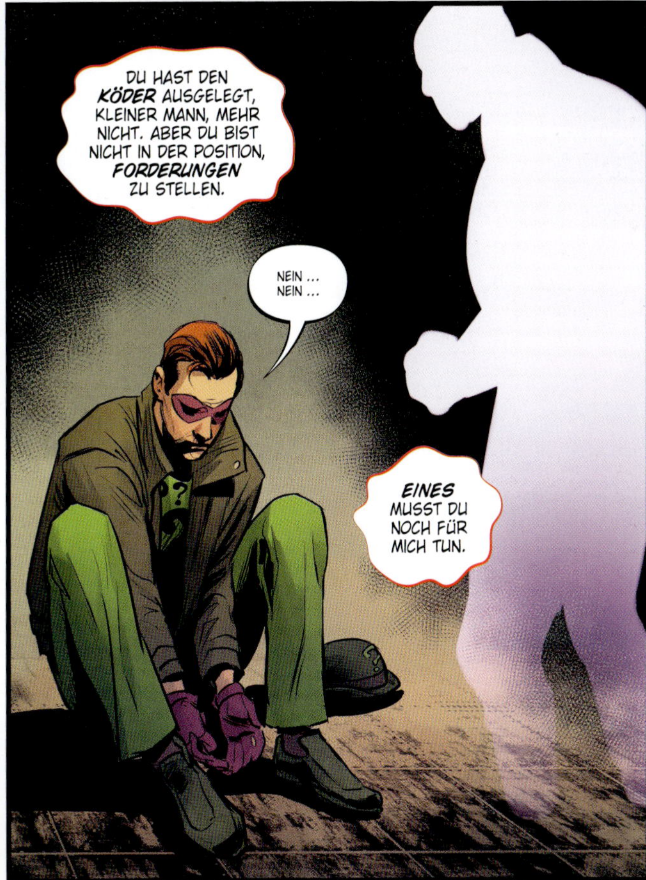
DU HAST DEN KÖDER AUSGELEGT, KLEINER MANN, MEHR NICHT. ABER DU BIST NICHT IN DER POSITION, FORDERUNGEN ZU STELLEN.
NEIN ... NEIN ...
EINES MUSST DU NOCH FÜR MICH TUN.

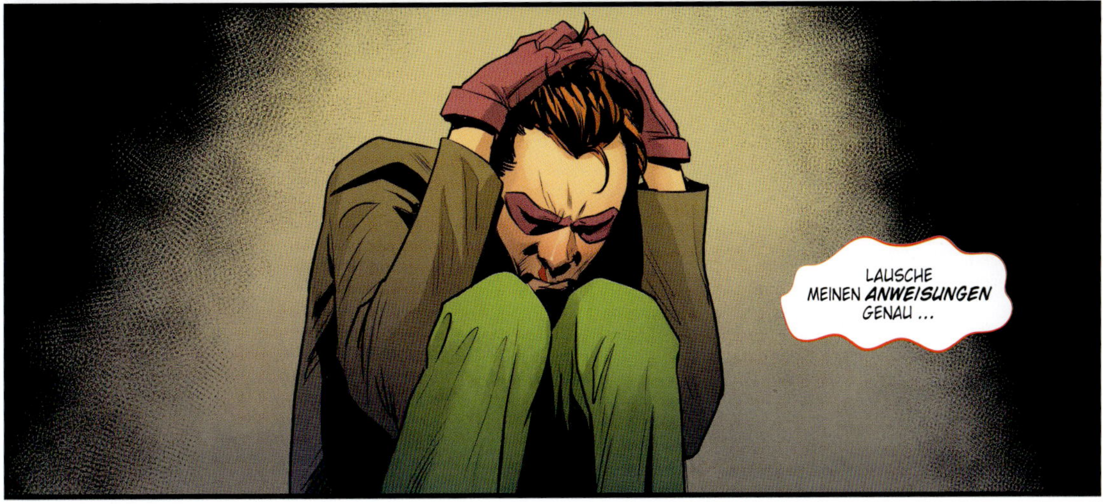
LAUSCHE MEINEN ANWEISUNGEN GENAU ...

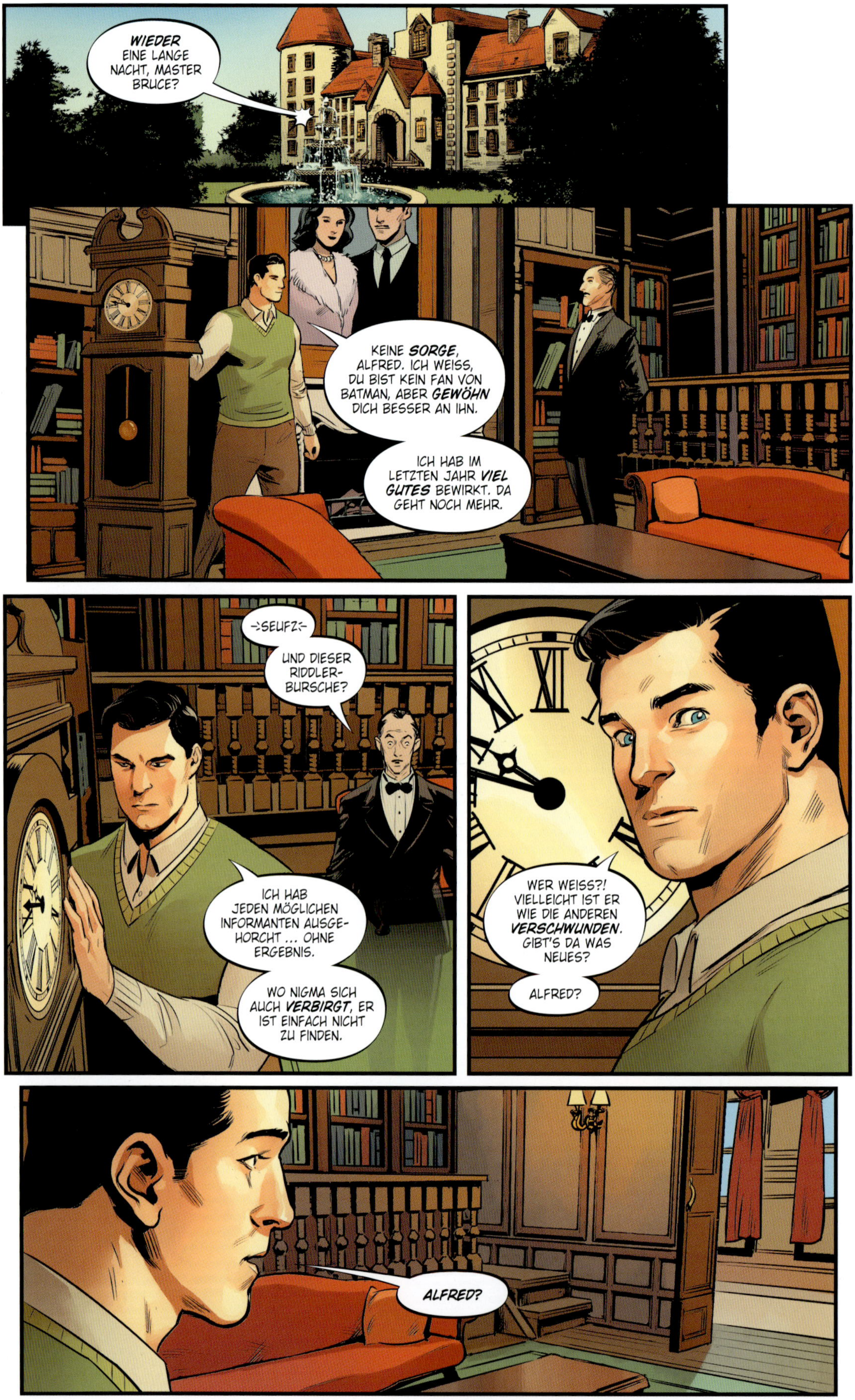

WIEDER EINE LANGE NACHT, MASTER BRUCE?
KEINE SORGE, ALFRED. ICH WEISS, DU BIST KEIN FAN VON BATMAN, ABER GEWÖHN DICH BESSER AN IHN.
ICH HAB IM LETZTEN JAHR VIEL GUTES BEWIRKT. DA GEHT NOCH MEHR.

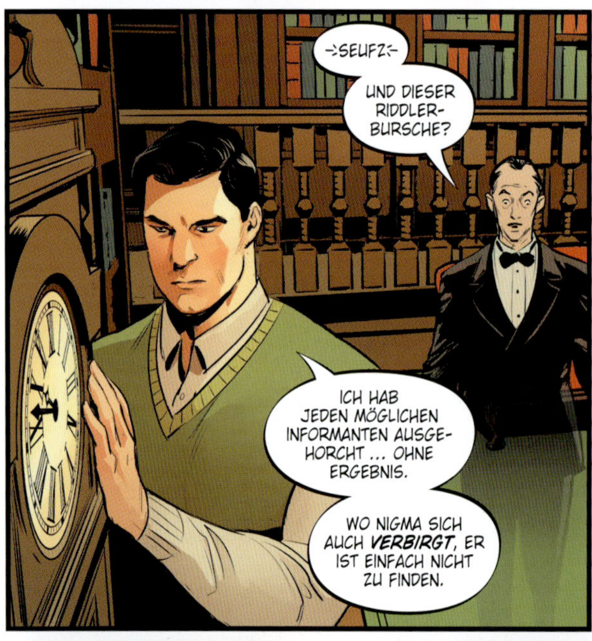
-SEUFZ-
UND DIESER RIDDLER-BURSCHE?
ICH HAB JEDEN MÖGLICHEN INFORMANTEN AUSGE-HORCHT ... OHNE ERGEBNIS.
WO NIGMA SICH AUCH VERBIRGT, ER IST EINFACH NICHT ZU FINDEN.

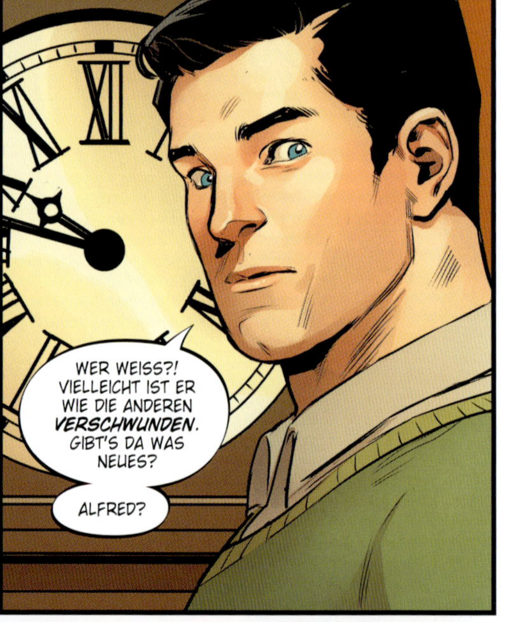
WER WEISS?! VIELLEICHT IST ER WIE DIE ANDEREN VERSCHWUNDEN. GIBT'S DA WAS NEUES?
ALFRED?

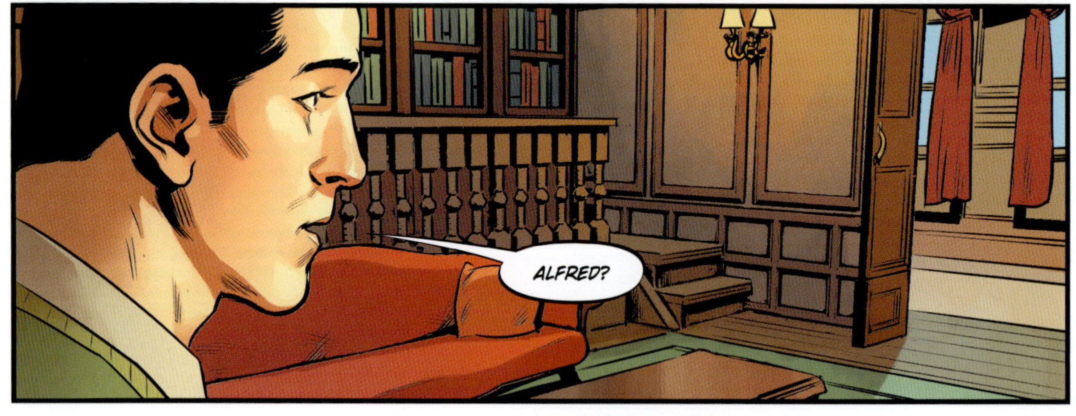
ALFRED?

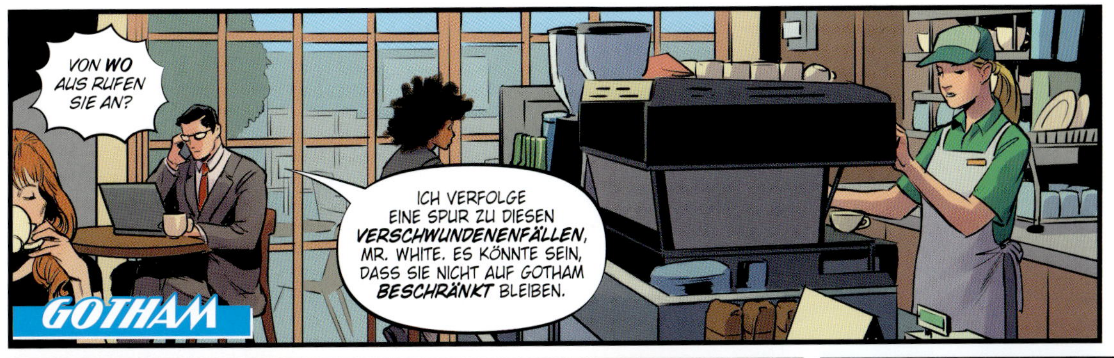
VON WO AUS RUFEN SIE AN?
ICH VERFOLGE EINE SPUR ZU DIESEN VERSCHWUNDENENFÄLLEN, MR. WHITE. ES KÖNNTE SEIN, DASS SIE NICHT AUF GOTHAM BESCHRÄNKT BLEIBEN.
GOTHAM

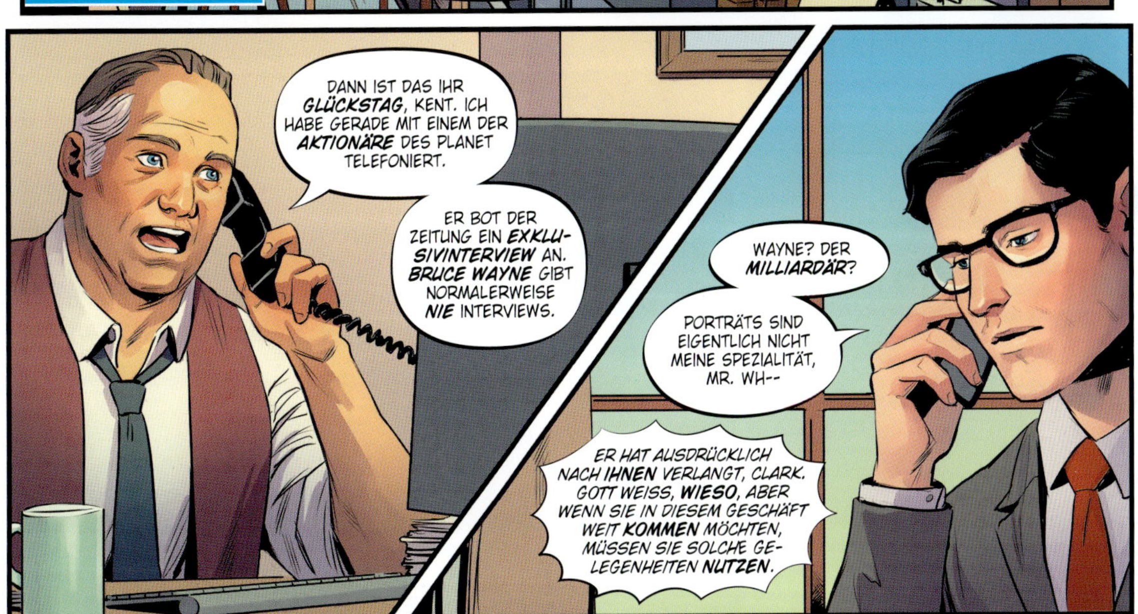
DANN IST DAS IHR GLÜCKSTAG, KENT. ICH HABE GERADE MIT EINEM DER AKTIONÄRE DES PLANET TELEFONIERT.
ER BOT DER ZEITUNG EIN EXKLUSIVINTERVIEW AN. BRUCE WAYNE GIBT NORMALERWEISE NIE INTERVIEWS.
WAYNE? DER MILLIARDÄR?
PORTRÄTS SIND EIGENTLICH NICHT MEINE SPEZIALITÄT, MR. WH--
ER HAT AUSDRÜCKLICH NACH IHNEN VERLANGT, CLARK. GOTT WEISS, WIESO, ABER WENN SIE IN DIESEM GESCHÄFT WEIT KOMMEN MÖCHTEN, MÜSSEN SIE SOLCHE GELEGENHEITEN NUTZEN.

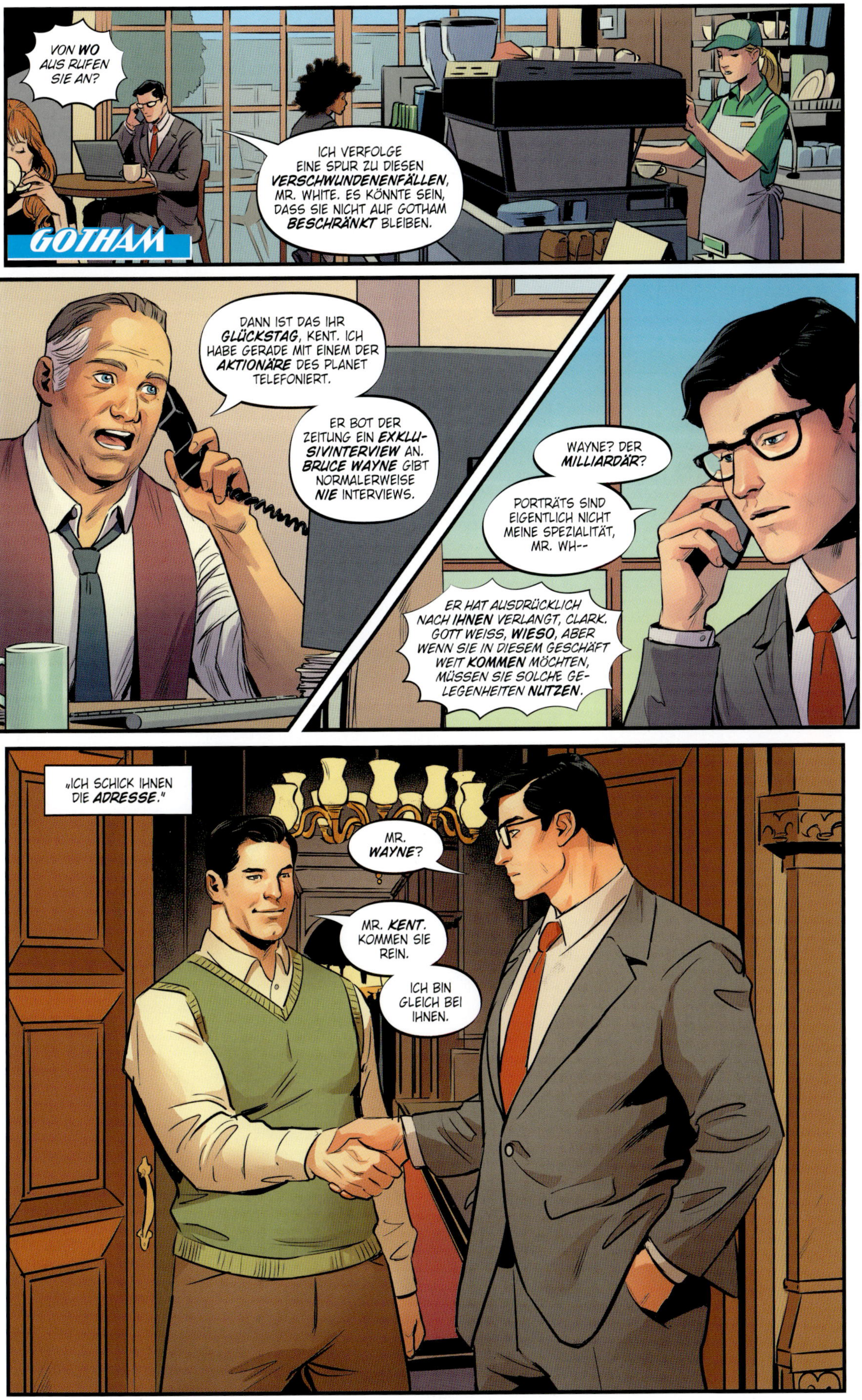

„ICH SCHICK IHNEN DIE ADRESSE."
MR. WAYNE?
MR. KENT. KOMMEN SIE REIN.
ICH BIN GLEICH BEI IHNEN.

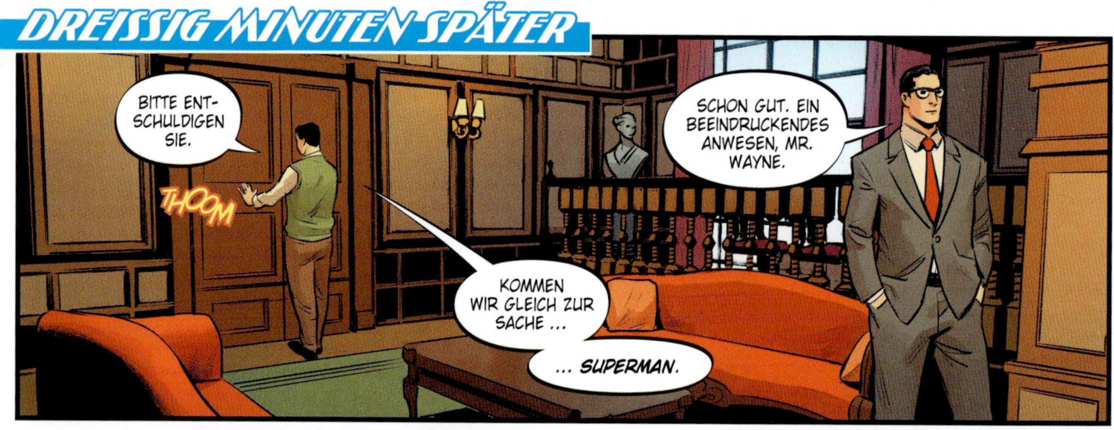
DREISSIG MINUTEN SPÄTER
BITTE ENT-SCHULDIGEN SIE.
THOOM
SCHON GUT. EIN BEEINDRUCKENDES ANWESEN, MR. WAYNE.
KOMMEN WIR GLEICH ZUR SACHE ...
... **SUPERMAN**.

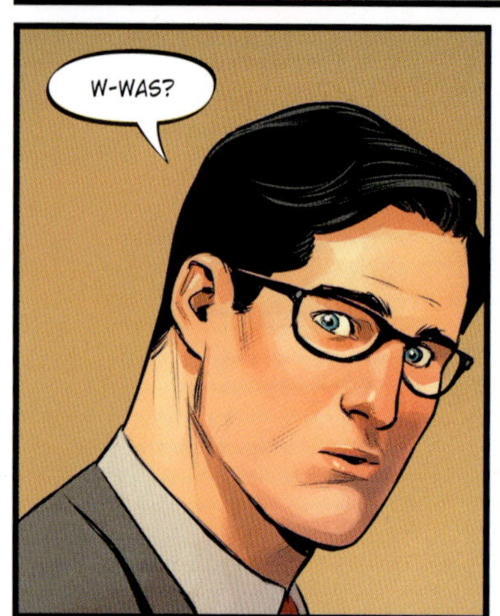
W-WAS?

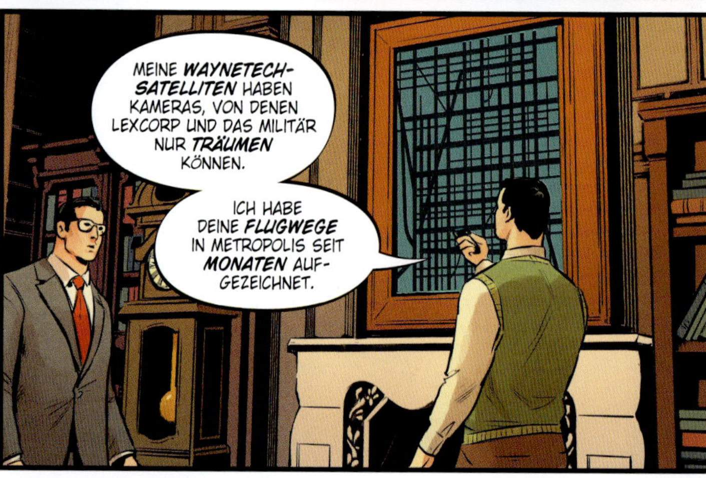
MEINE **WAYNETECH-SATELLITEN** HABEN KAMERAS, VON DENEN LEXCORP UND DAS MILITÄR NUR **TRÄUMEN** KÖNNEN.
ICH HABE DEINE **FLUGWEGE** IN METROPOLIS SEIT **MONATEN** AUF-GEZEICHNET.

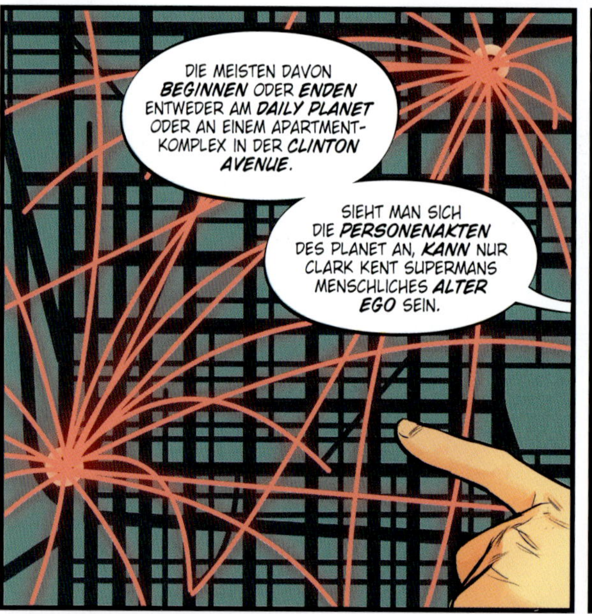
DIE MEISTEN DAVON **BEGINNEN** ODER **ENDEN** ENTWEDER AM **DAILY PLANET** ODER AN EINEM APARTMENT-KOMPLEX IN DER **CLINTON AVENUE**.
SIEHT MAN SICH DIE **PERSONENAKTEN** DES PLANET AN, **KANN** NUR CLARK KENT SUPERMANS MENSCHLICHES **ALTER EGO** SEIN.

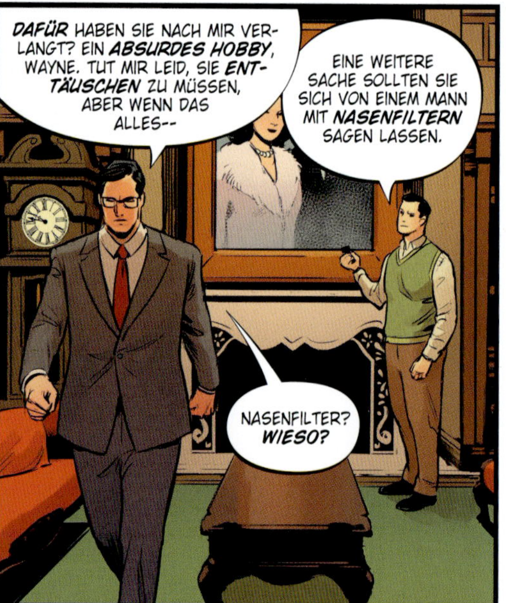
DAFÜR HABEN SIE NACH MIR VER-LANGT? EIN **ABSURDES HOBBY**, WAYNE. TUT MIR LEID, SIE **ENT-TÄUSCHEN** ZU MÜSSEN, ABER WENN DAS ALLES--
EINE WEITERE SACHE SOLLTEN SIE SICH VON EINEM MANN MIT **NASENFILTERN** SAGEN LASSEN.
NASENFILTER? **WIESO?**

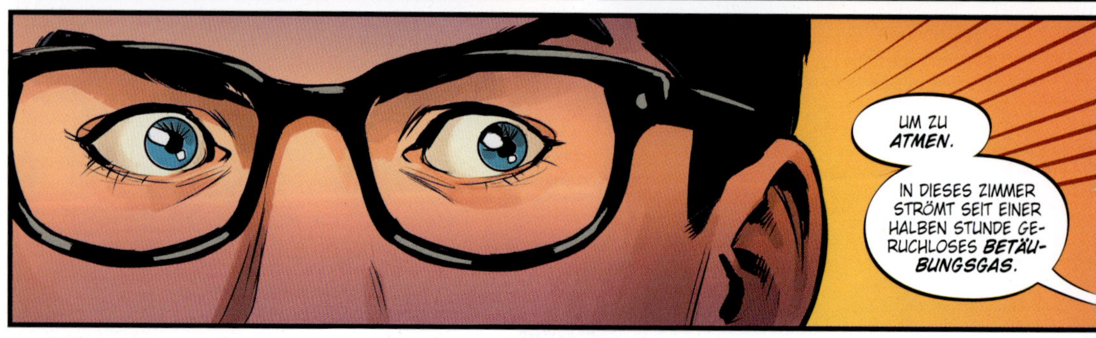
UM ZU **ATMEN**.
IN DIESES ZIMMER STRÖMT SEIT EINER HALBEN STUNDE GE-RUCHLOSES **BETÄU-BUNGSGAS**.

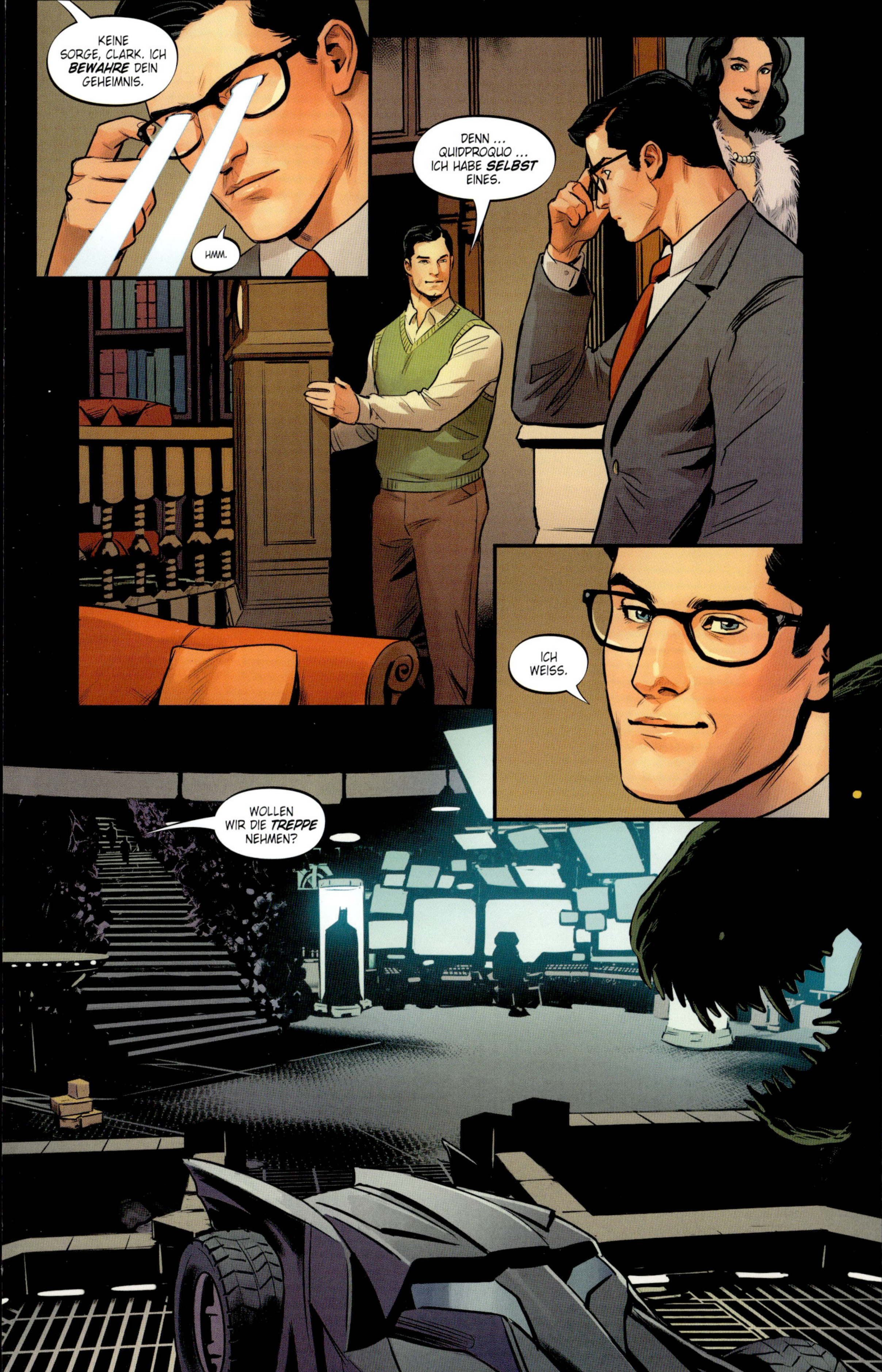
KEINE SORGE, CLARK. ICH *BEWAHRE* DEIN GEHEIMNIS.
HMM.
DENN ... QUIDPROQUO ... ICH HABE *SELBST* EINES.
ICH WEISS.
WOLLEN WIR DIE *TREPPE* NEHMEN?

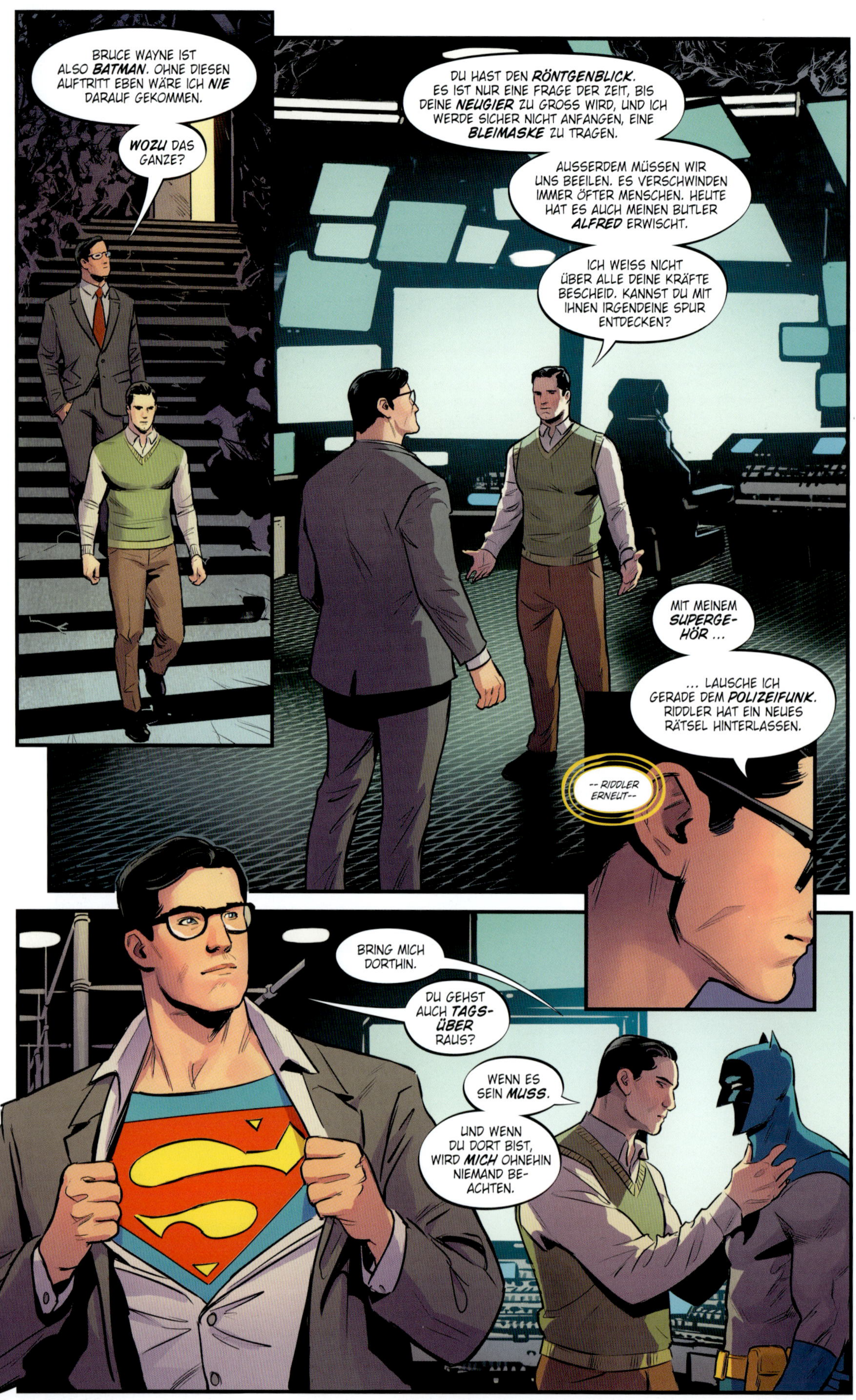

BRUCE WAYNE IST ALSO BATMAN. OHNE DIESEN AUFTRITT EBEN WÄRE ICH NIE DARAUF GEKOMMEN.
WOZU DAS GANZE?
DU HAST DEN RÖNTGENBLICK. ES IST NUR EINE FRAGE DER ZEIT, BIS DEINE NEUGIER ZU GROSS WIRD, UND ICH WERDE SICHER NICHT ANFANGEN, EINE BLEIMASKE ZU TRAGEN.
AUSSERDEM MÜSSEN WIR UNS BEEILEN. ES VERSCHWINDEN IMMER ÖFTER MENSCHEN. HEUTE HAT ES AUCH MEINEN BUTLER ALFRED ERWISCHT.
ICH WEISS NICHT ÜBER ALLE DEINE KRÄFTE BESCHEID. KANNST DU MIT IHNEN IRGENDEINE SPUR ENTDECKEN?
MIT MEINEM SUPERGE-HÖR ...
... LAUSCHE ICH GERADE DEM POLIZEIFUNK. RIDDLER HAT EIN NEUES RÄTSEL HINTERLASSEN.
--RIDDLER ERNEUT--
BRING MICH DORTHIN.
DU GEHST AUCH TAGS-ÜBER RAUS?
WENN ES SEIN MUSS.
UND WENN DU DORT BIST, WIRD MICH OHNEHIN NIEMAND BE-ACHTEN.

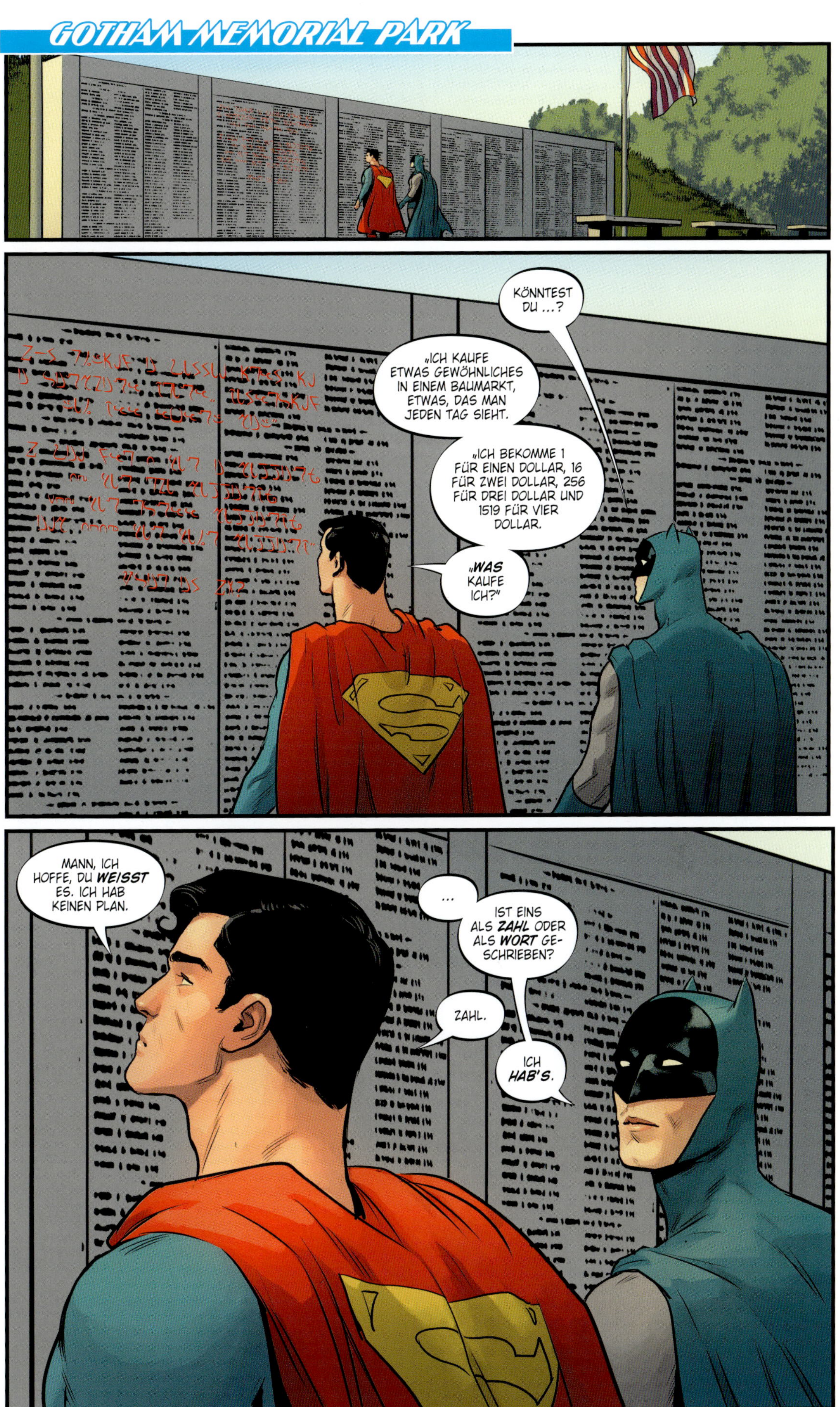
GOTHAM MEMORIAL PARK
KÖNNTEST DU ...?
„ICH KAUFE ETWAS GEWÖHNLICHES IN EINEM BAUMARKT, ETWAS, DAS MAN JEDEN TAG SIEHT.
„ICH BEKOMME 1 FÜR EINEN DOLLAR, 16 FÜR ZWEI DOLLAR, 256 FÜR DREI DOLLAR UND 1519 FÜR VIER DOLLAR.
„WAS KAUFE ICH?"
MANN, ICH HOFFE, DU WEISST ES. ICH HAB KEINEN PLAN.
...
IST EINS ALS ZAHL ODER ALS WORT GE-SCHRIEBEN?
ZAHL.
ICH HAB'S.

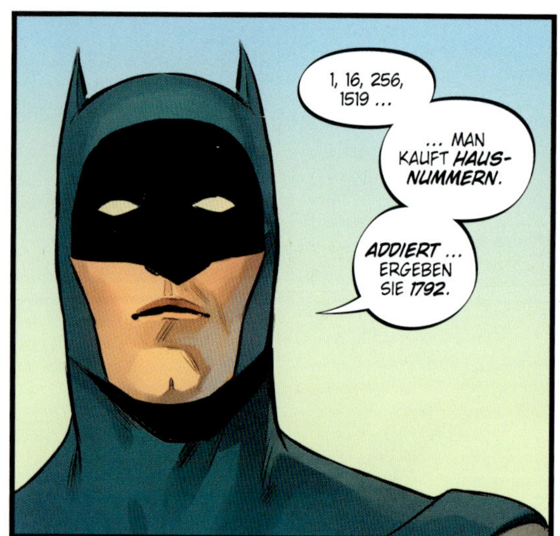
1, 16, 256, 1519 …
… MAN KAUFT HAUSNUMMERN.
ADDIERT … ERGEBEN SIE 1792.

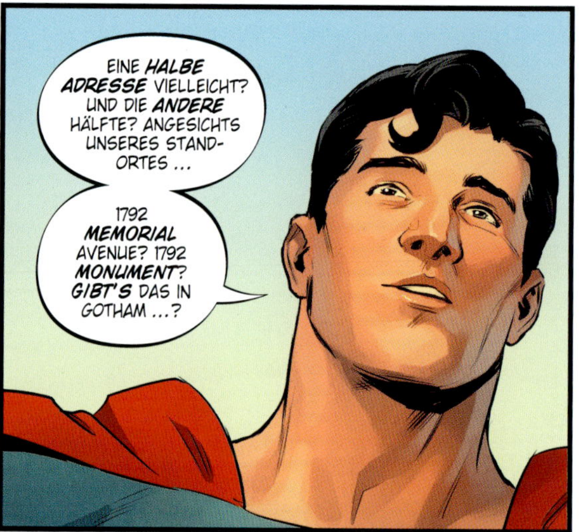
EINE HALBE ADRESSE VIELLEICHT? UND DIE ANDERE HÄLFTE? ANGESICHTS UNSERES STANDORTES …
1792 MEMORIAL AVENUE? 1792 MONUMENT? GIBT'S DAS IN GOTHAM …?

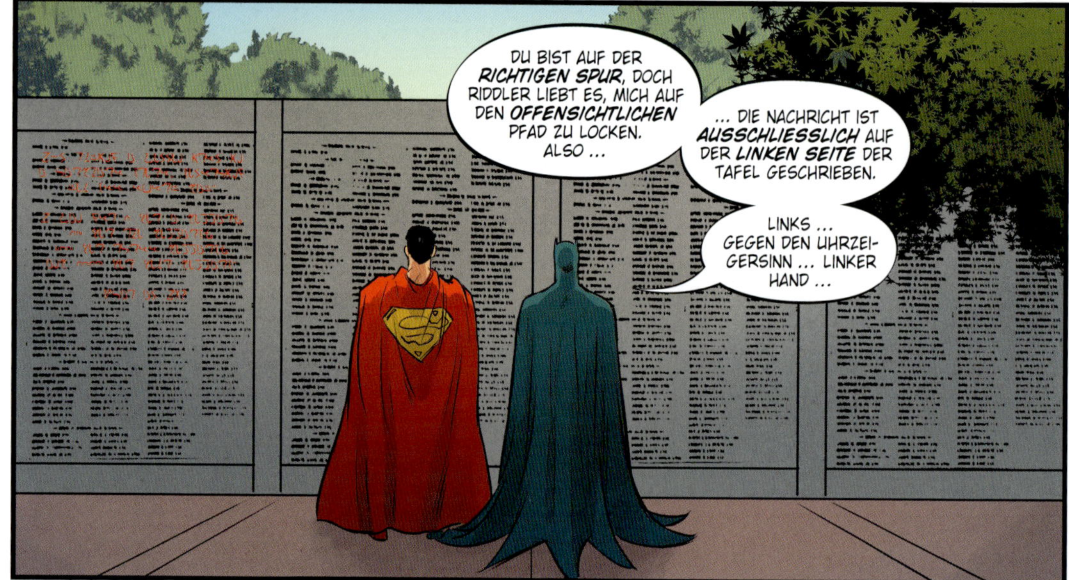
DU BIST AUF DER RICHTIGEN SPUR, DOCH RIDDLER LIEBT ES, MICH AUF DEN OFFENSICHTLICHEN PFAD ZU LOCKEN. ALSO …
… DIE NACHRICHT IST AUSSCHLIESSLICH AUF DER LINKEN SEITE DER TAFEL GESCHRIEBEN.
LINKS … GEGEN DEN UHRZEIGERSINN … LINKER HAND …

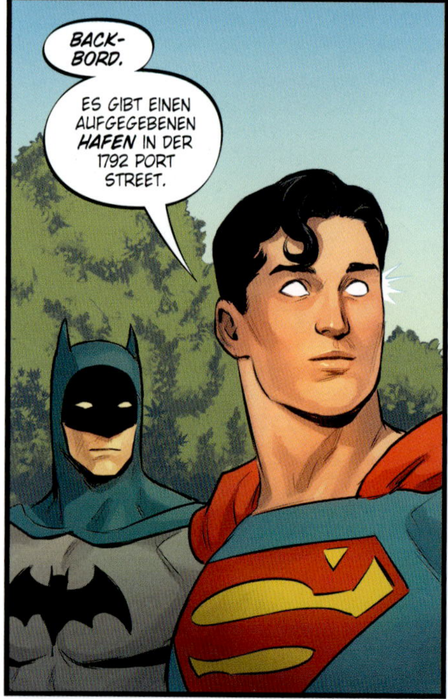
BACKBORD.
ES GIBT EINEN AUFGEGEBENEN HAFEN IN DER 1792 PORT STREET.

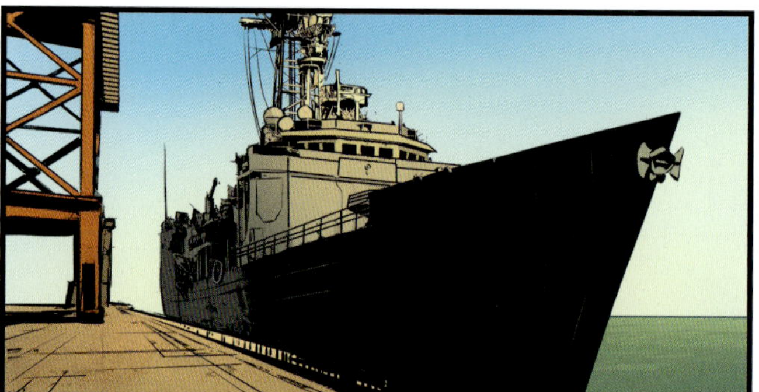

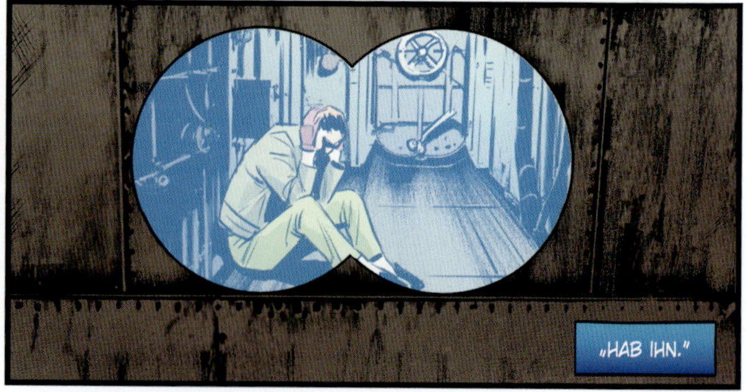
„HAB IHN."

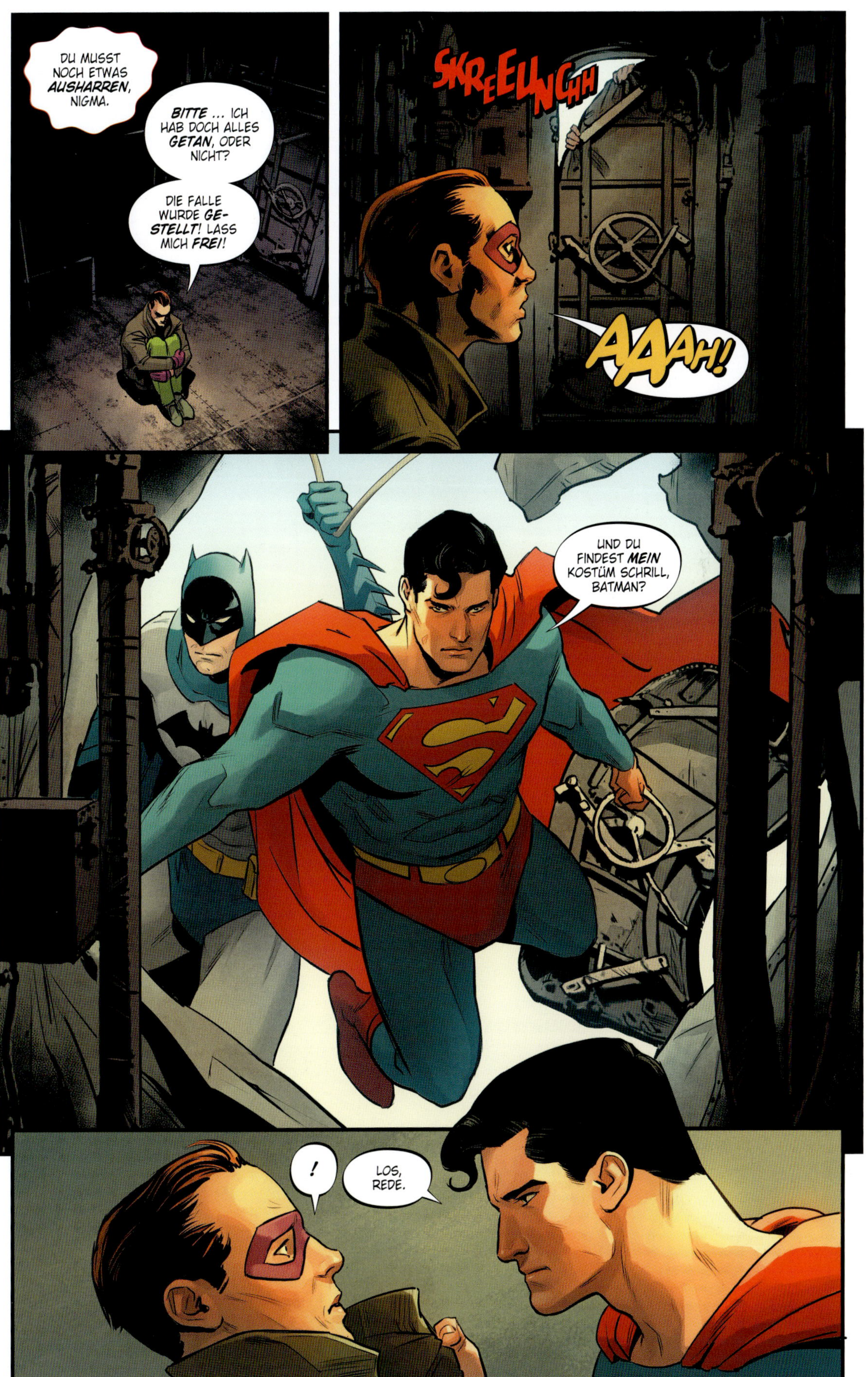
DU MUSST NOCH ETWAS AUSHARREN, NIGMA.
BITTE … ICH HAB DOCH ALLES GETAN, ODER NICHT?
DIE FALLE WURDE GE-STELLT! LASS MICH FREI!
SKREEUNCHH
AAAH!
UND DU FINDEST MEIN KOSTÜM SCHRILL, BATMAN?
!
LOS, REDE.

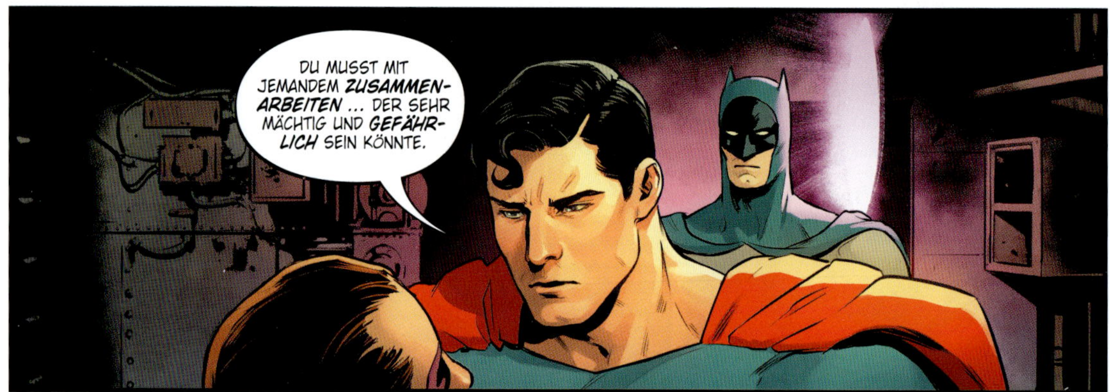
DU MUSST MIT JEMANDEM ZUSAMMEN-ARBEITEN ... DER SEHR MÄCHTIG UND GEFÄHR-LICH SEIN KÖNNTE.

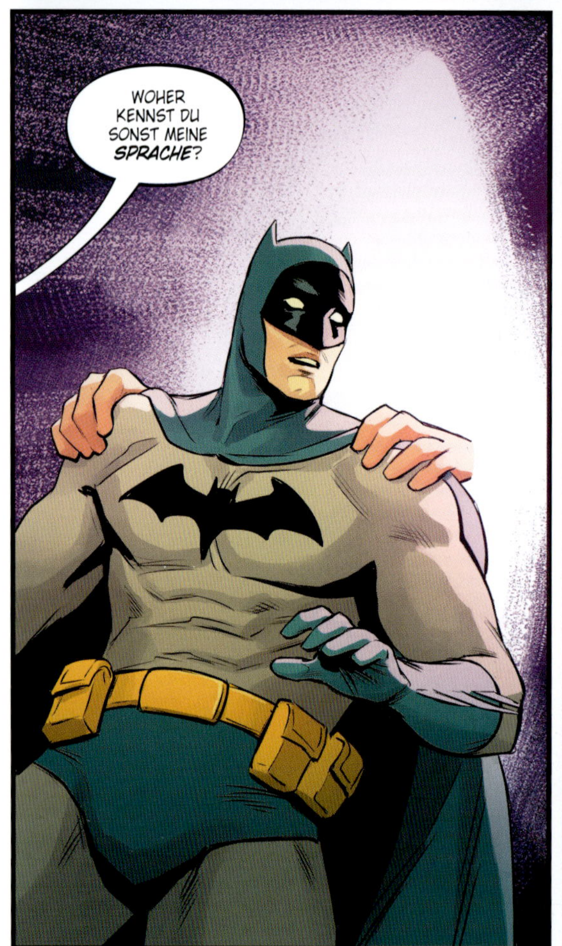
WOHER KENNST DU SONST MEINE SPRACHE?

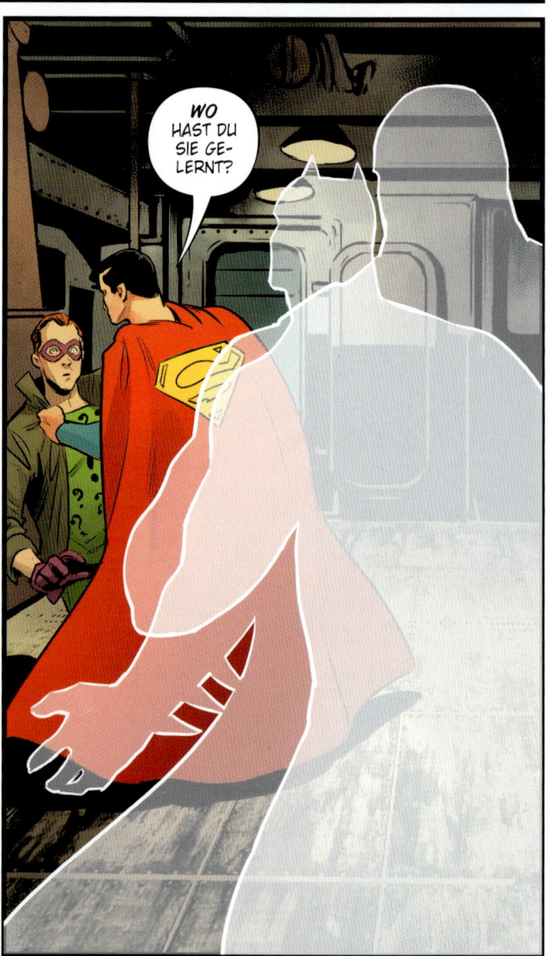
WO HAST DU SIE GE-LERNT?

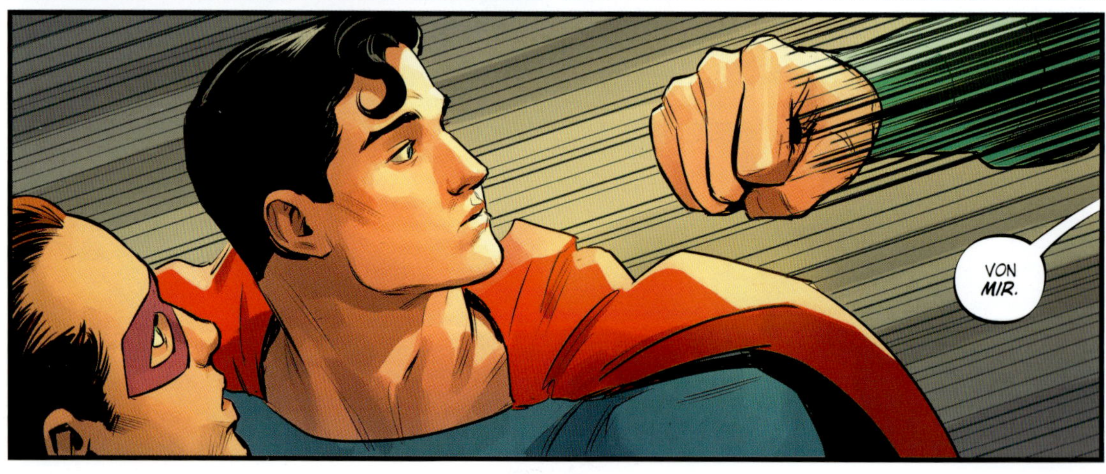
VON MIR.

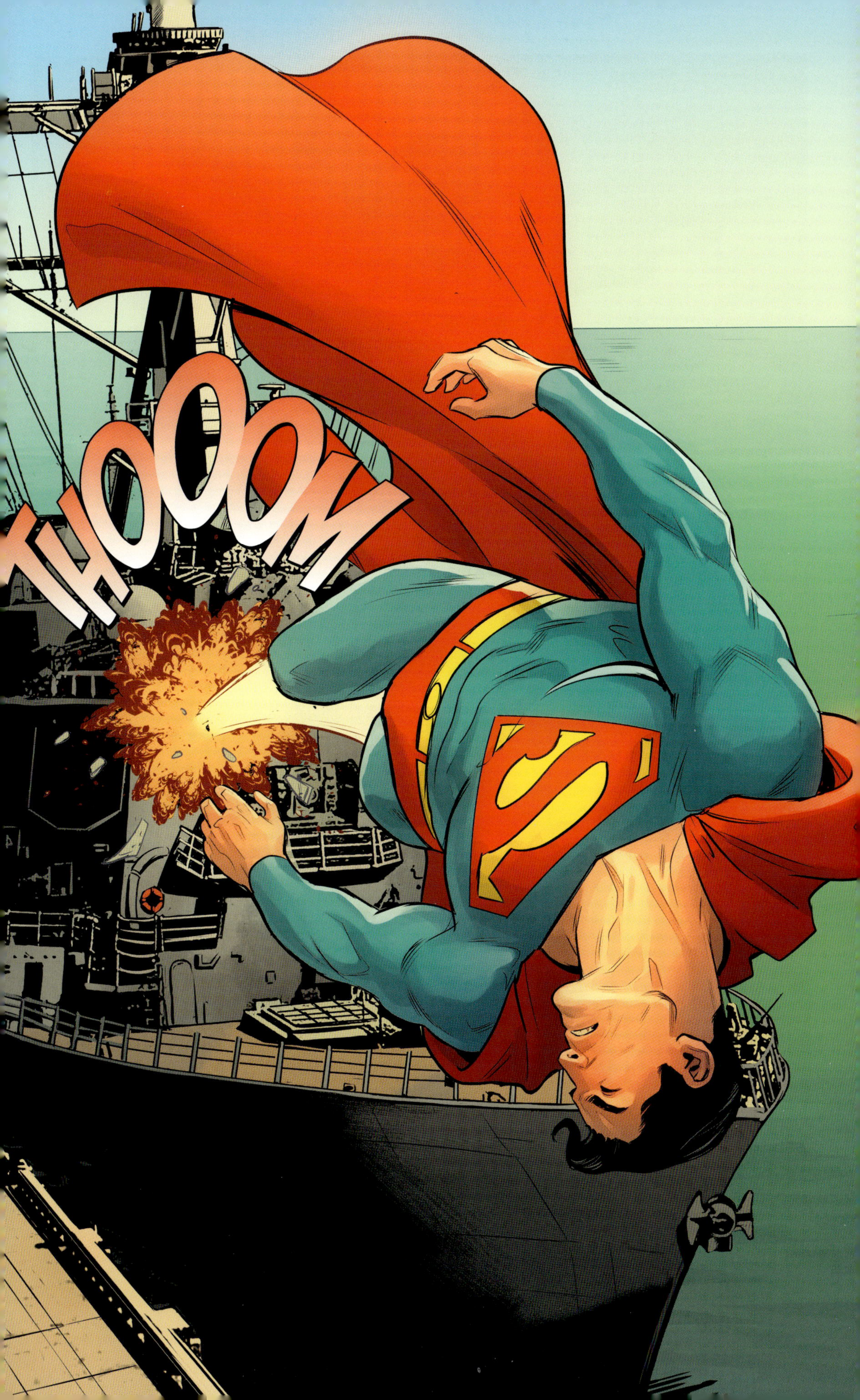
THOOOM

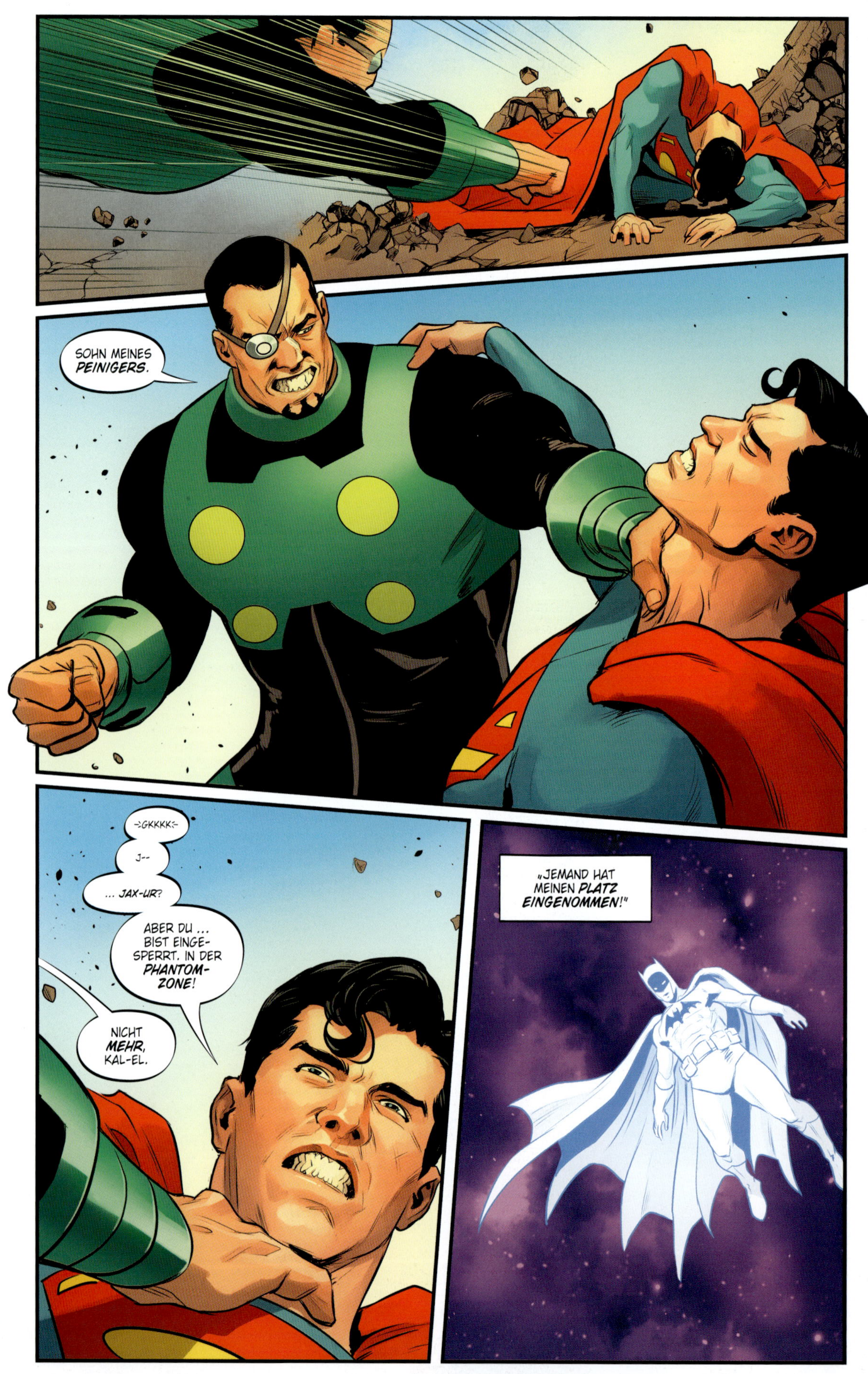
SOHN MEINES PEINIGERS.
-GKKKK-
J--
... JAX-UR?
ABER DU ... BIST EINGE-SPERRT. IN DER PHANTOM-ZONE!
NICHT MEHR, KAL-EL.
„JEMAND HAT MEINEN PLATZ EINGENOMMEN!"

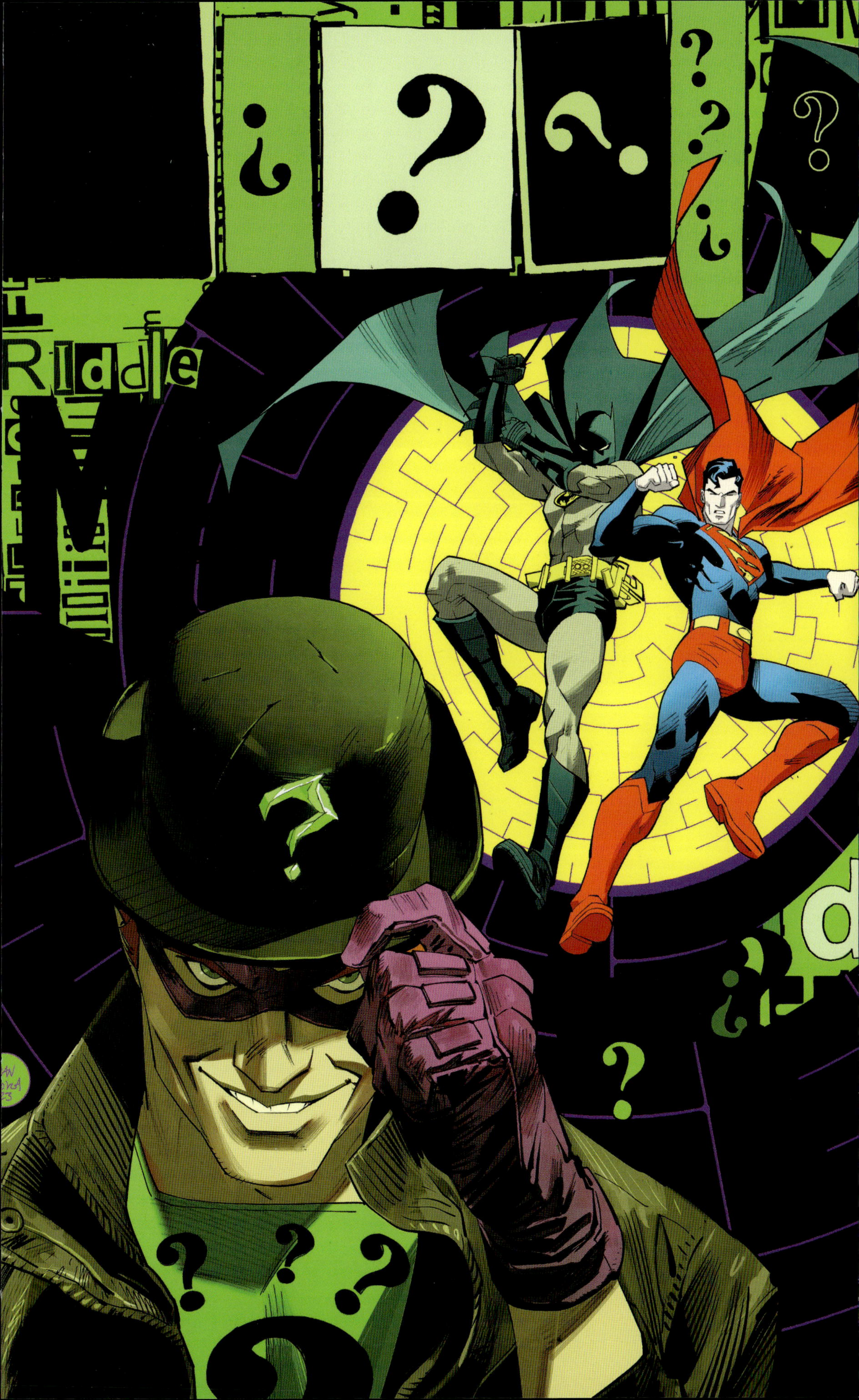
Riddle

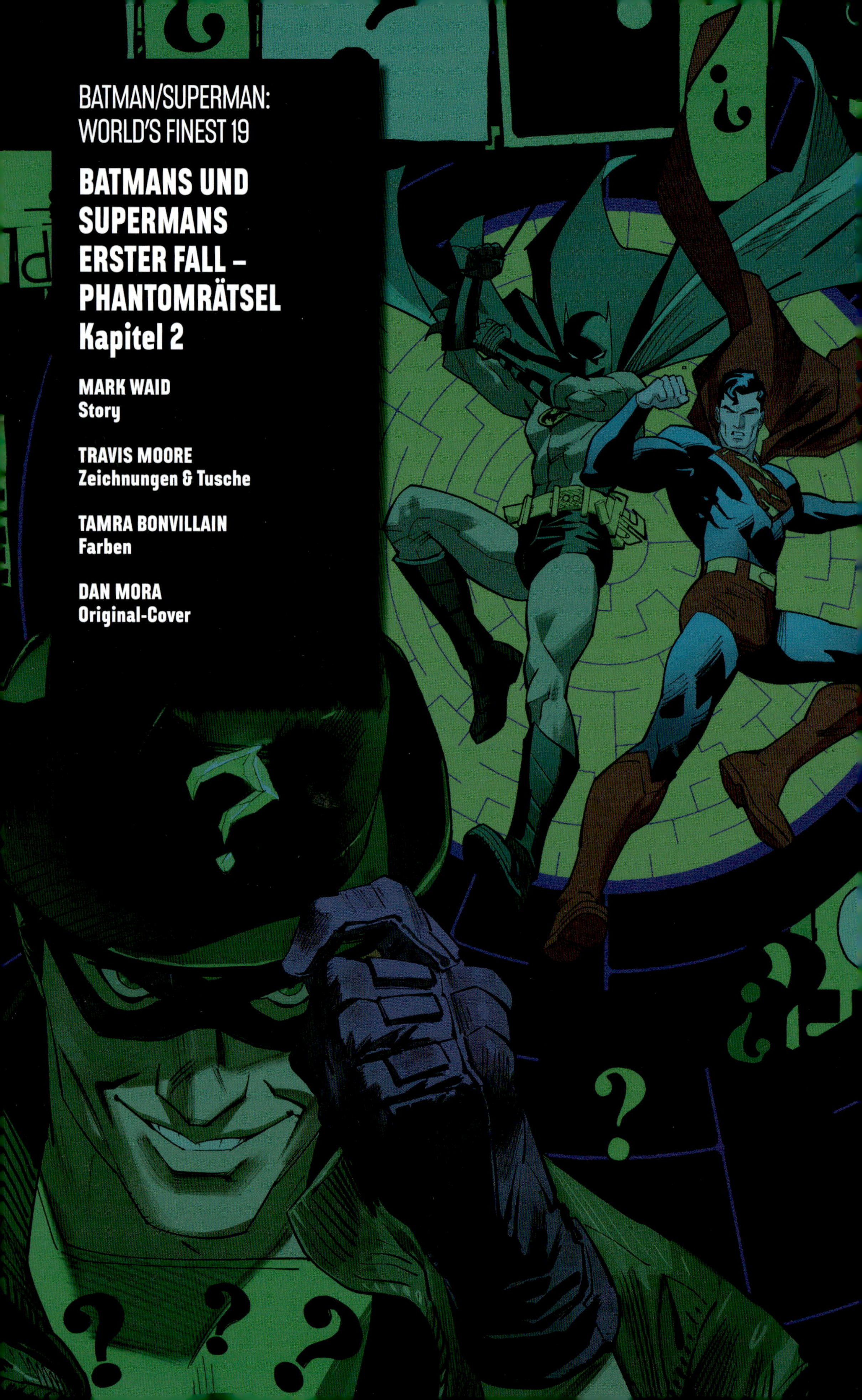
BATMAN/SUPERMAN:
WORLD'S FINEST 19
BATMANS UND SUPERMANS ERSTER FALL – PHANTOMRÄTSEL
Kapitel 2
MARK WAID
Story
TRAVIS MOORE
Zeichnungen & Tusche
TAMRA BONVILLAIN
Farben
DAN MORA
Original-Cover

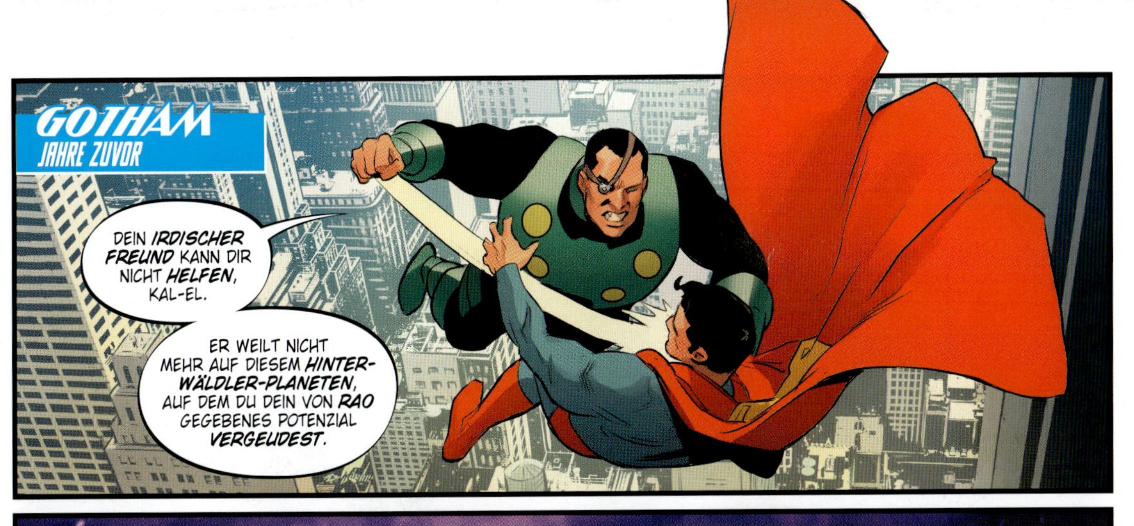
GOTHAM
JAHRE ZUVOR
DEIN IRDISCHER FREUND KANN DIR NICHT HELFEN, KAL-EL.
ER WEILT NICHT MEHR AUF DIESEM HINTERWÄLDLER-PLANETEN, AUF DEM DU DEIN VON RAO GEGEBENES POTENZIAL VERGEUDEST.

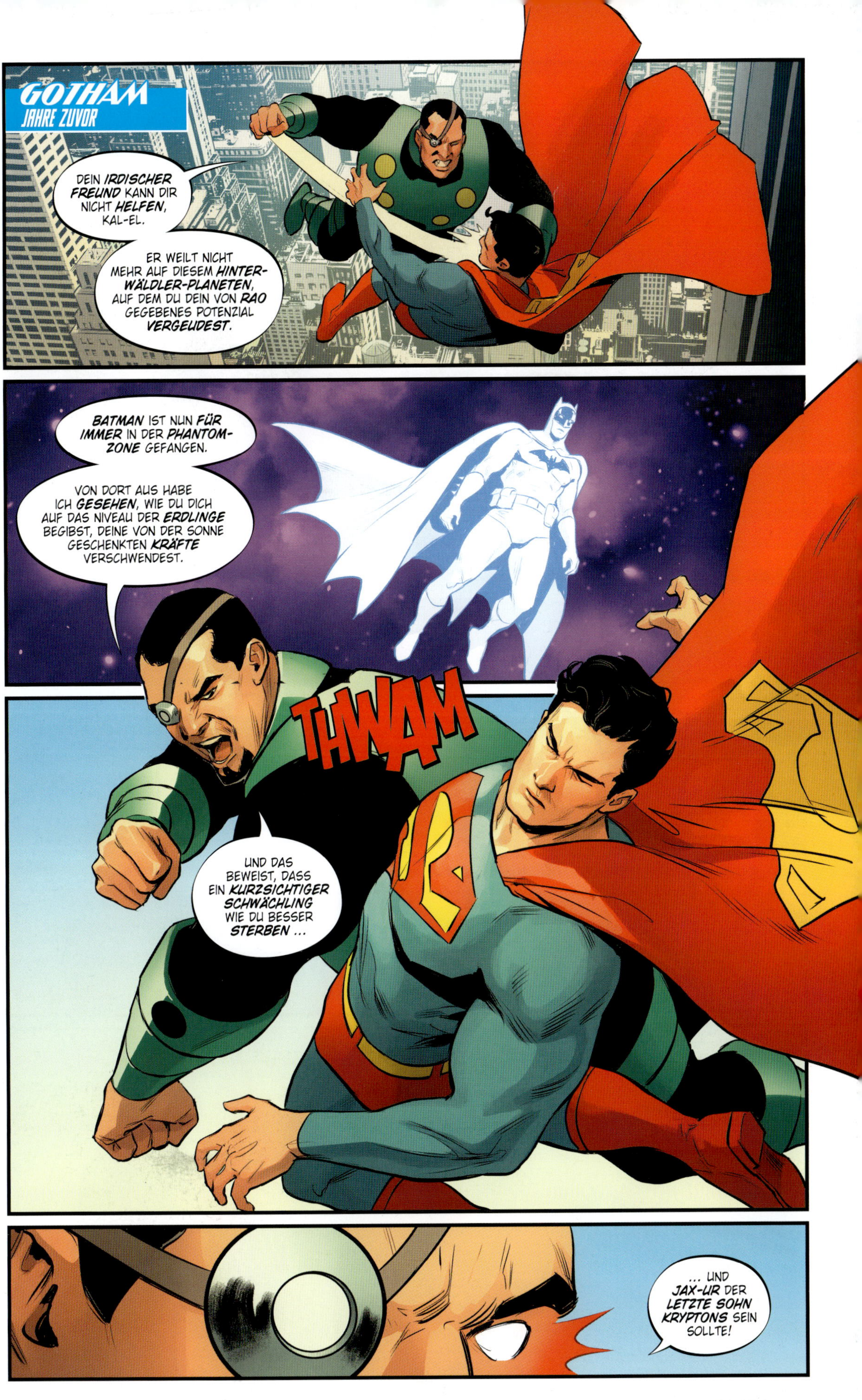

BATMAN IST NUN FÜR IMMER IN DER PHANTOM-ZONE GEFANGEN.
VON DORT AUS HABE ICH GESEHEN, WIE DU DICH AUF DAS NIVEAU DER ERDLINGE BEGIBST, DEINE VON DER SONNE GESCHENKTEN KRÄFTE VERSCHWENDEST.
THWAM
UND DAS BEWEIST, DASS EIN KURZSICHTIGER SCHWÄCHLING WIE DU BESSER STERBEN ...

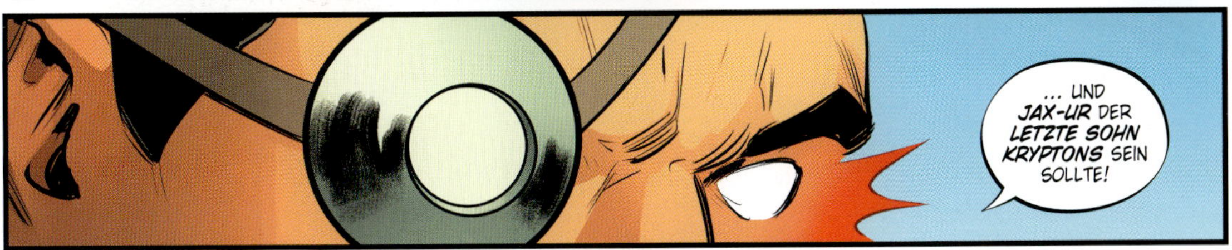
... UND JAX-UR DER LETZTE SOHN KRYPTONS SEIN SOLLTE!

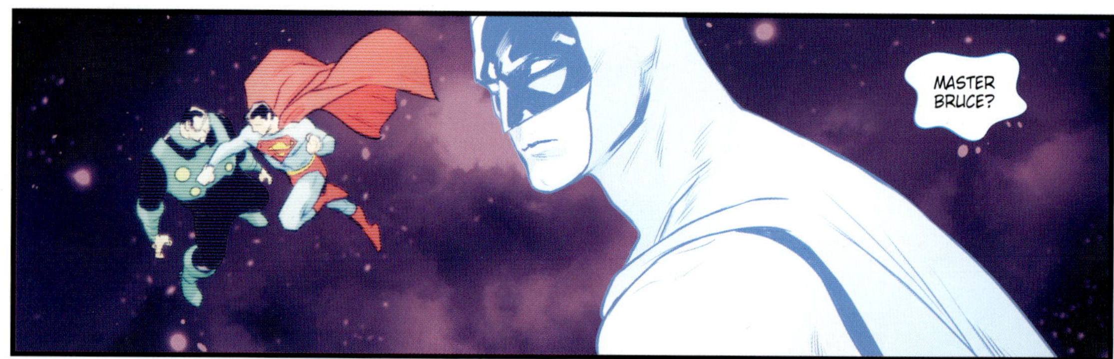
MASTER BRUCE?

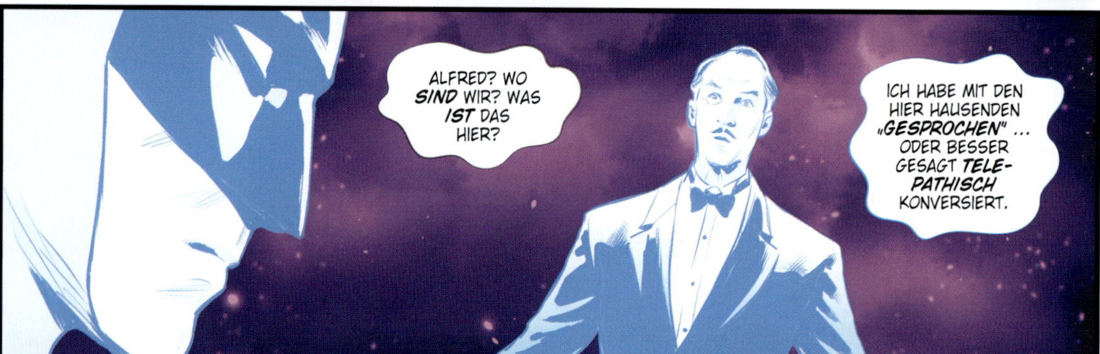
ALFRED? WO *SIND* WIR? WAS *IST* DAS HIER?
ICH HABE MIT DEN HIER HAUSENDEN „*GESPROCHEN*“ ... ODER BESSER GESAGT *TELE-PATHISCH* KONVERSIERT.

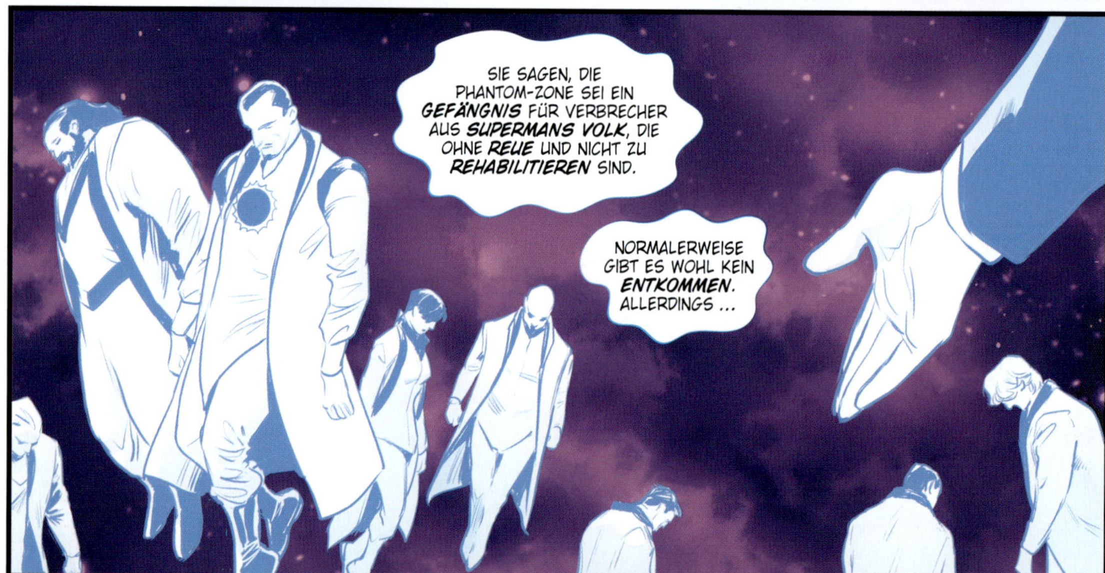
SIE SAGEN, DIE PHANTOM-ZONE SEI EIN *GEFÄNGNIS* FÜR VERBRECHER AUS *SUPERMANS VOLK*, DIE OHNE *REUE* UND NICHT ZU *REHABILITIEREN* SIND.
NORMALERWEISE GIBT ES WOHL KEIN *ENTKOMMEN*. ALLERDINGS ...

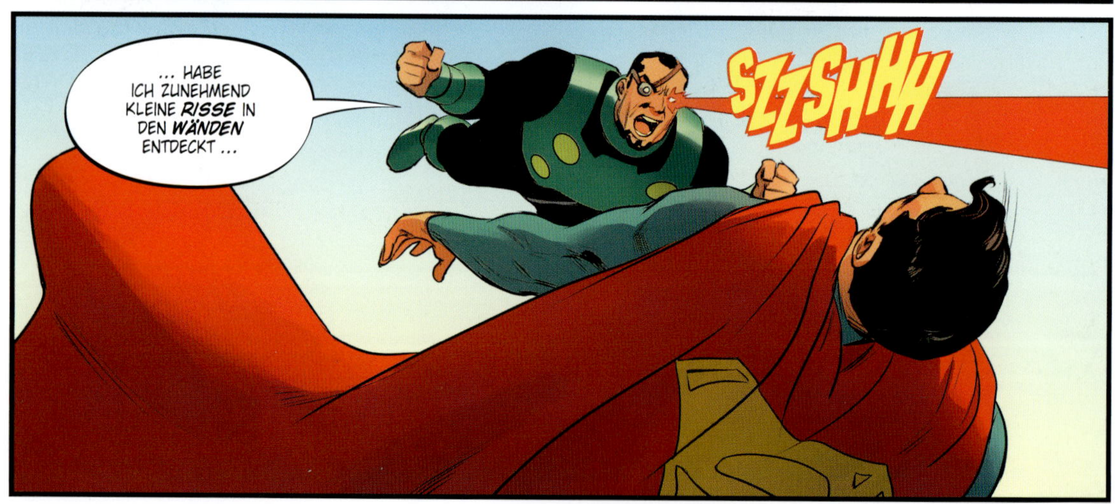
... HABE ICH ZUNEHMEND KLEINE *RISSE* IN DEN *WÄNDEN* ENTDECKT ...
SZZSHHH

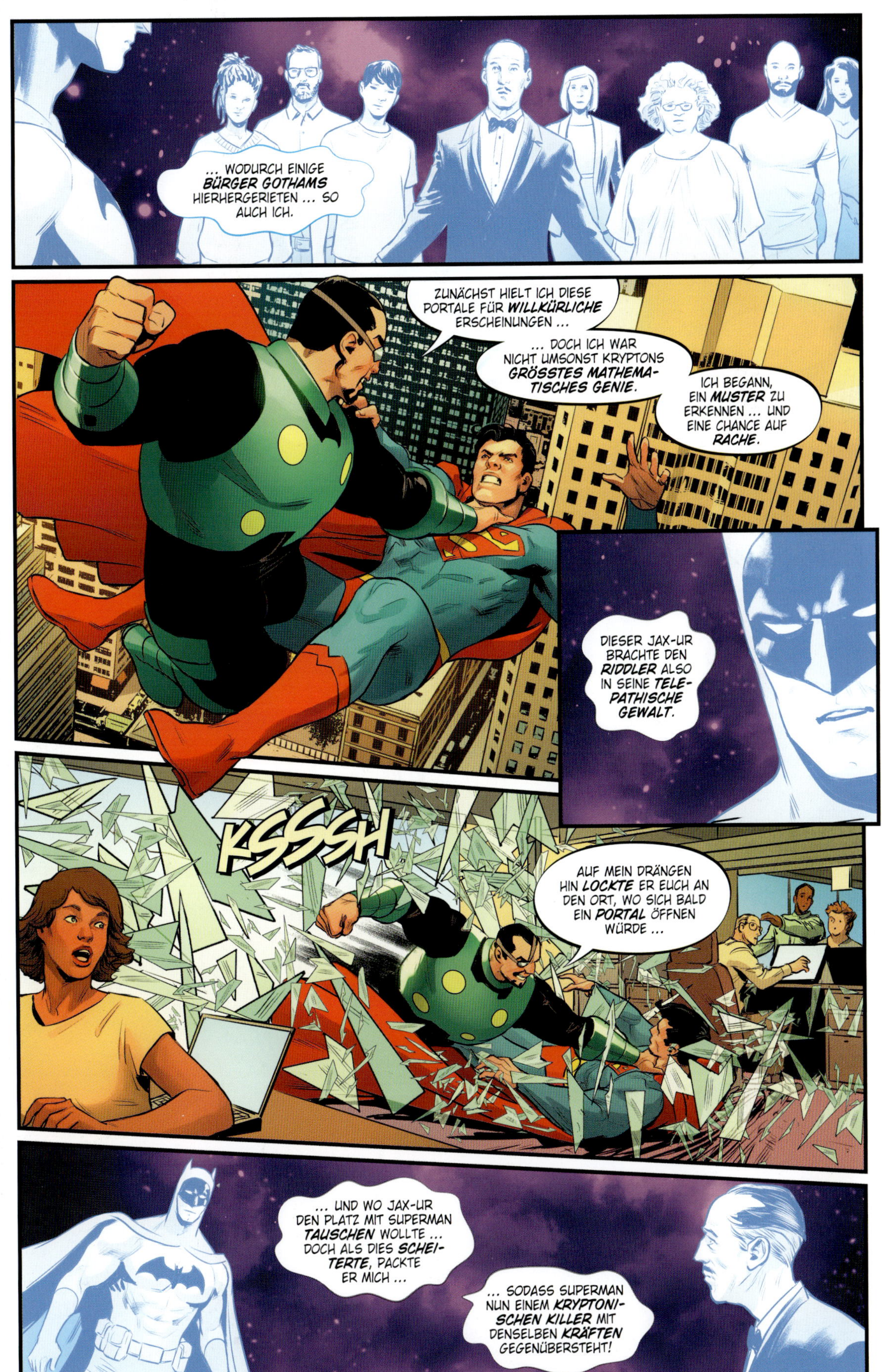
… WODURCH EINIGE BÜRGER GOTHAMS HIERHERGERIETEN … SO AUCH ICH.
ZUNÄCHST HIELT ICH DIESE PORTALE FÜR WILLKÜRLICHE ERSCHEINUNGEN …
… DOCH ICH WAR NICHT UMSONST KRYPTONS GRÖSSTES MATHEMATISCHES GENIE.
ICH BEGANN, EIN MUSTER ZU ERKENNEN … UND EINE CHANCE AUF RACHE.
DIESER JAX-UR BRACHTE DEN RIDDLER ALSO IN SEINE TELEPATHISCHE GEWALT.
KSSSH
AUF MEIN DRÄNGEN HIN LOCKTE ER EUCH AN DEN ORT, WO SICH BALD EIN PORTAL ÖFFNEN WÜRDE …
… UND WO JAX-UR DEN PLATZ MIT SUPERMAN TAUSCHEN WOLLTE … DOCH ALS DIES SCHEITERTE, PACKTE ER MICH …
… SODASS SUPERMAN NUN EINEM KRYPTONISCHEN KILLER MIT DENSELBEN KRÄFTEN GEGENÜBERSTEHT!

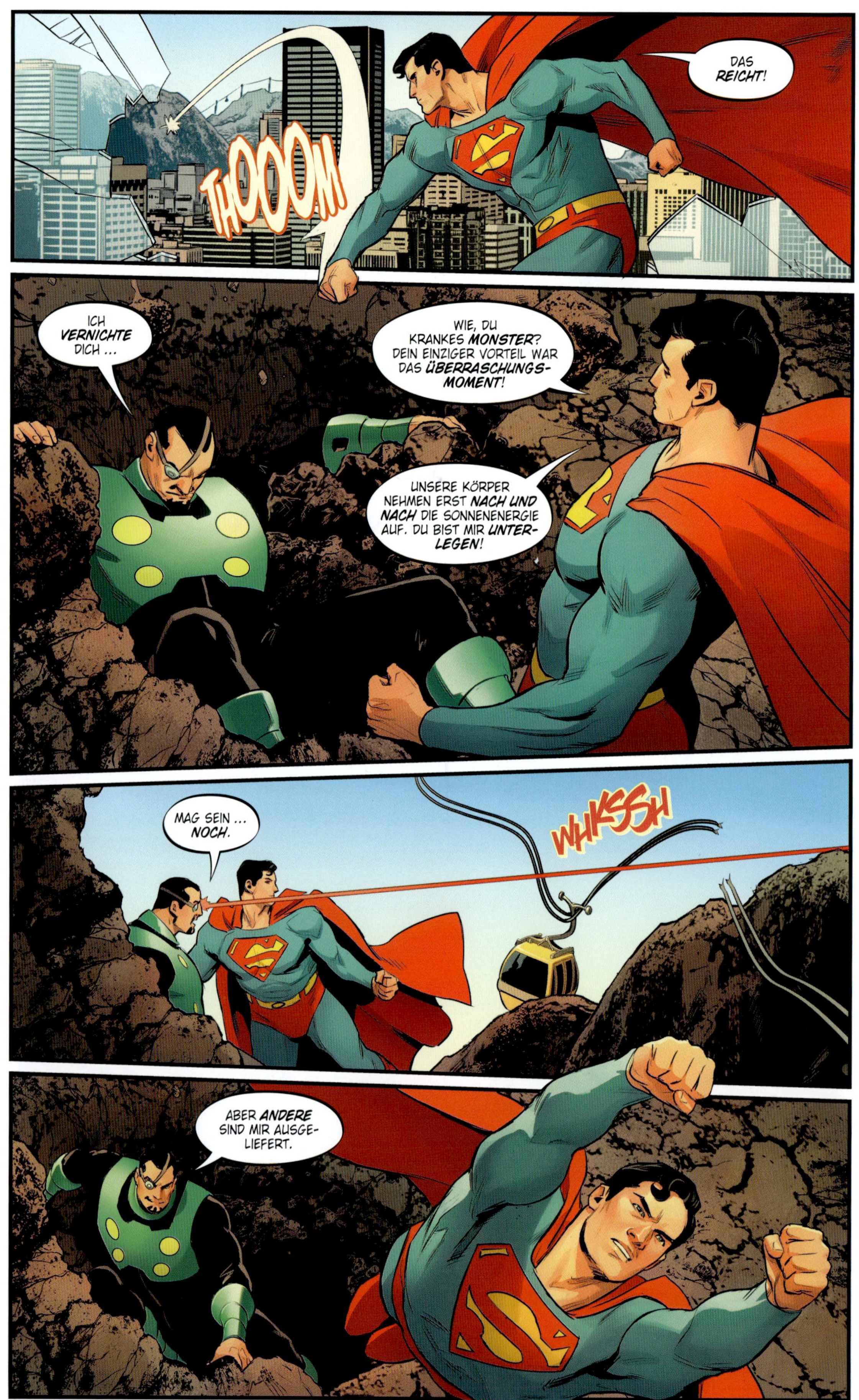
DAS REICHT!
THOOOM
ICH VERNICHTE DICH …
WIE, DU KRANKES MONSTER? DEIN EINZIGER VORTEIL WAR DAS ÜBERRASCHUNGS-MOMENT!
UNSERE KÖRPER NEHMEN ERST NACH UND NACH DIE SONNENENERGIE AUF. DU BIST MIR UNTER-LEGEN!
MAG SEIN … NOCH.
WHKSSH
ABER ANDERE SIND MIR AUSGE-LIEFERT.

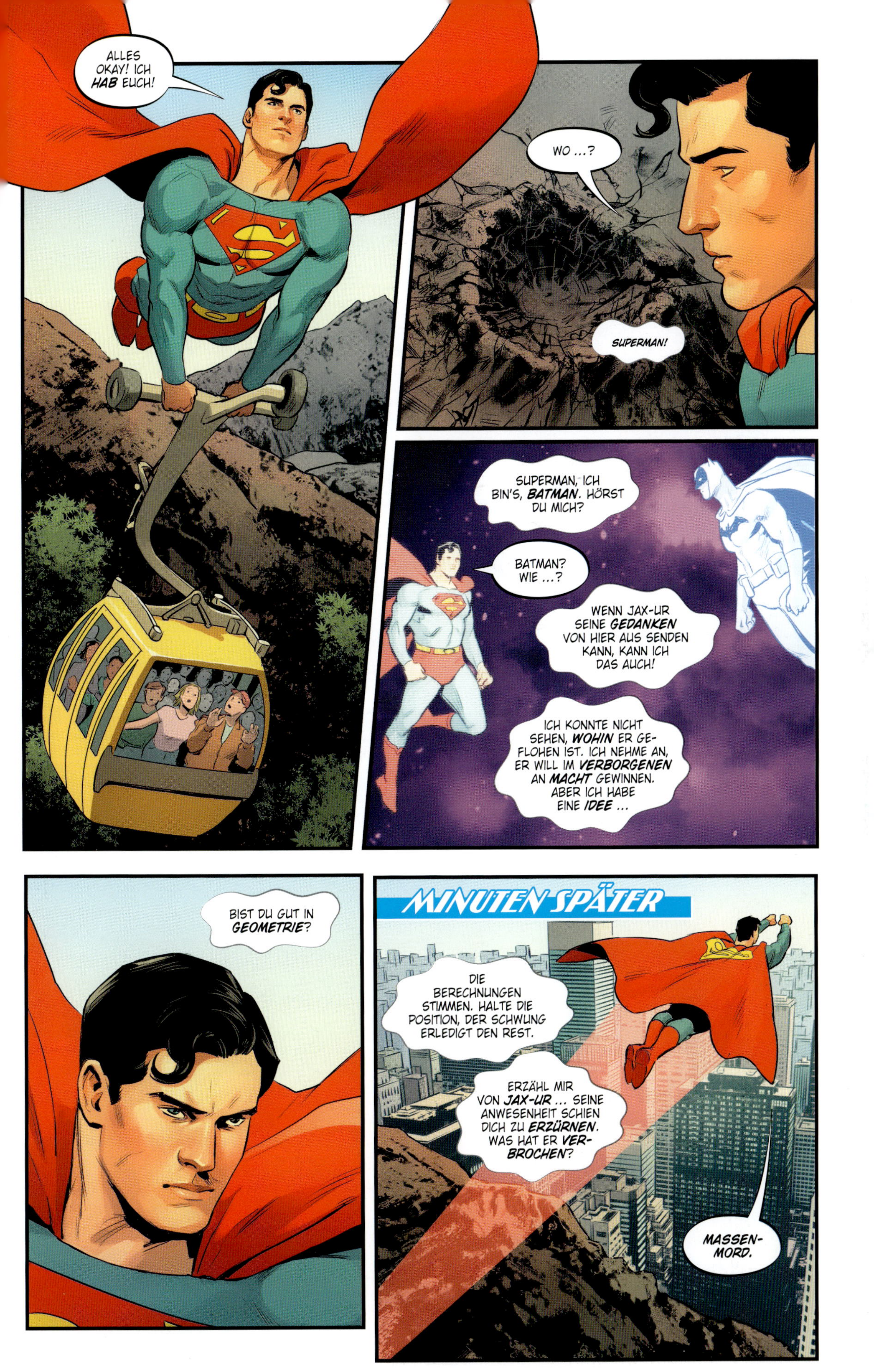

ALLES OKAY! ICH HAB EUCH!
WO ...?
SUPERMAN!
SUPERMAN, ICH BIN'S, BATMAN. HÖRST DU MICH?
BATMAN? WIE ...?
WENN JAX-UR SEINE GEDANKEN VON HIER AUS SENDEN KANN, KANN ICH DAS AUCH!
ICH KONNTE NICHT SEHEN, WOHIN ER GEFLOHEN IST. ICH NEHME AN, ER WILL IM VERBORGENEN AN MACHT GEWINNEN. ABER ICH HABE EINE IDEE ...

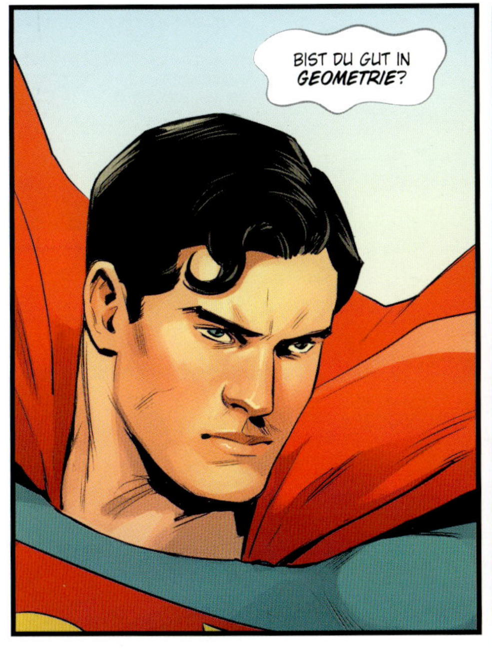
BIST DU GUT IN GEOMETRIE?

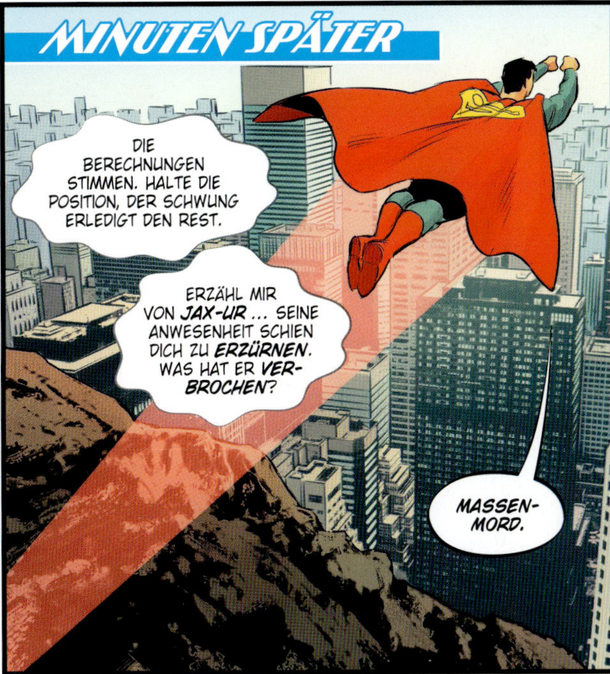
MINUTEN SPÄTER
DIE BERECHNUNGEN STIMMEN. HALTE DIE POSITION, DER SCHWUNG ERLEDIGT DEN REST.
ERZÄHL MIR VON JAX-UR ... SEINE ANWESENHEIT SCHIEN DICH ZU ERZÜRNEN. WAS HAT ER VERBROCHEN?
MASSENMORD.

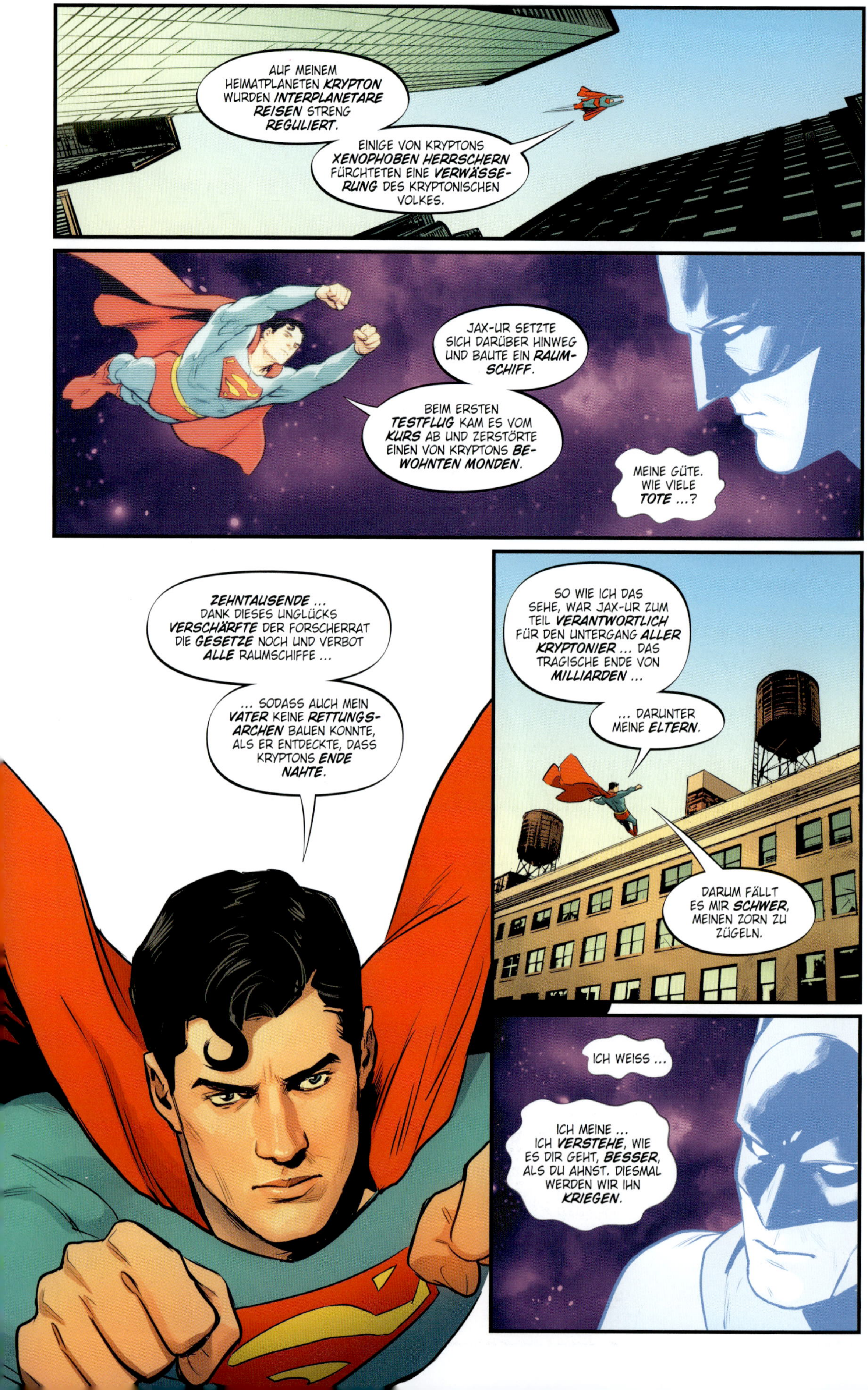

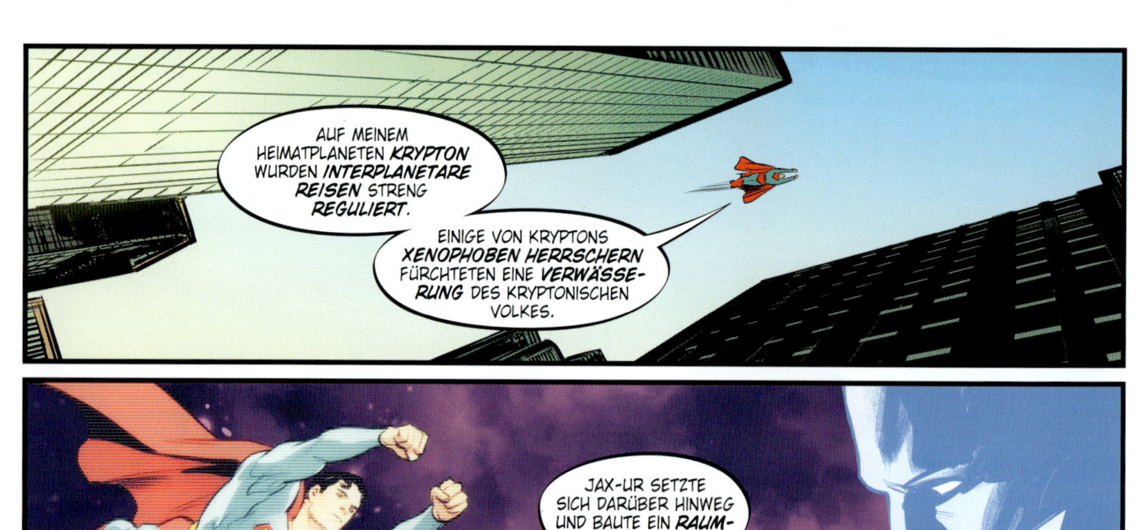
AUF MEINEM HEIMATPLANETEN **KRYPTON** WURDEN **INTERPLANETARE REISEN** STRENG **REGULIERT**.
EINIGE VON KRYPTONS **XENOPHOBEN HERRSCHERN** FÜRCHTETEN EINE **VERWÄSSERUNG** DES KRYPTONISCHEN VOLKES.

JAX-UR SETZTE SICH DARÜBER HINWEG UND BAUTE EIN **RAUMSCHIFF**.
BEIM ERSTEN **TESTFLUG** KAM ES VOM **KURS** AB UND ZERSTÖRTE EINEN VON KRYPTONS **BEWOHNTEN MONDEN**.
MEINE GÜTE. WIE VIELE **TOTE** ...?
ZEHNTAUSENDE ... DANK DIESES UNGLÜCKS **VERSCHÄRFTE** DER FORSCHERRAT DIE **GESETZE** NOCH UND VERBOT **ALLE** RAUMSCHIFFE ...
... SODASS AUCH MEIN **VATER** KEINE **RETTUNGSARCHEN** BAUEN KONNTE, ALS ER ENTDECKTE, DASS KRYPTONS **ENDE NAHTE**.
SO WIE ICH DAS SEHE, WAR JAX-UR ZUM TEIL **VERANTWORTLICH** FÜR DEN UNTERGANG **ALLER KRYPTONIER** ... DAS TRAGISCHE ENDE VON **MILLIARDEN** ...
... DARUNTER MEINE **ELTERN**.
DARUM FÄLLT ES MIR **SCHWER**, MEINEN ZORN ZU ZÜGELN.
ICH WEISS ...
ICH MEINE ... ICH **VERSTEHE**, WIE ES DIR GEHT, **BESSER**, ALS DU AHNST. DIESMAL WERDEN WIR IHN **KRIEGEN**.

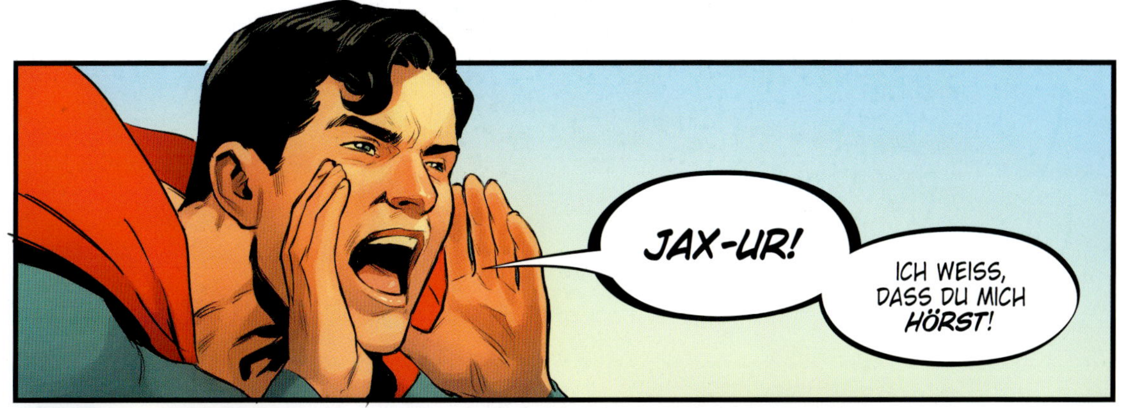
JAX-UR!
ICH WEISS, DASS DU MICH HÖRST!

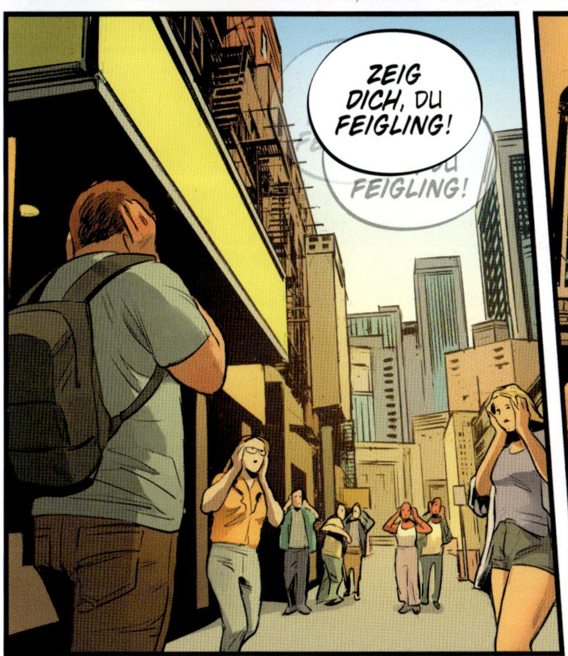
ZEIG DICH, DU FEIGLING!

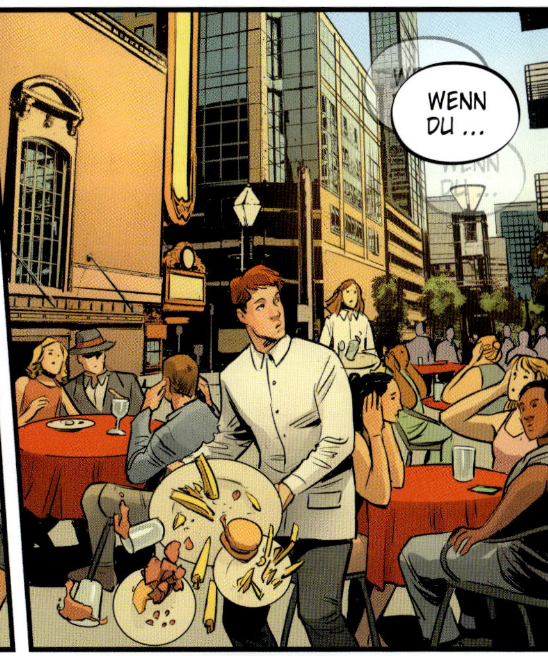
WENN DU ...

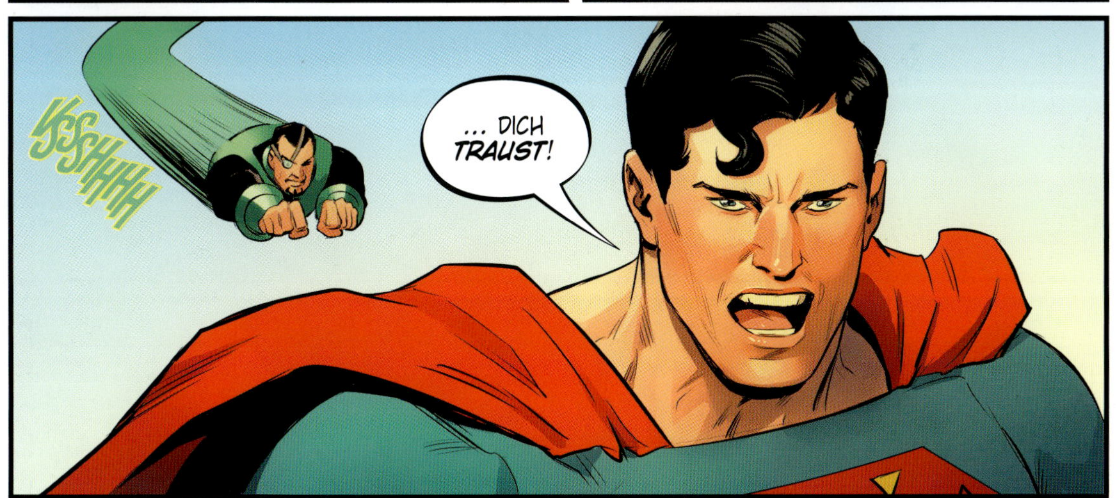
VSSHHHH
... DICH TRAUST!

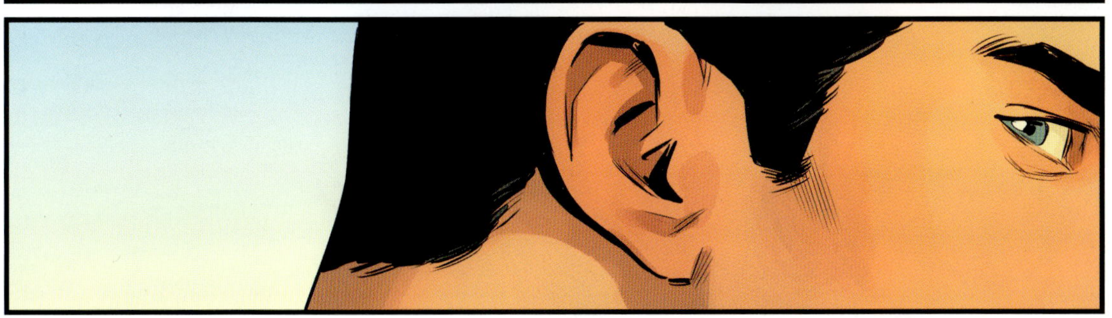

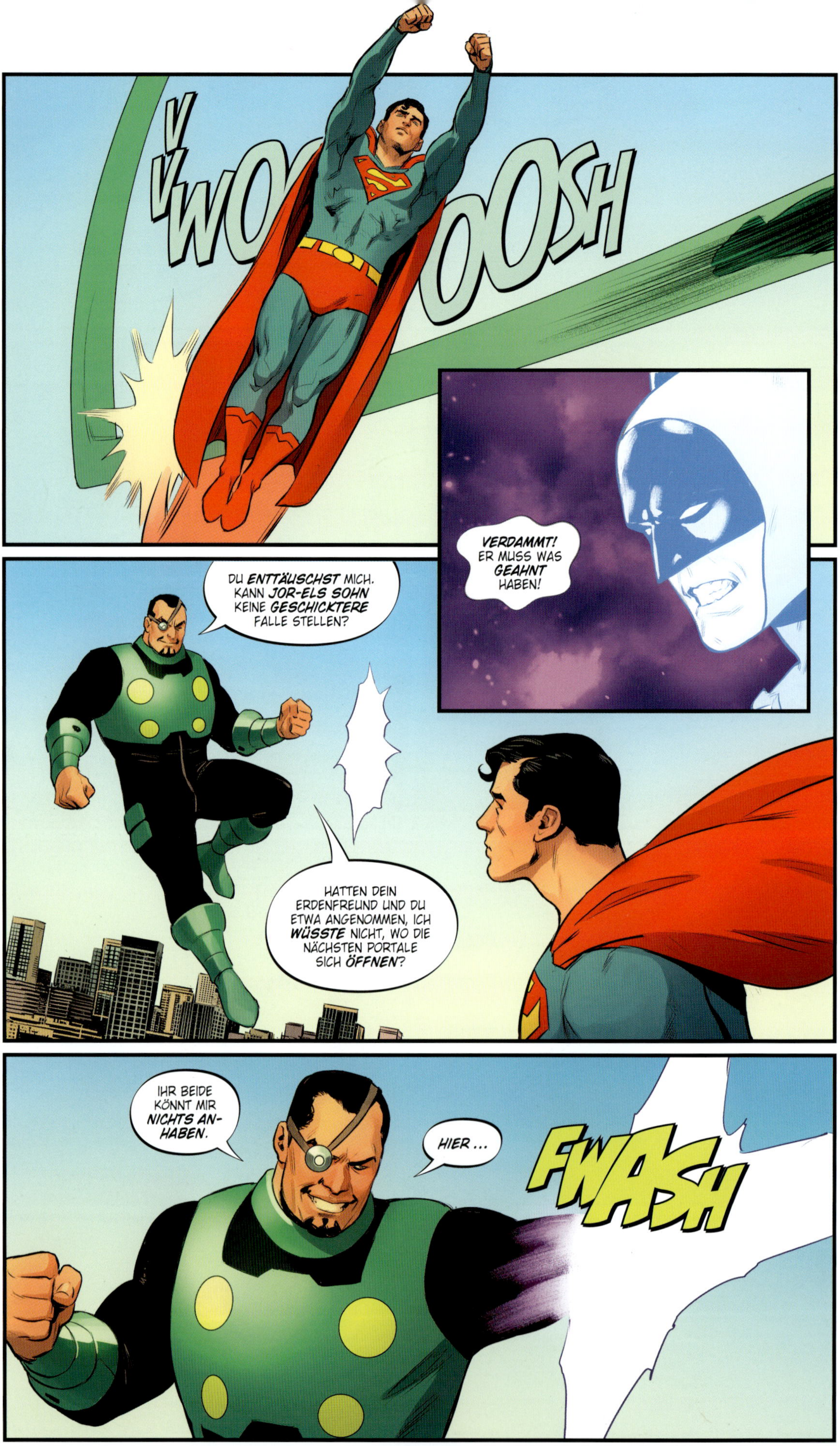

VVWO OOSH

VERDAMMT! ER MUSS WAS GEAHNT HABEN!

DU ENTTÄUSCHST MICH. KANN JOR-ELS SOHN KEINE GESCHICKTERE FALLE STELLEN?

HATTEN DEIN ERDENFREUND UND DU ETWA ANGENOMMEN, ICH WÜSSTE NICHT, WO DIE NÄCHSTEN PORTALE SICH ÖFFNEN?

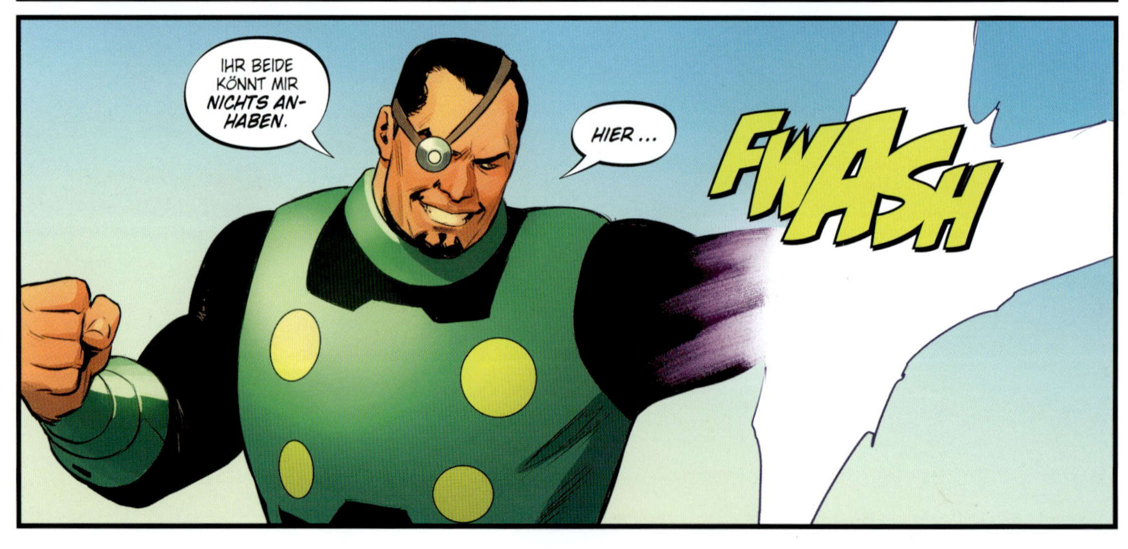

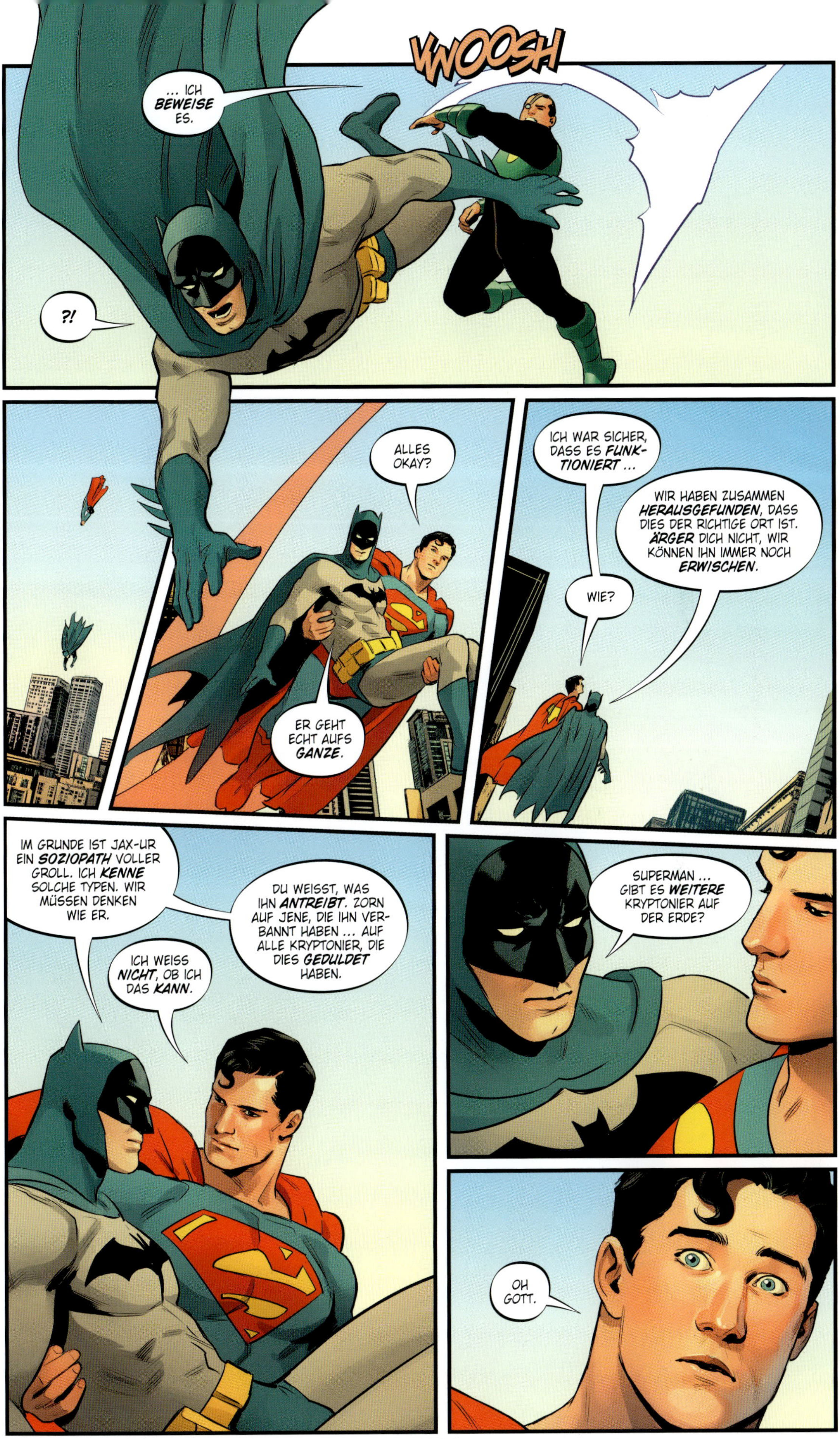

VWOOSH
... ICH *BEWEISE* ES.
?!
ALLES OKAY?
ER GEHT ECHT AUFS *GANZE*.
ICH WAR SICHER, DASS ES *FUNKTIONIERT* ...
WIE?
WIR HABEN ZUSAMMEN *HERAUSGEFUNDEN*, DASS DIES DER RICHTIGE ORT IST. *ÄRGER* DICH NICHT, WIR KÖNNEN IHN IMMER NOCH *ERWISCHEN*.
IM GRUNDE IST JAX-UR EIN *SOZIOPATH* VOLLER GROLL. ICH *KENNE* SOLCHE TYPEN. WIR MÜSSEN DENKEN WIE ER.
ICH WEISS *NICHT*, OB ICH DAS *KANN*.
DU WEISST, WAS IHN *ANTREIBT*. ZORN AUF JENE, DIE IHN VERBANNT HABEN ... AUF ALLE KRYPTONIER, DIE DIES *GEDULDET* HABEN.
SUPERMAN ... GIBT ES *WEITERE* KRYPTONIER AUF DER ERDE?

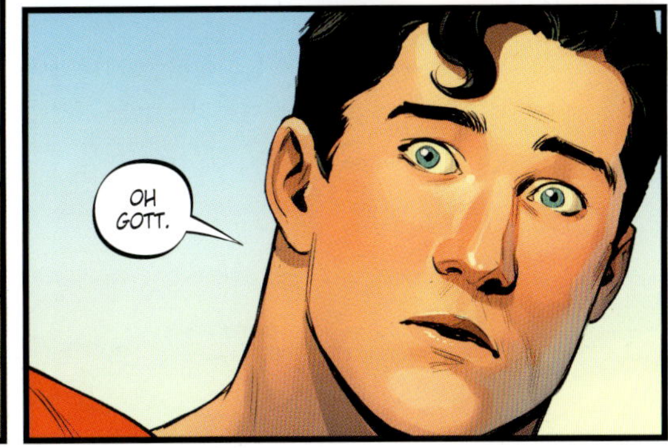

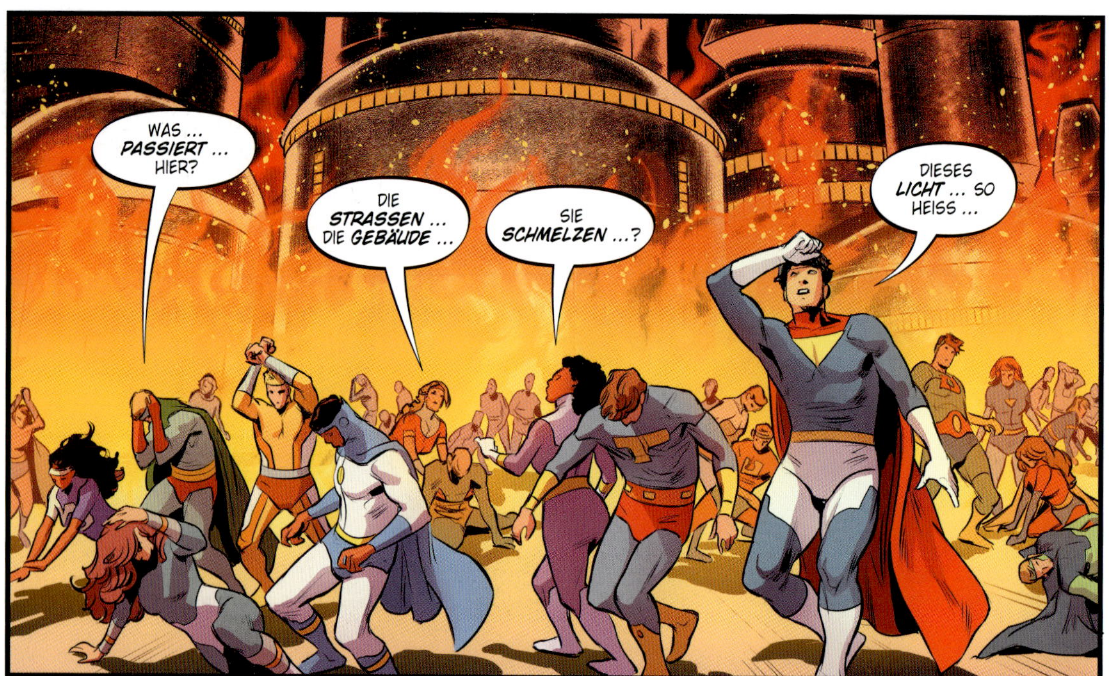
WAS ... PASSIERT ... HIER?
DIE STRASSEN ... DIE GEBÄUDE ...
SIE SCHMELZEN ...?
DIESES LICHT ... SO HEISS ...

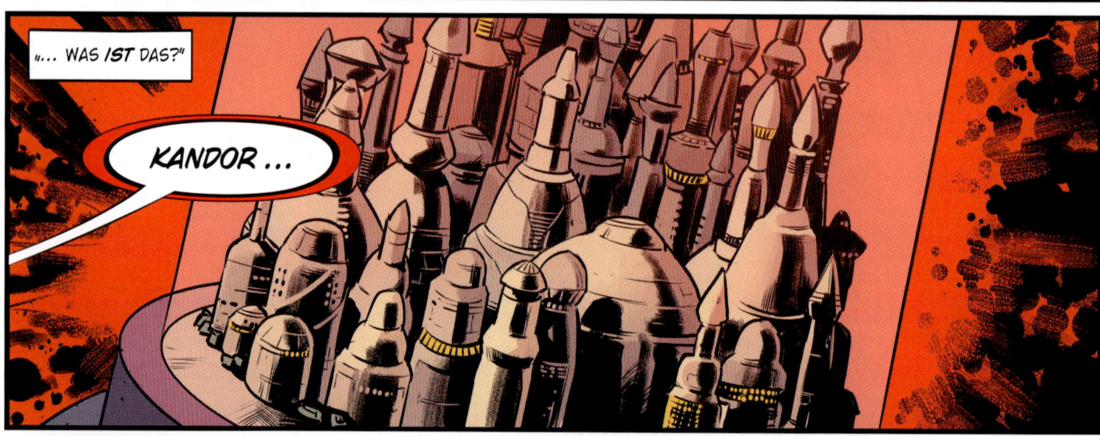
„... WAS IST DAS?"
KANDOR ...

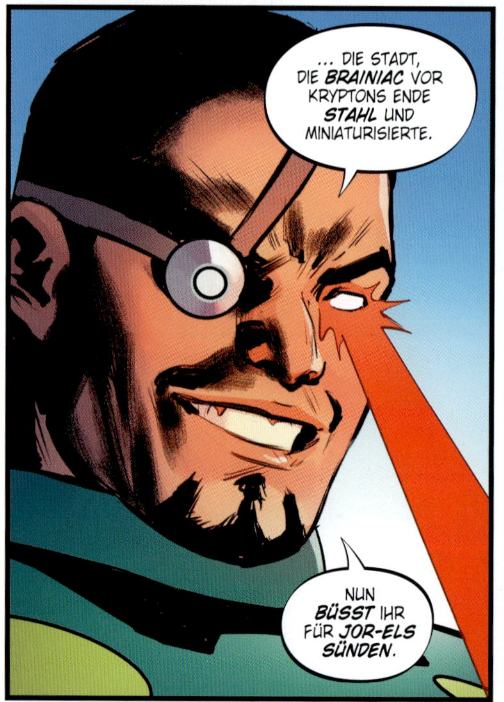
... DIE STADT, DIE BRAINIAC VOR KRYPTONS ENDE STAHL UND MINIATURISIERTE.
NUN BÜSST IHR FÜR JOR-ELS SÜNDEN.

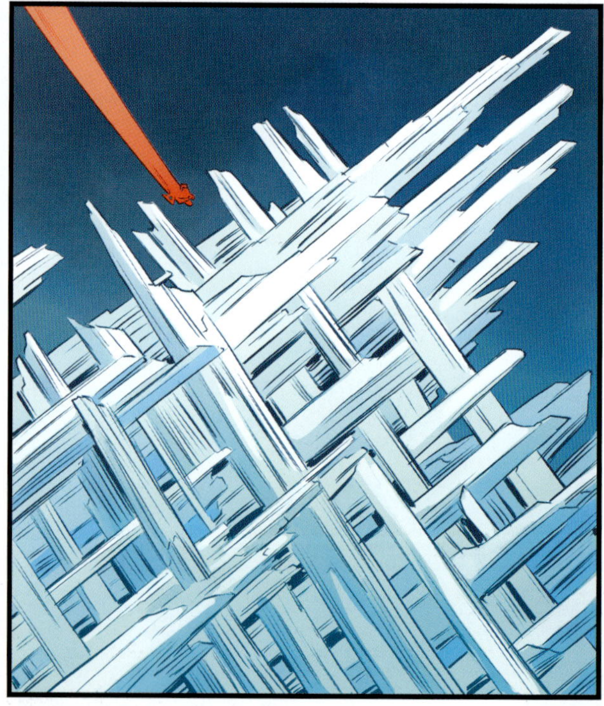

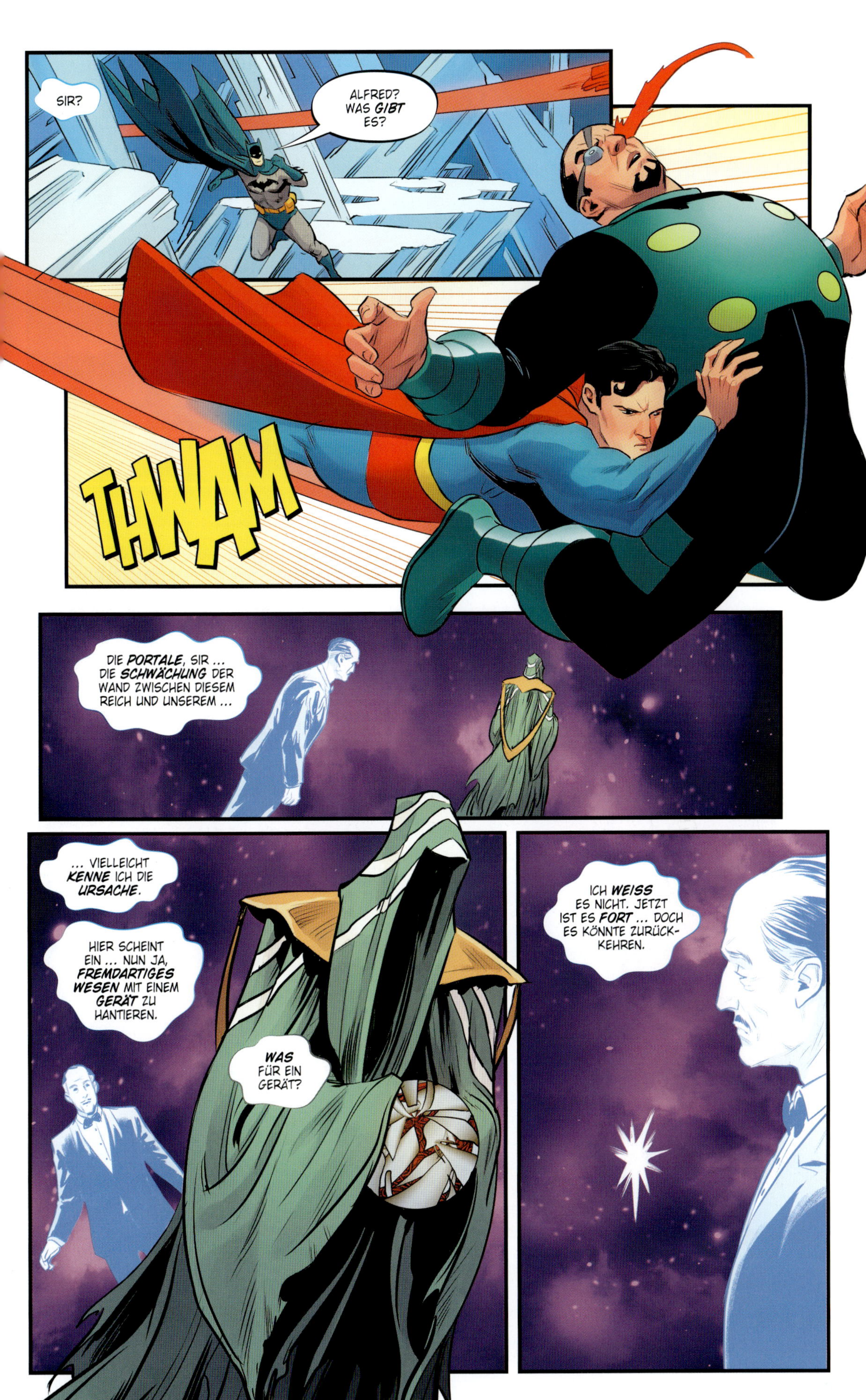
SIR?
ALFRED? WAS GIBT ES?
THWAM
DIE PORTALE, SIR … DIE SCHWÄCHUNG DER WAND ZWISCHEN DIESEM REICH UND UNSEREM …
… VIELLEICHT KENNE ICH DIE URSACHE.
HIER SCHEINT EIN … NUN JA, FREMDARTIGES WESEN MIT EINEM GERÄT ZU HANTIEREN.
WAS FÜR EIN GERÄT?
ICH WEISS ES NICHT. JETZT IST ES FORT … DOCH ES KÖNNTE ZURÜCK-KEHREN.

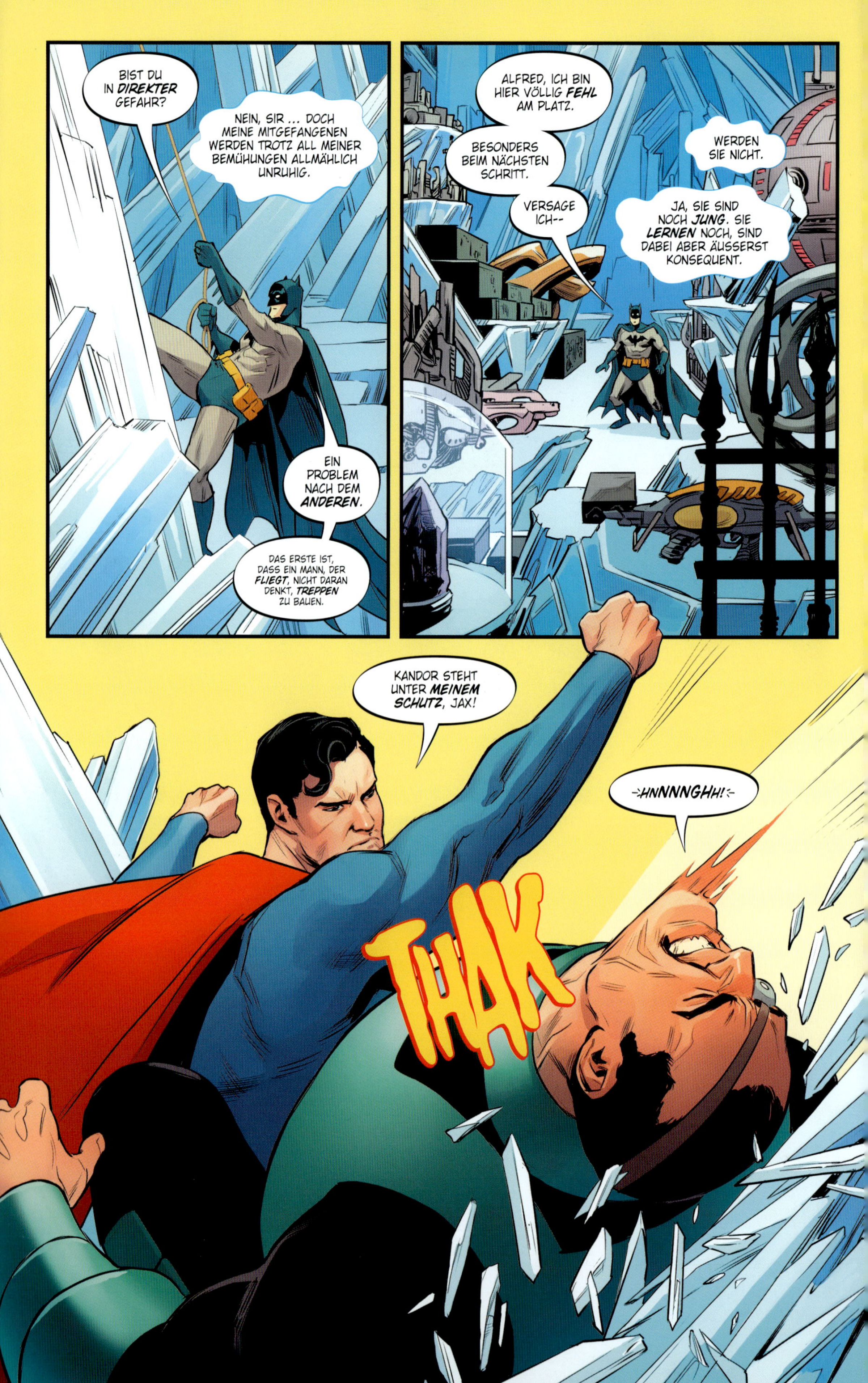
BIST DU IN DIREKTER GEFAHR?
NEIN, SIR ... DOCH MEINE MITGEFANGENEN WERDEN TROTZ ALL MEINER BEMÜHUNGEN ALLMÄHLICH UNRUHIG.
EIN PROBLEM NACH DEM ANDEREN.
DAS ERSTE IST, DASS EIN MANN, DER FLIEGT, NICHT DARAN DENKT, TREPPEN ZU BAUEN.
ALFRED, ICH BIN HIER VÖLLIG FEHL AM PLATZ.
BESONDERS BEIM NÄCHSTEN SCHRITT.
VERSAGE ICH--
WERDEN SIE NICHT.
JA, SIE SIND NOCH JUNG. SIE LERNEN NOCH, SIND DABEI ABER ÄUSSERST KONSEQUENT.
KANDOR STEHT UNTER MEINEM SCHUTZ, JAX!
HNNNNGHH!
THAK

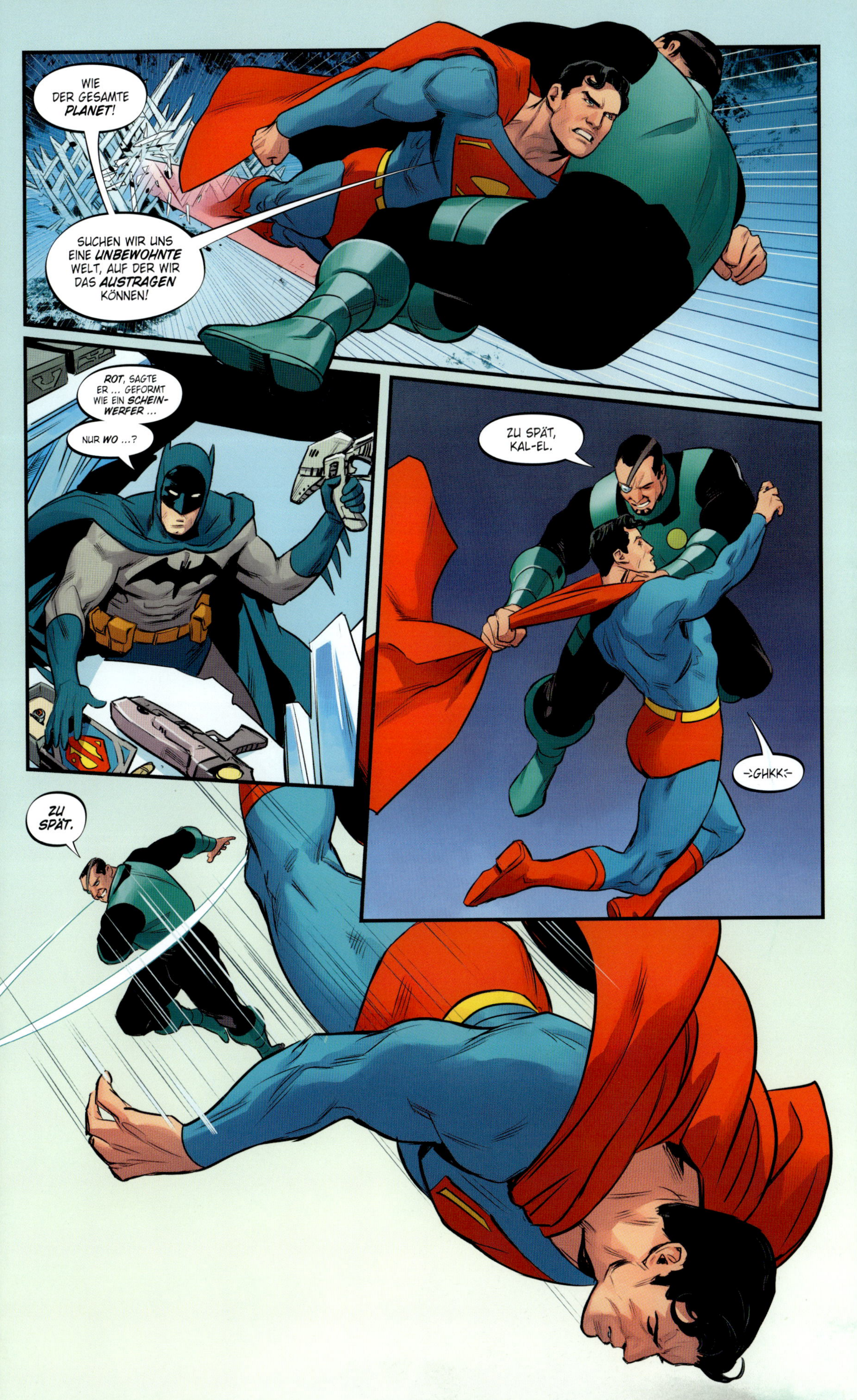
WIE DER GESAMTE PLANET!
SUCHEN WIR UNS EINE UNBEWOHNTE WELT, AUF DER WIR DAS AUSTRAGEN KÖNNEN!
ROT, SAGTE ER ... GEFORMT WIE EIN SCHEINWERFER ...
NUR WO ...?
ZU SPÄT, KAL-EL.
-GHKK-
ZU SPÄT.

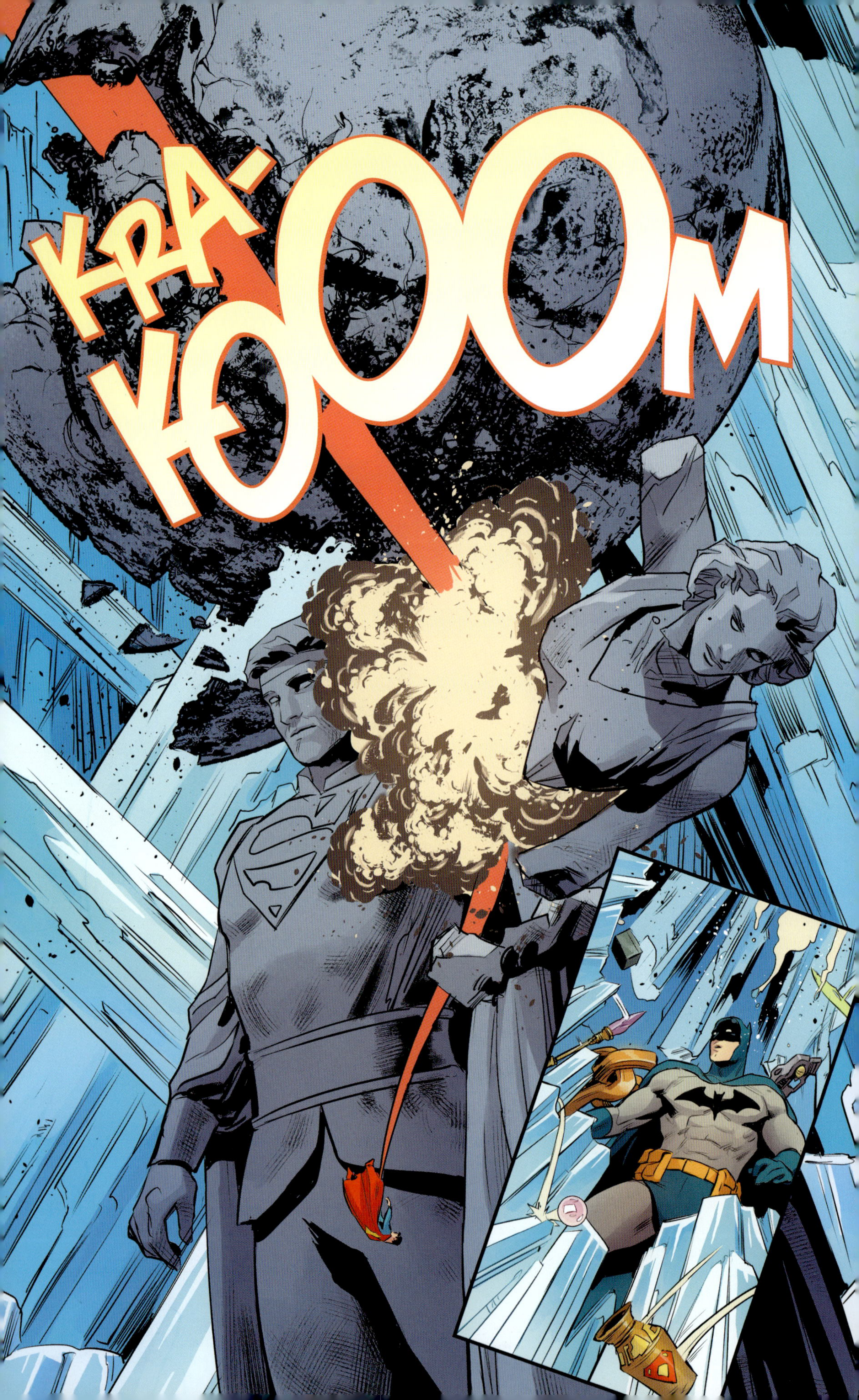
KRA-KOOOOM

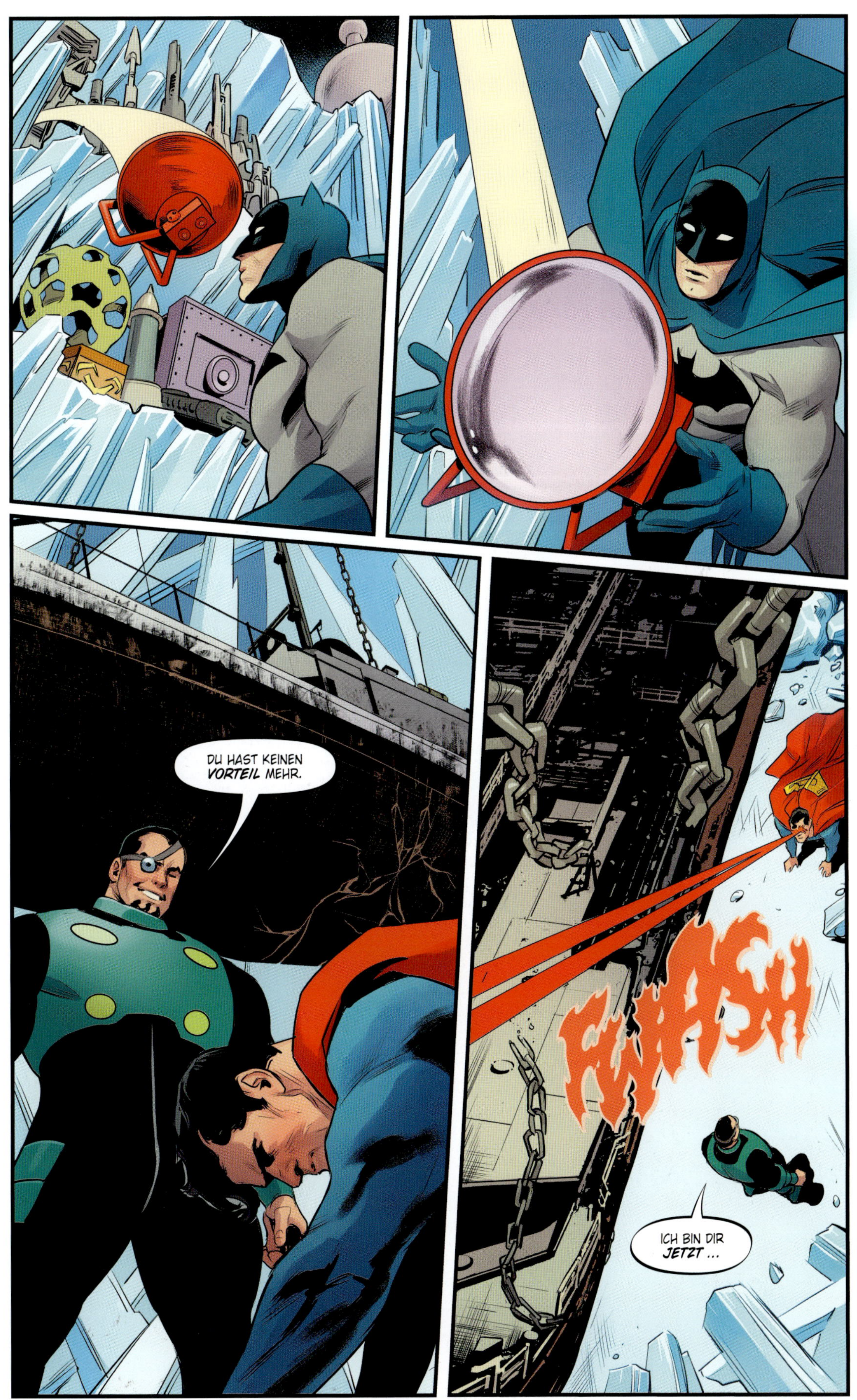
DU HAST KEINEN VORTEIL MEHR.
FWASH
ICH BIN DIR JETZT ...

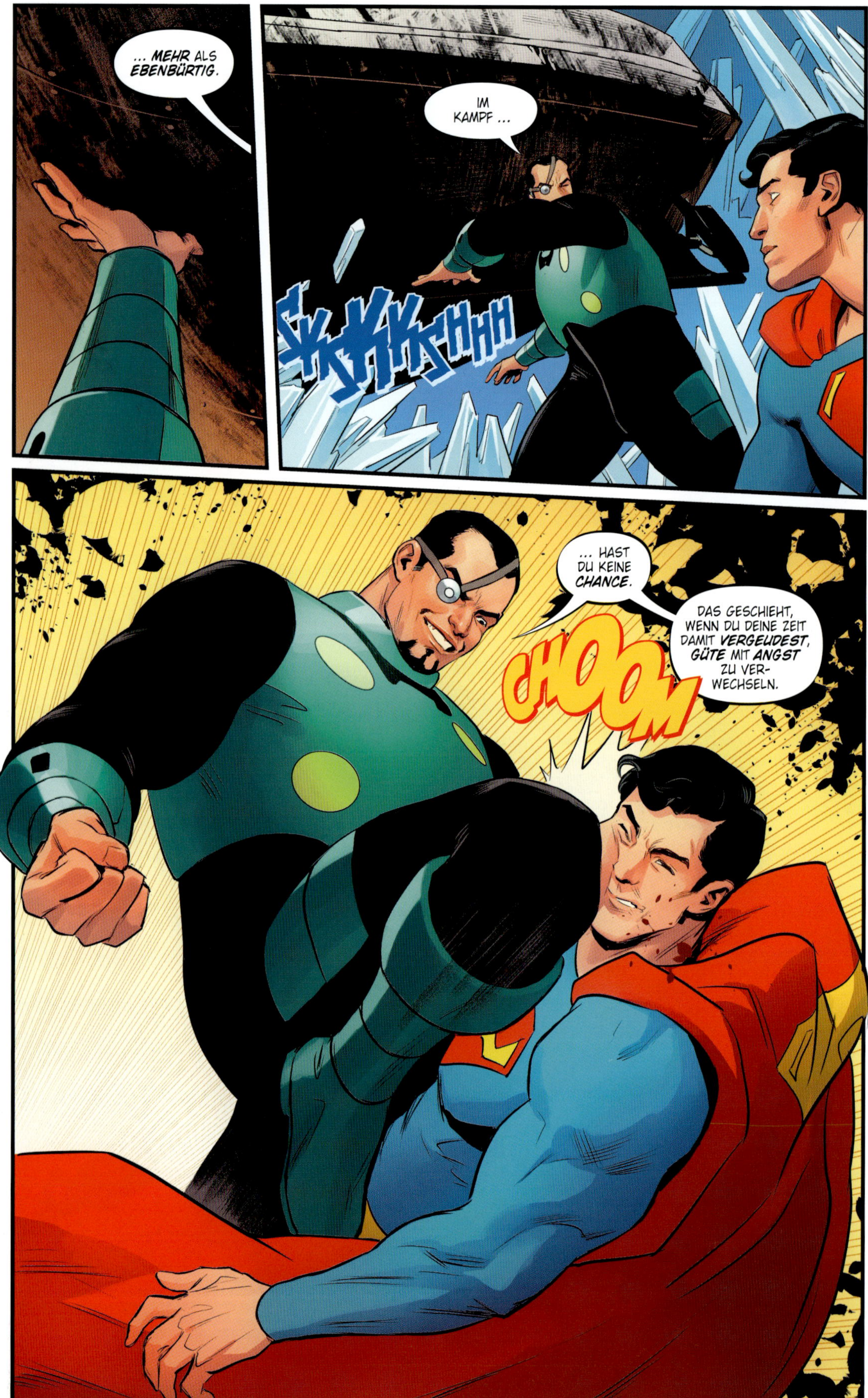
... MEHR ALS EBENBÜRTIG.
IM KAMPF ...
SKKKKSHHH
... HAST DU KEINE CHANCE.
CHOOM
DAS GESCHIEHT, WENN DU DEINE ZEIT DAMIT VERGEUDEST, GÜTE MIT ANGST ZU VERWECHSELN.

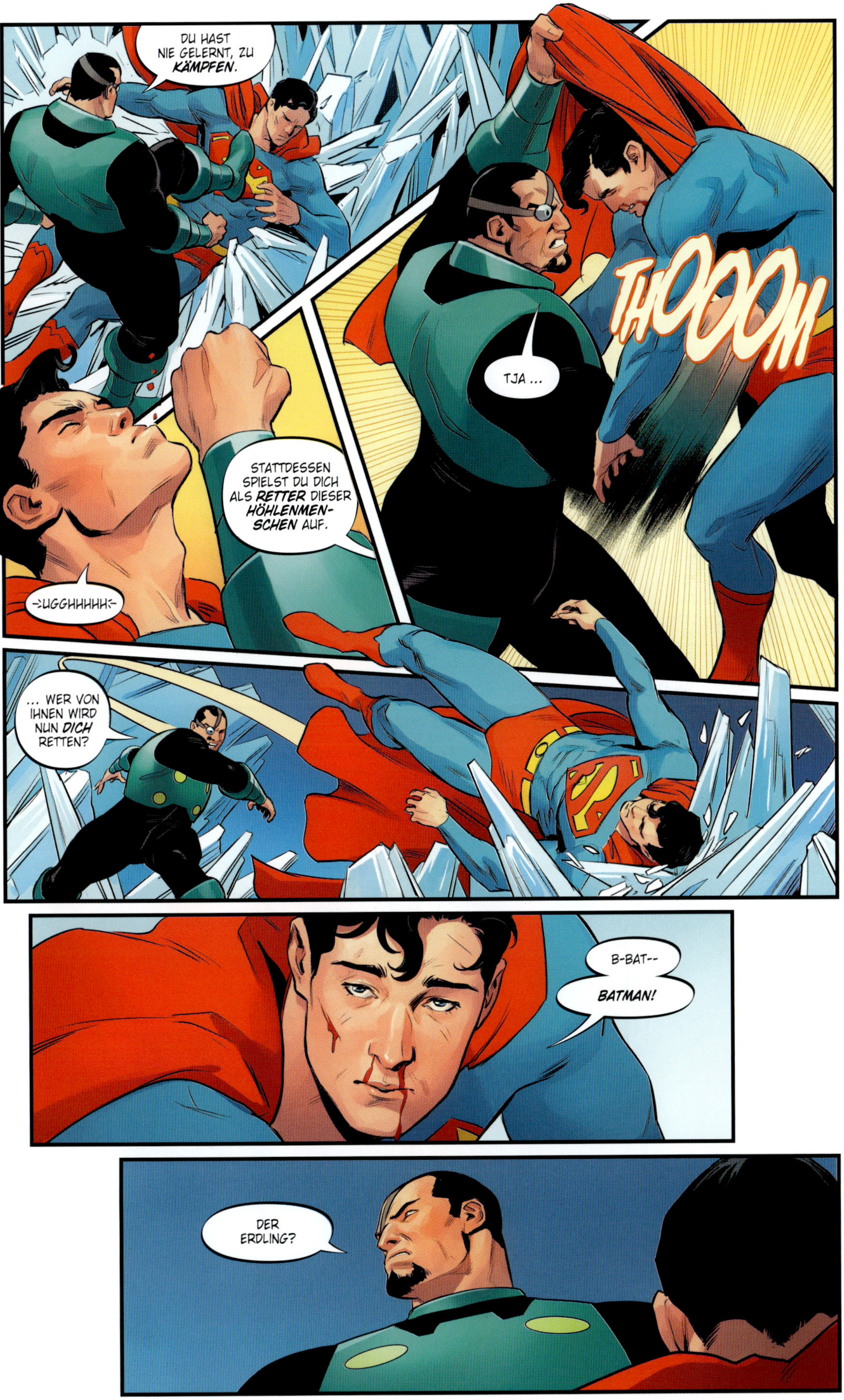

DU HAST NIE GELERNT, ZU ***KÄMPFEN***.

STATTDESSEN SPIELST DU DICH ALS ***RETTER*** DIESER ***HÖHLENMEN-SCHEN*** AUF.

-UGGHHHHH-

TJA ...

THOOOM

... WER VON IHNEN WIRD NUN ***DICH*** RETTEN?

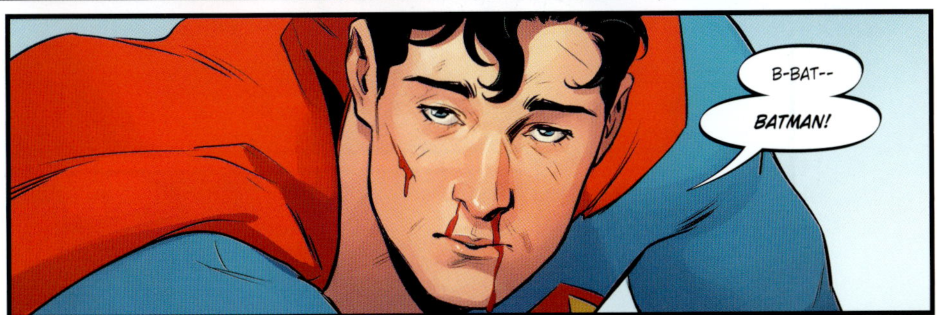

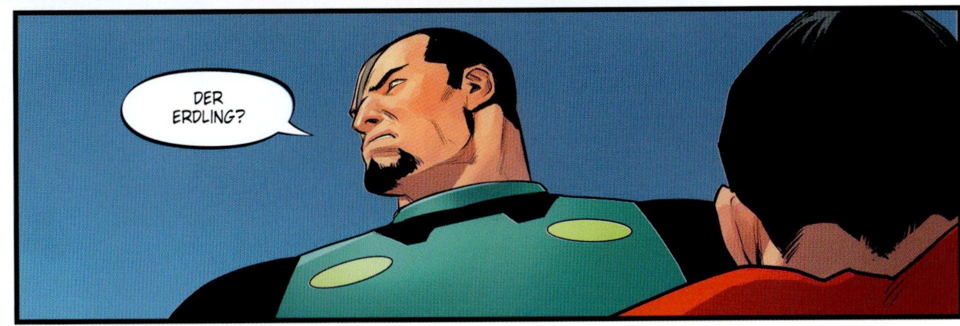

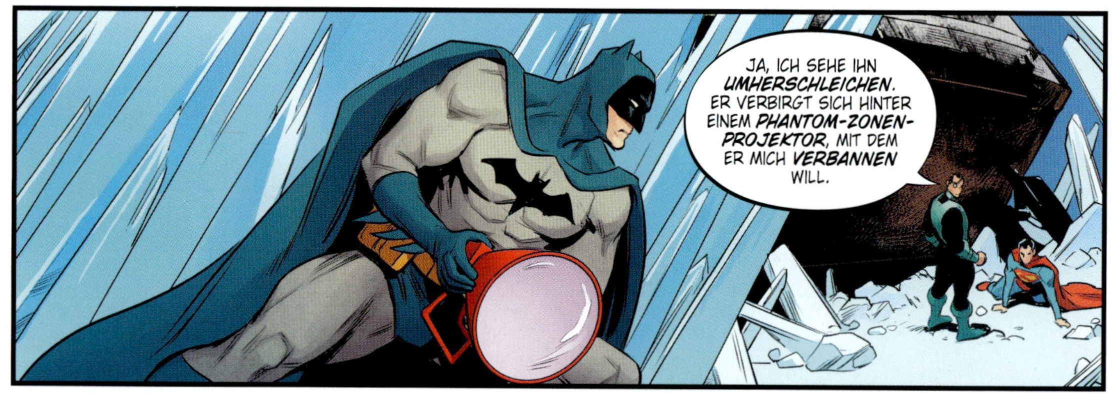
JA, ICH SEHE IHN *UMHERSCHLEICHEN*. ER VERBIRGT SICH HINTER EINEM *PHANTOM-ZONEN-PROJEKTOR*, MIT DEM ER MICH *VERBANNEN* WILL.
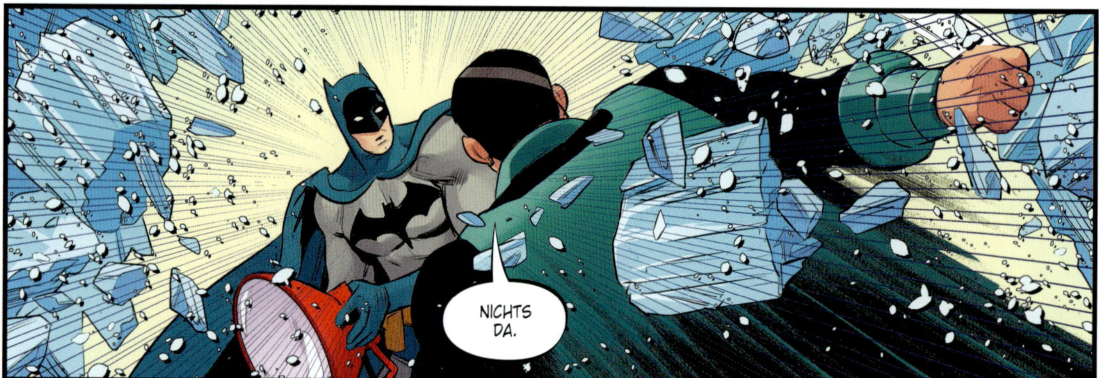
NICHTS DA.
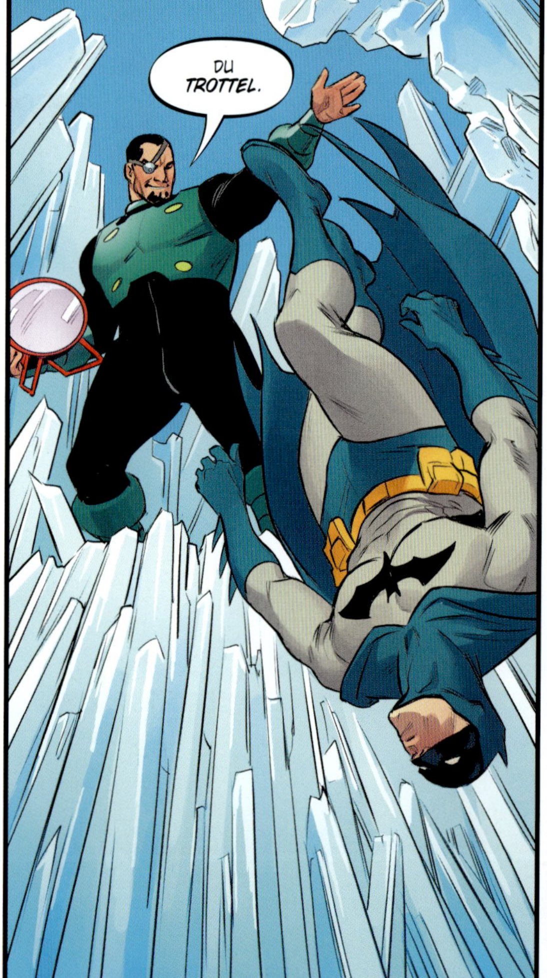
DU *TROTTEL*.
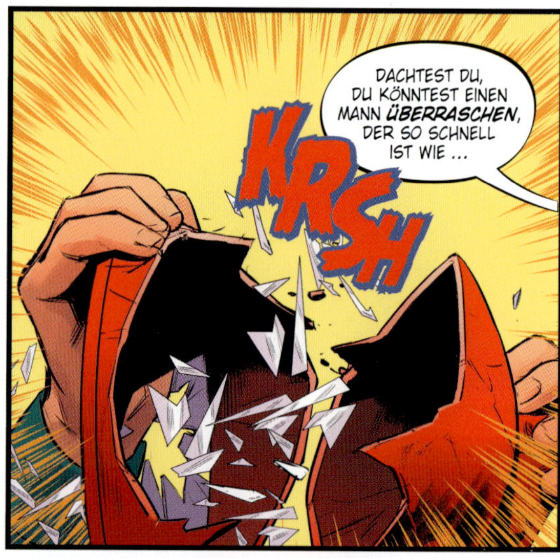
DACHTEST DU, DU KÖNNTEST EINEN MANN *ÜBERRASCHEN*, DER SO SCHNELL IST WIE ...
KRSH
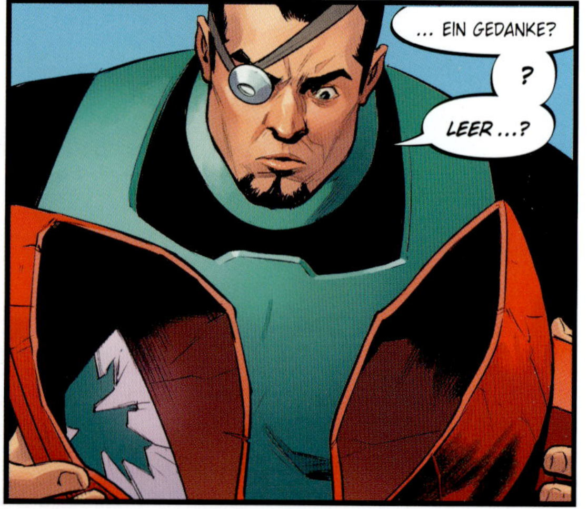
... EIN GEDANKE?
?
LEER ...?

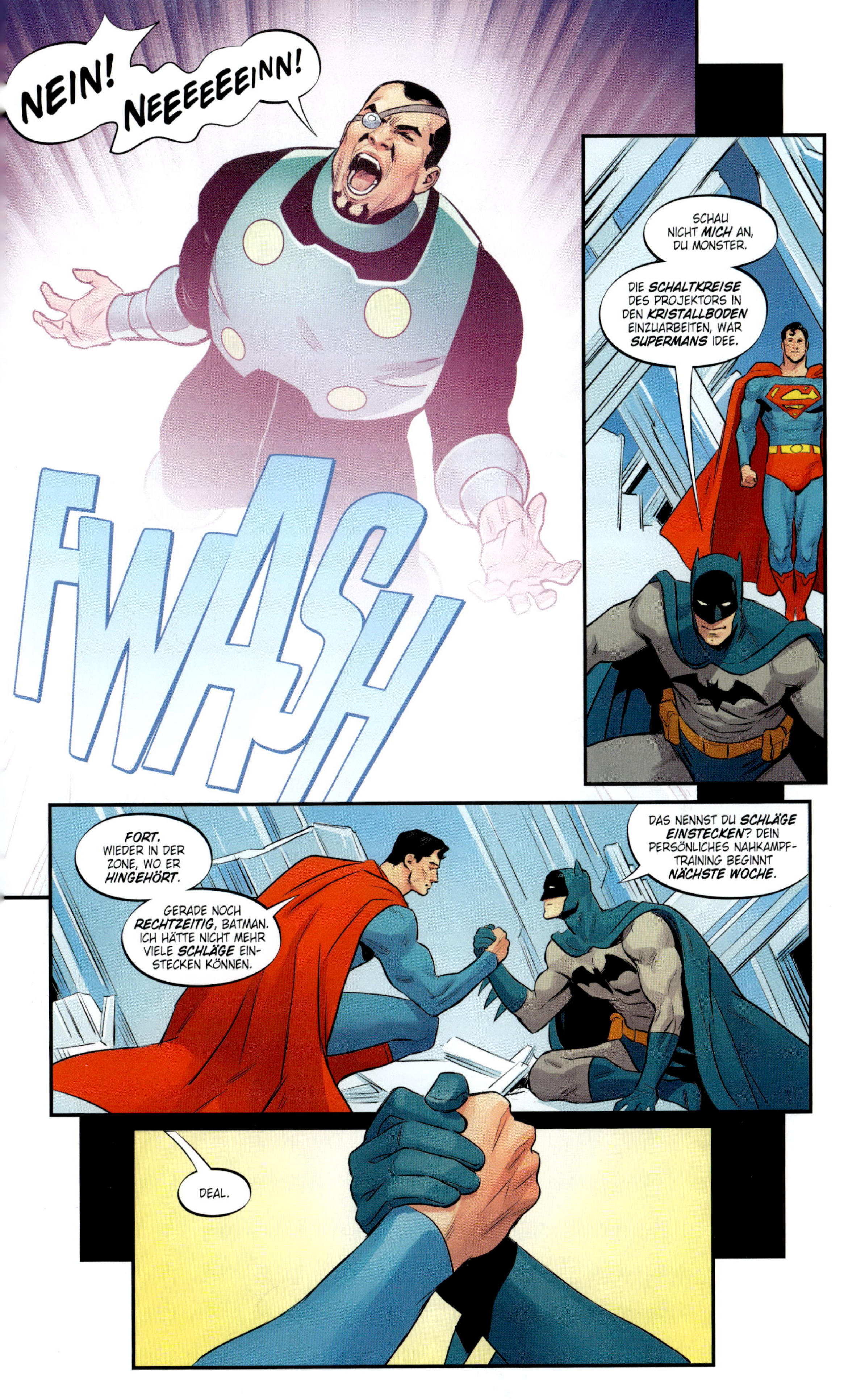
NEIN! NEEEEEEINN!
FWASH
SCHAU NICHT MICH AN, DU MONSTER.
DIE SCHALTKREISE DES PROJEKTORS IN DEN KRISTALLBODEN EINZUARBEITEN, WAR SUPERMANS IDEE.
FORT. WIEDER IN DER ZONE, WO ER HINGEHÖRT.
GERADE NOCH RECHTZEITIG, BATMAN. ICH HÄTTE NICHT MEHR VIELE SCHLÄGE EIN-STECKEN KÖNNEN.
DAS NENNST DU SCHLÄGE EINSTECKEN? DEIN PERSÖNLICHES NAHKAMPF-TRAINING BEGINNT NÄCHSTE WOCHE.
DEAL.

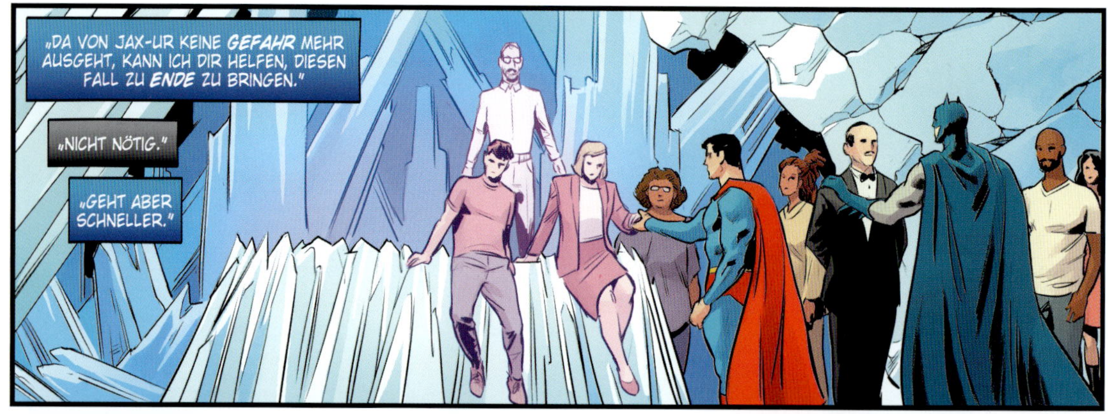
„DA VON JAX-UR KEINE GEFAHR MEHR AUSGEHT, KANN ICH DIR HELFEN, DIESEN FALL ZU ENDE ZU BRINGEN."
„NICHT NÖTIG."
„GEHT ABER SCHNELLER."

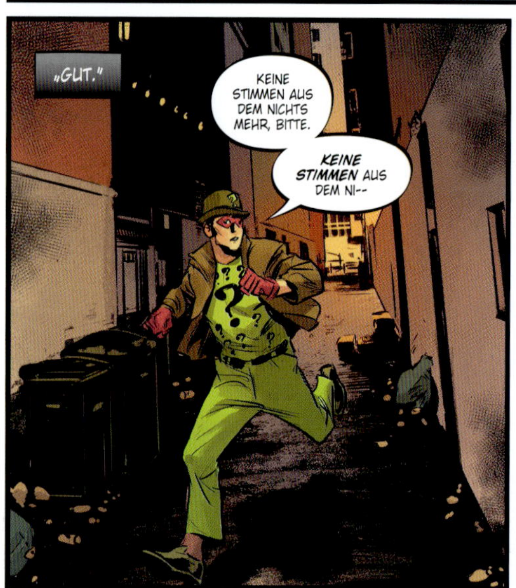
„GUT."
KEINE STIMMEN AUS DEM NICHTS MEHR, BITTE.
KEINE STIMMEN AUS DEM NI--

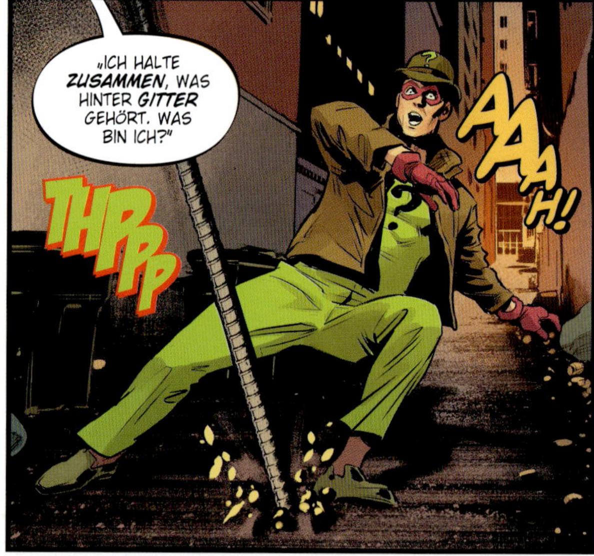
„ICH HALTE ZUSAMMEN, WAS HINTER GITTER GEHÖRT. WAS BIN ICH?"
THPPP
AAAAH!

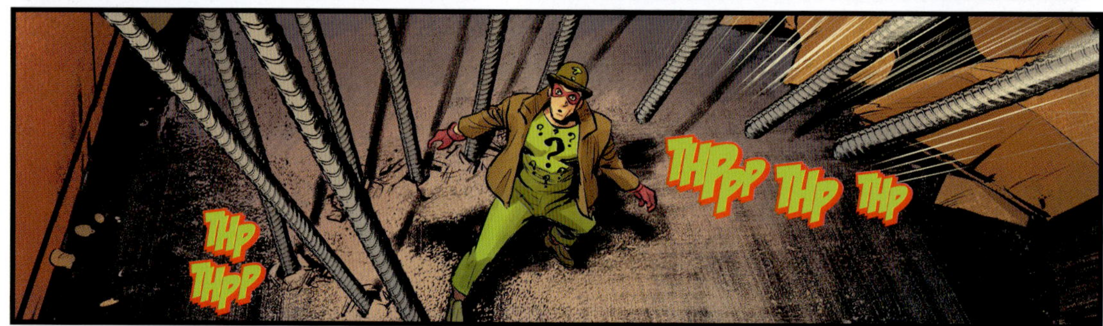
THP
THPP
THPPP THP THP

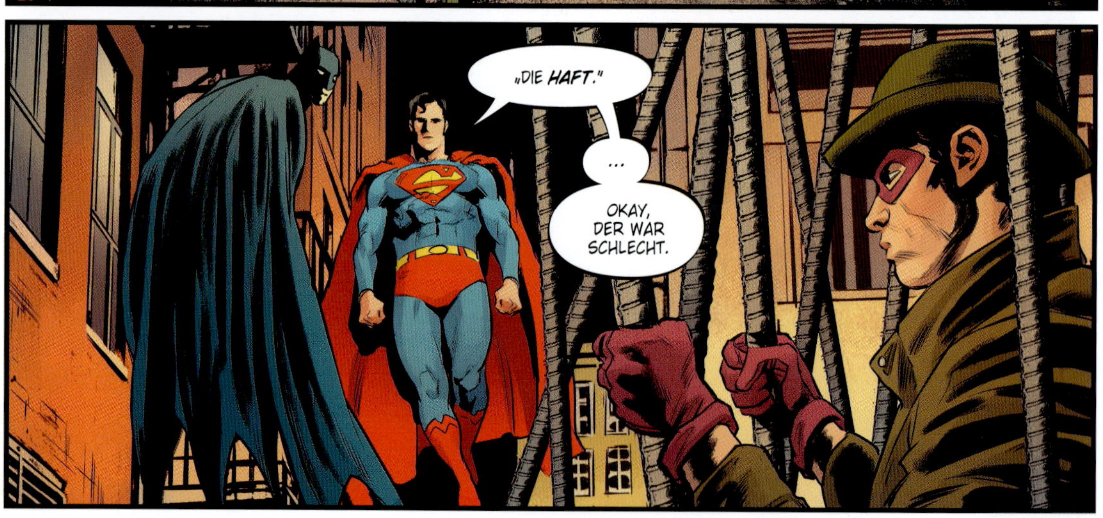
„DIE HAFT."
...
OKAY, DER WAR SCHLECHT.

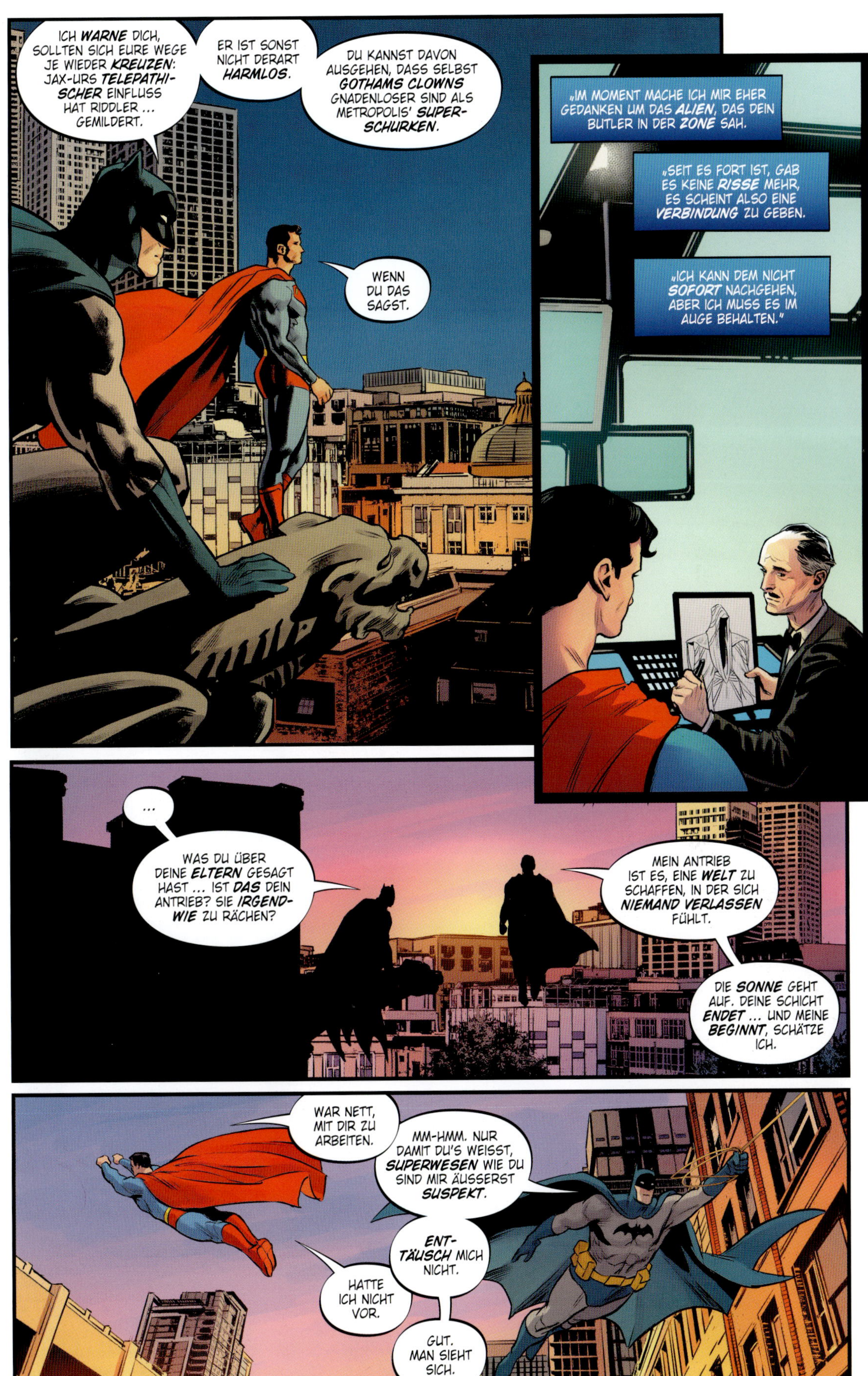
ICH WARNE DICH, SOLLTEN SICH EURE WEGE JE WIEDER KREUZEN: JAX-URS TELEPATHISCHER EINFLUSS HAT RIDDLER ... GEMILDERT.
ER IST SONST NICHT DERART HARMLOS.
DU KANNST DAVON AUSGEHEN, DASS SELBST GOTHAMS CLOWNS GNADENLOSER SIND ALS METROPOLIS' SUPERSCHURKEN.
WENN DU DAS SAGST.
„IM MOMENT MACHE ICH MIR EHER GEDANKEN UM DAS ALIEN, DAS DEIN BUTLER IN DER ZONE SAH.
„SEIT ES FORT IST, GAB ES KEINE RISSE MEHR, ES SCHEINT ALSO EINE VERBINDUNG ZU GEBEN.
„ICH KANN DEM NICHT SOFORT NACHGEHEN, ABER ICH MUSS ES IM AUGE BEHALTEN."
...
WAS DU ÜBER DEINE ELTERN GESAGT HAST ... IST DAS DEIN ANTRIEB? SIE IRGENDWIE ZU RÄCHEN?
MEIN ANTRIEB IST ES, EINE WELT ZU SCHAFFEN, IN DER SICH NIEMAND VERLASSEN FÜHLT.
DIE SONNE GEHT AUF. DEINE SCHICHT ENDET ... UND MEINE BEGINNT, SCHÄTZE ICH.
WAR NETT, MIT DIR ZU ARBEITEN.
MM-HMM. NUR DAMIT DU'S WEISST, SUPERWESEN WIE DU SIND MIR ÄUSSERST SUSPEKT.
ENTTÄUSCH MICH NICHT.
HATTE ICH NICHT VOR.
GUT. MAN SIEHT SICH.

EPILOG

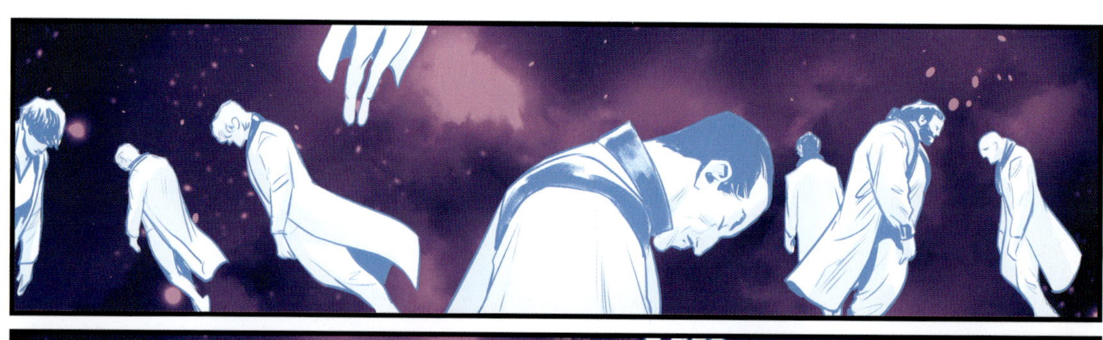

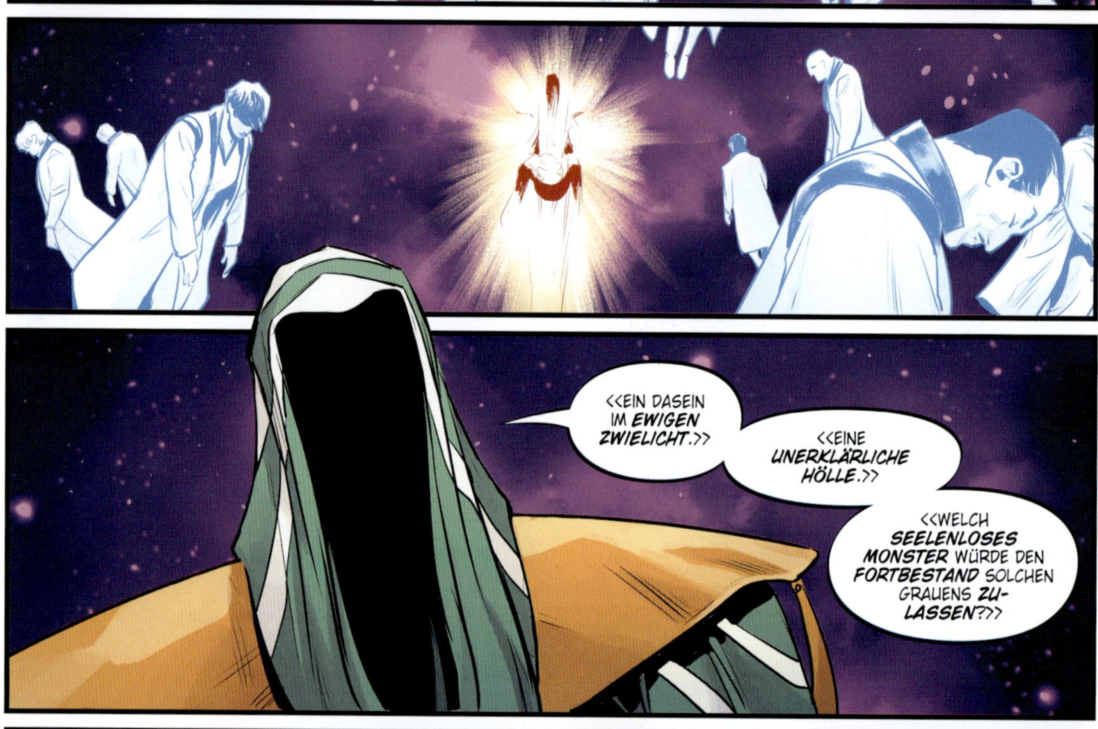

<<EIN DASEIN IM EWIGEN ZWIELICHT.>>
<<EINE UNERKLÄRLICHE HÖLLE.>>
<<WELCH SEELENLOSES MONSTER WÜRDE DEN FORTBESTAND SOLCHEN GRAUENS ZU-LASSEN?>>

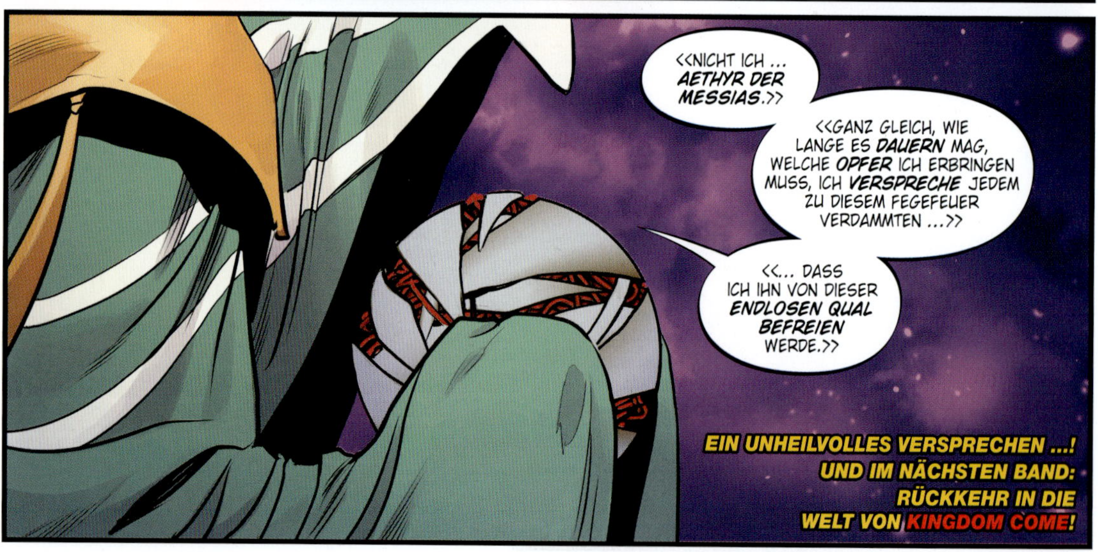

<<NICHT ICH ... AETHYR DER MESSIAS.>>
<<GANZ GLEICH, WIE LANGE ES DAUERN MAG, WELCHE OPFER ICH ERBRINGEN MUSS, ICH VERSPRECHE JEDEM ZU DIESEM FEGEFEUER VERDAMMTEN ...>>
<<... DASS ICH IHN VON DIESER ENDLOSEN QUAL BEFREIEN WERDE.>>
EIN UNHEILVOLLES VERSPRECHEN ...! UND IM NÄCHSTEN BAND: RÜCKKEHR IN DIE WELT VON KINGDOM COME!

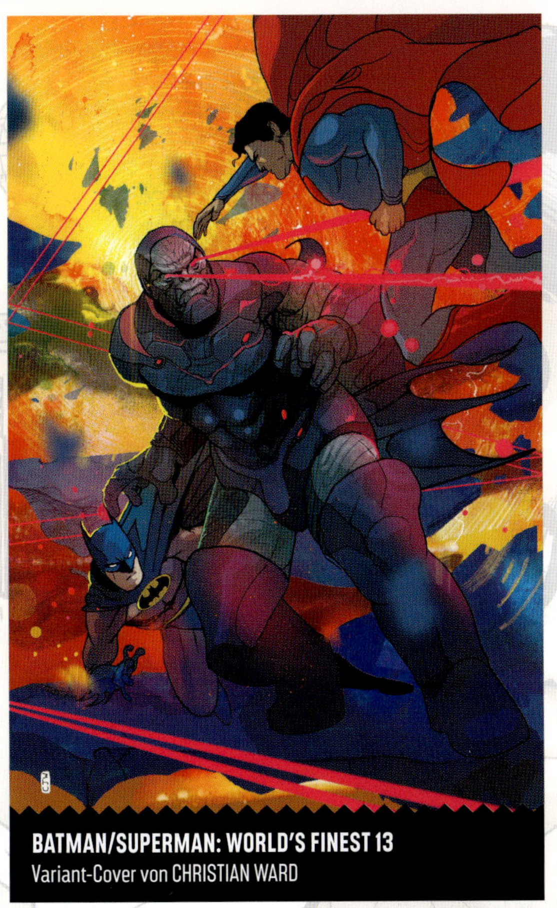

BATMAN/SUPERMAN: WORLD'S FINEST 13
Variant-Cover von CHRISTIAN WARD

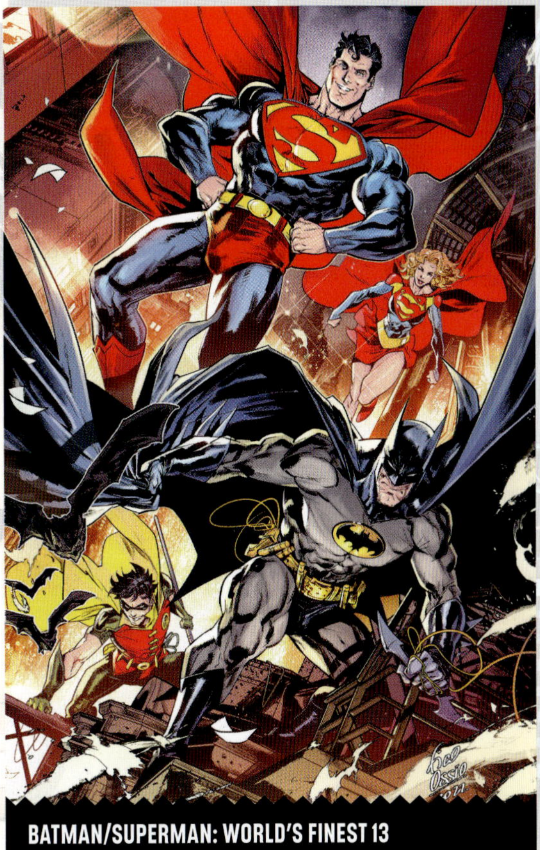

BATMAN/SUPERMAN: WORLD'S FINEST 13
Variant-Cover von FICO OSSIO

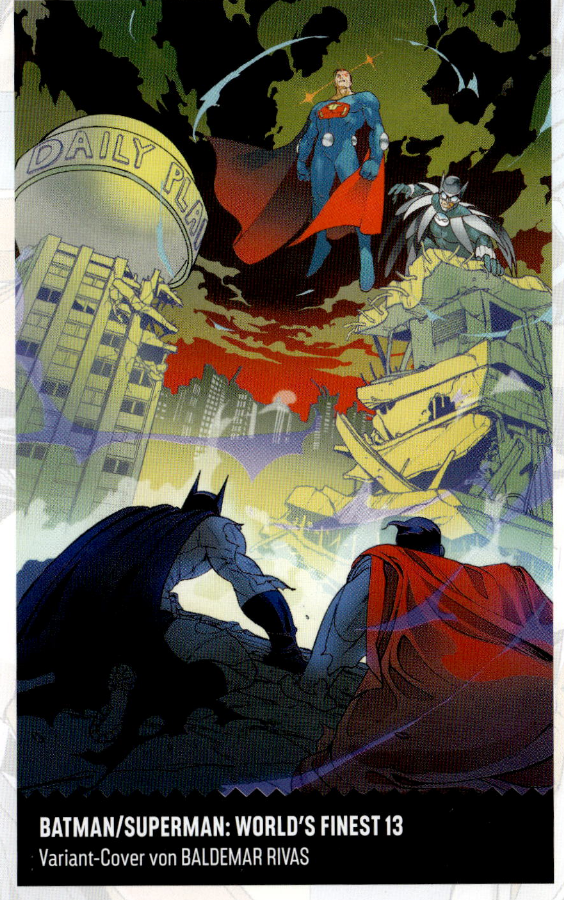

BATMAN/SUPERMAN: WORLD'S FINEST 13
Variant-Cover von BALDEMAR RIVAS

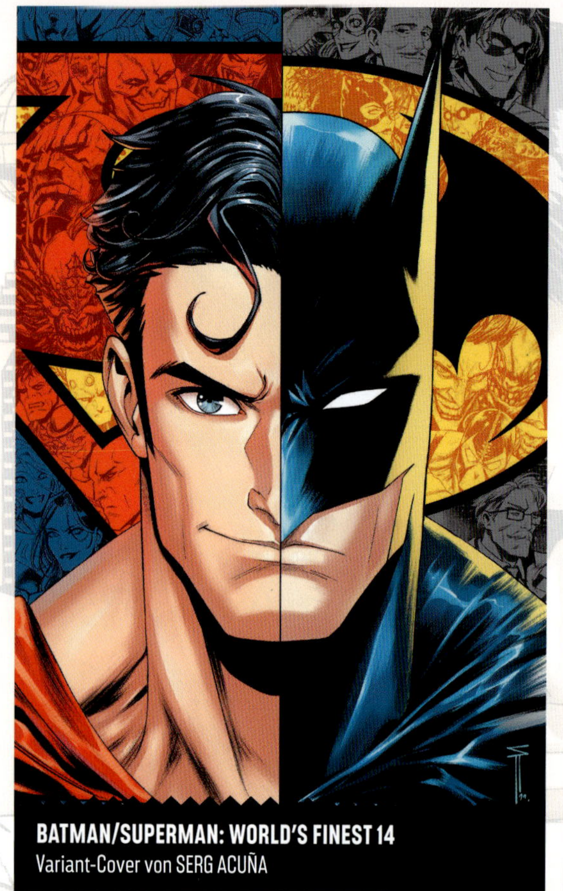
BATMAN/SUPERMAN: WORLD'S FINEST 14
Variant-Cover von SERG ACUÑA

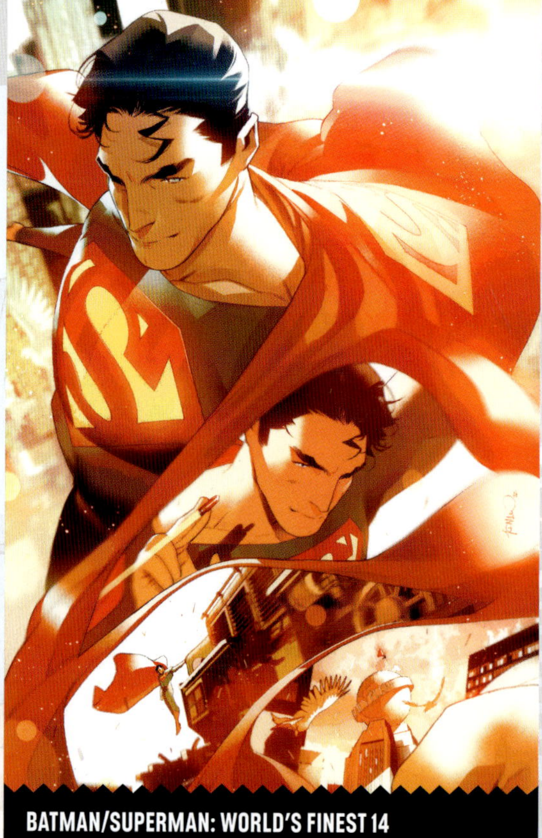
BATMAN/SUPERMAN: WORLD'S FINEST 14
Variant-Cover von SIMONE DI MEO

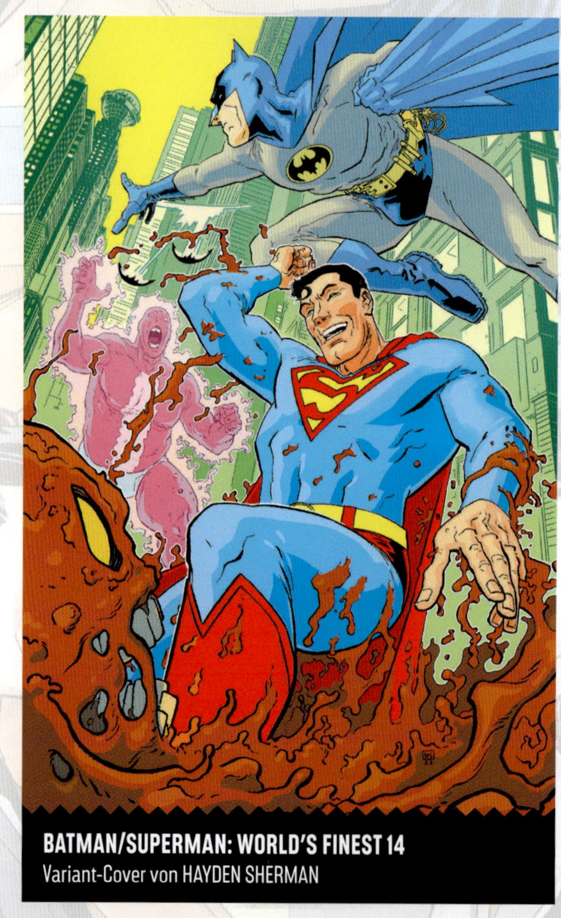
BATMAN/SUPERMAN: WORLD'S FINEST 14
Variant-Cover von HAYDEN SHERMAN

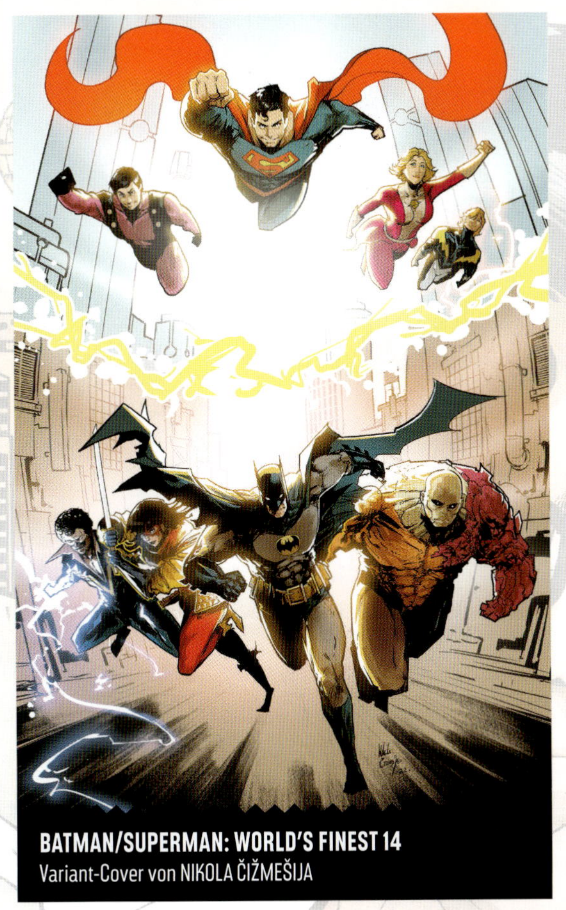
BATMAN/SUPERMAN: WORLD'S FINEST 14
Variant-Cover von NIKOLA ČIŽMEŠIJA

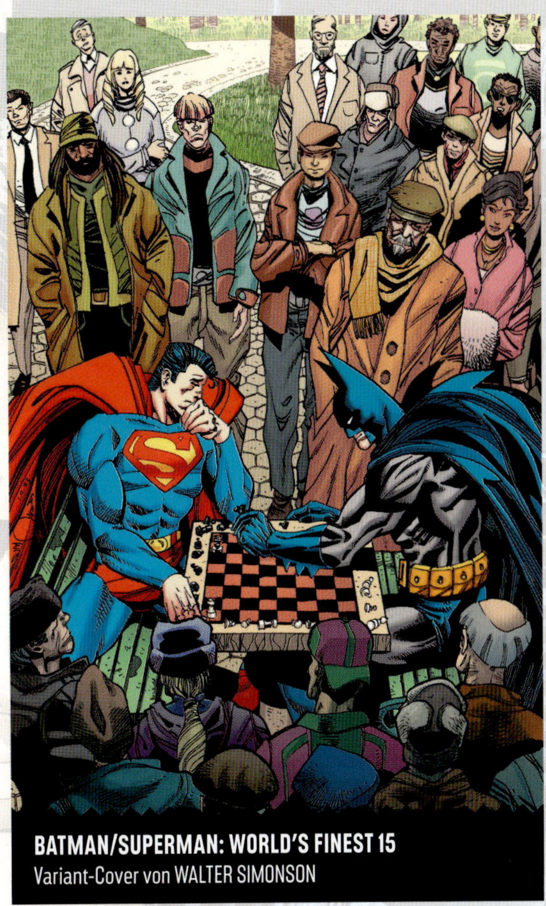
BATMAN/SUPERMAN: WORLD'S FINEST 15
Variant-Cover von WALTER SIMONSON

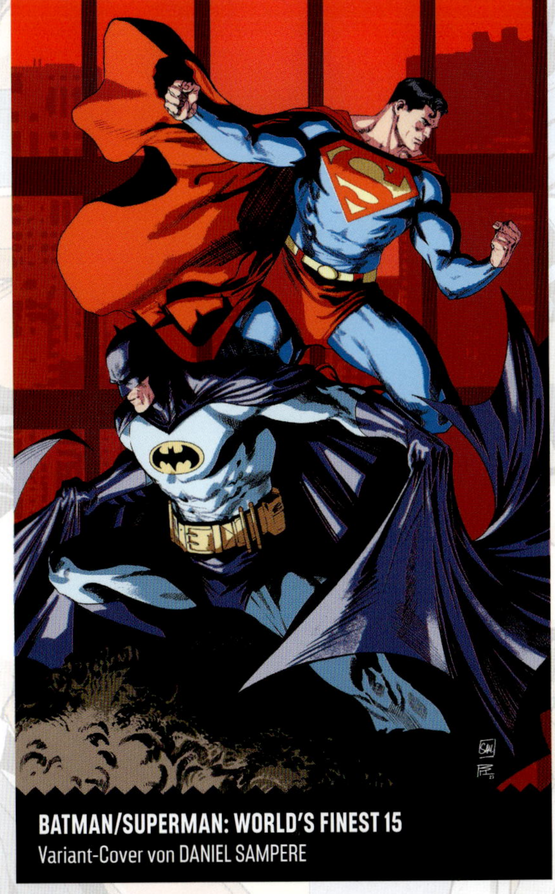
BATMAN/SUPERMAN: WORLD'S FINEST 15
Variant-Cover von DANIEL SAMPERE

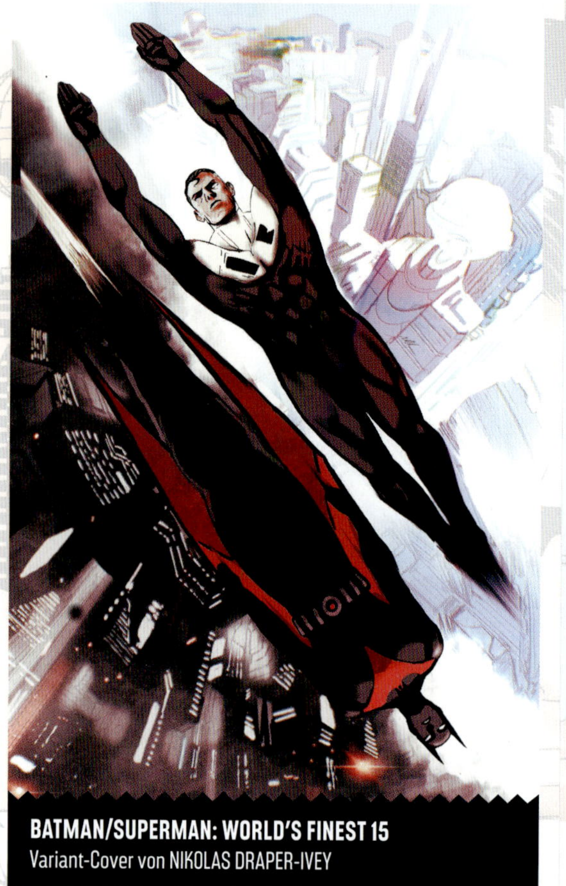

BATMAN/SUPERMAN: WORLD'S FINEST 15
Variant-Cover von NIKOLAS DRAPER-IVEY

BATMAN/SUPERMAN: WORLD'S FINEST 16
Variant-Cover von BEN OLIVER

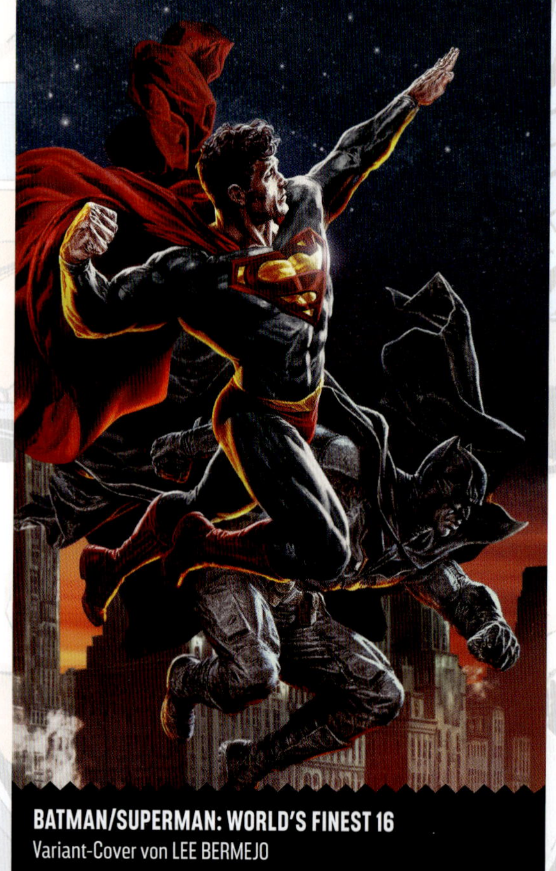

BATMAN/SUPERMAN: WORLD'S FINEST 16
Variant-Cover von LEE BERMEJO

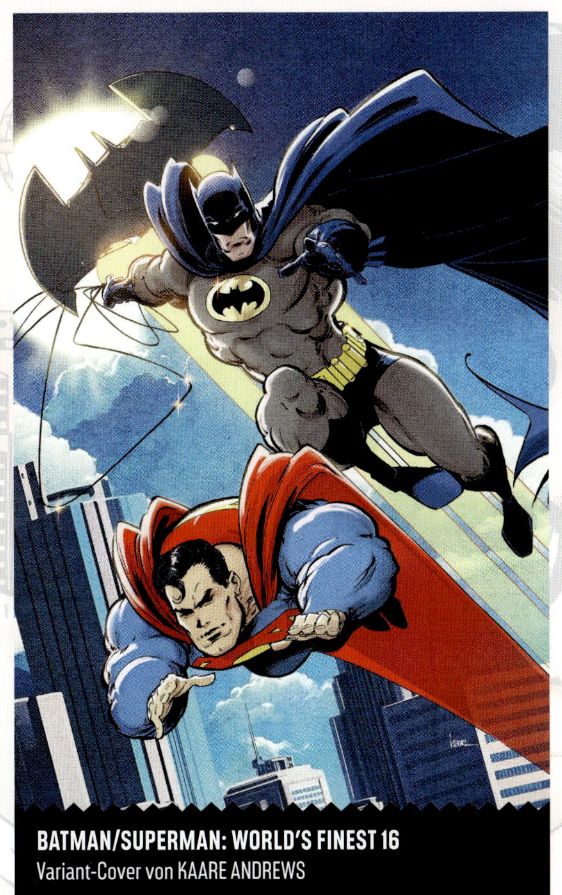

BATMAN/SUPERMAN: WORLD'S FINEST 16
Variant-Cover von KAARE ANDREWS

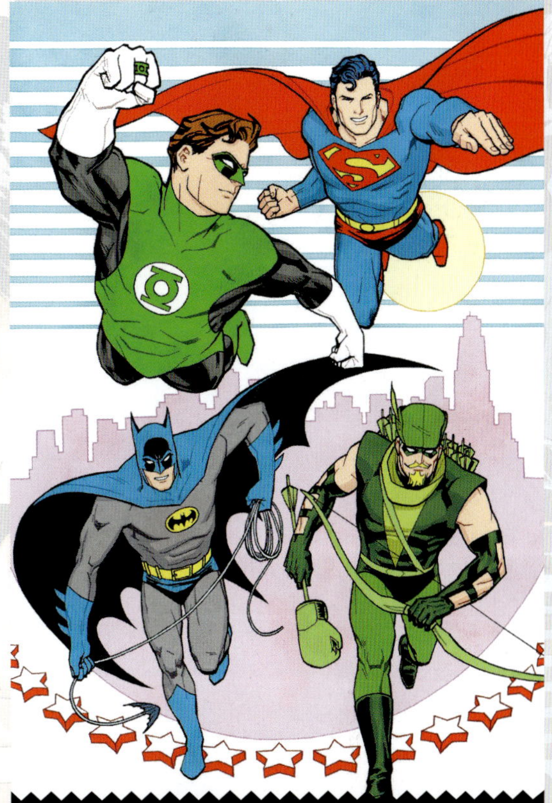

BATMAN/SUPERMAN: WORLD'S FINEST 17
Variant-Cover von CLIFF CHIANG

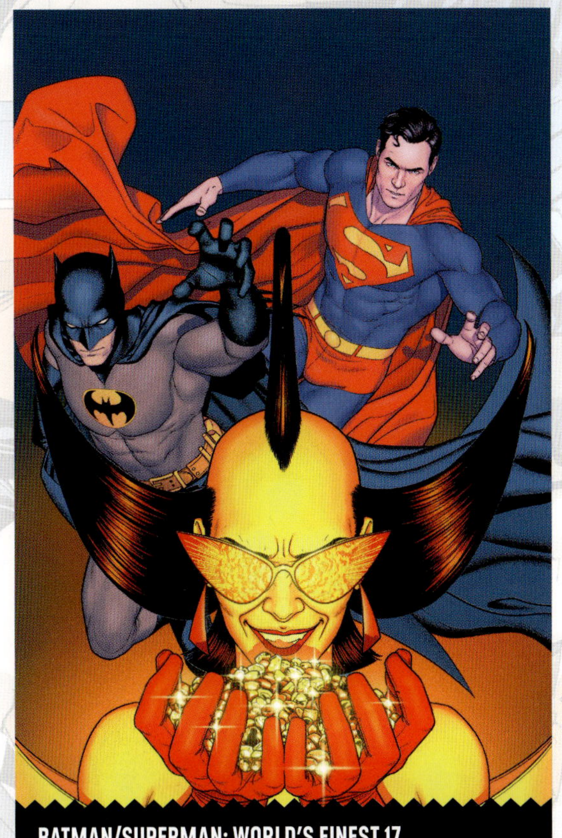

BATMAN/SUPERMAN: WORLD'S FINEST 17
Variant-Cover von JAMIE McKELVIE

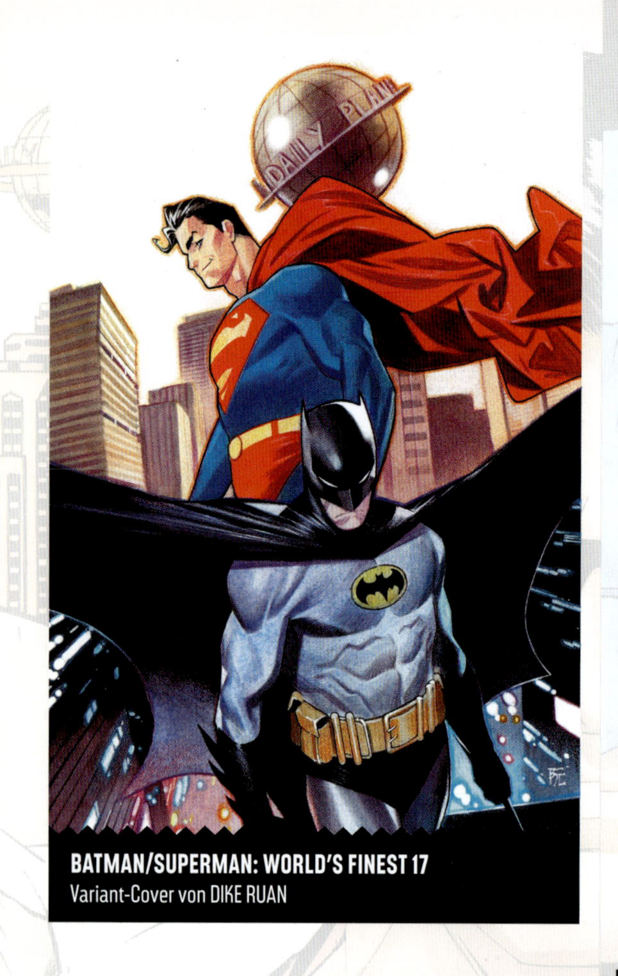

BATMAN/SUPERMAN: WORLD'S FINEST 17
Variant-Cover von DIKE RUAN

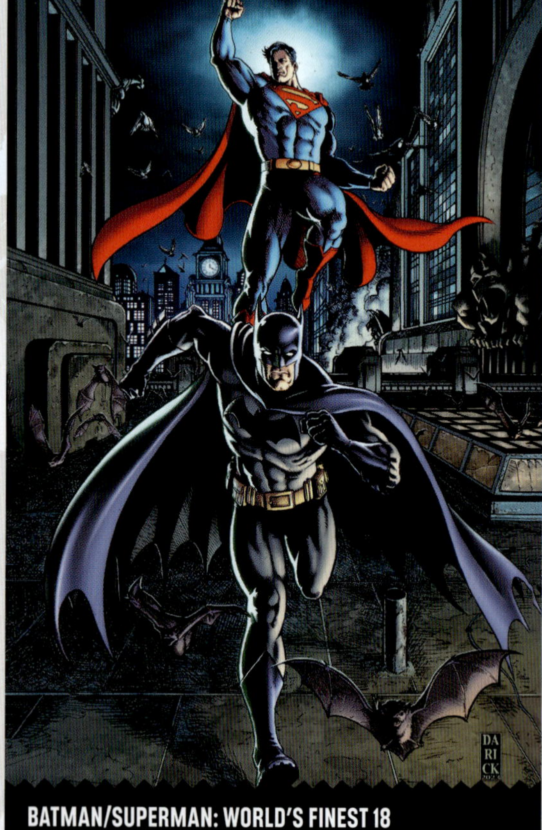

BATMAN/SUPERMAN: WORLD'S FINEST 18
Variant-Cover von DARICK ROBERTSON

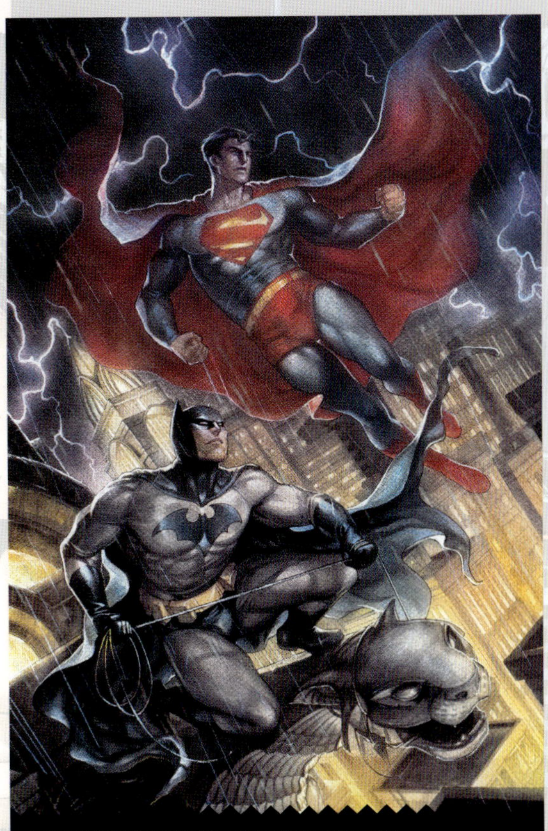

BATMAN/SUPERMAN: WORLD'S FINEST 18
Variant-Cover von MEGHAN HETRICK

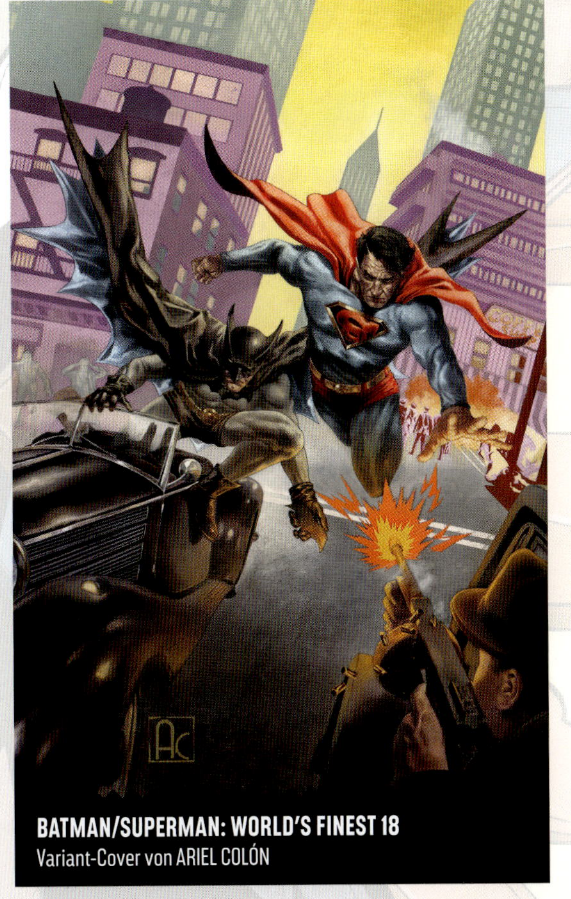

BATMAN/SUPERMAN: WORLD'S FINEST 18
Variant-Cover von ARIEL COLÓN

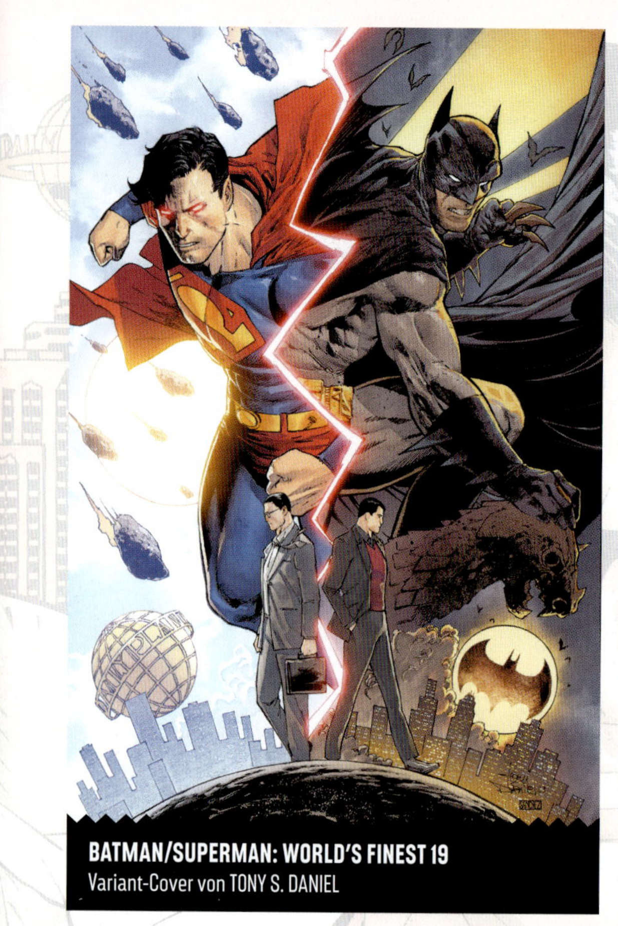

BATMAN/SUPERMAN: WORLD'S FINEST 19
Variant-Cover von TONY S. DANIEL

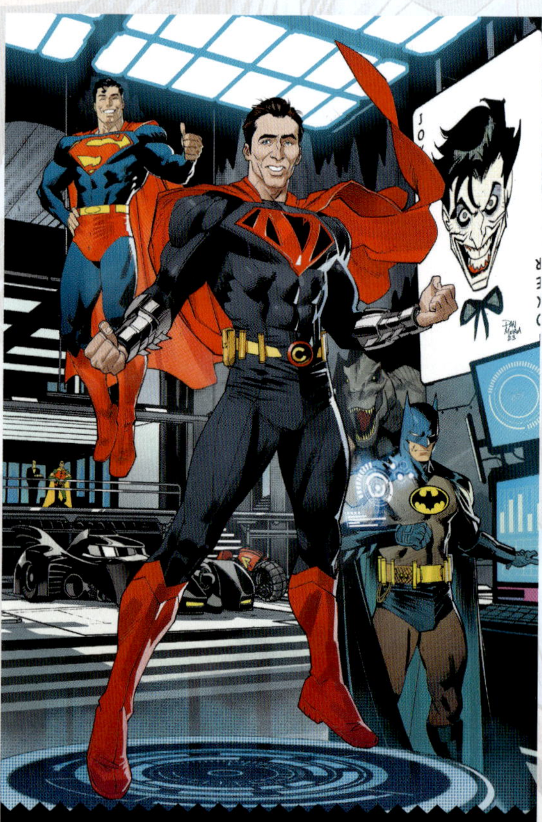

BATMAN/SUPERMAN: WORLD'S FINEST 19
Variant-Cover von DAN MORA

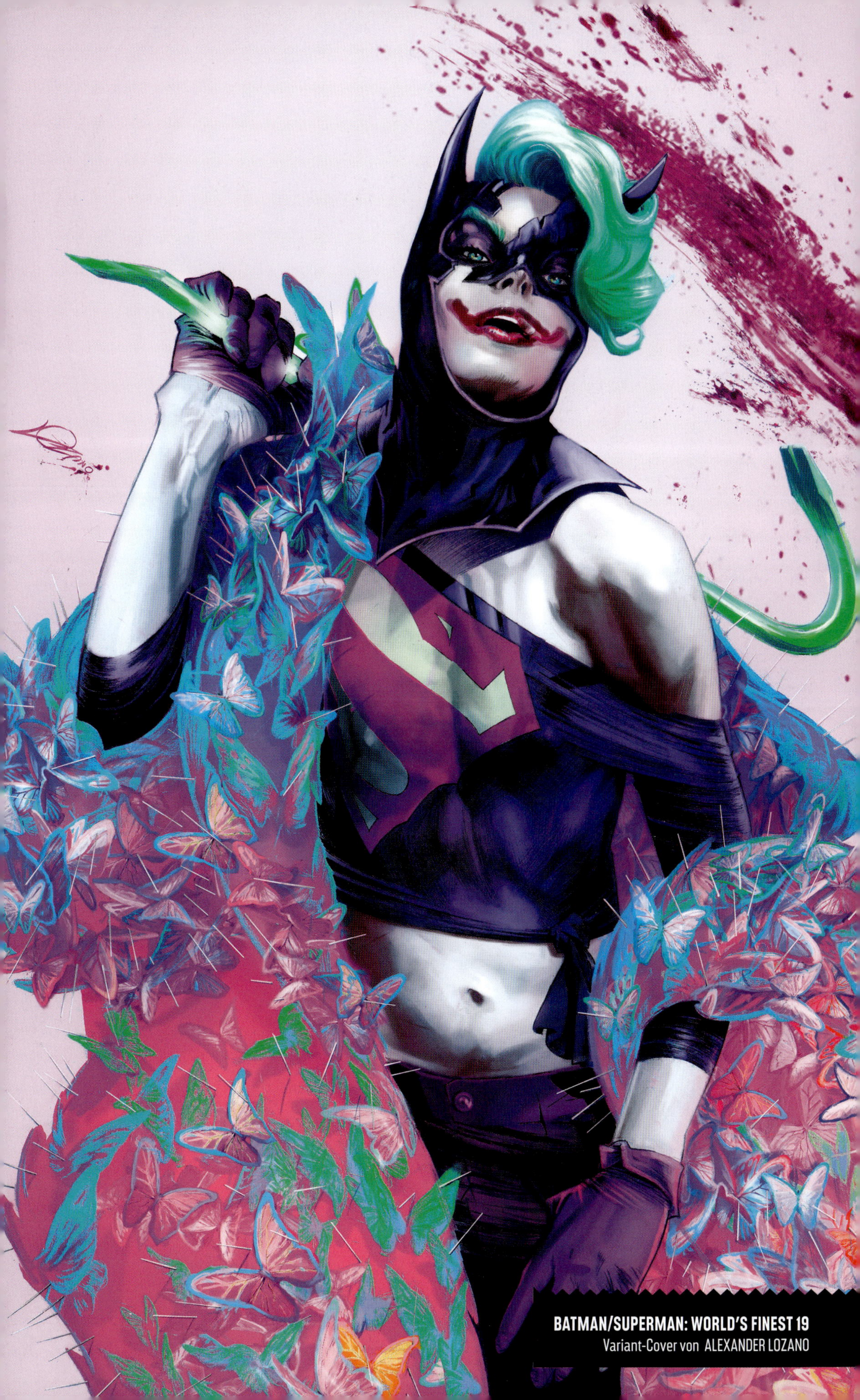

BATMAN/SUPERMAN: WORLD'S FINEST 19
Variant-Cover von ALEXANDER LOZANO

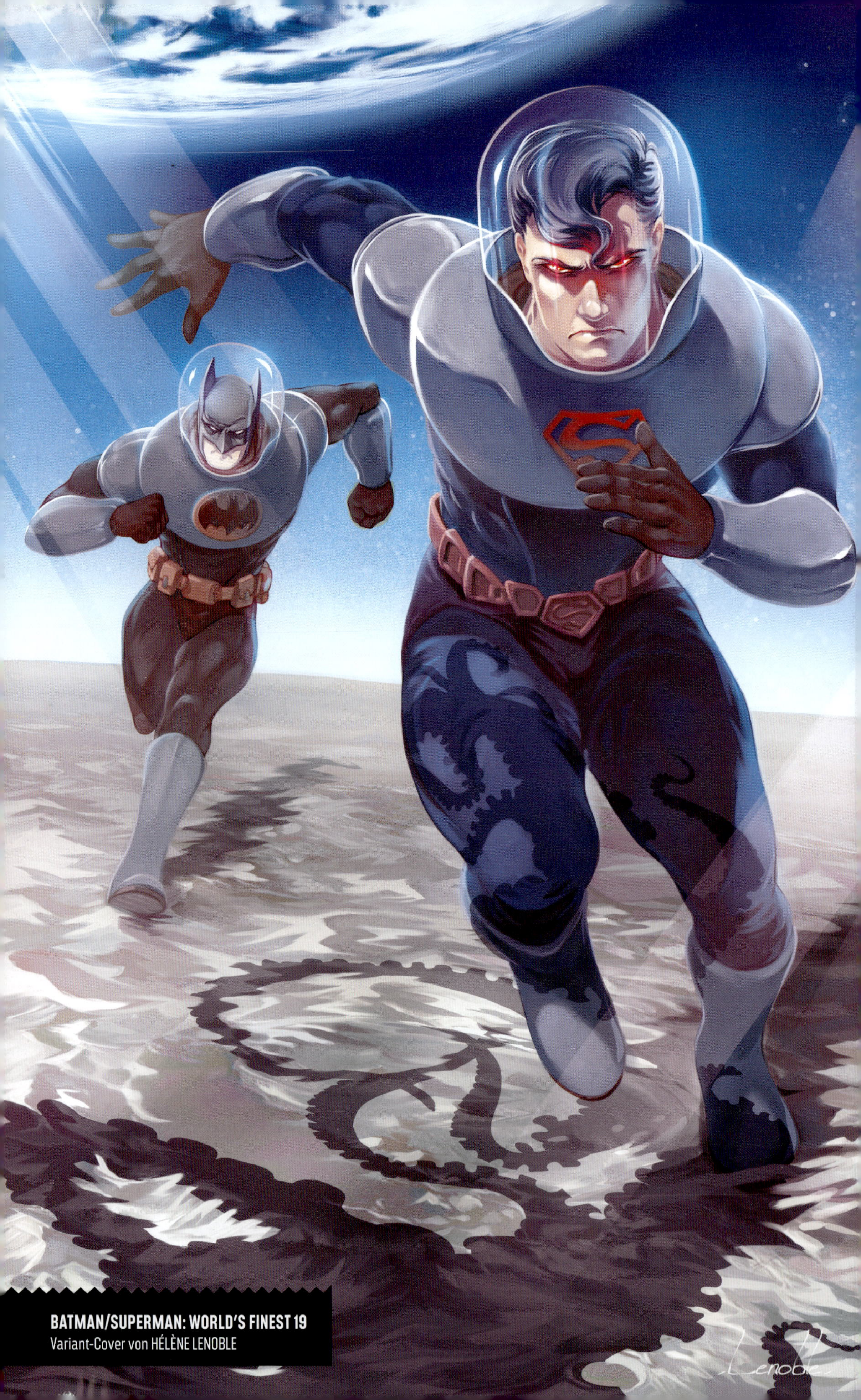

BATMAN/SUPERMAN: WORLD'S FINEST 19
Variant-Cover von HÉLÈNE LENOBLE